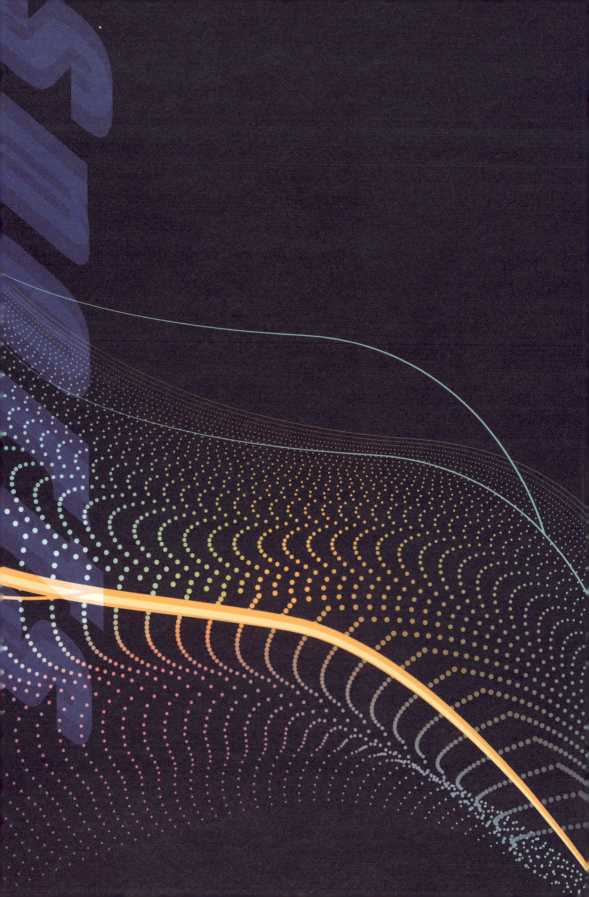

安亚伦　蔡娟　王雪双　等著

西方主要国家的学校体育

Physical Education of Major Western Countries

社会科学文献出版社
SOCIAL SCIENCES ACADEMIC PRESS (CHINA)

前　言

　　学校体育被公认为是帮助学生了解身体活动益处、掌握基本运动技能与健康知识、养成良好运动习惯、健全人格和锤炼意志的最佳途径。由于学生身体素质下降与健康问题频发，世界各国学者和体育教师都在不断呼吁推动学校体育发展，提升学校体育的质量，以增强学生体质，促进学生身心健康发展。探究西方主要国家学校体育的发展情况，从整体上把握其发展特征与趋势，总结学校体育发展的一般和特殊规律，有助于更好地理解全球学校体育的发展情况，助力我国学校体育高质量发展。

　　学校体育是近代"西学东渐"的产物，在学校体育百余年的发展进程中，我国始终学习和借鉴西方主要国家的先进经验。建设新时代体育强国不仅需要参考和借鉴学校体育发达国家的基本经验，还需要立足中国国情，扎根社会主义现代化的伟大实践，形成具有中国特色的学校体育发展道路，从而加快推进形成多样化、现代化、高质量的学校体育体系。

　　总体来看，世界上的学校体育强国主要集中在欧美发达国家，七国集团（G7）成员和澳大利亚的学校体育具有代表性。因此，为确保研究全面、综合，本书进行了差异化样本选择，选取北美洲的美国、加拿大，欧洲的德国、英国、法国、意大利，大洋洲的澳大利亚，亚洲的日本等8国作为样本，并对这些国家学校体育的产生与发展，学校体育的结构、功能与目标，体育教学，体育课程，体育教师，学校课余体育，学校体育管理及学校体育相关特色进行梳理总结，以期为我国学校体育发展提供借鉴。

　　党的十八大以来，以习近平同志为核心的党中央高度重视学校体育工作，学校体育自此进入新的发展阶段。2012年，《国务院办公厅转发教育部等部门关于进一步加强学校体育工作若干意见的通知》印发，要求"充分认识加强学校体育的重要性"，"明确加强学校体育的总体思路和主要目标"，"建立健全学校体育的监测评价机制"，"加强对学校体育的组织领导"。10 多年间，随着学校体育相关政策文件的相继出台，学校体育工作取得了重要突破和进展，同时迎来新的发展使命。2020 年，中共中央办公厅、国务院办公厅印发《关于全面加强和改进新时代学校体育工作的意见》，指出当前学校体育的主要目标是"到 2022 年，配齐配强体育教师，开齐开足体育课，办学条件全面改善，学校体育工作制度机制更加健全，教学、训练、竞赛体系普遍建立，教育教学质量全面提高，育人成效显著增强，学生身体素质和综合素养明显提升。到 2035 年，多样化、现代化、高质量的学校体育体系基本形成"。

本书是北京体育大学中外体育教育比较研究团队的阶段性成果，希望拓宽学校体育的研究视野，丰富学校体育领域的学习和研究资源，为教师和相关研究人员提供重要的参考书目，成为体育教育人才培养的高质量教材。本书的整体框架由北京体育大学教育学院安亚伦、蔡娟和王雪双设计，本书是团队有组织科研的结晶。第一章由北京体育大学竞技体育学院张程撰写，第二章由北京体育大学教育学院何子源撰写，第三章由北京体育大学教育学院马莉撰写，第四章由北京体育大学教育学院班渝晗撰写，第五章由北京体育大学教育学院黄诗涵撰写，第六章由北京师范大学国际与比较教育研究院刘尧撰写，第七章由北京体育大学教育学院靳金可撰写，第八章由北京体育大学教育学院刘喆撰写，第九章由北京体育大学教育学院安亚伦、黄诗涵、刘喆撰写。安亚伦、蔡娟和王雪双统稿。在此，谨向他（她）们表示衷心的感谢。

受政治、经济、社会、文化等因素的影响，各国的学校体育发展模式不尽相同，全面、准确、客观地阐述各国的学校体育发展情况实非易事，我们只是从国别研究的角度做了一些初步的尝试。希望专家、学者和读者提出批评建议。在研究和撰写的过程中，我们参考了国内外学校体育领域的诸多成果，未能一一列出，敬请谅解。

北京体育大学　安亚伦

2024 年 5 月 15 日

目　录

第一章
美国学校体育

第一节　美国学校体育的产生与发展

一　美国学校体育的历史沿革

早在 1749 年，本杰明·富兰克林（Benjamin Franklin）就提出了身体锻炼在维护健康方面的重要意义。[①] 但直到 18 世纪末期，美国的体育一直处于缓慢发展的阶段。其主要原因在于，当时清教徒思想盛行，认为身体锻炼是不被允许的行为。此外，官能心理学认为，德、智、体三育可以分开发展，并主张学校是提供智力训练的场所，而德育则由家庭和社会负责。至于体育活动，则是身体自行发展的领域。[②] 这种在当下看来毫无根据的教育理念，使体育在很长一段时间内被排除在美国学校体系之外。

（一）19 世纪美国的学校体育

进入 19 世纪，由于工业化的发展以及裴斯泰洛齐、赫尔巴特等教育思想的影响[③]，体育在美国逐渐兴起，当时的体育充分汲取欧洲体操的理念。[④] 美国开国元勋乔治·华盛顿（George Washington）曾提出："应向全国所有学校派遣军事教官来教授学生体操，而 18~20 岁的青年应接受军事化的体质训练，且训练合格后才能获得选举权。"[⑤] 同时，一些大学尝试开设一些体育课程，但大都没有持续太久。当时著名的体育学者哈特维尔（Hartwell）对

---

① Benjamin Franklin, "Proposals Relating to the Education of Youth in Pennsylvania," *Journal of General Education*, 1749（3）：256-261.

② D. B. Van Dalen, *A World History of Physical Education*, Englewood Cliffs, New Jersey, California Prentice-Hall, Inc., 1971, p.371.

③ 边宇编著《美国体育思想演变与启示》，华南理工大学出版社，2018，第36页。

④ Robert C. France, *Introduction to Physical Education and Sport Science*, Delmar, 2009.

⑤ D. B. Van Dalen, *A World History of Physical Education*, Englewood Cliffs, New Jersey, California Prentice-Hall, Inc., 1971, p.38.

这一时期美国体育发展情况的总结是："从 19 世纪初到 1860 年之前，在如何向学生提供专门的体育教育方面，美国所有的大学都没有进行周密的考虑和不懈的努力。"①

首先，从社会因素方面来看，随着"第一次移民浪潮"来袭，大批欧洲移民涌入美国，对美国社会产生了深刻的影响，这种影响也体现在学校体育方面②。由于欧洲移民大多带有浓厚的民族主义色彩，这种情感在他们的文化中起着重要的作用。受此影响，德国体操、瑞典体操模式成为美国学校体育模式的主流，由于这两种模式以体操以及器械训练为主，美国学校体育在这一时期的目标便是提高学生的身体素质，强健体魄，为美国的后续发展奠定坚实的基础。

其次，经济因素在这一时期发挥了一定作用。由于美国经济社会的重点从以农业为主转向以工业为主，美国政府急需让大批青少年转向工业岗位，但同时由于工作环境不达标，条件恶劣，当时进入工厂的青少年长期存在健康问题，因此，年轻人的健康问题开始受到政府及社会的关注。此时，以提高青少年体质、更好地满足美国工业生产需要为目的的体操、户外锻炼等活动开始受到人们的欢迎。

最后，文化因素不可避免地影响美国学校体育的发展。在"移民浪潮"初期，受清教主义的影响，人们认为，除劳动和参加教堂的礼拜以外，任何身体活动都被认为是不道德的且不被社会所容忍，这导致当时几乎没有任何身体形式的娱乐活动。但随着社会发展，逐渐形成了肌肉基督教（Muscular Christianity）的概念。该思想认为，只有拥有强健的体魄，才能更好地侍奉上帝，这一理念也对学校体育的发展产生了深远影响。

体育理论在 19 世纪 60 年代以后蓬勃发展，主要原因有两个：一是有些学者发现体育锻炼除了可以增强体质以外，在智力和精神上也可以起到积极的促进作用；二是随着斯宾塞教育学说的传入，人们开始关注体育锻炼作为学校体系组成部分的可行性。③

---

① Edward M. Hartwell, *Physical Training in American Colleges and Universities*, Washington D. C., Government Printin Office, 1886, p. 26.

② D. Siedentop, H. Van der Mars, *Introduction to Physical Education, Fitness, and Sport*, New York：The McGraw-Hill Companies, Inc., 2012, p. 35.

③ 边宇编著《美国体育思想演变与启示》，华南理工大学出版社，2018，第 37 页。

（二）20 世纪早中期美国的学校体育

进入 20 世纪，由于当时的社会历史背景以及心理学、教育学等学科的发展，美国学校体育的主要目标逐渐转变为增强国民体质、提高学生的运动技能。[①]

当时的美国总统西奥多·罗斯福（Theodore Roosevelt）年幼体弱，患有哮喘，他在成长过程中经常进行户外锻炼，这一经历促使他成为美国学校体育的积极倡导者。

同时，许多教育学与心理学理论也影响了学校体育的发展。杜威的实用主义教育观认为教育应注重全面素质培养，主张儿童通过游戏学习[②]。心理学家斯坦利·霍尔在 1904 年出版的著作中也详细探讨了青春期的心理与生理发展特点。这些理论促成了新学校体育（the New Physical Education）的出现，使美国学校体育更加注重学生的全面发展。

20 世纪中期以来，美国社会出现学科运动（academic movement）的热潮。在"启蒙理性"的引领下，美国学校体育基本确立了三大流派：德式体操、瑞典体操与美国本土学派。[③] 美国学校体育的学科化发展取得了显著的进步。体育因此成为一门独立学科并获得了前所未有的发展，具体表现为这个时期出现了多个交叉学科，如体育社会学、体育管理学、体育心理学等。1968 年，被誉为美国有氧运动之父的肯尼斯·库珀先生进一步提高了体育的价值。

经济方面，随着现代科技的飞速发展和工业化程度的提高，越来越多的美国民众有更多的时间和资本关注身心健康，愿意花更多的时间进行体育运动，并且体育竞赛的观众数量大幅增加，这推动了包括学校体育在内的美国体育的发展。

美国社会相关法律制度的完善也对该阶段学校体育的发展起到了促进作用。例如，1972 年美国国会通过的《教育修正案》第九条明确规定，"任何人都不应该由于性别原因被排除在由联邦资助的教育和活动计划之外，

[①] 李卫东、侍崇艳、殷鼎：《美国学校体育的历史演变》，《体育学研究》2018 年第 4 期，第 16~20 页。

[②] J. Dewey, *Experience and Education*, New York：Macmillan, 1938, pp. 241-252.

[③] 王涛、王健：《"启蒙理性"的逻辑与展演：美国学校体育的历史解构》，《体育科学》2016 年第 1 期，第 12~19 页。

不能被剥夺这个计划提供的待遇，也不能由于性别原因受到这个计划的歧视"。在体育领域，这一规定保障了女性平等地参与体育运动的权利。

（三）20 世纪后期至 21 世纪美国的学校体育

20 世纪后期，美国学校体育的目标发生了变化，转变为塑造学生的身体素质，倡导健康的生活方式。造成这种变化的主要原因是美国公众的部分生活方式产生负面影响，导致出现一系列健康问题，特别是肥胖症开始流行。自 1990 年以来，随着现代科学技术的发展和社会生活方式的变化，美国人逐渐形成了不健康的饮食习惯，并且缺乏体育锻炼。这种不健康的生活方式导致儿童、青少年和成年人超重和肥胖的情况急剧增加。近年来，在 2~19 岁美国人中，有近 40% 的人患有肥胖症。[1] 肥胖已经成为一个严重的社会挑战，威胁美国的经济和国民健康。为应对这一挑战，美国国立卫生研究院及众多营利性与非营利性组织投入了大量资源。1995 年，美国国家运动与体育教育协会（NASPE）发布了《走向未来：国家体育教育标准》（Moving into the Future：National Standards for Physical Education），指导 K-12 体育教育，帮助学生掌握相关的体育知识和技能，培养健康的生活方式。

与此同时，《不让一个孩子掉队》[2] 法案对学校体育教育产生了负面影响。这一法案要求学校提高学生在文化科目上的表现，这导致一些学校削减了体育课程和其他非核心文化课程的授课时间。尽管在资源和时间上受到限制，学校体育依然被视为应对儿童和青少年肥胖问题的重要手段。为适应这一需求，美国学校体育逐步从关注运动技能的教育，转向倡导体育活动与健康生活方式的培养。2005 年，美国颁布了《K-12 国家体育标准》，引进许多与健康相关的课程，希望通过改革学校体育课程来解决社会中的肥胖问题。

近十年来，"体育素养"受到国际学者的广泛关注，并逐渐流行起来。2018 年，美国《体育教学杂志》做了一期关于体育素养的特刊。与之相关的"体育健身"最初是由怀特海在 2001 年提出来的，其担心学校体育教育

---

① C. M. Hales, M. D. Carroll, C. D. Fryar, C. L. Ogden, *Prevalence of Obesity among Adults and Youth：United States*, 2015-2016, *NCHS Data Brief*, *No. 288*, Hyattsville：National Center for Health Statistics, 2017, p. 226.

② R. Guthold, *No Child Left behind Act of 2001*, Illinois：Venture Publishing, 2002, pp. 107-110.

的方向以及从儿童到老年人都缺乏足够的体育活动。怀特海在 2013 年修订了"体育健身"的概念，将其定义为"在整个生命周期中拥有动力、自信、技能、知识和理解力，建立有关体育活动的价值观，并为保持有目的的体育活动承担终身责任"。尽管学者对"体育素养"的概念存在争议，但它对美国学校体育目标的变化产生了深远的影响。这种转变在 2014 年发布的《美国中小学体育课程标准》中体现得很明显。该标准规定，学校体育的目标是培养具有健康体魄的，掌握一定知识、技能和充满信心的公民，他们能够终身进行体育活动，享受健康的生活。"体育素养"观念对学校体育目标的影响还在不断深化和发展。

二　美国学校体育的思想变迁

在美国学校体育的思想流变中，有一个争论持续了半个多世纪：体育到底是对身体的教育还是通过身体的教育？美国著名体育学者威廉姆斯认为，除非搞清楚这个问题，否则我们就不能真正理解体育的含义。

进入 19 世纪 60 年代，美国关于体育的理论研究蓬勃发展，但遗憾的是，大多数学者并没有把这些理论融入实践当中，一位学者曾言："一些学者已经发现了经常进行体育锻炼与健康和治理之间的关系，但这些发现往往只存在于理论层面，而很少被应用在实践层面。"[①] 然而，美国的四位学者不仅提出了开创性的学说，还将其应用到实践当中。

（一）希区柯克（Edward Hitchcock）的学说

作为美国第一位大学体育部的主任，希区柯克是第一个使用"physical education"来表示"体育"的学者。在阿姆赫斯特学院任职期间，他以"保持体质健康以及为学生提供紧张学习之后的休息"[②] 为目的，为当时的全校学生开设了体育课程。希区柯克认为体育不仅仅是肌肉活动而已，它对神经系统和内脏器官都有益处。更重要的是，学生可以通过体育活动从紧张的学业中得到放松。并且，如果可以去除单调的军事化训练，那么体

---

① John C. Warren, *Physical Education and the Preservation of Health*, Boston, William D. Ticknor and Company, 1846, p. 6.

② D. B. Van Dalen, *A World History of Physical Education*, Englewood Cliffs, New Jersey, California Prentice-Hall, Inc., 1971, p. 376.

育就可以是一项愉快并富含修养的运动。① 19世纪30年代，认为体力劳动和体育锻炼在本质上没有区别的思想风靡一时。体力劳动的提倡者认为田地里和工厂中的劳动跟运动场上的体育锻炼一样，都对健康有利，甚至还能让学生掌握一定的劳动技能和为学校带来一定的经济收入。然而，希区柯克极力反对这种思想，他认为体育的目标是让学生获得健康的体魄，而劳动的目标是让人获得劳动技能、提高劳动效率以及完成劳动内容，两者在目标方面的本质不同，使两者不能相互替代。

（二）沙金特（Dully A. Sargent）的学说

沙金特在1879年到哈佛大学工作时恰逢哈佛大学校长查尔斯·威廉·艾略特（Charles William Eliot）大力推行自由选课制度，沙金特提出的体育也应作为一门选修课的想法得到了校长的大力支持。沙金特表示："体育锻炼的目标绝不仅仅是为了体质健康，而是个人在生理结构和功能方面的共同发展。"② 沙金特基于这种思想提出了体育的四个目标。①卫生目标：维持机体各部分、各器官的正常功能，以及研究促进保持健康的一般条件，如运动、饮食、空气以及衣着等。②教育目标：获得某些运动如高尔夫、网球、游泳等所需要的特殊智力和体力。③修正目标：恢复在日常的学习和工作中消耗的精力，使人能在日常生活中精力充沛。④矫正目标：恢复失调的功能，矫正机体的缺陷和畸形。③ 1906年，沙金特出版的《体育》（*Physical Education*）一书，是美国第一本有关体育思想和哲学体系的专著，其完整地表达了他对体育的认识与理解。

（三）毕彻（Catherine Beecher）的学说

毕彻的思想首先体现在女子体育方面，她认为，对于女子来说，体育的重要性与德育、智育不相上下，体育的目标不仅仅是促进健康，更是要实现"健康（health）、体态（beauty）和力量（strength）的综合发展"④。为实现这个目标，她在当时德式体操的基础上进行改良，创建了适合女子的柔软

---

① 〔日〕今村嘉雄：《欧美体育史（第三分册）》，成都体育学院翻译小组译，四川人民出版社，1976，第131页。

② Dudley A. Sargent, *Physical Education*, Boston, Ginn and Co., 1906, p. 296.

③ Dudley A. Sargent, *Physical Education*, Boston, Ginn and Co., 1906, pp. 61–67.

④ Catherine Beecher, *A Manual of Physiology and Calisthenics for Schools and Families*, New York: Harper and Brothers, 1856, p. 5.

体操。她创建的柔软体操简单易行，不需要专门的器械设施与场地，女子随时随地可以进行锻炼，并且为了照顾女子的生理诉求，在保证促进健康、保持优美体态和增强力量的基础上，柔软体操去除了激烈和高难度的练习部分。1856年，毕彻出版了《学校与家庭生理学和柔软体操指导手册》，这本书不仅是她的影响最大的一部著作，并且标志着毕彻的学说从关注女子体育向推动整个欧洲体操的本土化方面转换。由于毕彻所在的时代的大部分体育锻炼方式来自欧洲，几乎没有人在意这些舶来品在美国的适应性问题，毕彻是第一个看到这个问题并为之解决而努力的美国人。[1]

（四）路易斯（Dio Lewis）的学说

路易斯对当时的几种主要体育学说均持反对态度。首先，他反对毕彻的实现"健康、体态和力量的综合发展"的说法，认为力量象征健康和幸福的说法是极端错误的。其次，他反对当时"形式自由的游戏有助于身体机能发育"的自然主义思想，认为教师的引导是最主要的教育元素。并且，在军事训练在体育锻炼形式中占统治地位的当时，他公开表示，军事训练不但不能使机体健康发展，反而容易导致参加者出现关节僵硬等不良症状。最后，对于当时刚刚发展起来的大学竞技运动，他持反对态度，认为这会使身体各部分的负担不均衡。[2] 为解决以上问题，实现"精神与身体均衡发展"的目标，路易斯创建了一套"新体操"，并在1860年的全美教学协会年会上把自己的体育思想和创建的"新体操"介绍给了与会学者，与会学者用了两个多小时的时间观看了路易斯的体操表演，其获得了学者的广泛赞誉，会议最后形成决议，建议当时的所有学校都采用路易斯创建的"新体操"。由此引发的关于体育锻炼形式的讨论引起了所有学者的关注，该问题被认为是历届会议中最重要、最具有现实价值的问题。他的贡献不止于此，1861年，为满足专业体育教师的需要，路易斯在波士顿创办了第一所体育师资培训学校——体育师范学院（Normal Institute for Physical Education）。

---

① D. B. Van Dalen, *A World History of Physical Education*, Englewood Cliffs, New Jersey, California Prentice-Hall, Inc., 1971, p. 389.

② 〔日〕今村嘉雄：《欧美体育史（第三分册）》，成都体育学院翻译小组译，四川人民出版社，1976，第104～108页。

三　美国学校体育的改革与发展

自 20 世纪 90 年代以来，美国约 90% 的大学已开设不分专业的健康与体育课程。美国学校体育在以下几个方面进行了改革。

（一）教学目标

20 世纪 50 年代以来，美国大学体育课程的教学目标大都倾向于体质健康方面。但 20 世纪 70 年代的一次转变，改变了当时学校体育仅仅是为了身体健康服务的思想观念，使美国学校体育的目标朝着教育方面偏转，由此产生了一个新的方向——运动教育（Movement Education，ME）。目标是"通过运动提高学生对于空间、时间、力和质能（mass-energy）关系的理解与控制能力，同时使学生具备欣赏体育比赛的能力，成为明智的体育用品消费者，了解运动与身心健康的关系"[①]。这个目标最初被中小学采纳，后来逐渐推广至大学，但其本质都是让学生在教师的引导下"理解运动"。在它的影响下，学者发现"体育"（Physical Education，PE）一词已经不能完全代表学校体育。从体育和运动教育在目标上的不同可以看出，体育泛指有关身体的教育，而运动教育特指运动中的身体教育。

（二）必修课与选修课的比例

大学公共体育课程的确立虽然得益于哈佛大学的选课制度，但在 1899 年宾夕法尼亚大学第一次把体育课程列为必修课后至"二战"结束，几乎所有大学都效法宾夕法尼亚大学的课程模式，要求一、二年级的学生每周要上不少于 3 个小时的体育课。然而，自 20 世纪 60 年代起，美国大学公共体育课程中的必修课的比例急剧下降，到 1977 年已经减少了接近一半。但从 1978 年开始显著上升，到 2010 年已经恢复到接近 1960 年的比例。造成这种现象的原因是什么呢？从美国体育思想的发展情况可以看出，必修课的比例与体育思想的发展有直接关系。20 世纪 70 年代初，由于运动教育思想的出现，体育的目标由促进体质健康朝着侧重运动教育的方向转变，以学校运动队为主体的校际竞技运动和以体育俱乐部为主要形式的校内娱乐运动开始蓬勃发展[②]，这不仅弱化了大学公共体育课程所强

---

① J. F. Williams, "American Association for Health, Physical Education, and Recreation," *Research Quarterly*, 1959, 30 (4)：504-506.

② 边宇编著《美国体育思想演变与启示》，华南理工大学出版社，2018，第 152 页。

调的促进体质健康的理念，还在形式上降低了大学公共体育课程中必修课的比例。进入20世纪80年代后，体育思想开始朝着促进体质健康的方向回转，大学公共体育课程中必修课的比例随之回升。

（三）课程内容

从20世纪50年代开始，受麦克乐等强调体质健康思想的影响，仰卧起坐、引体向上、立定跳远、举重等以关注体质健康为主的运动项目被广泛采纳。除此之外，以关注健康认知为主的体育理论课程于1932年首次出现，多数学校称之为"体育基础"。1957年，密歇根州立大学设立体育基础课程，其成为第一个设立此类课程的大学。自此至1960年，全国超过1/3的大学设立此类课程。然而，虽然美国学校体育在20世纪70年代增加了一个新的方向——运动教育，但它在内容上没有什么创新之处，强调感受运动和理解运动的理念，所以运动教育其实在一定程度上促进了团队类竞技运动项目成为公共体育课程中的重要内容。从20世纪80年代开始，以健身为代表的个人项目在公共体育课程内容中的比例上升，团队类竞技运动项目所占比重下降。

第二节　美国学校体育的结构、功能与目标

一　美国学校体育的结构

在美国，学校体育被视为一个综合性概念，根据教育阶段的不同，定位和侧重点各有不同。总体上，美国学校体育分为小学、中学和大学三个阶段：小学阶段侧重于技能普及与兴趣培养，中学阶段注重为学生提供专业体育培训和竞赛机会，大学阶段则旨在培养优秀运动员。

（一）小学阶段的学校体育

美国小学阶段的学校体育呈现多方面的"开放"特点[1]，这一特点贯穿课程设计、教学内容、物理空间和社会互动等方面，进而形成了一个多元而协作的体育教育生态系统。

首先，小学阶段的学校体育的"开放"特点体现在课程目标的弹性方

---

[1]　陈莉：《美国小学体育对我国小学体育改革的启示》，《体育学刊》2018年第6期，第112~116页。

面。与强制性的统一课程不同，美国小学阶段的学校体育并没有预先设定统一的目标，而是允许孩子根据自身差异进行发展。这种"开放"特点体现了美国小学对学生个体需求的尊重，鼓励学生差异化发展。

其次，小学阶段的学校体育的"开放"特点体现在课程内容的灵活性和多样性方面。美国学校体育课程没有统一的大纲，教师可以自主设计课程，为学生提供多样的活动选择。每堂课都会包含多种不同的体育活动，让学生根据兴趣和能力选择，这增强了学生的积极性和主动性。

再次，小学阶段的学校体育的"开放"特点体现在物理空间方面。学校体育活动通常使用校外场地，有时学校体育场地会向社会开放，实现资源共享。这为学生提供了更广阔的锻炼空间，也促进了社区与学校之间的互动。

最后，小学阶段的学校体育的"开放"特点体现在社会空间方面，表现为社会组织积极参与。各种社会组织，特别是家委会等，在学校体育事务中扮演重要的角色。其与学校紧密合作，共同推动学校体育资源开放和共享。

美国小学体育课程遵循 SPARK（S 代表 Sport，指体育；P 代表 Play，指玩；A 代表 Active，指积极的；R 代表 Recreation，指娱乐；K 代表 Kids，指孩子们）模式，以娱乐性为主，让学生通过跑、跳、伸展、协调等活动掌握基本的运动规律和技能。课程注重学生的参与和主动性，以激发潜能，而不强调考试或成绩。

（二）中学阶段的学校体育

中学体育课程通常采取选修课的形式，由体育俱乐部或体育部门开设。不同年级和班级的学生可以进行相应的选择：他们可能被统一编班，或者，几个班级的学生同时参加体育课程。[①] 在中学体育课上，学生主要参与自己选择的体育活动，老师通常不再被要求传授技能。初中和高中的体育教育大体上相似。中学阶段的学校体育的主要目标是促进终身竞技技能发展。例如，密尔沃基市的南部高中（Milwaukee South Division High School）配备了先进的体育设施，学生拥有丰富的体育资源，每天下午 3 点以后，学生可以根据兴趣参加由体育俱乐部组织的活动，高水平的学生可以参加校队训

---

① 陈广旭、孔川川、胡贤豪、靳厚忠：《美国学校体育发展现状及其成因分析》，《山东体育科技》2013 年第 2 期，第 96~99 页。

练。虽然中学体育课程在设置时通常不涉及详细的设计要求和规定，但体育课程的实际效果仍然很好。

中学体育课程不仅涵盖多种运动项目，并配备完善的设施，还特别关注学生的身心健康。学生在体育课上通常直接参与活动，而无需排队或进行团体操等练习，教师更注重学生的实际健康效果。中学生对上体育课的热情较高，课堂时间被有效利用。此外，几乎每所高中都设有运动队，如棒球队、足球队、篮球队等，学校之间定期举行比赛，为学生提供了丰富的锻炼和竞技机会。

（三）大学阶段的学校体育

美国大学体育体系有专门机构负责管理，分为娱乐体育部和竞技体育部，以满足学生不同的运动需求。娱乐体育部主要负责课外体育活动，由体育俱乐部组织，满足学生的娱乐需求；竞技体育部则管理大学运动员，专注于竞技训练和比赛。

美国的大学体育课程既包括选修课也包括必修课，教学组织方式通常是灵活的选项课程组织方式。这一方式的实施基于学生的运动兴趣、空闲时间和教师情况等多重因素，学生可以根据自己的需求和兴趣选择喜欢的体育项目、适合的上课时段以及某位教师的体育课。整个课程设置和选择过程都具有较强的自主性，学生可以自由组合课程，以获得最佳的体育教育体验。

二　美国学校体育的功能

（一）掌握学科知识

掌握学科知识一直是传统体育课程设计的主要价值取向，在各种价值取向中居主导地位。[①] 在美国，学生接触的第一个体育课程主要是体操。即使在今天，掌握学科知识仍然是美国中小学体育教育的主导方向。这一功能表明，体育课程的最大价值在于培养学生掌握各种体育运动的技能和进行体育活动，强调学生要熟悉与体育运动相关的知识、规则和策略。[②] 因

---

① 苏树斌：《美国体育课程价值取向对我们的启示》，《体育学刊》2013 年第 2 期，第 58~61 页。

② 王克强：《美国中学体育教学的 5 种价值取向及其实践》，《福建教育》2016 年第 19 期，第 34~35 页。

此，体育课程强调教师对关键知识的教授和学生对相关知识的掌握，采用严格的教学计划和教学大纲。此外，学校亦重点教授学生有关运动的知识，例如运动生物力学、运动生理学等方面的知识。鼓励学生通过理解掌握体育知识，从而提高在体育活动中的表现。教学方法包括进行详细的动作示范与教授学生相关的体育运动策略和竞赛规则。

（二）实现自我价值

实现自我价值的体育课程侧重于以学生为中心，鼓励他们自我管理和自我发展。这种理念的教育强调培养学生自我引导、自我管理的能力。[1] 体育课程旨在将学生培养成为能够独立决策、对自身发展负责的个体。体育课程的目标是培养学生的自主性、自我管理精神和自我发展能力，将授课过程看作一个自我探索、整合的过程。这意味着体育课程中的体育活动和技能练习不仅是一种手段，而且促进了学生的成长，有助于发掘他们的潜能。在这种取向下，个体的独特性被认为比对学科知识的掌握更为重要。体育课程的重点是"做你自己"，要求学生发挥自己的能力。

（三）引导社会重构

社会重构理念将体育功能与社会功能相结合，旨在通过体育教育对社会产生积极影响。这一价值取向的兴起与二战期间所需的全面社会动员密切相关，反映了通过教育对社会未来的责任感。学校和教师应对学生的未来发展负责，课程设计应有助于构建更美好的社会。因此，该取向也被称为社会责任课程取向。从社会重构的角度看，社会需求优先于个人需求，培养学生的实践能力、领导能力、团队协作能力和解决问题的能力是重要目标之一。体育教育的目标还包括培养学生成为遵纪守法的公民，鼓励他们积极参与集体活动、承担团队责任、达成团队目标。体育课程通过强调团队合作与人际交往技能的教授，致力于提升学生的社交能力。[2]

（四）体会学习过程

知识的掌握和学习策略的运用是许多学科的重要内容。鉴于知识的爆炸性增长，学校课程很难涵盖所有重要的知识。因此，体会学习过程强调培养学生的学习策略，以使其养成终身学习的习惯。体育课程的一个重要

---

[1] 全国十二所重点师范大学联合编写《教育学基础》，教育科学出版社，2002，第20页。

[2] K. R. Wentzel, "Social Competence at School: Relation between Social Responsibility and Academic Achievement," *Review of Educational Research*, 1991, 61 (1): 1-24.

目标是教会学生运用所获得的知识和技能，帮助他们学习新的动作和技术。因此，体育课程设计强调进行动作技能分析和系统教学，帮助学生有效地获取知识和技能。体育课程鼓励学生识别新旧技能之间的联系，以应对运动训练中的困难。教师在教学时要分解复杂的动作，并帮助学生掌握独立学习的新技能。

（五）促进生态整合

促进生态整合强调追求个体的生命意义。学校的使命是培养超越个人能力、具有地方成就感和民族自豪感的人。[1] 这一取向将体育课程视为一个和谐的生态系统，各要素之间相互联系、相互影响。从这个角度看，学生在探索个人意义的同时，必须考虑自己所处的生态系统和整个社会。

三 美国学校体育的目标

学校体育在美国的发展中扮演重要的角色，其目标旨在全面培养学生，推动学生拥有健康的生活方式，培养学生具有领导力和团队协作精神，提供平等的机会，并促进学生终身参与体育活动。以德式体操和瑞典体操为主的传统欧洲体育认为，体育的目标就是强身健体，然而，基于自然主义和实用主义哲学的"新体育"则提出体育的目标不仅仅在于促进个体的健康，更要体现个人的社会价值，进行"通过身体的教育"而不是"针对身体的教育"[2]。

（一）促进学生全面发展

美国学校体育的重要目标之一是促进学生全面发展。这不仅包括发展学生在学业上的才能，还强调身体、情感、社交等各个方面的平衡发展。学校体育提供了一个独特的平台，通过各类体育项目，能够使学生具有领导力及团队协作、沟通等社会技能，这些技能在学生未来的职业生涯和生活中起着至关重要的作用。

学校体育还通过体验式教学，培养学生的创造性思维和解决问题的能力。比如，在团队体育项目中，学生需要协调彼此的动作、制定战略，这培养了学生的团队协作能力和解决问题的能力。

---

[1] A. E. Jewett, C. D. Ennis, "Ecological Integration as a Value Orientation for Curricular Decision Making," *Journal of Curriculum and Supervision*, 1990, 5（2）：120-131.

[2] 边宇编著《美国体育思想演变与启示》，华南理工大学出版社，2018，第75页。

（二）培养学生拥有健康的生活方式

培养学生拥有健康的生活方式是学校体育的重要目标之一。体育活动不仅仅是为了锻炼身体，更是为了培养学生终身保持健康的生活习惯。通过参与各种体育运动，学生不仅可以增强体质，还能学到维持健康生活的知识和技能。

学校体育通过安排体育课程和让学生参与校际体育比赛等方式，使学生养成良好的运动习惯。体育活动不仅对学生的身体有益，还有助于培养他们关注健康和对维持自身身体健康拥有责任心。

（三）培养学生具有领导力和团队协作精神

学校体育致力于培养学生具有领导力和团队协作精神。通过参与体育团队，学生学会了如何领导和被领导。在比赛中，他们学会了在压力下冷静思考，做出明智的决策。

团队体育项目培养了学生的团队协作精神。无论是篮球、足球还是棒球，都需要队员之间密切合作。团队协作经验对体育领域有益，相关技能是学生在未来职业发展中所需的关键技能。

（四）鼓励学生终身参与体育活动

学校体育的目标之一是鼓励学生终身参与体育活动。这不仅仅体现为培养学生的体育兴趣，更是通过学生的终身参与，使他们能够在整个生命过程享受体育带来的益处。

学校体育通过提供多样化的体育项目，满足学生的不同兴趣爱好需求，使他们能够找到适合自己的运动方式。这有助于培养学生终身锻炼的习惯，保持积极、健康的生活方式。

（五）强调体育的教育意义

"新体育"理念强调体育的目标在于"通过身体的教育"而不是"针对身体的教育"。这意味着体育不仅仅是为了锻炼身体，更是一种通过身体活动来培养人的思考、合作、创新等多方面能力的教育手段。

学校体育强调体育活动对学生综合素质的提升作用，涉及智力、情感、道德等多个层面。借助学校体育，学生能够更好地理解团队合作的价值，培养自我管理能力，并做到在面对竞争和挑战时保持坚忍不拔的品质。

美国学校体育的目标远远超出了传统的身体锻炼范畴，更注重全面培养学生。促进学生全面发展、培养学生拥有健康的生活方式、培养学生的领导力和团队协作精神、鼓励学生终身参与体育活动、强调体育的教育意义等目标交织在一起，共同使学校体育成为美国教育体系中不可或缺的一部分。这些目标的实现既有助于学生在学业上取得更好的成绩，也为他们未来的生活奠定了坚实的基础。

第三节　美国体育教学

一　美国体育教学目标

由于美国是一个典型的地方分权制国家，各州有权制定自己的教育方针、政策，全国没有统一的教育目标，关于体育教学目标的提法，各州不尽相同。但美国各州的体育教学目标总体上大致可以分为以下三部分[1]：①发展身体，包括发展技术和发展体能；②让学生养成终身参与体育活动的习惯；③培养学生对体育的良好态度。

各州的目标更加细化。例如，纽约州中小学体育教学的总目标是"培养个人的生活技能"，具体目标是：①增强体质；②激发积极性与主动性；③培养合作精神；④培养开拓精神；⑤培养人际交往能力；⑥进行安全教育；⑦学会妥善处理领导与被领导的关系；⑧培养相互尊重的良好品德。加利福尼亚州中小学体育教学的具体目标是：①矫正不良体态；②增进身体各器官机能；③训练神经肌肉系统；④提高肌肉耐力和协调能力；⑤促进身心和谐发展；⑥正确认识合作、自制、恭敬、勇敢等品质的价值；⑦养成健康的生活习惯；⑧确保学校与运动场地设施安全和进行科学的管理。

尽管各州的体育教学目标各不相同，但本质上都是通过体育促进学生在身体、认知、社会以及情感四个方面全面发展。

二　美国体育教学设计

美国中小学和大学的体育教学设计（涵盖了不同年级、不同水平）可总结为以下几个方面。

（一）小学体育教学设计

小学体育教学设计分为四个主要方面。第一是培养学生基本的活动能

---

[1]　曲宗湖、杨文轩主编《域外学校体育传真》，人民体育出版社，1999，第213页。

力，如跑、跳、转动等，让学生了解身体在空间中的位置，具备初步的空间感知能力，这是幼儿园到小学二年级最重要的目标。第二是向学生传授基本的运动知识，包括如何运动、身体具备的运动方面的能力以及与健康、健身相关的知识等。第三是教授竞技体育的基本技术、技能以及与竞技体育相关的知识，一般从小学四五年级开始。第四是引导学生参与健身性的体育活动，向三年级以下学生教授游戏、体操、韵律舞蹈；引导四年级至六年级学生继续学习低年级的内容，同时，体育课程增加一些结构性更强的游戏，并且加强学生对运动项目的学习，当然也要让学生学习一些简单的生理卫生知识，增强学生参与户外活动的能力。

（二）中学体育教学设计

中学体育教学设计大致可以分为三个方面：终身体育教育、竞技体育教育以及健身和身体活动的教育。[①] 布切尔曾把中学体育教学内容分为七大类：集体项目（篮球、排球等）、个人和双人项目（网球、羽毛球、高尔夫、马术等）、舞蹈和节奏运动（交际舞、现代舞等）、水上运动（跳水、游泳等）、冰雪运动（滑雪、滑冰）、体操（技巧体操、器械体操）、其他（野营、室外体育活动等）。由于每个州的要求不同，在中学，有的州要求学生每天都要上一次体育课，并且要保持四年。有的州只要求学生在前两年必须上体育课，后两年可选修。但不管怎样，体育课是与毕业息息相关的，想要拿到毕业证就必须上体育课。

（三）大学体育教学设计

大学体育教学设计分为必修和选修两个方面。对于选修，选修课程包括免费选修课程和收费的健身俱乐部选修课程。大学体育教学内容主要集中在健身、舞蹈和水上项目等领域。此外，户外探险和东方养生等内容也备受欢迎。[②] 这些内容旨在为大学生提供多样性的体育体验，培养他们的健身能力，促进身体健康。

综合来看，美国的体育教学设计涵盖不同年级和学习阶段，旨在培养学生的综合体育素养，包括基本运动技能、竞技体育技能、终身体育参与能力以及与健康和身体活动相关的知识。这种多样性和灵活性的教育设计

---

① 曲宗湖、杨文轩主编《域外学校体育传真》，人民体育出版社，1999，第215页。
② 姜志明：《美国学校体育教学内容体系研究》，《运动》2017年第3期，第82~84页。

能够满足不同年龄段学生的需求，能使他们终身受益。

三 美国体育教学评价

体育教学评价是指对体育教育中学生的学习成绩、技能水平、身体素质、参与态度和整体绩效等方面的定量、定性分析和评估过程。它的目的是评估学生在体育教育中所达到的学习目标和绩效，以便教育者和学生本身能够了解他们的强项和改进空间，从而促进学生全面发展和身体素质提高。教育改革的核心关注点之一是对课程和学生学习评价的改革。[①] 评价在教育改革中扮演重要的角色，不仅仅是为了追踪教育责任，更被视为教育过程中不可或缺的部分。[②]

在以德式体操和瑞典体操为主的时代，为了反映学生的体质健康情况，体育教学评价的指标以单一的体力测试为主。然而，随着竞技体育的盛行，一些学生运动员成为美国体育界的佼佼者，但他们在学校的体力测试的表现往往不尽如人意。这种现象让人们开始怀疑体力测试这一单一评价指标的权威性。

随着"新体育"对学校体育目的和内容的重新诠释，学校体育测评指标由单一评价指标向多维评价指标转变。其中，单一评价指标——体力测试的创建者沙金特也意识到了该指标的局限性，如体力测试并不能反映被测试者的肌肉耐力与速度。于是，1902 年，沙金特基于柔软体操练习者的体力、耐力等综合素质设计了新的测试方案，这标志着体育传统的单一评价指标时代的结束和体育测试新时代的来临。自此之后，体育教学评价开始朝着重视多维的体能和技能的方向发展。正如克拉克所言，"体育教学评价已经成为体育行政管理的一个独特的方面，因为其通过获取学生的基本情况，有效地帮助学校制订和推行各种体育计划"。[③]

自 20 世纪 80 年代以来，美国开始出现持续的基础教育改革运动，提出了不同于传统的评价思想和方法，即替代性评价思想和方法。替代性评价

---

① 蔡永红：《当代美国另类评量的改革》，《比较教育研究》2000 年第 2 期，第 18~22 页。

② American Alliance for Health, Physical Education Recreation & Dance, *Physical Education for Lifelong Fitness*, Human Kinetics, 1999, pp. 234–236.

③ H. Harrison Clarke, *The Application of Measurement to Health and Physical Education*, Englewood Cliffs, N. J. Prentice-Hall, Inc., 1946, p. 321.

思想和方法是指采用不同于传统的纸笔测试、多选测试等手段获得的学生学习表现的所有技术与方法。[①] 1999 年出版的中小学教科书《终身体育适能》列举了八种不同的体育教学评价方法。另外，美国学者 Lund 指出，除传统的评价方法之外，短文写作、口头演讲、展示和学习档案四种方法都可以评价学生的体育学习情况。[②] 目前，美国体育教学评价中的替代性评价方法主要有以下几种：①学习档案；②日志；③角色扮演；④健康测试；⑤书面表达；⑥口头陈述；⑦展示；⑧讨论。

四　美国体育教学过程与原则

（一）体育教学过程

体育教学过程的理论依据包括：学生身心发展规律、认识活动的规律、动作技能形成规律、人体机能变化规律、人体适应性规律、思想品德形成规律等。根据以上规律，美国学者提出了掌握动作技能的教学程序，其分为学生的活动和教师的活动两个方面[③]。

首先是学生的活动：①了解学什么并愿意去尝试；②鉴别外界有关的刺激因素；③系统地制订练习计划；④做出反应（进行练习）；⑤注意练习效果；⑥修改练习计划；⑦再进行练习。

其次是教师的活动：①提出教学任务，激发学生的学习动机；②提出教学要求和进行教法提示；③帮助学生制订练习计划；④教会学生完成动作；⑤进行评价，即提供适当反馈；⑥根据反馈信息，帮助学生调整计划；⑦在进行评价后，再给予反馈，帮助学生修改计划，直至取得成功。

（二）体育教学原则

1. 全面发展原则

美国体育教学以全面性体育教育为基石，致力于培养学生的身体、情感、智力和社会等各个层面的素质。全面发展原则要求超越简单的运动技能培养，实现学生在各个方面的全面提高，旨在打造健康、积极、具有综

---

① 张建华、杨铁黎：《当代美国体育教学评价的改革》，《天津体育学院学报》2002 年第 1 期，第 64~67 页。

② Jacalyn Lund, "Authentic Assessment: Its Development & Applications," *Journal of Physical Education & Recreation & Dance*, 1997, 68（7）: 25-28.

③ 曲宗湖等编著《几个国家学校体育的比较》，北京体育学院出版社，1987，第 62 页。

合能力的个体。

2. 个体差异原则

由于认识到学生在体格、兴趣、认知水平等方面存在多样性，因此，美国的体育教育采用差异化的教学方法，包括教学策略的差异化、目标设定的差异化和评价的差异化。这种方式可以满足每个学生的独特需求，确保他们在体育课程中获得积极的体验和实现全面发展。

3. 健康教育原则

健康教育是美国体育教学中的一个重要组成部分，健康教育不仅关注身体健康，还重视心理健康和社交健康。学生通过健康教育课程学到关于饮食、运动、心理健康、药物滥用、性健康等方面的知识，以全面了解健康的意义和实现健康发展。并且，健康教育强调实践导向，鼓励学生将所学的知识运用到实际生活中。

4. 终身运动原则

美国的体育教学着重于培养学生对终身参与体育活动的兴趣，鼓励学生积极参与体育活动，保持活跃的生活方式。终身运动原则要求学生不断提升运动技能，以满足不同年龄和生活阶段的需求。

第四节　美国体育课程

一　美国体育课程概述

体育课程是学校体育教育的核心组成部分，旨在通过有计划和系统的体育活动促使学生在身体、情感、智力和社会适应等方面全面发展。它不仅仅是一种锻炼身体的手段，更是一种可以培养学生团队协作精神、领导力和体育道德的教育形式。随着社会对健康意识的增强和体育科学的发展，美国的体育课程逐渐从重视对学生的简单的体能训练演变为注重培养学生具有全面的素质。

体育课程的多样性体现在足球、篮球、棒球、橄榄球、游泳、田径等丰富的运动项目上，其为学生提供了全方位的运动体验。除了运动技能的培养外，体育课程还包括健康和健身教育方面的内容，涉及身体健康、营养和心理健康等方面的知识。这不仅有助于学生维持身体健康，还提高了其对健康的整体认识水平。

体育课程的重要性在于促进身体健康、培养学生的社交技能和团队合作能力，使学生能够在体育运动中获得实际而全面的发展。这为学生提供了一个全面成长的平台，培养了未来社会所需的积极、健康、具有团队合作精神的人才。美国体育课程体现了一种注重培养学生具有全面素质的教育理念，使学生在全球竞争激烈的环境中更具竞争力。

二 美国体育课程模式

近年来，美国比较典型的体育课程模式有四种，分别是：竞技体育模式、社会责任模式、体育健身模式和学科联合模式。

1. 竞技体育模式

该模式是由俄亥俄州立大学的西登托普首先提出来的，其特点是专注于少量竞技体育活动，并花费较长时间教授，以达到较高的技术水平。并且，竞技体育模式不仅仅教授学生某项活动的技术部分，也教授学生项目的知识、背景、礼仪、裁判方法等。另外，对竞技体育模式的评价采用多方面的综合评价方式，通过这种模式，学生不仅能够学会技术，通过参与体育活动提高健康水平，还能在竞技活动中学会同伴合作、计划和管理、组织比赛、裁判规则以及尊重传统等各方面的知识。竞技体育模式在欧洲、澳大利亚和美国都进行过实践并取得了巨大的成功。学生基于兴趣参与体育活动，并且深入学习。正如西登托普的一个著名的理论所言，"娱乐是发自内心的，为了要娱乐身心，我们首先要做自己愿意做的事情"①。

2. 社会责任模式

海尔森提出的社会责任模式主要是让学生对自己和社会负责。当时，在美国的很多大城市，不少孩子存在或大或小的社会问题。社会责任模式就是为了吸引孩子参加体育活动，在运动中改善行为模式，从而变成对社会有用的人。那么该模式是怎样实施的呢？体育课程的结构通常是这样的：首先，上课时让学生进行健身练习；之后进行技术练习，从而使技术得到发展；接着，教师会引导学生讨论与社会责任相关的问题，例如如何

---

① 曲宗湖、杨文轩主编《域外学校体育传真》，人民体育出版社，1999，第208页。

在团队中合作、如何在竞争中保持公平、如何应对挑战或挫折。学生们在讨论中发表自己的观点，讨论结束后进行自我反思，反思自己的行为是否符合社会责任的要求，最后向老师求教，得到指导。通过这种循环往复的训练，学生们逐渐增强了处理问题的能力，并且培养了对自己和社会的责任感。

3. 体育健身模式

该模式又称 SPARK 模式，S 代表 Sport，即体育；P 代表 Play，即玩；A 代表 Active，即积极的；R 代表 Recreation，即娱乐；K 代表 Kids，即孩子们。由此可以看出，这是一种娱乐的体育模式。这个模式是由圣地亚哥大学的汤姆·麦肯兹和他的同事共同提出来的。它不仅重视孩子现在参与体育运动，并且重视孩子养成终身参与体育活动的习惯。通过体育运动促进身体健康，并且培养学生积极加强体育锻炼的态度，在体育活动中进行自我调节。这一模式以对健康有益的体育活动为主，并且融入一些与竞技体育活动有关的内容，以便学生可以学习一些竞技体育项目方面的技术。

4. 学科联合模式

该模式将体育与其他学科的内容结合起来，需要其他学科老师与体育老师共同努力，对课程内容进行设计，多用于小学阶段。例如，体育与历史相结合，让学生了解在历史中体育这门学科是如何发展的；体育与语文相结合，让学生阅读一些体育方面的读物，这样既可以培养学生的阅读能力，又可以让其掌握更多的体育知识；体育与生物相结合，让学生认识到体育锻炼对身心健康的作用以及面对日常生活中的压力时体育锻炼所起的积极作用。

第五节　美国体育教师

一　美国体育教师工作概述

美国学校体育强调"以学生为中心"的理念，注重培养学生的文化认同、价值观等[1]，用多样化的教育策略培养学生的运动能力和习惯。体育教

---

[1]　张冬：《基于强互惠理论视角探析美国学校体育和竞技体育依存及启示》，《广州体育学院学报》2017 年第 2 期，第 34~38 页。

师是学校体育理念的直接践行者，在这一理念的指导下，体育教师的专业水平备受重视，不仅涉及专业知识和技能，还涉及职业道德、教育理念等多个标准的要求。因此，在美国从事学校体育教育的教师必须具有高学历以及专业技能。

在课程设计方面，首先，体育课程应被视为身体活动的重要组成部分，并根据教育目标和当地实际情况来选择适当的体育活动。其次，体育教师会考虑学生的兴趣，调整课程，增减活动，以培养学生的运动动机，确保每位学生都能在体育课程中找到乐趣。

除此之外，体育教育强调学生的个体差异，提倡个性化教学。教师会关注学生对不同活动的兴趣，将学生的兴趣作为安排课程内容的依据。在实践中，体育教师还会鼓励学生参与社区体育活动，促进学生在社会环境中健康发展。

二　美国体育教师的职业素养

体育教师是塑造学生体育素养和健康习惯的关键人物，他们的职业素养对学生的全面发展至关重要。职业素养旨在确保体育教师具备专业的知识、技能以及良好的职业道德，以下将介绍体育教师的六个职业素养。

1. 深刻理解体育领域的科学和理论知识

体育教师需要深入理解体育相关的科学和理论知识，包括生理学、生物力学、运动学、心理学和行为理论等。他们应能够运用这些知识来指导熟练运动和身体活动，并具备对体育教育历史、哲学和社会视角的认知，以便更好地分析影响运动技能和表现的关键因素。

2. 掌握运动技能

作为经过专业教育的体育从业者，体育教师应能够在多种身体活动和运动模式中展示运动技能，并保持健康的体能。这不仅是教学的基础，也是向学生传达熟练动作和健康理念的关键。

3. 制订计划并实施

体育教师应能够设计符合教学目标和标准的课程内容。计划需要与地方、州和国家的标准相符，以确保受过体育教育的学生不断发展。他们需要制订短期计划和长期计划（与学生的需求相适应），并制定可衡量、发展适宜的、基于绩效的目标。此外，他们还需设计与课程目标一致的内容，并使学生获得积极、公平、公正的学习体验。

4. 进行教学与管理

体育教师必须运用有效的沟通与教学策略[①]，以增强学生的参与感和学习动机。这包括在各种教学形式中让学生展示有效的语言和非语言沟通技能，进行教学反馈，以及为学生营造有效的学习环境。此外，他们还需要实施相关策略，帮助学生在富有成效的学习环境中展现负责任的个人和社会行为。

5. 促进学生学习

通过反思和评估，体育教师能有效地促进学生学习，并为教学决策提供依据。他们应当选择或创建适当的评估方式，对学生的学习情况进行全面的评价，并在教学前、教学中和教学后采用多种合适的评价方式。反思是提高教学质量的关键，因此，他们应定期反思个人绩效情况、学生学习情况、教学目标和决策执行情况，不断改进。

6. 具备专业性

体育教师应具备成为有效专业人员所必需的条件。这包括对所有学生都能成为受过体育教育的个体的信念，让学生积极参与需要协作、实现专业成长和发展的活动，示范高素质的且具备职业道德的行为，以及以尊重的方式与学生进行沟通。

体育教师的职业素养能够确保他们以高质量的体育教育培养运动员和促进学生全面发展。这不仅对体育教师自身的职业发展至关重要，也对学生的教育和体育素养的提高具有积极的影响。

三　美国体育教师的专业发展

教师的专业发展在教育领域被视为提升教育质量和推动学校变革的核心环节，具有重要意义。[②] 研究证明，教师专业发展不仅对教师个体管理情绪、丰富专业知识和提升技能具有积极作用，还能够提高学生的学习效率

[①]　张国猛、陆玉林、叶瑛:《中小学体育教师职业能力指标确定依据的研究》,《山西体育科技》2013 年第 3 期，第 37~42 页。

[②]　潘凌云、王健:《从客体性、主体性到主体间性——当代体育教师专业发展的范式更迭与融合》,《西安体育学院学报》2012 年第 2 期，第 129~133 页。

和学习成绩。①

在美国，教师专业发展培训对于新教师和经验丰富的教师同样至关重要。然而，各个州对于是否提供或要求体育教师参加专业发展培训的态度存在较大差异。自 1997 年发布《体育教育报告》以来，全美各州对体育教师专业发展培训的关注程度出现波动，但总体状况相对良好。其中，在 2001 年和 2010 年，已有 45 个州（占 90%）明确认识到体育教师专业发展培训的重要性。然而，由于在提供支持方面面临挑战，各州的态度并不乐观。

尽管越来越多的州为体育教师专业发展培训提供了多样化的支持，包括资金支持、费用报销、工资增加和荣誉奖励等，但总体比例相对较低。在 2010 年，有 6 个州提供支持；在 2012 年增至 10 个州；到了 2016 年，32 个州（占 64%）提供了不同程度的支持。这激励了体育教师积极参与专业发展培训，有助于提升体育教师队伍的素质。

总之，近 30 年来，美国各州要求体育教师参加专业发展培训的态势出现波动，有些州仍未形成一致的观念，未能充分认识到体育教师专业发展的重要性。此外，虽然越来越多的州提供支持，但支持比例相对较低，这可能阻碍体育教师积极参与专业发展培训，从而对其专业能力提升和高质量的体育课程建设产生不利影响。

第六节　美国学校课余体育

一　美国学校课余体育的概念

课余体育，又称校外体育，指的是学生在校园体育课程之外的时间，通过身体练习等方式，参与旨在发展身体、增强体质、娱乐身心以及提高运动技能等的身体活动。它是学生体育教育的重要组成部分，在素质教育框架下具有关键地位。在美国，课余体育活动与正式的体育课程都是塑造学生身体、增强学生体质、丰富校园生活、培养学生体育兴趣以及发展个人体育爱好的重要途径。

---

① S. K. Lenka, R. Kant, "Emotional Intelligence of Secondary School Teachers in Relation to Their Professional Development," *Asian Journal of Management Sciences and Education*, 2012, 1（1）: 90-101.

对于课余体育活动，不同年代有不同的定义。在美国，课余体育活动被视为学校体育教育的重要组成部分，与体育课堂教学一同构成了整体的学校体育教育体系。Siedentop 在《体育教育：通过积极的体育体验提高体育教育质量》中指出，课余体育活动通过让学生积极地参与体育运动，旨在培养学生的社会责任感和全面发展的素质。[1] Rink 在《以学习为中心的体育教育》中提到，课余体育活动可以通过结构化的设计和实施，帮助学生在竞争与合作中培养解决问题的能力，并增强对自己和社会的责任感。[2] Pangrazi 在《小学儿童的动态体育教育》中进一步强调，课余体育活动不仅是学生在课外进行身体锻炼的途径，更是满足学生多种身心需求，促进身体、心理和社会适应能力和谐发展的重要手段。[3]

美国的体育教育不仅限于课堂教学，更注重开展丰富多彩的课余体育活动。根据美国专家的统计，约有 86% 的中小学生参加课余体育活动。这些活动包括班级课外活动、跨学校的校际课外活动（其中包括各类校际运动会），以及根据学生运动兴趣自发组织的运动俱乐部活动。每周，美国 5~12 年级学生平均参加 12.6 小时的课余体育活动。美国的大学课余体育活动主要依托各类体育中心和健身中心，以正式和非正式的校内体育竞赛计划为基础，促进户内和户外休闲性体育活动发展，个人和团体进行健身训练，同时积极推动校内外体育活动的整合。美国的课余体育活动管理和运行方式不仅关注校内活动，还鼓励家庭、社区等多方面参与。[4]

总结来看，课余体育活动在塑造学生的身体、增强学生体质、丰富校园生活、培养学生的体育兴趣等方面扮演重要的角色。美国的实践经验表明，课余体育活动的开展需要多方面的支持和合理的整合，以满足学生多样化的需求。

[1]　D. Siedentop, *Sport Education：Quality PE through Positive Sport Experiences*, Champaign, IL：Human Kinetics, 1994.

[2]　J. E. Rink, *Teaching Physical Education for Learning*, New York：McGraw-Hill, 2013.

[3]　R. P. Pangrazi, *Dynamic Physical Education for Elementary School Children*, San Francisco：Pearson/Benjamin Cummings, 2019.

[4]　B. J. Cardinal, F. M. Powell, M. Lee, "Trends in International Research Presented through the Research Consortium of the American Alliance for Health, Physical Education, Recreation and Dance (1965–2008)," *Research Quarterly for Exercise and Sport*, 2009, 80（3）：454.

二　美国学校课余体育的功能

学校课余体育不仅向学生提供了锻炼身体的机会，而且在多个方面发挥积极的功能。

（一）强健身体的功能

青少年的身体健康是其全面发展的重要基础。没有健康的体魄，其他能力的培养都会面临挑战。根据《美国学校体育与体育教育标准》[①]，学校体育的核心目标之一就是通过课余体育活动促进学生身体健康，培养健康的生活方式。通过参与课余体育活动，学生可以养成良好的生活习惯，包括定期锻炼、均衡饮食、合理作息和注意个人卫生，从而增强健康意识和体质。这有助于减少久坐行为、维持积极的心态，提高学生的健康水平。此外，课余体育活动还能帮助应对青少年体能水平下降的问题，包括增强耐力和力量等。

（二）普及体育知识和技能的功能

通过课余体育活动的推广，可以增加和提高学生的体育知识和技能水平。这种活动通常门槛较低，自由度较高，可以吸引更多的学生参与。此外，活动时间相对较长，可以让学生充分锻炼并学习。这有助于学生更深入地了解体育知识，提高技能水平。

（三）培养体育人才的功能

课余体育活动是体育课堂教学的有益补充，为学生提供了重要的平台。这些活动有助于进一步培养学生的运动能力，包括基本运动能力和专项运动能力。此外，它有助于提高学生的技战术水平和心理能力。这为学生奠定了终身参与体育运动的基础，也有助于培养和发掘体育人才。

（四）进行素质教育的功能

课余体育活动有助于实现素质教育的目标，促使学生德、智、体、美、劳全面发展。这些活动有助于培养学生的体育精神、体育道德和体育品格，包括自尊、自信、公平、正义和文明礼貌等。课余体育活动也有助于改善

---

① NASPE（National Association for Sport and Physical Education），*Moving into the Future：National Standards for Physical Education*，Reston，NASPE Publications，2004.

人际关系，提高学生的社交能力，培养学生适应社会环境的能力。[①]

（五）进行文化建设的功能

体育是一种文化，而学校课余体育活动有助于传播和建设体育文化。投资和建设体育设施，举办各类体育比赛、体育节等，都有助于形成学校体育文化。此外，课余体育活动可以增强学校体育的软实力，培养学生在体育方面的文化素养。综合考虑"软""硬"因素，有助于营造积极的学校体育文化氛围。

综上所述，学校课余体育具有多重功能，不仅可以增强学生的体魄，还有助于普及体育知识、培养体育人才、推动加强素质教育和建设体育文化。

三　美国学校课余体育的形式

在美国，学校课余体育活动呈现多样化特征，尽管各学校具有各自的特色，但总体上可以将活动形式分为三类：班级课余体育活动、校际课余体育活动和运动俱乐部体育活动。[②] 以下对这三种形式进行详细描述。

1. 班级课余体育活动

这一形式是在学校内部组织的，主要面向同一班级的学生。在班级课余体育活动中，学生将在校园内进行各种体育活动，以提高班级内学生的体育技能和促进团队合作。

2. 校际课余体育活动

这一形式涉及不同学校之间的体育交流。它包括传统的项目竞技、体育联欢以及校际运动会等。在这种情况下，学生有机会与其他学校的同龄人竞技，这促进了校际体育合作与竞争。

3. 运动俱乐部体育活动

这种形式是为了满足学生的个人兴趣和特长而设立的。学生可以根据自己的运动特长和兴趣，自由地选择加入不同的俱乐部，接受有组织的训练和比赛。这包括各类专项俱乐部，涉及足球、篮球、排球、棒球、橄榄球和长跑等。

[①] 钟秉枢：《体育运动与现代人格塑造——重新认识体育在人才培养中的重要性》，《武汉体育学院学报》2007 年第 10 期，第 1~5 页。

[②] 张迎春：《中、美、日三国学校课外体育活动比较》，《南京体育学院学报》（社会科学版）2003 年第 4 期，第 113~115 页。

美国的课余体育活动构建了一个完整的三级系统，涵盖班级课余体育活动、校际课余体育活动以及运动俱乐部体育活动。学生积极参与各种项目，包括足球、篮球、排球、棒球、橄榄球和长跑等。此外，家庭体育氛围的营造促进青少年积极参与课余体育活动。学校和政府积极购买体育服务，社区体育指导员在社区内协助学生参与课余体育活动。[1] 这种多方参与的组织管理形式，涉及体育产业的融入、家庭体育氛围的营造以及社区体育的支持，为美国的课余体育活动发展奠定了坚实的基础。

第七节　美国学校体育管理

一　美国学校体育管理概述

美国的学校体育管理体系体现了法律授权、地方分权以及学区（学校）的自治。在"共同核心州标准"的推动下，美国的学校体育课程正逐渐朝着标准化的方向发展。政府指导和行业主导是美国学校体育管理的基本特征，其主要目标是促进学生健康、预防疾病以及减少肥胖问题。[2]

尽管美国宪法缺乏有关学校体育管理的条款，但通过个案立法和对政策工具的运用，如拨款等，联邦政府成功地介入学校体育管理领域。联邦政府介入的手段包括通过议会制定法案、拨款以及总统咨询委员会的倡导。1955 年，艾森豪威尔总统根据美国健康、体育、娱乐与舞蹈联盟的建议，成立了总统青少年体质健康委员会（President's Council on Youth Fitness）。随后，在历届总统的干预与调整下，该委员会现已更名为总统健康、运动与营养委员会（President's Council on Fitness，Sports，and Nutrition，PCF-SN）。该委员会向总统提供咨询建议，并通过拨款、规划和奖励等手段，实现了美国联邦政府对学校体育的干预。[3]

虽然各州的学校体育管理机制各不相同，但它们的共同目标是通过体

---

① 袁勇、张鹏：《美国青少年课外体育活动对我国课外体育运动开展的启示》，《上海理工大学学报》（社会科学版）2016 年第 1 期，第 70~75 页。

② 张文鹏：《美国学校体育政策的治理体系研究》，《体育文化导刊》2016 年第 10 期，第 153~158 页。

③ C. Carson Conrad, "The President's Council on Physical Fitness and Sports," *The American Journal of Sports Medicine*, 1981, 9（4）: 199-202.

育课程培养学生健康的生活方式。在管理小、中、大学体育竞赛方面，美国建立了完善的体育协会，各州大多设有管理学生竞赛事务的机构，形成了各类体育协会主导学生体育竞赛事务管理的体制。美国的学校体育管理机构属于社团主导型机构，确保了对体育竞赛的有效管理。①

行业组织如 NASPE、CEPC 在制定、颁布和修订国家体育课程标准方面发挥关键作用。尽管这些标准不具有法定效力，但它们在各州政府中具有广泛的影响力。美国教育部倡导采取具有挑战性和明确标准的措施，推动体育课程标准化。

在各方力量的推动下，美国的学校体育管理逐渐走向标准化，以应对青少年体质与健康水平下降的问题。这一多层次的治理体系包括政府、行业组织和各州教育机构，它们形成了一个综合性的管理框架。

二 美国学校体育管理政策法规

在美国，教育的管理权由各州政府行使，宪法未明文规定联邦政府管理教育的权限，各州根据本州制定的法律法规管理教育事务，其管理权分别掌握在各州的教育委员会、学区和学校手中。这种地方分权的管理体制同样适用于学校体育，这几乎在各州的法律框架下得到确认。但这并不意味着联邦政府就放弃了对学校体育的管理，联邦政府可以通过议会立法动议、拨款以及总统咨询委员会来实现对学校体育的干预。② 美国教育部就曾呼吁："为了对全体学生负责，所有州和学校都应该采取有针对性的措施，以达到具有挑战性和明确的标准。"③

美国学校体育的管理机制按想要达到的目的可以分为三类：青少年肥胖预防机制、健康生活方式促进机制以及体育课程标准驱动机制。④ 三种机制共同作用以实现学校体育的目标。

总的来说，美国的学校体育政策体系是多层次的，涉及联邦政府、各州政府、地方教育机构和行业组织。它涉及法律、政策、计划、标准和资

---

① 池建：《美国大学体育联合会的指导原则》，《中国体育科技》2003 年第 3 期，第 18~20 页。

② "President's Council on Fitness，Sports，and Nutrition，" http://www.fitness.gov/.

③ "High Standards for All Schools and Students，Everywhere，" http://www.ed.gov/blog/2013/11/High-standards-for-all-schools-and-students-everywhere/.

④ 张文鹏：《美国学校体育政策的治理体系研究》，《体育文化导刊》2016 年第 10 期，第 153~158 页。

金，旨在促进青少年健康、减少肥胖问题，以及开设标准化的体育课程。这些政策工具综合作用，实现了对学校体育的宏观管理。

三　美国学校体育管理的特点

1. 政府与社团合作管理

美国采用政府指导与社团主导相结合的管理模式，这契合美国的政治、经济和文化特点。这种模式在学校体育管理中有着重要作用，有助于确保政府对学校体育政策的制定和执行，发挥引导和监督作用。

2. 联邦政府积极介入

尽管美国宪法将教育权交由各州，但是联邦政府通过制定法律、提案和指南等手段积极介入学校体育管理。这旨在确保国家意志在学校体育改革中得到贯彻，加强对学校体育政策的协调和引导。

3. 具有多元化的管理目标

美国学校体育政策设定了多元化的管理目标，包括肥胖预防、健康促进和减少久坐行为。[①] 这有助于实现政策的广泛认同和支持，反映了社会的多元需求。

4. 具有丰富的管理工具

美国的学校体育管理工具多种多样，包括法律、拨款、补贴、税收优惠、体育教师资格标准、体育周、体育活动月等。这些工具构建了一个强大而多层次的管理工具体系，有助于政策的全面实施。

总体而言，美国的学校体育管理体系具有一定的可借鉴性，特别是在政府与社团合作管理、多元化的管理目标和丰富的管理工具方面。这为其他国家提供了有益的经验和启示，其他国家可以根据自身国情和需求，借鉴美国的成功实践，推动学校体育的有效管理和发展。

第八节　美国学校体育竞赛体系

一　美国学校体育竞赛发展概况

学校体育竞赛体系作为促进体育和教育深度融合的重要支持和学校体

---

① 张文鹏：《美国学校体育政策的治理体系研究》，《体育文化导刊》2016 年第 10 期，第 153~158 页。

育竞赛科学发展的前提条件具有十分重要的意义。而经过百余年的发展，美国大学校际体育竞赛体系已经形成了一个完备的、高效运转的、系统性的结构，为美国体育事业的快速发展奠定了基础。[①]

（一）中小学体育竞赛

中小学体育竞赛体系以各州中学体育协会为基础。这些协会不仅推动比赛规则标准化，还致力于培养学生的领导力、团队协作能力以及促进学生身体健康。随着学校体育逐渐成为学生全面发展的关键组成部分，中小学体育竞赛在地方社区具有一定影响力。这一阶段的竞赛通常以季节性的体育项目为主，如足球、篮球、棒球、田径等。

中小学体育竞赛的意义不仅在于培养学生的体育兴趣和运动技能，还在于通过比赛培养学生的领导力和团队协作能力。这不仅为学生提供了参与体育竞赛的机会，也为他们塑造积极向上的人生态度奠定了基础。

（二）高中体育竞赛

高中体育竞赛在强调竞技水平的同时，更加注重学业与体育的平衡。学生运动员需要在学业上达到一定的成绩，在确保体育不影响其学业的基础上才能参与体育竞赛。由于招生赛事的崛起，一些私立学校和特殊类型的公立学校越来越注重高中体育竞赛，不仅为学生提供了展示优秀运动项目的平台，也成为一种吸引更多学生从事体育事业的方式。

高中体育竞赛的独特之处在于将学业与体育相结合。学生在参与竞技体育活动的同时，必须保持良好的学业成绩。这种平衡的要求既强调学生全面发展，又培养了他们在高压环境下的应变能力。

（三）大学体育竞赛

经过长时间的发展，美国大学体育竞赛管理体制已经是由美国大学生体育联合会（NCAA）主导，全国大学校际体育协会（NAIA）、全国初级学院体育联合会（NJCAA）等一系列非营利性组织构建的体制。[②] 目前，NCAA已经发展成参赛规模最庞大、学校会员最众多、管理职能最齐全的大学体育竞赛组织机构。这个层次的体育竞赛已经不仅仅是学术机构的一项活动，更是一个拥有巨大商业价值的产业。在市场化的运作下，美国大学

[①]　杨蒙蒙、吴贻刚：《美国大学体育竞赛体系特征及启示》，《体育文化导刊》2021年第5期。

[②]　朱凤军、史为临、顾剑平：《体育发达国家学生体育竞赛管理体制及其相关问题研究》，《成都体育学院学报》2006年第5期，第111~115页。

体育竞赛逐渐成为体育竞赛的核心支柱，形成了巨大的经济效应。

大学体育竞赛在美国具有极高的关注度和极强的社会影响力。NCAA 吸引了大批观众，尤其是橄榄球、篮球等大众体育项目更是成为全美关注的焦点。这种媒体曝光度不仅为大学体育赛事本身带来了巨额的转播权收入、广告收入和赞助费用，也推动了相关产业的发展。大学体育竞赛成为体育产业链的重要组成部分，为学校提供了经济支持，也对推动体育事业发展起到了积极作用。

二 美国学校体育竞赛体系的特征

美国学校体育竞赛体系的独特性在于其多层次、全面性和高度的地方化等方面。在这个庞大而复杂的体系中，竞赛管理体制具有科学性，运动项目具有开展的广泛性，体育与教育和谐共生，等等。

（一）竞赛管理体制具有科学性

美国学校体育竞赛管理方式的有机协调，确保了比赛的有序进行。各州中学体育协会、高中体育联盟以及 NCAA 等在竞赛管理中扮演不同的角色，形成了分层次的竞赛管理网络。这种体制保障了体育竞赛的公正性、公平性，同时也使各地区的文化和特色在体育竞技中得以体现。各州中学体育协会作为地方层次的管理机构，负责制定和执行竞赛规则。这种标准化的规则确保了在不同地区举行的比赛具有一致性，使运动员和教练能够更好地应对各种挑战。同时，规则的制定也考虑到了学生的身体健康和全面发展，注重平衡竞技与安全的关系。高中体育联盟在不同州之间形成紧密的合作关系。这种联盟合作不仅涉及常规赛事的安排，还涉及教练培训、裁判员的选拔和培训等方面。通过联盟合作，各地区能够分享经验，共同解决问题，促进体育竞赛发展，形成更加稳定和成熟的体育竞赛体系。在科学的竞赛管理体制下，相关机构特别注重运动员的权益和安全，制定了一系列规章制度，保障运动员在竞技过程中得到充分的关爱和照顾。这既包括对体育设施的安全要求，也包括对运动员的心理健康的关注。这种关注不仅体现在比赛期间，还延伸到运动员的整个学业生涯。

（二）运动项目具有开展的广泛性

运动项目开展的广泛性表现在对运动项目的多元选择和项目开展的普及程度方面，这种广泛性不仅增加了学生参与体育活动的机会，也丰富了整个体育竞赛体系的内涵。

以学校为基础的体育竞赛体系仍是运动员进入体育领域的主要方式，学校在不同层次开展丰富多彩的运动项目，为学生提供了多元选择的平台。无论是在中学还是在大学，体育竞赛都覆盖了几乎所有常见的运动项目。几乎所有的高中都会开设篮球、棒球、橄榄球、网球、田径等相关课程，这使学生可以根据自己的兴趣和能力，在各类运动中找到适合自己的项目，促进了全体学生在体育领域的广泛参与。而在大学层面，学校必须至少有男女各四个项目的运动校队才有资格加入 NCAA。大学运动校队覆盖了各类体育项目，从传统的篮球、橄榄球到更专业化的游泳、田径等，形成了一个庞大而多样的体育竞赛网络。这种广泛性不仅为大学生提供了更多的参与机会，也为体育文化的繁荣贡献了力量。

除了传统的体育项目外，一些学校体育竞赛体系还逐渐引入一些新兴的体育项目，如高尔夫、七人制橄榄球等。这种创新不仅满足了学生对新鲜感的追求，也推动了体育竞赛体系的发展。新兴项目的引入丰富了体育竞赛的内涵，为学生提供了更多探索和尝试的空间。这种多元选择的特征使学生在体育领域有更广阔的发展空间，也为他们提供了更多发展机会。

（三）体育与教育和谐共生

美国学校体育竞赛体系将教育意义作为其核心价值目标，通过促进学生的全面发展、丰富学生生活的方式实现体育与教育和谐共生。

学校体育将教育意义贯穿整个体育竞赛全过程。不仅仅注重运动员在比赛中的技术和战术表现，更关注他们在比赛外的学业表现。学生运动员在参与体育竞赛的同时，还需要保持卓越的学业成绩，这种全面的关注体现了体育与教育的有机融合，确保学生在体育竞赛中既能培养运动技能，又能保持学业成绩优异。

同时，学校体育竞赛体系将体育竞赛视为塑造学生人格的重要途径。在竞技体育中，学生需要面对胜利和失败、合作和竞争，这为他们提供了塑造性格的机会。学生在团队中学会尊重、合作，同时在个人表现中培养自信和责任感。这种人格塑造的过程使学生运动员不仅在体育竞技方面有所成就，也在品德方面得到提升。

学校体育认识到体育竞赛对学生的终身发展具有深远的影响。通过体育竞赛，学生培养了终身运动的习惯，形成了良好的生活方式。同时，体育竞赛也为学生在未来参与社区体育、业余运动奠定了基础。这种以体育竞赛为基石的终身发展理念，使学校体育不仅仅成为学生在一段时间的经历，更对学生整个生命历程产生积极影响。

（四）运动参与途径多样化

美国中学生参与体育运动的途径十分丰富，首先，每个学校都会开设的体育课程是学生参与体育活动的基础。这些课程旨在普及体育知识，提高学生的身体素质，同时为他们创造了了解不同体育项目的机会。体育课程不仅仅是学业的一部分，更是培养学生运动兴趣、提高整体运动水平的平台。其次，针对有特殊偏好及才能的学生组建的各个项目的校队，除了招收有一定运动基础的学生外，也会招收一些零基础的学生，通过对其进行专业的指导而使其逐步提升技术水平，促进他们在特定领域深耕和发展。除了学校体育项目外，还存在一些营利性俱乐部，它们专门提供体育项目的专业化培训。这些俱乐部通常会聘请专业教练，为学生提供系统的技术指导和让学生进行相关训练。这种形式的参与往往注重个体发展，适用于那些对某项运动有浓厚兴趣，或者为升学做准备的学生。最后，一些社区体育组织，如童子军组织、基督教青年等各单项体育协会每年会组织各种类型的比赛或者训练营，为学生提供多种多样的体育参与方式。[1]

---

[1] 徐文峰、王永顺、胡惕：《试论美国学校竞技体育的特点》，《体育文化导刊》2015 年第 4 期，第 175~178 页。

第二章
英国学校体育

第一节　英国学校体育的产生与发展

英国著名的哲学家约翰·洛克在《教育漫话》中指出，"健康之精神寓于健康之身体"①，并深刻论述了体育的重要作用。英国是一个拥有悠久历史的国家，在世界历史发展的洪流中发挥了举足轻重的作用。早期，英国体育的发展与英帝国的殖民扩张同步，并且相关思想跟随帝国主义的旗帜传播到各个殖民地和自治领地，对世界体育的产生和发展都具有重要的影响。英国学校体育也从公学中不断发展壮大，并逐渐蔓延到全国的大中小学。

一　英国学校体育的历史沿革

综观英国学校体育的历史演进情况，大致可以分为"宗教中的体育：从民间走向校园（19 世纪 30 年代以前）"、"公学中的体育：从无序走向有序（19 世纪 30 年代至 20 世纪中期）"以及"学校中的体育：从混乱走向统一（20 世纪中期至今）"三个发展阶段。

（一）宗教中的体育：从民间走向校园（19 世纪 30 年代以前）

英国娱乐休闲游戏的历史悠久，伦敦市民曾在城堡、教堂、广场上开展踢球、滑冰、射箭、摔跤、抛石头等各种游戏，市民学着骑士的样子在城市周边的广场上举行"比武大会"。娱乐休闲游戏流传于乡间田野、宗教节日、婚丧嫁娶仪式之中，给人们带来无尽的欢乐。② 英国最早的教育活动出现在宗教传播的过程中，并长期受到基督教会的控制和管理。从公元 6 世纪基督教传入到宗教改革的约 1000 年间，英国教会垄断一切有组织的教育。但是，在中世纪的黑暗时期，宗教仍然保留游戏活动。天主教会于 10 世纪

---

① 〔英〕约翰·洛克：《教育漫话》，傅任敢译，教育科学出版社，1999，第 24 页。
② 张新、凡红、郭红卫等：《英国体育史》，人民体育出版社，2019，第 16 页。

建立了英国最早的文法学校，1387 年正式确定"文法学校"这一名称，其成为英国实施中等教育的主要机构。① 中世纪后期，英国贵族十分倡导骑士教育，其主要教育内容是骑士的技艺和礼仪，其根本任务是培养专门承担军事责任的新贵族。所以，体育运动是英国绅士教育的重要内容之一，户外运动和游戏一直发展至今。

（二）公学中的体育：从无序走向有序（19 世纪 30 年代至 20 世纪中期）

英国学校的现代体育教育最早在公学中得到发展，19 世纪中期以前，体育对于大多数公学的男孩来说就是毫无规则、打发时间的娱乐和消遣活动，充满着暴力、混乱和无序。从 19 世纪 30 年代开始，英国公学开启了一系列的制度改革。到了 19 世纪中期，英国学校将板球、足球和橄榄球等团体运动纳入教育教学中，成为学校课程的核心内容之一，旨在激发学生的活力与热情，塑造阳刚的男子汉气质，培养勇敢、睿智和富有荣誉感的军官和士兵，以为帝国的统治服务。与此同时，一些具有前瞻性的校长发现了体育运动的优点，建立起体育课程的规范和形式，体育课程逐渐发展成为公学的常规课程。然而，相比于体育在公学的迅速发展，同期，初等学校的体育仍止步不前。在公学中流行的体育项目尚未出现在初等学校中，初等学校开展的体育项目以枯燥的军事训练和单调的体操为主，这是为了培养工人阶级子女绝对服从和遵守秩序的习惯。直到 19 世纪晚期和 20 世纪初期，在社会改革家等的推动下，体育运动才被纳入英国初等学校并得以普及。②

（三）学校中的体育：从混乱走向统一（20 世纪中期至今）

第二次世界大战期间，英国教育遭受严重破坏。战争结束后，英国政府通过颁布一系列有关教育改革的法令以恢复和重建国家教育。首先，最为重要的是《1944 年巴特勒法》（又称《1944 年教育法》）的颁布。该法加强国家对教育的控制和领导，对中央和地方教育行政体制进行重大改革，设立教育部，其为全国性的教育领导机构；改变以往初等教育与中等教育割裂的双轨制，确立初等教育（5~11 岁）、中等教育（11~16 岁）和继续教育的公共教育体系；实施针对 5~15 岁人口的义务教育。该法促进了英国教育的恢复和统一，为现代英国教育制度的建立奠定了基础，对第二次世

---

① 王保星主编《外国教育史》，北京师范大学出版社，2008，第 132 页。
② 杨松：《19 世纪英国体育运动的发展及其在帝国传播研究》，陕西师范大学博士学位论文，2019，第 109~114 页。

界大战后整个英国教育制度的发展产生了深远的影响。①

英国学校长期以来都没有明确、统一的国家课程标准，直至 1988 年 7 月，英国国会通过了教育与科学大臣贝克提交的教育改革法案——《1988 年教育改革法》。该法案明确了英国国家课程实施的目标，即"发展学生精神、道德、文化、智力和体质；为学生未来的工作生活做好准备"②，制定了具有法律约束力的国家课程标准体系。学生在 5~16 岁的义务教育期间，需要学习核心课程、基础课程和附加课程三种类型的课程。核心课程包括英语、数学、科学；基础课程包括历史、地理、工艺、音乐、体育、美术、现代外语。③ 为了提高英国学校的教学质量，《1988 年教育改革法》改变了以往全国在课程设置方面各行其是的状况，削弱了地方政府的教育管理权，各种类型的课程由此前的地方政府和学校自治状态转向国家统一的状态，课程体系逐渐规范。

在此法案的推动下，英国初步设立了具有权威性和强制性的国家体育课程标准，规定学校体育课程内容包含舞蹈、田径、体操、游戏、野外活动、游泳及水中安全 6 种类型，并根据学生成长不同阶段的身心发展特点划分四个关键学段，每个学段的学习内容存在差别。关键学段一（5~7 岁）以舞蹈、游戏、体操为重点；关键学段二（8~11 岁）要在完成关键学段一所学项目的前提下，完成 25 米的游泳并掌握安全的泳姿；关键学段三（12~14 岁）学生每年必须掌握作为必修课的游戏（含竞技项目），并且至少要学会 4 个运动项目（包含游泳）；关键学段四（15~16 岁）熟练掌握课程中的 1~2 个项目，并详细地记录重要运动项目的学习内容，掌握锻炼身体的方法，养成锻炼身体的习惯。④ 除此之外，1989 年，英国教育与科学部⑤还出台了

---

① 王保星主编《外国教育史》，北京师范大学出版社，2008，第 421~422 页。
② 黄晓灵：《二战以来英国学校体育课程改革述评》，《西南大学学报》（社会科学版）2009 年第 3 期。
③ 王保星主编《外国教育史》，北京师范大学出版社，2008，第 424 页。
④ 曲宗湖、杨文轩主编《域外学校体育传真》，人民体育出版社，1999，第 170~171 页。
⑤ 英国教育部的名称自 1944 年成立以来经历了多次变化：1944 年，英国教育部（The Department of Education）；1964 年，英国教育与科学部（The Department of Education and Science）；1995 年，英国教育与就业部（The Department for Education and Employment）；2001 年，英国教育与技能部（The Department for Education and Skills）；2007 年，拆分为英国儿童、学校与家庭部（The Department for Children, Schools and Families）和创新、大学与技能部（The Department for Innovation, Universities and Skills）两个部门；2010 年，英国教育部（The Department for Education）。

《体育（5~16 岁）》（Physical education from 5 to 16）。该文件是"课程问题"（Curriculum Matters）系列文件中的一个，旨在基于《1988 年教育改革法》促进对国家体育课程目标和内容的深入探讨。[①]

在此之后，英国基于不同时期的背景、社会发展状况和教育问题，前后数次修订和完善国家课程标准，先后颁布了 1991 年、1995 年、1999 年、2008 年（适用于中学阶段）和 2013 年五个版本的《英国国家课程标准》[②]，每一次修订都旨在推动英国学校教育实现更高质量的发展。下面，我们将对 1995 年、1999 年和 2013 年《英国国家课程标准》中的体育部分进行详细的分析和探讨。

1. 1995 年《英国国家课程标准》：优化教学内容

1993 年，英国发布了《1993 年迪林报告》（Dearing Report 1993），其对国家课程的实施状况进行全面调查，探讨当时教育存在的问题并提出具体解决措施。随后各学科课程标准据此进行修订，修订后的国家体育课程标准于 1995 年秋天开始实施。本次课标的修订压缩了课程内容，改进了评价体系，增强了课程内容和评价的灵活性，削减了学习计划中的必修运动项目，在关键学段一（5~7 岁），体操、舞蹈和球类运动是必修课程；在关键学段二（7~11 岁），除上述 3 项运动外，可以从游泳、田径、野外运动中选择 2 项。[③] 除此之外，足球、无挡板篮球、曲棍球、橄榄球等运动都被统称为球类运动，这进一步扩大了学生体育课程的选择范围。

2. 1999 年《英国国家课程标准》：具化评价水平

1999 年，英国教育与就业部和课程审查局联合发布中小学各门课程标准。为了发现政策实施过程中出现的问题，政府依据往年修订的国家体育课程标准访问学校，会见教师，公开听取群众意见，对当时的体育课程标准进行进一步的改革。体育课程标准将课程目标具体化为难度递进的水平一到水平八 8 个普通水平（Level）和 1 个卓越水平（Exceptional Performance），将体育课程内容划分为舞蹈、田径、体操、球类、野外运动、冒险运动、

---

① "Physical Education from 5 to 16," https://education-uk.org/documents/hmi-curricmatters/physical.html.

② 季浏、尹志华、董翠香主编《国际体育与健康课程标准解读》，华东师范大学出版社，2018，第 48 页。

③ 张建华、高嵘编著《国内外体育课程发展与改革》，广西师范大学出版社，2015，第 83 页。

游泳 7 种类型。在关键学段一（5~7 岁），舞蹈、球类、体操是必修课程，游泳课程从中单独分离出来；在关键学段二（7~11 岁），必修课程与关键学段一相同，可以从剩下 3 种类型中选择 2 种作为选修课程，但是，在游泳尚未达到 25 米的标准的情况下，游泳仍是学生的必修课程；在关键学段三（11~14 岁），除球类仍是必修课程外，学生需要从剩下的 5 项中至少选择 1 项；在关键学段四（14~16 岁），没有指定的必修课程，从 6 种运动中选择 2 项即可。① 在此之后，英国于 2008 年再次对中学阶段的国家课程标准进行修订，小学阶段的国家课程标准则一直沿用至 2013 年。

3. 2013 年《英国国家课程标准》：细化教学内容与目标

2011 年，英国开启了新一轮国家课程标准改革，旨在进一步完善国家教育系统，打造世界一流教育。在 2014 年 9 月以前，英国中小学国家课程标准主要依据 1999 年《英国国家课程标准》（小学阶段使用）和 2008 年《英国国家课程标准》（中学阶段使用）。② 在 2013 年的修订中，《英国国家课程标准》规定英语、数学、科学、计算机和体育这五门学科是学生在 5~16 岁期间的必修课程，这意味着在基础教育的四个关键学段，体育都是必修课程，这一做法体现了英国对学校体育的高度重视，有效巩固了学校体育的重要地位。需要注意的是，此次修订明确了体育课程的学习目的、总目标和阶段性目标，并取消了 8 个达成水平目标和 1 个发展性水平目标。此次课程标准的修订较前几次体育课程改革更加系统、具体、完善。在教学内容上注重内在连贯性，根据学生不同阶段的身心发展特点制定符合人体发展规律的体育学习内容；在教学目标上，随着学生学段的增长循序渐进地设置逐渐具有挑战性的教学目标。《英国国家课程标准》于 2013 年 9 月发布并沿用至今，为教材的编写、教师的教学和学生的学习提供了根本依据。

二　英国学校体育的思想变迁

20 世纪中期以来，《英国国家课程标准》的持续统一和完善反映出对不同时期英国学校体育的规范和要求。英国学校体育的思想也发生了变化，

---

① 张建华、高嵘编著《国内外体育课程发展与改革》，广西师范大学出版社，2015，第 86 页。
② 季浏、尹志华、董翠香主编《国际体育与健康课程标准解读》，华东师范大学出版社，2018，第 49 页。

主要体现在以下四个方面。

（一）学生安全始终是学校体育工作开展的前提保障

英国历来就有户外运动的传统，通过对英国国家体育课程标准的分析可以看出，户外运动早已成为英国学校体育必不可少的组成部分。英国学校体育课程标准在不同的学段都支持和鼓励学生参与户外运动或野外冒险活动，因此，英国格外重视对学生生命安全的保护。英国学校通过开设健康教育课程和提升学生自救能力尽可能确保学生生命安全。游泳长期以来都是英国学校体育必修的内容之一，2013 年《英国国家课程标准》更是将学生学会游泳和自救作为一节单独列出，这充分体现了英国对学生水上安全和生命安全的高度重视。

（二）学校体育从注重培养学生的运动技能转向注重培养全面发展的学生

首先，学校体育的思想变迁体现在名称的转变上。20 世纪 50 年代，英国教育部在《制定教学计划》一书中首次将"身体训练"（physical training）这一概念更改为"体育教育"（physical education），这一关键概念的变化可以体现英国学校体育过去所强调的是片面的身体发展功能，而变化后的概念则体现了学校体育要在学生身体功能发展的前提下，强调和突出体育的社会与心理层面的教育功能，重视体育的教育作用，通过体育实现身体、心理、社会的综合教育功能。[①]

其次，学校体育思想的变迁体现在内容和目标的转变上。对运动技能的掌握、体育技战术的运用和体育品德的培养都是学校体育课程的重要内容。从对几十年来英国国家体育课程标准的持续修订和完善可以看出：第一，学校在体育课堂上开展的体育项目呈现多样化和丰富化的发展趋势，学校体育最大限度地为学生提供丰富多样的运动项目选择；第二，国家体育课程标准越来越重视学生对技战术的深入掌握和灵活运用，这也就意味着学生不仅需要知道某一运动该如何做，还需要掌握如何在实际运动情境中合理运用技战术；第三，国家体育课程标准多次强调对学生良好品德的塑造，旨在通过运动让学生形成遵守规则、尊重对手、团结合作、顽强不息等精神品质。

---

① 黄晓灵：《二战以来英国学校体育课程改革述评》，《西南大学学报》（社会科学版）2009 年第 3 期。

（三）让学生养成终身参与体育活动的习惯是学校体育的重要目标

20 世纪 70 年代，受到"终身教育"理念的影响，"终身体育"的理念逐渐在全世界得以传播和推广，也对英国体育产生了深远的影响。1999 年《英国国家课程标准》提到"通过帮助学生形成有关健康的生活方式以及不同的挑战性情景的知识和理解，提高学生的可持续发展能力"[①]。2013 年《英国国家课程标准》提出"养成经常参加体育活动的习惯，过上健康、积极的生活"的课程目标。学校体育课程不仅需要向学生教授健康知识和运动技能，更为关键的是帮助学生找到运动中的乐趣和益处，最终让其养成"终身体育"的良好习惯，使其终身受益。

（四）体育课程修读方式的统一性和多样性相结合

英国学校体育在修读方式上充分体现了统一性和多样性相结合的原则，强调从儿童的活动和经验出发安排各种教学活动，鼓励以学生的能力、兴趣和经验为基础，组织学校活动。例如，针对低年级阶段的学生，英国学校体育主要采用必修课的形式，教会学生具备基本的跑、跳、投等运动能力。到了高年级阶段，学校体育课程则以选修课程为主，学生根据自己的运动兴趣选择 1~2 项运动进行深入的学习，学校充分尊重学生的兴趣爱好和个人需求。

第二节　英国学校体育的结构、功能与目标

本节聚焦英国学校体育的结构、功能与目标。按照时间顺序，将英国 5~19 岁儿童、青少年的学校体育划分为小学、中学和继续教育三个阶段。英国学校体育具有促进学生个人发展和社会发展的功能，同时，对培养学生运动能力、养成运动习惯、参与竞技体育活动、拥有健康积极的生活都发挥重要的作用。

一　英国学校体育的结构

按照时间的顺序，英国儿童、青少年时期的学校体育大致可划分为小学教育阶段体育、中学教育阶段体育、继续教育阶段体育和高等教育阶段

---

① 季浏、胡增荦编著《体育教育展望》，华东师范大学出版社，2002，第 87 页。

体育四个阶段。本节主要聚焦前三个阶段，其中，5~16 岁是英国儿童、青少年接受义务教育的阶段，包含小学阶段（5~11 岁）和中学阶段（11~16 岁）。继续教育阶段的年龄范围为 16~18 岁、19 岁，这一阶段也被称为"第六学级"，通常是为准备升入高等院校的学生准备的。

（一）小学教育阶段体育（5~11 岁）

根据《英国国家课程标准》的要求，小学低年级阶段需要掌握跑、跳、抛、接等基本动作，发展平衡、灵敏和协调能力，并且能用简单的动作模式表演舞蹈。小学高年级阶段需要组合运用跑步、跳跃、投掷和接球的技术动作，开展羽毛球、篮球、板球、足球、曲棍球等运动项目，同时发展柔韧、力量、技术、控制和平衡能力。除此之外，《英国国家课程标准》还要求学生能够在不同的水域进行安全自救。

（二）中学教育阶段体育（11~16 岁）

在中学教育阶段，14~16 岁被称为"普通中等教育证书"（General Certificate of Secondary Education，GCSE）阶段。体育课程包括必修课程和选修课程两种类型，其内容既有理论部分又有实践部分，每周上五次课，每次课的时长为一个小时。通常情况下，选修课程的期末评价中理论部分占 40%，实践部分占 60%。[①]

（三）继续教育阶段体育（16~18 岁、19 岁）

"第六学级"的学习年限一般为 2 年，学生随后参加"普通教育证书"（General Certificate of Education，GCE）考试以决定其是否能升入高校。这一时期的体育课程通常是选修形式的理论课，主要课程内容包含应用解剖、生理学、体育和运动的研究、运动生理学、生物力学、运动心理学、体育运动史和体育运动的比较研究等。[②]

二 英国学校体育的功能

学校体育的功能是指学校体育在个人发展和社会发展中所产生的效益和作用。在个人发展方面，主要是指学校体育对学生发展的促进作用，包

[①] 刘钟泽：《英国学校体育课程设置和特点对我国体育课程设置的启示》，《沈阳体育学院学报》2008 年第 3 期。

[②] 盛晓明：《中国、英国中学体育课程改革与发展的比较研究》，北京体育大学博士学位论文，2004，第 15 页。

含身体素质、体育精神和品德、智力水平和个体社会化等方面。在社会发展方面，主要是指学校体育对国家和社会的发展的促进作用。英国绝大多数中小学将体育置于学校教育体系的重要地位，并高度肯定和重视学校体育对学生身体素质、体育精神和品德、智力水平、社会适应能力以及社会发展的促进作用。

（一）提升身体素质的健身功能

健身功能是学校体育的核心功能，也是学校体育最基本的功能，这是学校体育区别于其他教育活动的主要特征。英国体育课程教学目标与内容体现了循序渐进的原则，在尊重学生身心发展的客观规律的前提下，设计学校体育课程内容，制定学校体育课程目标，科学、有效地提升学生的身体素质。例如，《英国国家课程标准》在关键学段一不提倡学生过早地进行专项化学习，而是重点发展学生的基本运动能力，随着学生年龄的增长，其对于学生运动能力的掌握要求也逐渐提高。

（二）培养体育精神和品德的功能

培养学生体育精神和品德是学校体育的重中之重。首先，学生在参与体育活动的过程中可以体会到不畏困难、挑战自我的进取精神。其次，学生在与团队合作的过程中可以体会到团结合作、合作共赢的团队精神。最后，在体育比赛中，学生可以体会到尊重对手、遵守规则、公平竞争的体育品德。同时，在教师、同伴的引导和鼓励下，学校体育可以帮助学生树立正确的胜负观，培养学生的体育精神和品德。

（三）提高学生智力水平的功能

体育并非简单的、单因素的身体活动，而是复杂的、多因素的活动，一套运动项目往往需要按照一定的顺序和逻辑完成一系列动作。学生在观看体育教师做动作示范时需要运用观察和记忆的能力；在初学技术动作时需要运用分析的能力，分解一整套技术动作，捋清动作顺序及发力方式的改变情况；在比赛时需要思考在不同情境下如何高效运用不同的技战术策略以实现最佳的运动表现。由此可见，体育活动对学生学习能力和逻辑思维能力的提升具有促进作用。

（四）促进学生个体社会化的功能

学校体育是学校教育体系的主要组成部分，其蕴含丰富的学科内涵和独特的育人价值，与其他学科相辅相成，共同促进学生发展。学校体育对于学生个体社会化具有积极的促进作用，通过帮助学生在遵守规则和接受裁判的基础上具备公平竞争意识，形成积极运动行为，接受惩罚等，促进他们具备良好的道德；通过帮助学生发展社会技能，如合作、积极参与等，促进他们的社会化发展；通过让学生在合作性的集体或运动队活动中扮演各种角色，在游戏或比赛时与他人合作等，发展其交往技能。[①]

（五）促进社会发展的功能

群众是国家的细胞，学生是国家的未来和希望，学生的健康关乎国家未来的国民体质。英国政府实施多样化举措推动学校体育和社会体育共同发展，充分开发、利用、整合学校体育和社会体育的资源为全民谋福利，提升国民身体素质，增强人民的生活幸福感。

三　英国学校体育的目标

高质量的学校体育课程促进所有学生在竞赛性运动和其他体育活动中取得优异成绩，并且能够帮助学生培养体育精神和体育品德，养成终身锻炼的习惯。一方面，学校体育课程应为学生提供使其在身体方面变得自信的机会，从而促进健康和发展体能。另一方面，学生可以通过参加竞赛性运动和其他体育活动塑造优良的品行，这些体育活动有助于学生形成公平意识与遵守规则、尊重他人等观念，具体表现在以下几个方面。[②]

（一）培养能力，在广泛的体育活动中脱颖而出

"培养能力，在广泛的体育活动中脱颖而出"是指通过对学校体育课程的学习帮助学生掌握和运用基础的运动能力和专项运动能力，并且通过体育课程使学生的技能水平得到提升，让他们在体育活动中充分展现自己。

（二）养成经常参加体育活动的习惯

"养成经常参加体育活动的习惯"是指通过对学校体育课程的学习激发学生参与体育活动的热情，让其长期坚持参与体育活动，养成终身参与体育活动的习惯。英国政府希望学生先爱上体育，通过运动激活身体感知力，

---

① 季浏、胡增荦编著《体育教育展望》，华东师范大学出版社，2002，第86~87页。

② "National Curriculum in England: Primary Curriculum," https://www.gov.uk/government/publications/national-curriculum-in-england-primary-curriculum; "National Curriculum in England: Secondary Curriculum," https://www.gov.uk/government/publications/national-curriculum-in-england-secondary-curriculum.

为其带来愉悦的价值感受,使其拥有健康的身体。当这种积极的体验积累到一定程度时,动机自然会提升至意志层面,最终促进习惯的养成,使体育锻炼成为学生生活中的一部分。①

（三）参加竞技体育活动

"参加竞技体育活动"是指学校为学生提供参与竞技体育活动的平台,鼓励学生积极参与竞技体育活动,并在竞技体育活动中展示自己的运动能力,收获友谊和快乐。

（四）过上健康、积极的生活

"过上健康、积极的生活"是指学生通过在学校体育课上习得的运动技能和健康知识受益终身,感受健康的生活习惯给生活带来的积极变化,健康、积极地面对生活。

第三节 英国体育教学

体育教学是学校体育的重要组成部分,体育教学质量的高低直接关系到教学效果的好坏。本节聚焦英国体育教学,从英国体育教学目标、设计、过程与原则、方法、评价、本质与特征六个方面展开详细的阐述。

一 英国体育教学目标

2013年,英国颁布新的《英国国家课程标准》,明确将体育与英语、数学、科学和计算机一起列为5~16岁学生每学年必修的科目,这一做法将体育置于学生课程的重要地位,体现了英国政府对学校体育的高度重视和对学生身体健康的密切关注。英国国家课程的结构见表2-1。

表2-1 英国国家课程的结构

	关键学段一	关键学段二	关键学段三	关键学段四
年龄	5~7岁	7~11岁	11~14岁	14~16岁
年级	1~2年级	3~6年级	7~9年级	10~11年级

① 王璐、尤陆颖:《确保体育的核心地位:英国中小学体育课程与政策走向探析》,《比较教育研究》2022年第8期。

		关键学段一	关键学段二	关键学段三	关键学段四
核心课程	英语	√	√	√	√
	数学	√	√	√	√
	科学	√	√	√	√
基础课程	艺术和设计	√	√	√	
	公民权			√	√
	计算机	√	√	√	√
	设计和技术	√	√	√	
	语言		√	√	
	地理	√	√	√	
	历史	√	√	√	
	音乐	√	√	√	
	体育	√	√	√	√

注："√"表示对应学段需要修读的课程。

资料来源："National Curriculum in England：PE Programmes of Study，" https：//www. gov. uk/government/publications/national-curriculum-in-england-physical-education-programmes-of-study。

此外，2013年《英国国家课程标准》还进一步优化和完善了不同学段学生学校体育课程的目标和内容，具体内容如下。

（一）关键学段一（5~7岁）

1. 获得性目标

学生应该发展基础的运动技能，变得越来越有能力和自信，获得广泛的机会以具备敏捷、平衡和协调能力。他们能够在日益具有挑战性的环境下参与竞争（包括与他人竞争和自我竞争）性和合作性的体育活动。

2. 课程内容

（1）掌握跑、跳、抛、接等基本动作能力，使其具有平衡性、敏捷性和协调性，并潜移默化地将这些能力运用到体育活动中。

（2）参与团队合作游戏，运用简单的进攻和防守战术。

（3）能够运用简单的动作模式表演舞蹈。

（二）关键学段二（7~11岁）

1. 获得性目标

学生能够发展更多样的运动技能，学习使用这些技能的不同方式和途径，并将它们联系起来做出一整套动作。他们彼此之间应该进行沟通、合作和竞争，了解在不同的体育活动和运动中提高自己水平的方法和策略，并学会如何正确地评价和认可自己的发展情况。

2. 课程内容

（1）单独或组合运用跑步、跳跃、投掷和接球技术。

（2）开展一些竞技性的运动（例如，羽毛球、篮球、板球、足球、曲棍球、无挡板篮球、圆场棒球和网球），并运用恰当的进攻和防守的基本原则。

（3）发展柔韧、力量、技术、控制和平衡能力（例如，田径和体操）。

（4）能够运用一系列动作模式表演舞蹈。

（5）参加个人或团队的户外和冒险挑战活动。

（6）对比现在与以往的表现，证明自己的进步情况，以达到个人的最佳水平。

（7）游泳和水上安全：至少能在 25 米内，有能力、自信和熟练地游泳；并有效运用一系列泳姿（例如，自由泳、仰泳和蛙泳）；在不同的水域环境下能够进行安全自救。

（三）关键学段三（11~14 岁）

1. 获得性目标

在关键学段一和关键学段二的基础上继续充实和发展学生的知识和技能，他们的技能应该变得更加完善。他们应该更自信和更专业，能够将这些技能运用到不同的体育活动中。他们应该了解如何做才能有更好的运动表现，并掌握如何能将相关方法运用到运动中。他们应该养成在校外和以后的生活中进行锻炼的习惯，培养对体育活动的信心和兴趣，理解体育活动对长期健康的益处并付诸实践。

2. 课程内容

（1）在团队和个人比赛（例如，羽毛球、篮球、板球、足球、曲棍球、无挡板篮球、圆场棒球、橄榄球和网球）中使用一系列战术和策略以战胜对手。

（2）提高在其他竞技项目中的运动（如田径和体操）表现。

（3）在一系列风格和形式中使用高超的技巧表演舞蹈。

（4）参加户外和冒险活动，这些活动会给学生带来智力和身体上的挑战，鼓励学生在团队中合作，彼此间建立信任，培养个人和团队解决问题的能力。

（5）对比学生现在与以往的表现，证明自己的进步情况，以达到个人的最佳水平。

（6）通过社区组织或体育俱乐部参加校外竞技体育和活动。

（四）关键学段四（14～16岁）

1. 获得性目标

学生能够应对复杂和高要求的体育活动，应该参加一系列活动，以提升个人健康水平，养成积极健康的生活方式。

2. 课程内容

（1）在团队和个人比赛（例如，羽毛球、篮球、板球、足球、曲棍球、无挡板篮球、圆场棒球、橄榄球和网球）中使用各种战术和策略以战胜对手。

（2）提高在其他竞技项目（例如，田径和体操）或其他体育活动（例如，舞蹈）中的表现。

（3）参加更具挑战性的户外和冒险活动，这些活动会给学生带来智力和身体上的挑战，鼓励学生在团队中合作，彼此间建立信任，培养个人和团队解决问题的能力。

（4）对比现在与以往的表现，并在一系列体育活动中证明自己的进步情况，以达到个人的最佳水平。

（5）通过社区组织或体育俱乐部定期参加校外竞技体育和活动。

二 英国体育教学设计

体育教学设计是体育教师进行体育教学工作的主要依据，是保障体育教学质量的前提条件。《英国国家课程标准》要求教师在设计和教授课程时要依据设置适当的学习挑战、满足不同学生的学习需求、让学生克服学习困难并对学生个体和学生群体进行评价这三个原则。[①]

（一）设置适当的学习挑战

在《英国国家课程标准》中，不同学段有不同的获得性目标和课程内

---

① 尤凡：《中英基础教育体育课程标准的比较研究》，西北师范大学硕士学位论文，2012，第40～41页。

容，随着学生年龄的增加，其对青少年心理状态、身体能力和认知水平的要求呈螺旋式上升，在每一个学段内，体育教师要根据学生的不同特点设置差异化的学习目标和内容。对于理解能力较好、知识掌握较快的学生，体育教师应该提供额外的教学指导，设置提高性的学习目标。对于领悟能力较差、知识掌握较慢的学生，体育教师需要适当放慢教学速度，设置适宜性的学习目标。

（二）满足不同学生的学习需求

英国是一个多种族多文化的国家，其学校体育教学涉及不同性别、种族、文化、有特殊教育需求和残疾的学生，教学实施体系较为复杂。调查显示，来自底层的英国家庭和黑人家庭的孩子的运动表现活跃程度较低，并且这一现象变得越来越严重。[1] 此外，英国女生参与体育活动的积极性较男生低，且这一差距随着年龄的上升逐渐增大。这就要求体育教师在体育教学设计时要尊重每一位学生的个体差异性，在教学过程中要平等地对待每一位学生，为有不同需求的学生提供有针对性的帮助，并且运用适宜恰当的评价方法客观地评价学生的成长和进步情况。

（三）让学生克服学习困难并对学生个体和学生群体进行评价

体育教学活动是通过身体活动的形式表现出来的。首先，在体育教学设计过程中要充分考虑有特殊教育需求和残疾学生的安全，确保他们健康、快乐地参与体育活动。其次，学校要为有特殊教育需求和残疾学生创造合适的体育教学环境，采用适宜的体育教学设备，差异化地设计体育教学内容和方式，并根据每位学生的实际情况设计适宜的评价标准和评价方式。

三　英国体育教学过程与原则

（一）体育教学过程

体育教学过程是指通过体育教学完成体育教学任务，实现体育教学目标的过程。体育教学过程是在一节课、一个单元、一个学期或一个学年进行体育教学实践的过程。

（二）体育教学原则

体育教学原则是体育教学客观规律的直观反映，是体育教师在体育教

---

[1] "PE and School Sport in England," Youth Sport Trust，https://www.youthsporttrust.org/media/enwncbsg/yst-pe-school-sport-report-2022.pdf.

学设计、组织、实施、评价等环节必须遵守的基本原则。英国国家体育课程标准提出的体育教学原则主要包括以下三个方面。[①]

1. 设置适当的具有挑战性的学习目标

体育教师面对班级内优秀生和困难生要制定不同水平的学习目标，如果在教学过程中设置的学习目标较为简单，那么学生就会失去发现和探索问题的兴趣；如果设置的学习目标较高，那么可能会打压学生的学习积极性。根据维果斯基的"最近发展区理论"，设置适当的具有挑战性的学习目标能够调动学生的积极性，发挥其潜能，帮助学生更好地理解和掌握知识。

2. 满足学生不同的学习需求

首先，在面对不同性别、种族、文化、有特殊教育需求和残疾的学生时，体育教师应认识到给所有学生同等机会的重要性，一视同仁地对待每位学生，杜绝歧视现象。其次，体育教师要因材施教，根据不同学生群体的身心发展特点制定相应的教学方案，满足学生的个性化、差异化、兴趣化需求。最后，对体育课程的学习情况是通过学生的身体活动直接表现出来的，每位学生会由于性别、身高、身体素质等原因有不同的运动需求和爱好，体育教师要充分尊重学生的个体差异性，在进行教学设计和实施时尽可能地满足不同学生的实际需求。

3. 帮助学生克服潜在的学习和评价障碍

第一，在考虑学生不同宗教信仰的同时，为了保证运动的安全性，要考虑进行适当的着装；第二，在关注男女兴趣差别的同时，在分班级组别时不要让男女生固定分开；第三，开发特殊的体育活动有利于照顾特殊学生的学习需求；第四，对于学习能力较弱的学生采用适宜的教学手段和方法；第五，关心和管理学生的卫生情况；第六，在进行成绩评价的同时正确进行水平区分。[②]

四　英国体育教学方法

体育教学方法是体育教师在教学过程中为了完成教学任务、实现教学目标，有计划、有目的地采用的一系列具有技术性的教学方式的总称。英

---

① 季浏、胡增荦编著《体育教育展望》，华东师范大学出版社，2002，第93~96页。

② 张建华、高嵘编著《国内外体育课程发展与改革》，广西师范大学出版社，2015，第88页。

国体育教师进行体育教学时主要采用讲解示范法、提问法、游戏法和引导法。

（一）讲解示范法

讲解示范法是体育教师在体育教学过程中最常使用的方法，该方法能够最直观、有效地展现技术动作，给学生留下深刻的印象。体育教师能够通过进一步分解、示范为学生讲授更加细致的、需要重点关注的技术要领。

（二）提问法

在体育课堂上，教师经常会提出一些稍有难度的问题，让学生进行回答。例如，体育教师检查学生是否能够回忆起跳高每个阶段的技术重点、难点，当教师发现学生在回忆时有错误就会及时纠正。[1] 这有助于教师掌握学生对于知识点的理解程度和检验学生对知识的掌握情况。

（三）游戏法

在培养学生的基本运动能力时，英国体育教师主要通过做游戏或竞技项目发展学生的运动能力和技能，这一教学方法对发挥学生个性和能力有着积极的作用。[2] 学生在做游戏的过程中感受到运动的快乐，能够在轻松愉快的氛围里自然而然地学习运动技能，这有助于增加学生对体育的兴趣。

（四）引导法

引导法是一种由教师主导、以学生为主体的教学方法，它以学生的自发学习为主，倡导学生的自我发现。体育教师在体育教学中首先确定好学习的主题，学生围绕教师提供的主题，讨论、设计、组织和开展相关的体育活动。引导法分为语言引导法和动作引导法，能够激发学生的学习兴趣，培养学生主动发现问题、探索学习和独立思考的能力，有助于学生对知识更深刻地理解和掌握。

五　英国体育教学评价

教学评价是依据一定的教学目标，使用一定的方法和手段对教学活动

---

[1] "Research and Analysis Levelling the Playing Field: The Physical Education Subject Report," Ofsted, https://www.gov.uk/government/publications/subject-report-series-pe/levelling-the-playing-field-the-physical-education-subject-report.

[2] 刘钟泽：《英国学校体育课程设置和特点对我国体育课程设置的启示》，《沈阳体育学院学报》2008年第3期。

进行评定的过程。在现代教学活动中，教学评价主要包含对学生学习情况的评价、对教师工作的评价和对学校工作的评价。体育教学评价是体育教师掌握学生学习情况的直接途径，是国家制定体育课程标准的主要参考依据。体育教学评价是对照体育教学目标对学生的学习情况和教师的教学成果进行系统检测、发现问题并不断改进的过程。

英国课程评价主要涉及以学校评价为主体、由相关职能部门监督与管理的课程评价体系。在评价模式上，采用"目标评价模式"，依据各阶段的获得性目标进行评价；在评价理念上，重视针对不同学生的学习需求采取不同的评价措施。[1] 2014年11月，英国国家体育教育协会组织专家团队根据教育部颁布的国家课程学习评价原则制定并公布了《国家体育课程学习评价指南》，该指南指出：体育课程的有效评价方式应支持和激励学生成为出色、自信、创造和反思型的运动者；应支持和鼓励年轻人共同合作，在高难度竞技活动中脱颖而出；评价方法要有意义并渗透到高质量的体育课程与教学中，以促进学生进步，提高学生成绩；体育课程由地方决定并以儿童为中心，要从整体上促进和支持学生在整个学习过程中发展。[2]

（一）对学生学习情况的评价

《英国国家课程标准》建议教师在对学生学习情况进行评价时，应充分体现个性化、健康化、终身化等思想。[3] 英国的学校体育逐渐淡化运用统一的标准衡量学生的学习情况，取而代之的是更注重学生个体成长的差异化评价。英国学校还与学生家长密切联系，学校会为每位学生制定一份成长报告单，内容包含学科成绩、学习知识、技能水平、理解能力等，报告单还需要分析每位学生学习的优势与不足。英国教育标准局在《2012年以后：为了所有孩子的卓越体育》中总结了有效测量学生体育课程表现的评估方式。第一，在学生进入7年级时对他们进行体能初测，以获得有关他们的体育知识、技能和理解水平的基础数据；第二，让学生得知自己的初测情况，为他们制定一些具有挑战性的目标；第三，向学生教授核心项目，评估学

---

①　季浏、尹志华、董翠香主编《国际体育与健康课程标准解读》，华东师范大学出版社，2018，第57页。

②　季浏、尹志华、董翠香主编《国际体育与健康课程标准解读》，华东师范大学出版社，2018，第62页。

③　盛晓明：《中国、英国中学体育课程改革与发展的比较研究》，北京体育大学博士学位论文，2004，第44页。

生的表现；第四，定期、系统地追踪学生的进步情况，检查他们是否达到个人和国家目标；第五，使学生能够自我评估在每个活动领域的水平或可能获得的期望中的普通中等教育证书等级，并将他们的表现与同龄人进行比较；第六，参考《英国国家课程标准》，让学生清楚地了解如何可以做得更好；第七，记录和整理信息，形成有关学生的系统性的运动档案。[1]

对于有特殊教育需要的学生，国家虽然不强制对他们进行体育课程评价，但是教育部制定了较为完善的评价体系。根据英国教育部在 2014 年颁布的《特殊教育需要学生表现性等级评级》，体育课程设有 8 个表现性等级（见表 2-2），教师能够依据表现性等级向家长反馈学生的学习情况。[2]

表 2-2　英国特殊教育需要学生体育表现性等级情况

等级	表现
P1（ⅰ）	学生参加活动和经历
P1（ⅱ）	学生表现出对活动和经历的意识
P2（ⅰ）	学生开始对熟悉的人、事和物做出反应
P2（ⅱ）	学生开始积极主动地参与互动
P3（ⅰ）	学生开始进行有意识的交流
P3（ⅱ）	学生使用新兴的交流方式
P4	学生能够建立起运动模式，执行单一的技术动作（例如，滚、跑、跳或拍水）
P5	学生能够将两个动作按顺序结合起来（例如，爬和走、爬和跳）
P6	学生进行成对或小组合作，尽管他们可能需要额外的支持来遵循指示和完成任务
P7	学生通过重复和简单的顺序和动作模式（例如，他们把球踢向目标或把球扔给同伴）表达自己，发展控制和协调能力
P8	学生的运动（例如，他们在攀爬设备上下移动）具有一定的控制力和协调性

资料来源："Performance-P Scale-Attainment Targets for Pupils with Special Educational Needs," Department for Education, https://assets.publishing.service.gov.uk/government/uploads/system/uploads/attachment_data/file/903590/Performance_-_P_Scale_-_attainment_targets_for_pupils_with_special_educational_needs_June_2017.pdf。

---

[1]　"Beyond 2012: Outstanding Physical Education for All," Ofsted, https://www.gov.uk/government/publications/beyond-2012-outstanding-physical-education-for-all.

[2]　任可心：《中英小学阶段体育课程标准的比较研究》，哈尔滨师范大学硕士学位论文，2023，第 37~38 页。

（二）对体育教师工作的评价

体育教师的教学能力和水平直接影响体育课堂的质量，高质量的体育教学能使学生受益终身，激发学生的运动兴趣。体育教师需要具备扎实的学科专业知识，向学生讲授相关运动技能和科学知识。体育教师在教学的过程中需要迅速地发现学生的不足之处，并给予反馈、指导和调整建议。1985年，英国教育与科学部多次发布关于教师评价的政策文件，体现出政府对教师表现的关注和对教师教学质量的重视。

（三）对学校体育工作的评价

英国相关部门会对部分学校进行调查和评价，发现学校在进行体育教学过程中存在的问题，并积极做出调整与改变。例如，2023年9月英国教育标准局对英国部分中小学的评估报告显示，许多学校尚未达到国家体育课程教学目标，所调查的2/3的学校没有开设舞蹈课程；此外，3/4的学校不完全或没有教授户外冒险活动；然而，大部分课程用来教授足球的进攻和防守技术，这不符合国家体育课程教学目标，并且大大降低了学生的体育活动体验。[①]

六　英国体育教学本质与特征

正确地理解和把握体育教学的本质和特征是体育教师开展体育教学工作的前提和基础。

（一）体育教学的本质

体育教学的本质是在体育教师和学生的共同参与下，通过有效的教学方法与手段，指导学生掌握体育与健康知识、运动技能和学习方法，增进学生身心健康，促进学生全面发展的一种有目的、有计划、有组织的教学活动。

（二）体育教学的特征

1. 体育教学的实践性

体育教学是体育教师以身体活动为媒介把运动技能传授给学生的一项特殊的活动，其区别于其他科目的最本质的特点是需要调动学生的身体活

[①] "Research and Analysis Levelling the Playing Field: The Physical Education Subject Report," Ofsted, https://www.gov.uk/government/publications/subject-report-series-pe/levelling-the-playing-field-the-physical-education-subject-report.

动。在此过程中，学生要承受一定的生理负荷和心理负荷。

2. 体育教学的社会性

体育教学不仅能使学生掌握体育知识与运动技能，而且能在学生参与体育活动过程中培养学生多方面的综合能力。英国的国家体育课程目标和内容鼓励学生参与团队活动，学生在团队活动中被赋予不同的角色和安排不同的任务，从中学到遵守规则、尊重他人、公平竞争、坚持不懈的体育精神，这间接培养了中小学生的社交能力和团队合作能力。学生通过体育比赛养成的良好品德和精神会迁移到学习和生活中，实现了"以体育人"的目标。

第四节　英国体育课程

体育课程是学校进行体育教育教学活动的核心载体，是连接学生的"学"与教师的"教"的媒介。本节聚焦英国体育课程，围绕英国体育课程的概述、类型、编制、资源的开发与利用以及改革的趋势五个方面展开阐述。

一　英国体育课程概述

英国形成了包含国家课程、基本课程和地方课程在内的三级课程结构体系。国家课程内容是学校课程的一部分，学校要在国家课程标准的基础上结合各地和各校的实际情况，选择和设计本校的课程。在课程内容的设置上，英国体育课程遵循统一性和多样性相结合的原则。首先，根据不同学段设计相应的总体要求。其次，根据学校的特色以及学生的需求、能力和兴趣设计丰富多彩的体育课程。

二　英国体育课程类型

英国教师的自主权较大，在体育课程设计与开发过程中，教师结合学生个体差异性和学校特色灵活地设计活动课程、个性化课程、综合课程。此外，英国还创造性地提出了"垂直分班""开放教室""学科能力分班"等多种教学组织形式[1]，在体育课程的修读方式上采用必修课程与选修课程

① 曲宗湖、杨文轩主编《域外学校体育传真》，人民体育出版社，1999，第174页。

相结合的形式。20 世纪 70 年代，选修制在英国公立中小学中被广泛应用，根据不同学生的需求和兴趣爱好，学校提供多种类型的选修课程。1~3 年级的体育课程必修内容有游泳、体操、舞蹈、橄榄球、足球、田径、滑雪、基础技术。4~5 年级课程采用部分选修制，6 年级则采用自由选修制，这一课程选修模式被称为 "Y" 型教学计划（如图 2-1 所示）。

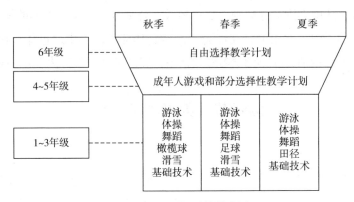

图 2-1 "Y" 型教学计划

资料来源：曲宗湖、杨文轩主编《域外学校体育传真》，人民体育出版社，1999，第 166~168 页。

三 英国体育课程编制

体育课程编制是保障体育教学质量的重要环节，科学的课程编制过程和严格的课程编制标准有助于体育教师高效地完成教学目标和任务。

（一）体育课程编制的定义

体育课程编制是指根据英国国家体育课程标准的要求，体育教师结合学校实际开展情况，确定体育课程目标、选择和组织体育课程内容、实施体育课程、评价体育课程的过程。

（二）体育课程编制的内容

体育课程编制包括体育课程目标确定、体育课程内容选择与组织、体育课程实施、体育课程评价四个方面的内容。体育课程目标确定围绕体育课程 "培养什么样的人" 的问题，如育人理念；体育课程内容选择与组织围绕体育课程 "教什么" 的问题，如设计教学方案；体育课程实施围绕体育课程 "怎么教" 的问题，如创新教学方法；体育课程评价围绕体育教学 "怎么样" 的问题，包含学生评价、教师评价等方面。

（三）体育课程编制的原则

1. 整体性原则

英国体育课程编制要依据国家课程的内容，以满足国家整体发展要求为前提进行。在体育课程编制的过程中要权衡国家、社会和学校三方的整体需求，在课程内容的安排上要符合当前发展形势。

2. 差异性原则

不同区域和学校体育课程的编制具有差异性，学校要在尊重国家和地方课程的基础上，根据当地特色、学校特色以及学生的不同需求开发和设计体育课程，从而满足不同学校的人才培养需要。

3. 科学性原则

体育课程编制必须建立在科学的基础上，符合体育课程教学规律。体育课程目标的设定要切合实际，体育课程内容的选择要从易向难、层层递进，体育课程的实施要循序渐进，体育课程的评价要客观、全面、有效。

4. 挑战性原则

体育课程编制需要遵循挑战性原则，设置富有挑战性的目标能在一定程度上激发学生的学习斗志，但是在制定目标时要因人而异。对于掌握速度较快的学生，体育教师要为其提供额外的进行知识学习的机会。对于基础较差、领悟能力较弱的学生，体育教师应该给予耐心的指导，将目标拆分成不同的部分。[1]

（四）体育课程编制的类型

英国教育的选修制度促使依据不同水平分班的教学组织形式产生，选修制度和按能力分班制度逐渐成为英国教育的传统。按能力分班包括能力分组、能力分段、混合能力分组和学科能力分组四种形式。这种教学组织形式进一步优化了班级授课制，不仅能使体育教师充分发挥自己的专长激发教学热情，还能满足学生的不同需求、兴趣爱好，有助于发展学生的个性和能力。

1. 能力分组

能力分组是对学生的总体能力的评价，以不同水平的总体能力为划分

---

[1]　杨健俭：《中、英当代初中〈体育与健康课程标准〉比较研究》，华南理工大学硕士学位论文，2015，第22~23页。

标准。

2. 能力分段

能力分段是同一个年龄组的学生按不同的学习阶段分组，分不同水平阶段对其进行教育，其达到一定水平即可晋级。

3. 混合能力分组

混合能力是指学生的综合能力，一般学科采用混合能力分组方式，数学和外语采用学科能力分组方式。

4. 学科能力分组

学科能力分组主要涉及依据学生单科学习情况进行分组。体育教师主要依据学生的体育学科能力进行分组教学，根据学生的运动技能掌握水平和兴趣爱好划分不同的班级和组别。[①]

四 英国体育课程资源的开发与利用

体育课程资源是体育教学的重要保障，是形成体育课程与进行教学实施的直接要素，包括校内外的人力、物力、财力、场地、设施、环境、网络和科技成果等资源。体育课程资源直接关系到体育教学质量，影响体育课程实施情况。

（一）人力资源的开发与利用

为了增加学生的体育活动机会，提高学生的身体健康水平，加强学校与社会之间的联系，2002 年，文化、传媒与体育部等部门共同制定《体育、学校体育和俱乐部联合战略》，该战略的伙伴关系是基于地方学校而建立的联系网络，每个伙伴关系一般由 1 所体育学校、8 所中学以及 45 所小学或特殊学校组成，每一个这样的伙伴关系的建立都会得到一定的资金支持。该战略旨在促进青少年、家长、学校、地方政府、国家体育管理机构和体育俱乐部等主体之间密切合作，破除青少年健康促进和体育后备人才培养过程中组织建设、活动赛事平台搭建、教练员和体育教师培养、校内外体育资源整合等壁垒。[②] 除此之外，苏格兰地区从 2005 年起实施"运动课程计划"，苏格兰体育理事会与地方政府共同构建"运动课程网络"，其主要

---

① 曲宗湖、杨文轩主编《域外学校体育传真》，人民体育出版社，1999，第 185~186 页。
② 孔年欣、柳鸣毅、敬艳、张开翼：《英国青少年体育教育政策体系构建经验与启示》，《体育文化导刊》2022 年第 8 期。

由受过教练员培训的教师、"运动课程计划"协调员、地方俱乐部的相关人员和团体组成的体育理事会管理者研讨会构成①，旨在为学生提供更好的体育服务。

（二）体育设施资源的开发与利用

英国学校的体育设施较为完备，运动场地的种类较为丰富，39%的英格兰体育场地分布在校园内。② 英国的体育设施资源强调"物尽其用""一具多用""多具合用"，例如，教师组织学生进行废物改造，将塑料瓶、橡胶轮胎、废弃木头等做成简易的运动设施。单杠既可以让学生练习引体向上，又能让学生荡秋千。校内的小广场、边角地被充分利用起来，画上供学生游戏和活动的格子等多种图形。③ 英国一些著名的私立学校拥有一流的体育设施和器材，虽然部分公立学校的体育设施尚不完善，但是英国一直在为保障学生参加多样化的体育活动提供资金和政策支持。英国政府多次倡导校内外体育俱乐部深入合作，以瑟斯克学校体育合作项目为例，瑟斯克学校的许多体育赛事和体育活动在本地社区俱乐部进行，瑟斯克曲棍球俱乐部与当地18所学校建立了合作关系以共享体育资源。④

此外，英国针对不同类型的残疾学生差异化地设计教学场地和设备，例如，聋哑学校一般选用振动性能较好的木料制成地板和特制的矮方凳，这能使人产生较强的震动感觉，有助于发展聋童的震动感知能力。对于智力落后的学生，学校提供机能训练、理疗设备、供水疗用的温水游泳池和种类丰富的直观教具和玩具。⑤ 以上做法都体现了英国对于残疾学生的特殊关怀和帮助。

五 英国体育课程改革的趋势

随着课程改革的不断推进，英国体育课程有所变革和发展，例如，寻求

① 张金桥、王健、王涛：《部分发达国家的学校体育发展方式及启示》，《武汉体育学院学报》2015年第10期。
② "Open Doors," UK Active, https://opendoors. ukactive. com/blueprint-download/.
③ 杨健俭：《中、英当代初中〈体育与健康课程标准〉比较研究》，华南理工大学硕士学位论文，2015，第26页。
④ "School Sport Partnerships," Ofsted, https://assets. publishing. service. gov. uk/government/uploads/system/uploads/attachment_ data/file/413538/School_ Sport_ Partnerships. pdf.
⑤ 曲宗湖、杨文轩主编《域外学校体育传真》，人民体育出版社，1999，第172页。

个人价值和社会价值的平衡、持续丰富体育课程教学内容、强调对体育的深度理解和实践、不断完善体育教学评价体系、注重体育的公平性和包容性等。

（一）寻求个人价值和社会价值的平衡

20 世纪 80 年代以前，英国的中小学教育以"儿童为中心课程"为主，这种课程重视儿童背景、能力、兴趣以及身体状况方面的差异。然而，以"儿童为中心课程"为主的教学模式无法提升体育课程的教学质量，英国社会各界寻求其他途径改革教学模式。英国著名课程专家普瑞认为个人和社会的发展需要通过正规课程来促进，他认为："体育能够为个人和社会的发展作出贡献，如公平竞赛、团队精神、遵守规则、勇气、毅力等品质都可以在体育中得到很好的培养。"体育作为学校课程的组成部分之一，对培养学生的个人和社会价值发挥独特且重要的作用，这一思想对英国体育课程改革具有重要的影响。[1]

（二）持续丰富体育课程教学内容

随着英国国家体育课程标准不断完善，学生的体育课程的选择种类逐渐增多。1988 年，英国国家体育课程标准要求为学生提供舞蹈、田径、体操、游戏、野外活动、游泳及水中安全 6 种内容。到了 2013 年，英国国家体育课程标准提倡学校为学生增设各种球类运动和冒险活动，学生所学的体育项目呈多元化发展趋势。英国教育标准局还建议学校进一步扩大学生的选择范围以满足不同学生的需求，如街舞、健美操、健身训练等。

（三）强调对体育的深度理解和实践

通过对 2013 年《英国国家课程标准》的分析可以看出，其强调学生对体育的深度掌握和灵活运用，即学生不仅要掌握"怎么做"，还要掌握"怎么用"。例如，课标对关键学段三（11~14 岁）和关键学段四（14~16 岁）的学生的各方面能力都提出了更高的要求。在心理状态方面，培养学生在校外和未来生活中参与体育活动的信心和兴趣，鼓励学生通过社区组织和体育俱乐部参与课余体育活动。在身体能力方面，学生需要从理解技战术的运用情况发展到在高水平的体育活动中灵活运用技战术。在认知水平方面，学生要从了解体育活动对于健康的益处发展到养成终身参加体育活动

---

[1] 盛晓明、周兴伟：《中国、英国中学体育课程设置和课程目标的比较研究》，《北京体育大学学报》2005 年第 5 期。

的健康生活方式。

（四）不断完善体育教学评价体系

首先，英国有关部门结合学校体育实际开展情况制订独具特色的体育计划，并且定期对学生、教师和学校进行体育教学评价，保障体育教学的质量。其次，体育教师也会持续跟踪、记录和反馈学生体质健康状况，满足学生的差异化需求，提高教学质量，提升学生体质水平，促进学生身心健康成长。最后，英国重视学校、家长、师生监测网的建立。资格与课程局要求学校记录每位学生的成长情况，把学生的学习成绩、学习的知识、技能水平和理解能力的发展情况等信息报告给数据中心，同时还要给家长一份书面报告①，多方主体共同关注学生的进步和成长。

（五）注重体育的公平性和包容性

英国政府特别关注肥胖学生、有特殊教育需求学生、女性学生等弱势学生群体的体育参与情况。为了改善肥胖学生的健康状况，英国不仅在体育活动上加强对肥胖学生的监管，还会对学生和家长的日常饮食提出建议。针对有特殊教育需求学生参与体育活动机会较少的问题，英国教育部开展"包容计划2024"活动，通过提高体育课程质量、改善体育设施等举措满足有特殊教育需求学生和残疾学生的日常锻炼需求，推动有特殊教育需求学生参与体育活动。② 针对不活跃的女性学生，英国国家彩票基金自2015年起实施"这个女孩能行计划"，借助线上或线下趣味运动（包含瑜伽、拳击、普拉提、舞蹈等）教学、拍摄女生体育成长纪录片等形式促进女生参与日常锻炼，缩小由性别因素引起的课余体育活动差距。③ 这一系列举措都体现出英国政府尊重学生的个体差异性，最大限度地为学生参与体育活动创造机会，这有助于促进教育公平。

第五节　英国体育教师

体育教师是学校体育课程的直接设计者和参与者。本节聚焦英国体育

---

① 杨波、袁古洁：《英国国家体育课程对我国体育课程改革的启示》，《体育学刊》2007年第6期。

② "Inclusion 2024," Youth Sport Trust, https://www.youthsporttrust.org/programmes/inclusion-2024.

③ "Our Story so Far," This Girl Can, https://www.thisgirlcan.co.uk/about.

教师，从英国体育教师工作概述、职业特点、职业素养、专业发展四个方面阐述。

一 英国体育教师工作概述

体育学科的特殊功能和体育教师工作的特点，决定了体育教师工作的多样性和复杂性。体育教师的工作主要包括以下几个方面。

（一）学习相关政策法规

体育教师首先要认真学习国家颁布的教育及学校体育方面的政策法规，遵纪守法，并根据相关政策法规开展学校体育工作，制订学校体育工作计划，落实学校体育活动。

（二）进行体育课程教学

体育课程教学是学校体育的重要组成部分，学校体育课程是学生学习体育知识、进行体育实践的主要途径，是学校体育工作的重要组成部分。首先，体育教师需要依据国家体育课程标准，结合本校和学生的实际情况，根据学校体育教学目标要求，制订体育课程实施计划，执行体育课程实施方案。其次，体育教师在体育教学过程中应充分调动学生进行体育学习的积极性，提高学生的身体素质，向学生传授体育与健康知识。最后，体育教师要认真钻研教材教法，备好课，上好课，及时复盘反思，不断提高体育教学质量。

（三）开展课余体育活动

课余体育活动是学校体育课程的拓展和延伸，英国学生课余体育活动内容丰富，形式多样。体育教师在完成体育教学任务的同时，还需要根据学生的学习情况，制订课余体育活动计划，设计体育活动内容，衔接体育课程学习内容，帮助学生巩固和提升运动技能。此外，体育教师还需要承担指导学生在课余进行体育训练和体育竞赛的工作，鼓励学生积极参与体育运动，养成进行课余体育锻炼的习惯。

（四）参与职前和在职教育与培训

随着体育教学理论的不断丰富和更新，体育教师应积极主动参与教研活动，运用先进的知识和理念开展体育教学工作，不断优化体育教学设计，提高体育课程质量。小学阶段，英国政府于2014年出台《小学体育和运动津贴》，向教师参与培训提供资金支持。中学阶段，为了加强教师间的合作，促进教师专业技能发展，英国国家彩票基金与体育协会、青少年体育信托组织等机构合作为"中学教师培训项目"提供资金支持。此外，在地方教育委员会的主持下，英国建成了以大学、教育学院、教师中心为主的全国性培训网络，制定相应的政策和制度，并把中学教师参与在职培训与提级加薪联系起来。①

二　英国体育教师的职业特点

由于体育教学场所的特殊性，体育教师不仅要在室内传授体育健康知识，还要在室外组织开展体育实践活动，这也就使体育教师这一职业具有工作内容的专业性和工作任务的复杂性特点。

（一）工作内容的专业性

体育教师在体育教学过程中要向学生示范、讲授、指导动作技能，这要求体育教师有清晰的表述能力、准确的示范能力、敏锐的观察能力等。随着体育学科的进步与发展，体育教师需要不断学习新知识以提升自己的专业素养，提高自己的执教水平。英国还重视和支持学生对课余体育活动的参与。英国国家体育课程标准鼓励高年级学生参加户外冒险活动，这使体育教师必须具备专业的户外技能知识和户外安全急救知识。

（二）工作任务的复杂性

首先，体育教师需要学习和掌握所有课程标准中涵盖的运动技能，由于部分运动技能的学习难度较大，相关内容十分专业，这是一个复杂的过程。其次，体育课程教学通常会在开放性的环境中进行，在教学过程中，体育教师需要时刻关注学生的安全状况，防止意外事故发生。最后，体育教师所承担的任务较多，不仅需要完成体育课程的教学，还需要组织和开展课余体育活动，指导体育训练和体育竞赛活动等。

三　英国体育教师的职业素养

职业素养是人类在特定社会活动中表现出来的一系列品质、行为和能力。体育教师职业素养是体育教师专业水平的外在表现。英国体育教师的职业素养主要包括高尚的职业道德、先进的教学理念和广泛的知识储备三个方面。

---

① 黄爱峰：《体育教师教育的专业化研究》，华中师范大学出版社，2007，第93页。

（一）高尚的职业道德

教师是人类灵魂的"工程师"，其思想观念、道德品质、行为表现对学生世界观、人生观、价值观的形成有着深远且重要的影响，具备高尚的职业道德是教师开展各项工作的前提和基础。1998 年，英国在《教师：迎接变化之挑战》绿皮书的基础上，进一步改革教师教育，加快了师德规范与问责体系的建设进程。2012 年，新修订的《英格兰教师标准》提到教育必须提高教学的严谨性，确保课程更加注重对基本教学技能的传授。教师不得违背英国的基本价值观，包含民主、法治、个人自由、相互尊重以及对不同信仰的包容。[1]

（二）先进的教学理念

体育教师的教学理念要与时俱进，体育教师要积极学习先进的教学理念，依据现代体育教育思想开展体育实践工作，结合学生实际情况不断调整和优化教学方案，提升体育教学质量。英国政府十分重视在职教师的进修，2012 年新修订的《英格兰教师标准》强调教师学习行为管理学知识和本学科知识的重要意义，部分地区制定了《教师进修法》，用法律形式保障教师进修的实施。英国教师职后培训的主要活动包括：课程学习与编制、学科会议、专业讲座、研讨会、示范观摩课、展览和参观活动等。[2]

（三）广泛的知识储备

体育是一门交叉学科，涉及自然科学、人文科学、教育学、医学等多个领域。体育教师应具备广博的知识，不仅需要掌握体育概论、学校体育学、各项目基本理论等体育学科的专业知识，还需要掌握教育学、教育心理学、课程与教学论等教育学科的相关知识。除此之外，由于体育学科的特殊性，体育教师还需要掌握运动生理学、运动心理学、运动医学、运动保健学等相关知识。

四 英国体育教师的专业发展

英国注重提升基层体育教师、教练员等的执教能力，拓宽其职业发展

---

[1] Department for Education and the Rt Hon Michael Gove MP, "Press Release New Standards Raise the Bar for Teachers," https://www.gov.uk/government/news/new-standards-raise-the-bar-for-teachers.

[2] 黄汉升、季克异、林顺英编著《中国体育教师教育改革的理论与实践》，高等教育出版社，2004，第175页。

空间，构建网络化的"学校体育协调伙伴关系"，开展常态化"资格和课程权威小组对体育和学校体育评估"工作，形成了集治理目标、组织、主导及保障于一体的核心政策。[①] 英国体育教师职前培养模式包括三种，即"4+0"模式、"3+1"模式、"2+2"模式（如表2-3所示）。其主要特点是从一开始就注重体育教师后备人才对研究类课程的学习，主要涉及科研方法、数据采集分析、实验设计、研究课题分析、论文讨论和答辩等课程。[②]

表2-3　英国体育教师职前培养模式情况

	"4+0"模式	"3+1"模式	"2+2"模式
培养目标	学前和小学体育教师	中学体育教师	中学体育教师
培养模式	以"教育学士学位"（Bachelor of Education）课程为代表，"教育学士学位"课程包括主要课程、教材研究课程、教育专业课程和学校教育工作生活体验四个部分	以本科生学历为对象的"研究生教育证书"（Postgraduate Certificate of Education）课程为代表，学生至少需要接受3年的高等教育，获得非教育专业学士学位，再接受为期1年的教育专业训练，获得"研究生教育证书"	以"联合学位课程"（Integrated Degree Course）为代表
课程设置	采取学科学习和教育专业训练同时进行的课程模式。教学实习分为两次：第一次是在大三上学期进行，持续约4周；第二次是在大学四年级进行，持续5~8周	在最后一年的教育专业训练中，共计36周学时，分秋季、春季、夏季三个学期。课程内容主要包括学科研究、专业研究和教学实践经验。其中，教学实践经验共计24周学时，占课程总学时的2/3	该课程学制为4年，前2年开设的是专业学术性的课程及一些公共课程，主要包括运动力学、运动生物化学、生理学、社会学、心理学等；后2年根据不同需要将学生分流出来并单独开课，所学课程既包括体育专业学术方面的课程，如生理学分成人体生理学、运动生理学、健康与体质生理学和高级生理学，也包括教育学、体育教材教法、体育心理学等教育理论课程与实践方面的课程，但以教育理论与实践课程为主

资料来源：黄汉升、季克异、林顺英编著《中国体育教师教育改革的理论与实践》，高等教育

①　孔年欣、柳鸣毅、敬艳、张开翼：《英国青少年体育教育政策体系构建经验与启示》，《体育文化导刊》2022年第8期。

②　程传银、李文辉：《中英两国体育教育专业课程设置比较与启示》，《体育学刊》2003年第3期。

出版社，2004，第27页；安涛、鲁长芬、胡海、罗小兵《英国、加拿大、新加坡体育教师培养模式对我国体育免费师范生培养模式的启示》，《北京体育大学学报》2015年第10期。

此外，英国政府还特别重视对特殊教育教师的培训，对于特殊教育教师的要求比普通教师要高。他们不仅要具备一般教师证书（高等师范院校毕业证书），还需要具备特殊教育教师证书。英国高等教育院校都会开设特殊教育的科研机构，特殊教育教师的培训也是在高等院校里进行的，有初级培训、大学毕业后的一年制特教证书培训和特殊教育硕士、博士学位课程三种形式[1]，高等院校可以根据不同阶段的教育对象和不同障碍类型的学生选择不同的培养形式。

第六节　英国学校课余体育

英国学校课余体育的形式多样、内容丰富、成效卓著。本节聚焦英国学校课余体育，围绕英国学校课余体育的概念、地位、功能、形式、训练与竞赛五个方面展开阐述。

一　英国学校课余体育的概念

课余体育活动是相对于体育课程而言的，是指学生在正式体育课程之外进行的活动，通常在放学和午餐时间，但在部分学校是在周末和上学前，一般由体育教师指导。英国课余体育活动以校内外体育俱乐部为载体，体育设施完备、组织形式多样、活动内容丰富，可以满足学生参与课余体育活动的需求。

二　英国学校课余体育的地位

英国政府高度重视学校课余体育活动的开展，学校的课余体育工作与社会上的各种俱乐部相互联系，英国政府及相关部门多次颁布相关政策和实施计划为学校课余体育提供资金和物质保障。2008年，英国文化、传媒与体育部发布的《赢得比赛》指出：在保障青少年每周校内参与2小时高质量体育活动的基础上，进一步为青少年每周提供额外3小时的体育活动时

---

① 曲宗湖等编著《几个国家学校体育的比较》，北京体育学院出版社，1987，第169~170页。

间，此外，还致力于提高青少年的体育参与率以及提升教练员的执教能力。在此基础上，2009 年，英格兰体育理事会和英国青少年体育信托组织等部门共同发布《青少年体育与运动战略：提供 5 小时服务指南》，该战略促使教育机构与社区及体育社会组织紧密联系，为 5~16 岁的儿童和青少年提供每周 5 小时的体育活动时间，具体包括 2 小时体育课、1 小时由学校组织的课余体育活动和 2 小时由学校、社区、俱乐部共同组织的课余体育活动。不仅如此，该战略还积极推动社区与地方政府建立合作伙伴关系，为非在校青少年提供参与体育活动的机会。2019 年，英国教育部等部门联合发布《学校体育活动行动计划》，对学生的运动时长提出要求，要保证儿童、青少年每天体育活动的时间不少于 60 分钟（其中在校内活动时间至少为 30 分钟）。

（一）课余体育活动是学校体育课程的必要延伸

课余体育活动是学校体育活动的重要组成部分，英国课余体育活动与学校体育课程紧密衔接，学生能够在课余时间继续巩固和练习体育课程上所学习的内容，延长学生体育参与的时间，提高学生的运动技能。

（二）课余体育活动是激发学生运动兴趣的重要方式

课余体育活动是为学生终身参与体育活动奠定基础的重要手段。学生可以结合个人兴趣爱好和需求进行课余体育活动，这有利于激发学生参与体育活动的热情，增加学生参与体育活动的机会，发展学生的体育兴趣爱好。

（三）课余体育活动是校园精神文明建设的有效途径

学生在参与课余体育活动的过程中不仅可以提升自己的运动技能，增强身体素质，还可以促进同学之间交流互动。在体育游戏或体育比赛中，学生学会遵守规则、尊重对手，培养团队合作意识，形成良好的品行和道德，促进个体的社会化发展，对学校精神文明建设发挥积极的作用。

（四）课余体育活动是提升全民身体素质的重要手段

英国政府重视和强调课余体育活动在带动全民身体素质提高方面的重要作用，学生参与课余体育活动能在无意间带动家庭成员参与体育锻炼，从而形成整个社会积极锻炼的良好氛围，这有助于提高国民身体素质，进而增强人民生活的幸福感。

三　英国学校课余体育的功能

课余体育活动是实现学校体育总目标的重要途径之一，是学校体育课程的补充和延伸，其主要目标是将学生在体育课程中学习到的体育知识和运动技能运用到课外实践活动中，促进学生体育知识、运动技能和理解水平等方面的不断完善和提高，帮助学生养成终身参与体育活动的习惯。

（一）提高学生的健康水平

英国青少年的超重和肥胖问题长期受到社会的广泛关注，英国政府和相关部门采取提供专业教师指导、开办社区体育俱乐部等措施改善这一状况。课余体育活动能够增加学生参与体育活动的机会，延长学生参与体育活动的时间，对改善学生健康情况发挥重要的作用。

（二）让学生养成终身锻炼的习惯

养成终身锻炼的习惯需要学生在个体兴趣、体育需求的基础上进行经常、多次的重复行为，最终形成一种无意识的体育行为。课余体育为学生提供了参与各种各样体育活动的机会，为学生养成终身锻炼的习惯奠定了基础。

（三）提高学生的学习效率

英国众多研究表明，参加体育活动和学习成绩之间存在正相关关系，体育活动可以增强学生的认知功能、大脑功能，同时还可以提高视觉记忆的准确性和控制能力，且涉及决策类的体育活动（如团队游戏）对学生成长更加有益。[1] 所以，课余体育可以在一定程度上缓解学生在学业上的压力和疲劳，调节学生在长时间学习后出现的压抑情绪和紧张心理，提高学习的专注力和记忆力水平，从而提升学生的课业学习效率。

四 英国学校课余体育的形式

英国学校课余体育的形式多样，不仅包含校内课余体育，还会延伸至校外课余体育，校内外课余体育活动紧密结合。

（一）校内课余体育的形式

欧洲"新教育之父"雷迪强调学校不应只以书本为媒介，而应当与生活联通。英国政府鼓励中小学采取多样化措施以将课余体育活动融入学生的日常生活中。英国大部分中小学开展"每日一英里计划"（The Daily Mile）鼓

---

① "PE and School Sport in England," Youth Sport Trust, https://www.youthsporttrust.org/media/enwncbsg/yst-pe-school-sport-report-2022.pdf.

励学生走出教室跑步、慢跑、骑车或步行15分钟。这一计划已经从2012年苏格兰斯特林地区的一所小学发展至今，成为一项被广泛推崇的计划，目前，英格兰有8000多所小学和学前教育机构参与其中。[①]

（二）校外课余体育的形式

英国几乎所有学校都会提供丰富的课余体育活动，大多数体育俱乐部不需要付费参加，而且政府会为弱势学生群体提供额外的资金补助，鼓励弱势学生群体积极参加课余体育活动。英国还通过"学校体育合作项目"盘活成员学校周边的师资、资金、设施等体育资源，加强学校和当地体育俱乐部之间的联系，增加学生课余体育活动的机会，营造一个良好的社区健身氛围。英国坎布里亚郡小学通过开展"活跃坎布里亚100英里挑战赛"（Active Cumbria 100 Mile Challenge）号召学生在一学年内通过步行、跑步、骑行、游泳等方式完成累计100英里（约160.93千米）的挑战活动，鼓励学生参与课余体育活动。[②]

除此之外，英国政府、学校等相关部门十分关注女性学生、有特殊教育需要学生和残疾学生等群体的课余体育活动参与情况。英国足球协会于2020年启动了"鼓舞人心的积极变化"（Inspiring Positive Change）战略，旨在帮助和促进所有女孩在学校、体育课、午餐时间和放学后都能平等地参加足球比赛。同时，相关部门针对残疾学生修订了体育活动指南，该指南建议残疾学生每天至少进行20分钟有氧运动。其中还提到，为了保持健康，残疾学生必须平均每周进行3次具有挑战性的力量和平衡活动。[③]

五　英国学校课余体育训练与竞赛

学校体育课程、课余体育活动、课余体育训练与课余竞赛相辅相成，共同实现学校体育目标。学校课余体育训练与竞赛一方面可以丰富校园文化，提高学校整体运动水平，营造良好的体育氛围；另一方面，学校课余体育训练与竞赛是发现和培养竞技体育人才的重要手段，可以增加竞技体

---

① "Home," Ineos, https://thedailymile.co.uk/.
② "What Works in Schools and Colleges to Increase Physical Activity," https://www.gov.uk/government/publications/what-works-in-schools-to-increase-physical-activity-briefing.
③ "School Sport and Activity Action Plan," HM Government, https://www.gov.uk/government/publications/school-sport-and-activity-action-plan.

育人才储备，提高整体竞技体育水平。

（一）学校课余体育训练

学校课余体育训练是学校课余体育工作的组成部分，也是学校体育工作的重要环节。学校课余体育训练是指在体育课外时间，针对具有运动天赋且有培养潜力的学生，遵循运动训练的客观规律，对其进行有组织、有计划、有目标的系统训练，以达到提高运动技能水平的过程。其主要组织形式有班级代表队、学校代表队等。

（二）学校课余体育竞赛

学校课余体育竞赛是指利用学生的课余时间组织学生以运动项目、游戏活动、身体素质练习为内容，根据一定的规则进行个人或集体的体力、技艺、智力和心理的比赛。英国通过"学校体育比赛计划"组织和开展一系列的校内外体育竞赛活动，在学校体育赛事中表现突出的学生可能会被"球探"发现，进入本地区项目协会训练机构或单项俱乐部接受专业训练，并可以参加区域性的、本地区协会之间的比赛。英国学校运动会主要有四个级别的比赛，这四个级别的赛事环环相扣，水平层层递进，且具有较高的影响力，即 L1，校内竞赛（intra-school competition）——学校范围内全体学生都可以参加的体育竞赛；L2，校际竞赛（inter-school competition）——学校选派优秀的运动员参加校际体育竞赛，胜出的队伍可以参加学校运动节；L3，学校运动节（school games festival）——区域性或全国性的节日和竞赛，每年举办两次，旨在发现该地区运动水平较高的运动员；L4，国家综合性体育赛事（national multi-sport event）——挑选国内具有运动天赋的年轻人进行高水平的体育竞赛。[1]

目前，英国已经形成了"校际比赛-当地俱乐部-区域俱乐部-国家级俱乐部"运动员选拔成长途径[2]，构建起纵向贯通、横向衔接的青少年体育赛事体系。实践证明，英国的这一做法取得了良好的效果，英国许多中小学校队在国家和地方的比赛中取得了优异的成绩。

---

[1] "Physical Education, Physical Activity and Sport in English Schools," https://researchbriefings.files. parliament. uk/documents/SN06836/SN06836. pdf.

[2] 唐丽、吴希林、刘云：《英国竞技体育人才培养及启示》，《体育与科学》2014 年第 5 期。

第七节　英国学校体育管理

学校体育管理对于完成学校体育工作任务、实现学校体育工作目标、促进学校体育发展具有重要作用。本节聚焦英国学校体育管理，从英国学校体育管理的概述、政策、内容三个方面阐述。

一　英国学校体育管理概述

学校体育管理有助于学校更好地实现体育工作目标，管理者在政府部门有关教育、体育和学校体育方面的法律法规、规章条例等规范性文件的基础上开展一系列管理活动。学校体育管理活动涉及顶层管理机构、中层管理机构和底层管理机构。

（一）顶层管理机构

英国政府是领导英国学校体育的重要政府单位，主要负责统筹和设置相应的体育管理机构，它通过《教育法》和教育总体规划对学校体育进行宏观控制，不直接参与体育管理活动，与体育相关的事务主要由社会体育社团直接负责。第二次世界大战结束后，英国教育部的体育科从教育部的医药局脱离出来，英国单独成立一个行政部门直接管理学校体育，这一做法凸显了国家对学校体育工作的重视。英国强调学校体育多部门协同、整体性治理，文化、传媒与体育部，教育部，青少年体育信托组织，卫生和社会保健部及其他社会组织共同管理学校体育相关事务，各部门都在为提高学生体育参与的活跃度做积极的贡献。其中，文化、传媒与体育部和教育部是青少年体育管理的两大主责部门，前者主要负责为青少年营造良好的校外体育参与环境，后者主要负责为青少年提供优质的体育教育，创造良好的学校体育环境。①此外，在英国学校体育管理的过程中，政府更加强调不同机构之间的协作，并非进行简单的管理与被管理，尤其在学校体育政策的执行过程中，强调政府机构、半官方机构以及社会团体之间建立合作伙伴关系。②

---

① 马德浩、曹丹丹：《英国青少年体育整体性治理的实践探索及经验启示》，《天津体育学院学报》2022 年第 2 期。
② 张文鹏：《中国学校体育政策的发展与改革研究》，华中师范大学博士学位论文，2015，第 79~80 页。

英国教育标准局在《2012年以后：为了所有孩子的卓越体育》中建议，教育部应该：（1）在改进体育教育的基础上，设计和实施新的国家体育教育和学校体育战略，利用2012年伦敦奥运会的积极效应激发学生的兴趣和动力；（2）确保负责初级教师培训的人员具备足够的学科知识，使他们能够高质量地教授体育课程。①

（二）中层管理机构

中层管理机构主要由学校领导、体育教研室及学校体育社团构成。中层管理机构在管理学校体育工作时需要遵守国家制定的关于教育、体育和学校体育的方针政策，同时需要指导底层管理机构的工作，监管体育教学的开展质量。英国教育标准局在《2012年以后：为了所有孩子的卓越体育》中建议，所有学校领导应该：（1）定期检查体育教学质量和领导能力，衡量其对学生学习和进步的影响，并在学生成绩不佳时立刻采取行动；（2）每周为所有学生提供参加学校体育比赛的机会，尽可能地让学生发挥最佳水平；（3）每周体育课程时间少于两个小时的学校要增加课程时间，使所有学生身体活动量符合或超过国家体育课程的基本要求，帮助学生形成健康的生活方式。

体育学科领导应该：（1）利用学科专长，严格评估教学质量，准确地指出优势和劣势，并为教师提供培训；（2）采用可管理和有效的程序评估学生的进步幅度，并检查所有教师提高不同水平学生的成绩的情况；（3）加强学校与本地体育俱乐部和体育机构的联系，让更多学生参与体育活动、课外和社区运动，并取得优异成绩。②

（三）底层管理机构

底层管理机构是落实国家体育工作要求、开展体育工作的直接参与机构，主要包括学校体育教师、体育社团负责人、体育俱乐部教练和助教等。底层管理者需要按照相关要求并结合学生实际情况制定体育教学方案，进行体育教学，监管学生体育学习情况。英国教育标准局在《2012年以后：为了所有孩子的卓越体育》中建议，所有体育教师、助教、教练应该：（1）让

① "Beyond 2012: Outstanding Physical Education for All," Ofsted, https://www.gov.uk/government/publications/beyond-2012-outstanding-physical-education-for-all.

② "Beyond 2012: Outstanding Physical Education for All," Ofsted, https://www.gov.uk/government/publications/beyond-2012-outstanding-physical-education-for-all.

学生在所有课程中保持身体活跃，并让他们规律且持久地进行高强度的剧烈活动，以提高健康水平；（2）提高有发展潜力的学生的期望水平，并为他们提供具有挑战性的和竞争力的活动，从而使其具有高超的表现；（3）按照规定执行工作计划和评估程序。[①]

二　英国学校体育管理政策

英国通过颁布一系列政策和文件对英国学校的体育课程、场地设施、资金经费、体育教师、弱势学生群体、安全保障等内容做出具体、详细的规定，保障学校体育工作顺利开展，从而完成学校体育目标和任务。英国学校体育管理政策主要分为权威性政策和激励性政策。

（一）英国学校体育权威性政策

英国学校体育权威性政策的主要表现形式是相关法律法规和国家体育课程标准。在法律法规的颁布方面，20世纪中后期，英国政府陆续出台《1944年巴特勒法》《1988年教育改革法》等法案以统一和规范国家教育，提高国家教育质量。21世纪以后，英国学校课程的设置以2002年《教育法》和2010年《中等学校法》为依据，这两个法案不仅对整个英国教育提出了总体要求，还为学校课程的设置提供了坚实的法律保障，并明确提出学校课程要为学生的未来人生发展提供机会，使其树立责任心和做好经验方面的准备。[②]

在国家体育课程标准的制定方面，英国前后数次修订和完善国家课程标准，先后颁布了1991年、1995年、1999年、2008年（适用于中学阶段）和2013年五个版本的《英国国家课程标准》，[③]每一次修订都为全国学校体育工作提供方向指引。

（二）英国学校体育激励性政策

英国学校体育激励性政策的主要表现形式是政府拨款、税收优惠以及补贴等。例如，在资金支持方面，2000年，英国政府发布《全民体育的未

---

① "Beyond 2012: Outstanding Physical Education for All," Ofsted, https://www.gov.uk/government/publications/beyond-2012-outstanding-physical-education-for-all.

② 季浏、尹志华、董翠香主编《国际体育与健康课程标准解读》，华东师范大学出版社，2018，第50~51页。

③ 季浏、尹志华、董翠香主编《国际体育与健康课程标准解读》，华东师范大学出版社，2018，第48页。

来》计划，提供 1.5 亿英镑用于改善学校体育基础设施，并且鼓励学校开展丰富多彩的课余体育活动。2002 年，英国文化、传媒与体育部等部门联合制定《体育、学校体育和俱乐部联合战略》，投入 7.83 亿英镑支持 5～19 岁的儿童、青少年参与体育运动。2012 年，英国文化、传媒与体育部发布《培养终身体育习惯》，英格兰体育理事会提供 10 亿英镑的彩票公益金及财政资金，加强学校、社会、俱乐部间的合作，建设长期合作网络，创建学校体育赛事体系，增加学生体育竞赛的参与机会。[①]

在资源整合方面，《体育、学校体育和俱乐部联合战略》整合地方合作伙伴资源，以体育协会、青少年体育信托组织、体育俱乐部等为基础，密切联系家长、投资者、志愿者等社会资源以不断提高青少年健康水平，以及畅通和完善体育后备人才培养体系。2007 年，英国儿童、学校与家庭部发布《儿童计划：创造更美好的未来》，该计划倡导学校与社区共同为青少年提供更安全的场所和体育活动，提高学校体育场地设施使用率及丰富校外体育活动，加强基层体育人力资源建设。2019 年，英国多个部门联合发布《学校体育活动行动计划》，旨在建立、扩大和资助学校体育俱乐部和假期俱乐部，鼓励学校和社会各组织为学生提供更加多元的体育活动。其主要内容包括：第一，保证青少年每天至少拥有 60 分钟的体育活动时间，校内至少 30 分钟，校外至少 30 分钟；第二，让青少年平等地享有体育的参与权；第三，发挥青少年在体育活动中的身体素养引领作用，激发青少年的体育活动参与动机，帮助青少年认识到体育活动参与的重要意义。

三 英国学校体育管理的内容

学校体育管理的内容是实施学校体育管理的具体实践，是保障学校体育工作质量的重要内容，英国学校体育管理的内容可以划分为学校体育教学管理和课余体育活动管理两个方面。

（一）学校体育教学管理

学校体育教学是实施体育课程、实现体育课程目标的主要方式，提高

---

① 孔年欣、柳鸣毅、敬艳、张开翼：《英国青少年体育教育政策体系构建经验与启示》，《体育文化导刊》2022 年第 8 期。

体育教学质量是体育教学管理的主要目标。20 世纪 80 年代，英国体育协会做了一项有关北爱尔兰和威尔士学校体育的调查，发现体育课程存在一些问题。首先，小学体育课程尚未开足开齐。为了改善这种状况，有关教育部门发布了明确的课程标准，配备了课程调研员，制定了在全国范围内实施的体育政策、学习计划，并对教师进行必要的援助等。其次，在对与中学教师相关的体育目标的调查中发现，与 1974 年的调查结果相比，排在第一位的目标仍然是运动技能，但以前处于第七位的体力和身体发展上升到第二位。最后，该调查还特别指出，初等教育学校校长和教师缺乏体育知识。究其原因，在这一时期，小学和中学体育课程标准均由各个学校自由制定，没有统一的国家标准，学校教师的自主性较强。

基于以上问题，英国教育部门尝试进行国家体育课程标准的制定，由大学体育教师和地方教育局督导，中学体育教师共同开发体育课程。同时还将残疾人和性的问题纳入研究范畴，研制具有选择性的课程。在中学体育教育阶段，开发并普及了与中学毕业资格考试相关的体育测试和高等教育入学体育资格考试。[①]

（二）课余体育活动管理

课余体育活动是学生增强体质、养成良好的运动习惯的重要途径，课余体育活动组织和实施的安全性、科学性和规范性是课余体育活动管理的重要内容。

2020 年 10 月，英国教育部颁布《课后俱乐部、社区活动和运动指导：安全防护指南》，从儿童保护、工作人员和志愿者、健康与安全、治理四个方面对课外培训、社区俱乐部、运动指导等多项内容提出要求和规范。[②] 在课余体育活动人员管理方面，英国依据《2006 年移民、庇护和国籍法》和《2006 年弱势群体保护法》等法律法规和规章条例严格审查相关管理人员和工作人员的行业资质。机构管理者、指导老师和志愿者都要经过专业培训才能从事课余体育活动指导工作。此外，英国课余体育活动的相关工作人

---

① 张建华、高嵘编著《国内外体育课程发展与改革》，广西师范大学出版社，2015，第 81~82 页。

② "After-school Clubs, Community Activities and Tuition: Safeguarding Guidance for Providers," Department for Education, https://www.gov.uk/government/publications/keeping-children-safe-in-out-of-school-settings-code-of-practice.

员都必须接受无犯罪记录审查，以确保学生在安全的环境下进行体育活动。只有通过审查，其才可以从事相关工作。

同年，英国教育部发布了《在社区活动、课后俱乐部和运动指导期间确保儿童安全指南》，该指南要求：（1）确保儿童不会受到虐待；（2）防止发生损害儿童身心健康的行为；（3）确保儿童在有人照料的环境下安全成长；（4）一旦发现儿童处于危险中就要立刻采取行动。同时，指导老师在课余体育活动开展前的基本工作包括：（1）必须确保儿童生命安全第一，避免一切安全隐患；（2）在场人员必须具备急救知识，且活动场所至少预备一个急救箱；（3）提前配备消防安全设备和制订疏散计划；（4）提前了解儿童的疾病史，每位儿童都至少有一位紧急联系人；（5）在每项活动开始前做好记录。①

2023年，英国教育部颁布了《课后俱乐部、运动指导和社区活动使用指南》以帮助家长挑选合适的俱乐部、教师和教练，规范管理者的行为，还针对儿童信息保护、网络安全、工作人员和志愿者以及有特殊教育需求和残疾学生的活动参与情况制定了具体、详细的指导方案。②

第八节　英国青少年体育俱乐部

英国青少年体育俱乐部是青少年进行体育活动的重要载体，为英国青少年开展体育活动提供了丰富的实践机会。本节聚焦英国青少年体育俱乐部，围绕英国青少年体育俱乐部的地位、治理主体、主要支持机构及作用和特征四个方面阐述。

一　英国青少年体育俱乐部的地位

体育俱乐部、社区体育组织、单项体育社团等是英国青少年参与课余

---

① "Keeping Children Safe during Community Activities, After-School Clubs and Tuition," Department for Education, https://assets. publishing. service. gov. uk/government/uploads/system/uploads/attachment_data/file/927990/6. 6903_DFE_OOSS_Code_of_practice_document. pdf.

② "Guidance Using After-School Clubs, Tuition and Community Activities," Department for Education, https://www. gov. uk/government/publications/guidance-for-parents-and-carers-on-safeguarding-children-in-out-of-school-settings/using-after-school-clubs-tuition-and-community-activities # raising-concerns-about-a-club-tutor-or-coach.

体育活动的重要形式，英国政府支持和鼓励学生对课余体育的参与，重点关注校内外体育俱乐部的建设与发展。英国学校体育主要通过三个途径开展：第一，学校体育课程；第二，健康与卫生类教育课程；第三，课余体育活动。英国青少年体育俱乐部是青少年进行课余体育活动的重要载体，为青少年体育活动参与和交流搭建了强有力的平台，与英国学校体育、社区体育和家庭体育紧密联系，是英国青少年体育重要的一环。

二　英国青少年体育俱乐部的治理主体

英国较好地实现了"顶层设计-中层传导-基层落实"三个层面的良好互动。英国文化、传媒与体育部和英格兰体育理事会等机构共同制定青少年体育政策，必要时与其他政府部门进行沟通与协调。单项体育联合会、地方体育联合组织、全国体育协会组织以及青少年体育方面的全国合作伙伴共同细化相关政策内容。其他青少年组织、社区体育组织、各级学校、家庭、公益与志愿组织、地方政府以及青少年体育俱乐部共同开展和实施体育活动。[1] 这一高效、互通的管理机制能够及时发现和反馈青少年体育活动中存在的问题，对其加以修正，更新青少年体育活动政策，推动英国青少年体育俱乐部高质量可持续发展。

三　英国青少年体育俱乐部的主要支持机构及作用

英国青少年体育俱乐部的主要支持机构是英国青少年体育信托组织，该组织是由约翰·贝克维斯于1994年组建的全国性的慈善组织，与英国教育部和文化、传媒与体育部及其他组织积极合作，以普惠性的体育教育活动计划促进英国4~19岁儿童、青少年在课余时间参与体育活动，旨在为英国青少年提供优质的体育教育和指导，该组织希望通过青少年参与体育活动达到以下几个目的。

（一）创办体育赛事，增加体育经历

英国青少年体育信托组织创办普及型的青少年体育赛事，增加青少年的体育参赛机会，通过体育比赛搭建强有力的交流平台，借助多样的体育

---

[1]　陈洪、梁斌、孙荣会、郇昌店、肖林鹏：《英国青少年体育俱乐部治理经验及启示》，《西安体育学院学报》2017年第3期。

活动丰富青少年的体育经历，提高青少年的体育参与积极性。

（二）构建青少年体育服务网络体系

英国青少年体育信托组织发起"打破界限（Breaking Boundaries）计划"[①]为连接学校、社区、组织构建青少年体育服务网络体系提供多种支持，增加青少年体育活动量，增强社区的凝聚力和归属感。

（三）唤醒进取精神，培养青年志愿者

通过组织和调动专业院校的资源对青少年体育技能、身心健康指导、健康生活习惯和行为等进行研究，与学校合作提升青少年体育、教育和生活能力。[②]英国体育活动和赛事的服务人员大多是来自不同大中小学的学生志愿者，通过体育活动促进他们对体育的理解，培养他们乐于奉献的精神。

（四）培养优秀教练员，提供优质指导

优秀的教练员是青少年体育俱乐部高质量发展的前提条件，英国青少年体育信托组织关注和重视对教练员的培养，委托体育专业人员制定青少年体育教育和身体素养的标准，为青少年提供科学、高质量的体育学习和训练机会，同时针对青少年的认知表现、社会交往、生活技能、心理品质等方面进行积极的教育。[③]

四 英国青少年体育俱乐部的特征

青少年体育俱乐部是英国青少年参与体育活动的重要载体，对于提高学生体质健康、提升学生运动技能水平、培养学生良好的锻炼习惯、促进学生健康生活都发挥重要的作用，其特征主要包括以下几个方面。

（一）以安全为主规范开展活动

英国不仅针对课余体育活动的安全开展出台了相关政策和文件，规定了以安全为主要内容的具体细则，还重视青少年体育俱乐部运营的规范化。2004年，英格兰体育理事会对社区体育俱乐部进行标准化认证（Club Mark）。标准化认证对于规范体育俱乐部建设、管理、运营和监督都具有重要作用，

---

① "Breaking Boundaries, Wavehill," https://www.youthsporttrust.org/media/g24bzfky/breaking-boundaries-final-report-2023.pdf.

② 柳鸣毅：《国外青少年体育组织培育与政策监管研究》，科学出版社，2018，第131~132页。

③ 马德浩、曹丹丹：《英国青少年体育整体性治理的实践探索及经验启示》，《天津体育学院学报》2022年第2期。

获得标准化认证表明该体育俱乐部的安全、师资、服务、保障等各方面都通过了官方的审核，也能够为家长筛选出合格的体育俱乐部。标准化认证对于规范、鼓励、支持社区体育俱乐部的建设，构建网络化的大众体育治理模式，以及促进英国大众体育事业发展等方面均起到了重要的推动作用。①

（二）活动内容丰富多样

英国教育部在 2023 年发布的对 7 年级学生过去一年课余体育团队活动参与情况的调查数据显示，英国有 73% 的学生有机会参与学校组织的课间和课后体育团队活动，其中，最受欢迎的是足球（占 58%），其次是篮球（占 30%）和无挡板篮球（占 28%）。除此之外，躲避球、棒球、羽毛球、游泳、橄榄球、板球、体操等也是深受学生喜爱的课余体育活动项目。② 可以看出，英国校内外的体育俱乐部种类繁多、活动内容丰富多样且学生参与度较高。

（三）发挥志愿者的重要作用

英国倡导儿童、青少年在体育赛事中积极参与志愿服务工作，教育部在 2019~2020 年投资高达 40 万英镑，为儿童、青少年提供更多参加体育志愿者项目的机会。英国体育俱乐部的志愿者大多数是附近学校参与志愿服务的学生，2012 年，英国青少年体育设施运动调查结果显示，88% 的社区体育设施由来自青少年体育组织的志愿者指导青少年使用。③ 青少年参与体育俱乐部的服务工作有助于他们更好地理解和感知体育活动，培养志愿服务精神和热情，提高青少年参与体育活动的积极性。

（四）学校与社区俱乐部密切合作

英国学校、社区俱乐部积极盘活教师资源，共享体育场馆和设施，为青少年课余体育活动提供多项支持，保障青少年体育的高质量可持续发展。2002 年，英国文化、传媒与体育部等部门制定《体育、学校体育和俱乐部联合战略》，该战略旨在整合学校周边体育资源，进一步推动青少年体育的

---

① 陈洪：《英国社区体育俱乐部标准化认证研究》，《体育科学》2015 年第 12 期。

② "Parent, Pupil and Learner Panel 22/23 Recruitment Wave 1," Department for Education, https：//assets. publishing. service. gov. uk/government/uploads/system/uploads/attachment_ data/file/1137862/Parent__Pupil_ and_ Learner_Panel_2022_ to_2023_Recruitment_ wave_ 1. pdf#page = 16&zoom = 100，p. 72，p. 76.

③ 柳鸣毅：《国外青少年体育组织培育与政策监管研究》，科学出版社，2018，第 136 页。

发展。2012 年以后，英国有 4000 所中学均创建连接社区体育的青少年俱乐部。[①] 研究显示，2009 年，英国有 33% 的学生参与社区体育、舞蹈和复合型俱乐部，每所学校平均与 9.1 个上市俱乐部建立联系，足球、板球、舞蹈、联盟式橄榄球、游泳、田径和网球是较为常见的俱乐部体育活动。[②] 根据 2019 年英国教育部等发布的《学校体育活动行动计划》，为了提高青少年的课余体育活动参与度，以及连接学校和社区体育，英国创建"卫星俱乐部"（Satellite Club）。截至 2023 年，英格兰已经建立了 1100 个卫星俱乐部，几乎一半的卫星俱乐部建立在英格兰 30% 最贫困的地区，吸引了近 19000 名参与者，其中，50% 是女性，28% 来自少数民族，14% 为残疾人，[③] 这极大地扩大了体育活动的参与人员范围。同时，这有助于体育扎根社区，贴近人们的生活，从而更有效地应对和解决体育活动中的公平问题。

---

① 柳鸣毅：《国外青少年体育组织培育与政策监管研究》，科学出版社，2018，第 114 页。
② 张建华、高嵘编著《国内外体育课程发展与改革》，广西师范大学出版社，2015，第 100 页。
③ "School Sport and Activity Action Plan," HM Government, https://www.gov.uk/government/publications/school-sport-and-activity-action-plan.

第三章
法国学校体育

第一节　法国学校体育的产生与发展

一　法国学校体育的历史沿革

　　法国学校体育的产生可以追溯到中世纪早期，但体育并未伴随着学校的发展而发展。体育在学校发展几个世纪之后才被正式纳入教育体制中。纵观法国学校体育的发展历程，大致可以分为四个阶段：第一，旧制度时期的学校体育，此时学校中出现了比较零散的体育教育活动；第二，大革命之后至 19 世纪末的学校体育，此时，在经历了革命与战争后，法国的体育观念觉醒，学校体育步入制度化阶段；第三，20 世纪的学校体育，在经历一战和二战后，法国的学校体育进入快速发展阶段，学校体育制度更加成熟与完善；第四，21 世纪的学校体育。进入 21 世纪，法国学校体育不断受到国家的重视，经过快速发展，进一步成熟与完善。

　　（一）旧制度时期的学校体育

　　教会掌握了法国的学校教育主要控制权直至法国大革命前。此时，只有贵族子弟才能在教会学校接受教育，接受体育教育是贵族子弟的特权。民间尽管有体育游戏活动，但并没有作为体育教育的手段。这个时期没有产生系统的学校体育活动。

　　在旧制度时期，法国的学校教育皆被教会势力垄断。教会学校的主要目的是传授宗教知识和道德价值观，并培养学生成为未来的神职人员①，体育活动在学校中的地位较低。尽管仍然存在一些体育活动，学生可能会参与一些传统的体育运动，如射箭、剑术、操场游戏和擂台战斗等，但体育不是教会学校的核心内容。除此之外，身体精神及其展现是法国贵族彰显

---

① 王保星主编《外国教育史》，北京师范大学出版社，2008，第 138~140 页。

权力的标志，为满足上流社会的普遍要求，法国出现了专门开展体育训练的贵族学校。① 17 世纪初，路易十三批准创办"皇家专门学校"进行体育教育，招收 14 岁到 15 岁身材良好且精力充沛的绅士学习赛马，同时也有私人创办的贵族训练学校专门教授马术与剑术。②

不难看出，在旧制度时期，贵族子弟是法国学校教育的主要教育对象，也是享受学校体育资源的主要群体。学校体育的内容以马术、剑术为主，体现了法国贵族对优雅的追求。

（二）大革命之后至 19 世纪末的学校体育

自 18 世纪以来到 19 世纪，法国的政体经历了从专制到共和，从共和到专制的过程，辗转回环，往复变化。法国人民受到皇室僧侣豪杰及反动政治的影响。③

法国大革命之后，法国日益关注建立国家教育体系，而体育在这一时期的教育体系中扮演重要的角色。法国议会在 1793～1795 年陆续启动了 6 个关于体育的专门计划④，推动公共教育发展。在拿破仑帝国时期，法国对学校采取中央集权式的管理体制，重视高等教育与中等教育，顺应教会学校传统与大革命改革的要求，推行准军事化的教育大纲。除知识课程以外，学校还开展武器操练和身体锻炼等体育活动。1819 年，由阿莫罗斯牵头创办，一所相当正规的军事体育学校在巴黎建成，开法国军事体育之先河。⑤ 1867 年，一份比利时和德意志国家体操的调研报告影响了体操在法国学校的地位。调研结果指出，长期以来，法国学生把散步和交谈作为主要的消遣方式，缺乏其他玩耍项目。这在高年级学生身上体现得更为明显，对学生的成长产生了消极的影响。由此，1869 年，"体操"被确立为中学必修课程。⑥

在法国大革命之后，法国的教育事业进入新的进程，中央集权式教育

---

① 王锐、胡小明：《法国身体教育的变迁》，《体育学刊》2015 年第 6 期。
② 〔法〕乔治·维加埃罗主编《身体的历史·卷一》，张竝、赵济鸿译，华东师范大学出版社，2019，第 240 页。
③ 刘德超：《体育概论》，商务印书馆，1944，第 179 页。
④ Claude Piard, *Education physique et sport*, Paris：L'Harmattan, 2001, p. 61.
⑤ 〔法〕弗朗索瓦·托马佐主编《世界体育秘史》，孙琦等译，社会科学文献出版社，2021，第 17 页。
⑥ Claude Piard, *Education physique et sport*, Paris：L'Harmattan, 2001, p. 63.

管理制度对法国教育管理产生深远的影响。然而，体育并未在此时进入法国人民的视野。直至普法战争之后，深受战败刺激以及全国疾病肆虐的法国才开始提高对体育的关注程度。普法战争以后，法国赔款 50 亿法郎，割让阿尔萨斯和洛林两地给普鲁士。从此，法国的体育观念逐渐觉醒。同时，为战胜肆虐全国的疾病，19 世纪末，欧洲各国开展公共卫生运动。体育作为当时结合教育学和公共卫生的一种方式，以社会复兴之作用被推崇，实现制度化。

（三）20 世纪的学校体育

进入 20 世纪，在两次世界大战的影响下，各国或为自保或为获取更多利益都在不遗余力地进行改革与更新，以求提高或保持自身在国际上的地位与影响力。体育开始进入蓬勃发展的时期。

第一次世界大战结束后，欧洲各国都在进行体育教育体制改革，法国为提升处于身份危机中的地缘战略地位也毫不例外地加入其中。在法国，战后时期的特点是体育日益政治化，除了通过体育提高国家声望等政治目的以外，其还抱有消除对"衰落"的恐惧、灾难性的人类和健康状况的目的。从而，学校体育教育被视为对抗国家衰落的关键因素。20 世纪 20 年代，体育开始被正式纳入法国学校课程中，同时，法国还出现了一些重要的体育组织，如法国学生体育联合会。1921 年 7 月，法国政府将体育的权力和归属部门划分给公共教育部负责技术培训的副部长加斯顿·维达尔与陆军部副部长帕特尔领导，前者负责学校与学校之外的体育教育，后者负责陆军部的军事体育教育。[①] 1923 年，法国成立了学院体育委员会，负责促进中小学校和大学开展体育实践。

1941 年，法国体育联盟成立并致力于推广体育运动和体育教育。1950年，教育部出台法令，规定所有体育教师都要对所教科目的上课时间负责。20 世纪六七十年代，体育教育在法国学校中得到了更大的发展和重视。各种体育课程和活动数量增加，为学生提供了更多参与体育运动的机会。1978年，教育部与音体部出台的文件指出体育活动的重要性及学校体育的目

---

① Daphné Bolz, Jean Saint-Martin, "Physical Education and Bodily Strengthening on Either Side of the Rhine: A Transnational History of the French Bill on Physical Education and Its German Reception (1920-1921)," *Sport in History*, 2023, 43 (1).

的。[①] 1999 年，法国通过一项法律，要求学校提供每周至少 4 小时的体育教育课程。

（四）21 世纪的学校体育

20 世纪末，法国政府在多个方面的压力下不断提高对体育的重视程度。法国的学校体育在 21 世纪进入了快速发展阶段。

2008 年，法国教育部进一步细化体育课程标准，明确提出课程内容要求、课时安排要求等，这促进了学校体育可行性的提高。2011 年，法国政府通过了体育改革法案，旨在提高学生的体育水平和体育健康意识。该法案规定，学生每天至少要进行 30 分钟的体育锻炼。目前，法国是将时间用在体育活动上最多的欧洲国家之一：平均占学校时间的 14%，这是其他欧洲国家的两倍。同时，2024 年夏季奥运会为学校体育带来新的发展机会，法国政府强调全民体育的重要性，通过开展奥运周、全国体育运动会等形式的体育活动，进一步促进法国学校体育发展。

二　法国学校体育的思想变迁

法国学校体育从无到有，从零星到系统化经历了漫长的时间。在这一历程中，无数法国人迸发出学校体育思想的火花，引领法国走向体育强国。其中，启蒙运动时期在理性主义的影响下产生的体育健身思想促进体育进入学校。在普法战争之后，体育可强健体魄的思想与战后恢复的需求不谋而合，在两者结合之后，体育救国思想应运而生。

（一）体育健身思想

17~18 世纪，在托马斯·霍布斯、约翰·弥尔顿、约翰·洛克等的资本主义社会政治理论和具有唯物主义倾向的哲学观念的引领下，法国启蒙思想家掀起了以理性和科学的追求为标志的启蒙运动。[②] 在理性主义的思潮中，教育家开始思考关于身体教育的命题，这对学校体育产生了重要的影响。

蒙田在谈论儿童的教育时提出："游戏与运动将占一大部分学习：跑步、角斗、音乐……我希望在塑造他的心灵的同时，也培养他的举止、怎

---

①　曲宗湖等主编《几个国家学校体育的比较》，北京体育学院出版社，1987，第 6 页。
②　王保星主编《外国教育史》，北京师范大学出版社，2008，第 129 页。

样待人处世与体魄。"① 卢梭在《爱弥儿》中提出的自然主义教育涉及让儿童自由自在地活动，这包括体育活动与身体锻炼的思想，对欧洲乃至世界对儿童体育的观念产生了深刻的影响。拉夏洛泰在《国民教育论》中表明支持将体育教育纳入课程之中，此后，越来越多学者加入这一队伍中。加布里埃尔·弗朗索瓦·科耶尔（Gabriel-François Coyer）的《公共教育》（«De l'éducation publique»）、路易斯·菲利蓬·德拉·马德莱恩（Louis Philipon de la Madelaine）的《关于人民教育的爱国主义观点》（«Vues patriotiques sur l'education du peuple»）和《大学教育》（«De l'éducation des collèges»），以及让·维尔迪尔（Jean Verdier）的《体育与道德的使命》（«Maison d'éducation physique et morale»）和《教育课程》（«Cours d'éducation à l'usage des eleves»）都对体育教育必须构成任何全面可行的国家教育计划的重要组成部分这一概念做出了重大贡献。②

在这一时期，随着对身体的理性认识进一步深入，体育锻炼能够强身健体的观念得到广泛的认可，这为法国未来的学校体育事业提供了思想上的引领。

（二）体育救国思想

1870~1871 年普法战争之后，法国人民对体育的观念发生了巨大的变化。如果在启蒙运动时期，启蒙运动家的思想对法国人民有启发作用，那么普法战争后法国人民的体育观念开始真正觉醒。

普法战争的失利使法国在征服世界的竞争中落后于英国与德国以至于民心不振。法国各界都在寻找振兴国家之道路，为使法国回到世界一流强国的地位而努力。1872 年，茹安维尔军事学校对普通大众敞开大门；翌年，欧仁牵头创建了法国体操协会联盟，相关协会如雨后春笋般冒出。这场运动不仅得到费瓦尔等名人的大力支持，也受到了包括埃米尔·左拉与公共教育部部长儒勒·西蒙及其继任者保罗·贝尔、民族主义者保罗·德鲁莱德等一些重要政客的关注。③ 体操被许多人认为是一种卓有成效的培养爱国

---

① 〔法〕米歇尔·德·蒙田:《蒙田随笔全集》，马振骋译，人民文学出版社，2021，第 196 页。

② Roberta J. Park, "Education as a Concern of the State: Physical Education in National Plans for Education in France, 1763-1795," *Research Quarterly. American Association for Health*, *Physical Education and Recreation*, 1973, 44 (3).

③ 〔法〕弗朗索瓦·托马佐主编《世界体育秘史》，孙琦等译，社会科学文献出版社，2021，第 20 页。

者的方式，西蒙本人将体操列为必修课的范围，将其从高中与大学推广到小学。此时，20 多岁的顾拜旦在遍访英国著名学校后，产生了将体育引入学校的"体育教育救国梦"。他提出"发展体育运动，振兴法国"的主张，创办了"普及、振兴学校体育委员会"①。通过他的不懈努力，阿诺德的体育训练体系被移植到法国的高级中学里，从而冲淡了学校体育中的军国主义倾向。

普法战争带给法国的刺激是持久的，在普法战争之后的许多年里，法国各界都对法国的方方面面进行反思并改革。在教育界，人们认为法国的教育体制落后，学校缺少体育课程以强健学生体魄，就此，体育开始正式进入学校。

（三）全民体育思想

二战以后，法国面临战后国家和教育体系重建、恢复共和法律和民主社会的重大任务，体育担负着强健体魄、恢复信心、振兴法国的重要作用。1959 年，戴高乐政府提出鼓励更多人参加体育活动，同时让体育教育服务于法国的体育政策。1959 年，法国出台法令宣布对健全的学生实行强制性的学士学位体育运动考试。② 法国体育的重要目的在于强健民众的体魄，增强民族团结。20 世纪 80 年代初期成立青年与体育部，其负责管理全国体育事业，积极推动竞技体育与群众体育的发展，并与不同的体育协会相互协调、配合，为法国人民提供丰富的体育活动。21 世纪以来，法国政府大力支持全民参与体育事业，颁布多项法令以发展体育事业。2010 年，法国开启"上午上课，下午运动"的教育模式，并给予财政支持以为学生提供多样的体育活动，促进学生参与体育运动，反响良好。法国申办 2024 奥林匹克运动会也积极地带动体育产业发展，激励全民参与体育活动，发扬乐于分享的体育文化。

第二节　法国学校体育的结构、功能与目标

一　法国学校体育的结构

学校体育的结构是指学校体育各构成要素之间相对稳定关联所形成的

---

① 许琼玲：《奥林匹克轶事趣闻集》，中国少年儿童出版社，1992，第 34 页。

② J. L. Martin, *Histoire de l'éducation physique sous la Ve République*, Paris：Vuibert, 2004, p. 17.

整体架构。从不同视角可以对学校体育进行不同层次的划分。本节主要将法国学校体育阶段划分为学前教育阶段体育（第一学习周期）、基础学习阶段体育（第二学习周期）、巩固学习阶段体育（第三学习周期）、深化学习阶段体育（第四学习周期）。

（一）学前教育阶段体育

1. 教育对象

法国学前教育阶段包含0~6岁的所有儿童，具有三种机构类型：第一，家庭照料中心，为0~3岁的婴幼儿提供自家式托儿服务；第二，公立托儿所，为2~3岁幼儿提供日常照看和教育服务；第三，幼儿园，为3~6岁儿童提供教育服务，分为小班、中班、大班。学前教育阶段体育属于学校体育的第一学习周期，学校体育的主要对象为幼儿园的3~6岁儿童。

2. 教育内容

体育内容主要包括步行、跑步、跳跃、单脚站立、抓取、拉动、推动、投掷与接收物体等。其中，步行、跑步、跳跃主要培养幼儿的移动技能；单脚站立主要锻炼幼儿的平衡能力；抓取、拉动、推动、投掷与接收物体主要发展幼儿的操作技能。

法国的幼儿园必须为儿童提供环境和空间以扩大他们的活动范围，帮助他们更好地了解自己并发展他们的身体能力，鼓励他们调整和丰富自己的行为，为他们提供丰富的活动体验，使他们在团队中享受玩耍的乐趣。体育活动主要以游戏的形式进行，同时会融入多种教育元素。在体育活动中，孩子还学会与同学分享并一起参与集体游戏、跳舞和唱歌等。同时，体育活动有助于指导儿童努力并赋予他们自由活动的权利，这不同于以往机械的体操活动。这些经历能够帮助儿童表达所感受到的情绪与情感体验。

（二）基础学习阶段体育

1. 教育对象

法国基础学习阶段的主要对象包含预备班（一年级）至第二级基础班（三年级）的学生，其为6~9岁的儿童。

2. 教育内容

基础学习阶段体育的主要内容包含体育活动、游泳、定向越野、攀爬、摔跤、球类、团体游戏等。其中，游泳是最优先的体育活动；定向越野、攀爬、摔跤等项目可以根据学校所在地区的环境进行调整，学校可以开展适合当地特色的体育教育活动；体操、舞蹈、马戏团活动为艺术、审美方面的体育活动。同时，还可以开展多项个人或集体的体育游戏活动，例如团体游戏等。相关体育知识是对体育教学内容的补充，学校体育协会可以为想要做更多运动的学生提供更多的体育运动机会。

法国义务教育阶段的体育课程和运动发展了学生的运动技能，让学生更好地了解自己的身体进而促进健康教育发展，并且通过恰当的冒险活动可以促进安全教育发展。

（三）巩固学习阶段体育

1. 教育对象

法国巩固学习阶段体育针对中级班（四年级、五年级）到中学预备班的学生。其年龄为 10~12 岁。

2. 教育内容

巩固学习阶段体育开展国家层面定义的 26 项体育和艺术活动。所有中学生每周接受强制性体育教育。六年级的强制体育教育时间为每周 4 小时，其余年级的强制体育教育时间为每周 3 小时。高中体育的内容丰富多样，包括游泳、足球、体操等多项体育活动。学校体育的开展形式可以满足学生的多种需求，除了每周 2 小时的必修体育课以外，学校还为有深入训练需求的学生提供每周 3 小时的选修体育课，包括第二节课（每周 5 小时的探索教学）、第一节课和最后一节课，它们均以两项活动为中心。此外，学校的体育协会还会为有更多运动需求的学生提供运动训练机会，每一所高中创建一个体育协会。体育协会完全融入学校项目，它全年为学生提供每周 3 小时（特别是在周三下午）的一项或多项运动练习机会。学校特别鼓励学生参与体育协会的活动以及组织会议和比赛，它旨在赋予他们权力，增强他们的自主权和主动性。

法国学校适当和多样化的体育活动和艺术活动的实践表明，学校体育有助于身体健康，同时培养公民价值观。学校体育还设置多样化的训练模式，给予学生选择的空间，使学生具备定期和自主练习的机会。

（四）深化学习阶段体育

1. 教育对象

法国深化学习阶段体育针对初一至初三的学生。其年龄为 12~15 岁。

2. 教育内容

深化学习阶段教育内容以各种运动项目与体育科学为主，课程有选修课、必修课等课程组织形式，为学生提供了多样的选择。

深化学习阶段体育学习具有极高的包容性与选择性，充分考虑学生的需求与自主权。首先，中学面向所有学生提供多样化的体育活动，还允许学生从身心健康、人格发展等方面进行选择。其次，将体育运动和艺术活动纳入各种中学课程，提高了这一阶段的学校体育水平。

二 法国学校体育的功能

功能即事物或方法所发挥的有利作用。故而，学校体育的功能指学校体育的有利作用。学校体育的有利作用对象可以分为个人与社会，与之相对应的是，学校体育的功能可以分为学校体育的个体功能与学校体育的社会功能。学校体育既属于教育的一环，也属于体育的一环。于学生个体而言，学校体育既具有育人的本质功能，又具有健体的功能。于国家社会而言，学校体育既有强国之用，也有安邦之效。

（一）学校体育的个体功能

1. 体育育人

体育作为教育的一环，具有特殊的育人价值。首先，促进智力发展。学生可以在体育运动中促进观察力、记忆力、想象力、思维转换等能力的发展，提高运动认知水平。其次，培养体育品德。体育运动传达了团结、尊重、坚强和卓越的价值观，体育活动和体育运动能够培养学生遵守规则、尊重自己与他人、追求卓越等优秀的体育品德。除此之外，法国学校体育还面向全体学生开展多项体育活动，使学生具有选择性与包容性，培养学生的自信心，在更好地了解自己的身体的同时发现自己。

2. 体育健身

强身健体是体育运动最本质的功能。体育运动能够加强个体的心肺耐力、提升肌肉骨骼密度等，促进个体身体机能、体能的发展，推动个体身心健康。首先，学校体育能够促进学生的运动神经发育与基本动作技能发展，为自理与实现终身体育目标打下坚实的基础。其次，学校体育的强制性与多元性能够帮助学生养成良好的运动习惯，并掌握与体育运动有关的知识和技能。最后，学校体育可以帮助学生塑造良好的体态，促进学生生长且减少肥胖与近视。除此之外，学校体育可以提高学生的环境适应性，增强对疾病的抵抗力。

（二）学校体育的社会功能

1. 文化功能

学校作为体育文化的承载者之一，在形成与传播体育文化的过程中扮演重要的角色。学校体育的打造是法国成为世界体育强国的重要原因之一。法国的学校体育融入自由且团结的文化特点，成为法国独特的体育文化的一部分。法国从学前教育阶段开始就对学生进行体育文化的熏陶。在学前教育阶段，幼儿园必须为幼儿提供自由运动的环境、空间与机会，以促进幼儿的基本动作发展，同时强调幼儿与同伴之间的集体体育游戏活动，为幼儿提供分享的机会。在义务教育阶段，游泳成为课程内容。法国河流众多的地理条件以及丰富的水上娱乐活动，使游泳成为法国中小学生必须学会的一项运动。同时，游泳课程也提供了让学生合作和培养学生团队精神的机会。在必修课程之外，学校及学校体育联盟会为学生提供多种多样的体育选修课程，满足学生的多样化需求，培养学生的自主性。

2. 培养后备人才的功能

培养体育后备人才是建设体育强国的关键，而学校体育是培养体育后备人才的重中之重。首先，法国的学校体育面向全部学生，为全部学生提供体育教育服务。这能够在最大限度上增加参与体育运动的群体，进而提高培养高水平运动员的概率。其次，法国的学校体育开展丰富的体育运动，提高学生对体育运动的兴趣，吸引广大充满朝气的学生参与到体育活动中。同时，组织全国比赛也是激发学生运动兴趣的手段之一。此外，法国的学校体育联合协会为具有不同训练需求的学生提供不同层次的培训。因此，学校体育完成了从扩大群体、提高学生兴趣到有针对性地培养人才的任务，尽可能地为国家选拔高水平运动员，培养体育后备人才。

3. 经济功能

法国学校体育具有经济功能，主要体现在学校体育产业化发展、学校体育消费、学校体育俱乐部的各种商业活动等方面。[1] 例如，法国举办的全国学校运动会以及基于奥运会及残奥会的学生运动比赛，刺激了法国学校

---

[1]　张秀丽、葛新主编《学校体育学》，重庆大学出版社，2020，第40页。

体育培训、体育装备等方面的消费。与此相对应，一系列体育产业诞生，可以满足此类消费的需求，从而拉动法国体育经济。此外，学校体育可以通过培养学生的体育运动习惯，强化学生未来的体育消费。总之，学校体育可以促进体育经济发展。

三　法国学校体育的目标

目标是指想要达到的境界或标准。学校体育的目标是指在一定时期内学校体育实践所要达到的预期结果，它既是学校体育的出发点，也是学校体育的归宿。

（一）法国学校体育的总目标

法国学校体育的总目标是：面向全体学生，促进体育公平，同时将学生培养成有教养、清醒、自主、受过体育和社会教育的公民。它引导儿童和青少年寻求福祉和关心健康，确保在课堂上包容有特殊教育需要或残疾的学生。

（二）各阶段学校体育的目标

1. 义务教育阶段学校体育的目标

法国义务教育阶段包括幼儿园、小学和初中三个学段。学龄前儿童处于神经发育与身体机能发展的关键阶段。此阶段的学校体育主要致力于通过体育活动发展幼儿的基本动作技能，让幼儿学会表达自己、理解他人以及与他人发展合作和建设性关系，同时尊重差异，从而为社会化发展作出贡献。进一步而言，学校体育有助于提高儿童的运动兴趣，同时促进感官、情感、智力和人际关系的发展。在体育活动中，幼儿可以探索自然、发展运动技能和平衡能力、感知时间与空间、感受并体验自我。在小学阶段，学校体育的第一个目标在于通过让所有学生平等（包括男女平等）地参与体育活动，尤其让那些远离体育和运动练习的学生参与体育运动，共同应对训练的核心挑战，养成团结、互相尊重的优良品质。同时，第二个目标在于让学生锻炼身体，培养运动习惯。在初中阶段，学校体育的目标在于让学生学会尊重规则、掌握参与运动项目的方法、承担责任以及认识并保护自己。

2. 高中阶段学校体育的目标

法国高中阶段学校体育的目标为促进学生身心健康，同时培养学生的公民价值观。高中开设体育必修课与选修课，让有更高需求的学生参与体育协会层面的专业训练。学校体育为学生创造适宜的环境与提供有利的条件，帮助学生在体育活动中发展身心，体会卓越、尊重、友好的法兰西共和国价值观。

第三节　法国体育教学

法国体育教学计划确定学校体育教师团队的选择是否符合特定学校环境和课程要求的教育需要。它以学校计划为基础，根据课程、学校计划的优先次序和学生的特点，明确了学校内体育教学的选择和实施情况。它包含体育教学目标、教学的内容设计原则以及教学过程等。

一　法国体育教学目标

（一）体育教学目标设计依据

1. 学生特征

体育教学目标要根据学生的身心发展特点以及当前的已有经验进行设计，也要考虑学生的个体差异，使学生得到充分的发展。

2. 区域特征

在设计体育教学目标时，必须考虑各国各地各校的要求。不同的国家赋予了体育教育不同的价值定位，不同学校的体育教学目标同样具有地方差异、学校文化差异等。

3. 教学内容

在设计教学目标时，要认真分析教学内容的结构框架并考察教学内容中的元素，以为制定相关教学目标奠定基础。

（二）各阶段体育教学目标

1. 学前教育阶段——第一学习周期

学前教育阶段儿童的学习方式主要是直接感知与参与游戏，体育教学目标设计可以参照以下几个方面。

（1）让儿童逐渐投入运动之中并享受努力的过程，发展儿童对空间、时间及物体的控制能力。[①]

[①]　Ministère de l'Éducation nationale，"de l'Enseignement supérieur et de la Recherche Ressources maternell-Agir，s'exprimer，comprendre à travers l'activité physique Objectif 1：Agir dans l'espace，dans la durée et sur les objets，" http：//eduscol. education. fr/ressources-maternelle.

①托班及小班：通过动作发现玩具的特征并探索其玩法，同时能够通过观察与探索幼儿园定向空间的可能性，在其中获得乐趣。

②中班：能够根据材料的材质、重量、大小等特征，为实现特定的目标有意识地控制材料，同时能够感知环境中的问题并尽可能地完善应对措施。

③大班：能够采用一系列动作跨越和克服障碍，同时能够根据空间与设备的不同，采取不同的动作策略，为实现特定的目的奔跑、跳跃和投掷。

（2）培养儿童的平衡及协调能力以适应不同类型的环境。①

①托班及小班：通过探索幼儿园中不同的环境和各种交通玩具，使用不同的运动技能来移动玩具，从中获得乐趣并发现自己的潜力。

②中班：探索在具有更大失衡要求的环境或受到限制的空间中，掌握越来越多种类的运动动作，并且不断提升自己的反应能力。

③大班：根据需要跨越障碍物，调整并连续做出动作和进行移动。在各种不同的环境中轻松移动。

（3）鼓励儿童发展身体、感官和独特的想象力，以便通过富有表现力或艺术性的行动与他人交流。②

①托班及小班：能够使用不同的刺激（物体、空间、音乐、指示）来发现各种运动动作，探索身体的可能性并在舞蹈动作中愉快地表现自我。

②中班：探索不同的运动动作和位移，感知身体在空间和时间中的可能性。

③大班：无论是否有音乐，都能够和同伴一起构建一系列动作。在圆圈和歌唱游戏中能够协调自己与他人的手势和动作。

（4）引导儿童在规则框架内进行协作，与个人或集体对抗，以参与寻

---

① Ministère de l'Éducation nationale, " de l'Enseignement supérieur et de la Recherche Ressources maternell-Agir, s'exprimer, comprendre à travers l'activité physique Objectif 1: Agir dans l'espace, dans la durée et sur les objets," http://eduscol. education. fr/ressources-maternelle.

② Ministère de l'Éducation nationkale, " de l'Enseignement supérieur et de la Recherche Ressource-s maternelle-Agir, s'exprimer, comprendre à travers l'activité physique Objectif 3: Communiquer avec les autres au travers d'actions à visée expressive ou artistique," http://eduscol. education. fr/ ressources-maternelle.

找不同的解决方案或策略。①

①托班及小班：接受一条共同规则，和同伴平行行动，但不强调实现真正的协调。

②中班：开始认识所处的群体，并能够确定群体中的不同角色，通过合作实现目标。

③大班：开始合作，扮演相互对立且互补的角色，制定战略以实现共同的目标，或达到一定的效果。

2. 基础学习阶段——第二学习周期②

基础学习阶段为学校体育的第二学习周期。此阶段的学生需要能够自发地、愉快地参与体育活动，并发展自己的运动技能，建立肢体语言，学会用语言表达自己的情绪和动作，且通过个人和集体体育活动，树立社会价值观，如尊重规则、尊重自己和他人等。因此，此阶段的体育教学目标可以参照以下几个方面。

（1）发展运动技能，建立肢体语言：能够有意识地调动资源促进身体活动发展；提升运动技能以适应不同的环境；能够通过身体来表达自己，并接受向别人展示自己。

（2）通过实践经验，掌握自主学习或与他人合作学习所需的方法和工具：通过试错进行学习；学会在行动之前做计划。

（3）分享规则，扮演角色和承担责任，学会共同生活：扮演不同运动项目的特定角色；制定、遵守并执行各项规章制度；接受并考虑群体内所有个体间的差异。

（4）学会通过定期的体育活动来保持健康：探索有关健康生活方式的原则，促进健康和幸福；不因强度超过自己身体素质的运动而给自己带来风险。

（5）掌握体育运动和艺术文化：探索各种体育活动和表演；在个人或集体艺术项目中通过身体表达意图和情感。

---

① Ministère de l'Éducation nationale, "de l'Enseignement supérieur et de la Recherche Ressource-s maternelle-Agir, s'exprimer, comprendre à travers l'activité physique Objectif 4: collaborer, coopérer, s'opposer," http://eduscol. education. fr/ressources-maternelle.

② Ministère de l'Éducation nationale, "Programme pour le cycle 2," https://eduscol. education. fr/169/education-physique-et-sportive-cycle-2.

3. 巩固学习阶段——第三学习周期①

巩固学习阶段的对象为四年级、五年级及中学预备班的学生。这个阶段需要培养学生调动资源的能力，在各种要求更高的情境中转变运动技能，并识别自己动作的直接效果，同时强调使用口头和书面语言的必要性。巩固学习阶段的体育教学目标设计可以参照以下几个方面。

（1）发展运动技能，建立肢体语言：掌握运动技能以适应各种情况；掌握提高效率的特定技巧；能够调动不同的资源来高效地行动。

（2）通过实践经验，掌握自主学习或与他人共同学习所需的方法和工具：在实践中学习，学会观察与分析自己和他人的活动并相互学习；通过重复练习一个动作，使之稳定并更有效；能够通过数字工具观察、评估和修改自己的动作。

（3）分享规则，扮演角色和承担责任：通过扮演不同运动项目和班级特有的社会角色，了解、尊重并执行规则和条例；在各种情况下确保自己和他人的安全；参加集体体育和艺术活动。

（4）学会通过定期的体育活动来保持健康：能够评估校内外日常体育活动的数量和质量；了解并运用有关健康生活方式的原则；掌握根据自己的能力调整体育活动的强度的技巧，以免给自己带来危险。

（5）掌握体育运动和艺术文化：了解评价体育运动和艺术文化活动的标准；理解并尊重体育活动的环境。

4. 深化学习阶段——第四学习周期②

深化学习阶段的对象为初一至初三的学生，学生从学龄期进入青春期，经历重大的生理和心理转变，他们及其社会生活也随之发生变化。在这种情况下，体育运动有助于所有中学生获得关于自己、他人和环境的新的参照点，在尊重差异的同时建立积极的自我形象。参与个人和集体项目是调动新的观察、分析、记忆和论证资源的关键因素。深化学习阶段的教学目标设计可以参照以下几个方面。

（1）发展运动技能，建立肢体语言：掌握提高效率的具体技巧；在集

---

① Ministère de l'Éducation nationale，"Programme du cycle 3，" https：//eduscol. education. fr/259/education-physique-et-sportive-cycle-3.

② Ministère de l'Éducation nationale，"Programme du cycle 4，" https：//eduscol. education. fr/304/education-physique-et-sportive-cycle-4.

体面前用身体传达意图和情感；表达自己的情绪和感觉；使用适当的词语描述他人和自己的运动技能。

（2）通过实践经验，掌握自主学习或与他人共同学习所需的方法和工具：进行准备—计划—实施前的动作演示；排练体育或艺术动作，使之稳定并更有效；构建并实施个人或小组学习项目；使用数字工具分析和评估自己和他人的行动。

（3）分享规则，扮演角色和承担责任：尊重、建立和执行规章制度；谦虚、朴实地接受失败和胜利；在团队中承担责任，完成项目或履行合同；在合作时能够考虑他人的感受以及差异。

（4）学会通过定期的体育活动来保持健康：了解定期体育锻炼对幸福和健康的影响；了解并使用客观指标来描述体力劳动；评估校内外日常体育活动的数量和质量；根据自己的能力调整体育活动的强度，以免给自己带来危险。

（5）掌握体育运动和艺术文化：理解、使用和解释有效技术动作的原则；掌握对体育赛事进行反思和批判的基本态度；发现应用于体育锻炼和运动的新技术的影响；了解体育实践史中的基本要素，这些要素可能会揭示当代体育活动的基本特征。

二 法国体育教学的内容设计原则

体育教学的内容是连接体育教学中教师与学生的桥梁，是体育教学目标的重要载体。合理的体育教学内容设计能够使学生更好地掌握运动技能、学习体育与健身知识以达到体育教学目标。

在体育教学内容的设计上，游泳、体操、自行车等项目是法国学校体育所重视的方面。法国学校体育教学内容设计遵循实用性、基础性、多样性原则。

（一）实用性原则

法国的学校体育教学内容反映社会的现实需求，与生活实际相联系，具有实用性，例如，由于意外溺水造成了死亡事件，法国卫生部和体育部与国家消费者事务研究所（INC）合作，从 2023 年发起一项新的溺水预防运动，游泳成为幼儿园至中学学生的必修教学项目。

（二）基础性原则

学校体育教学的目的在于发展学生基本的运动能力，促进其身心健康，教学内容的设计需要遵从基础性原则。法国体育部部长牵头，国民教育和青年部部长、内政部部长和交通部部长以及道路安全部部长共同领导的"会骑自行车"计划，为 6~11 岁的儿童提供 10 小时的培训。其教学内容设计分为 3 个阶段：第一阶段——知道如何踩踏板，了解自行车的基础知识；第二阶段——知道如何转弯，可以在安全的环境中骑自行车；第三阶段——知道如何骑行，可以在公共道路上独立骑行。由此不难看出，法国学校体育教学内容设计具有阶段性与连续性，从最基本的内容开始，每一个阶段的目标会在原来的基础上实现。

（三）多样性原则

法国学校体育教学内容丰富多样，从学生的兴趣出发设计多种类型的体育活动。法国学校体育既有体操、骑马、攀岩等个人活动内容，也有足球、格斗、集体体育游戏等集体活动内容；既有学校组织的体育教学内容，也有学生自由组织的体育活动。

三 法国体育教学过程①

法国体育教学过程采用模块式教学方法，涉及体育与运动学习模块（以下简称"学习模块"）。学习模块，也被称为体育教学序列、教学单元或周期，通常指组织一系列与特定活动相关的课程。例如，游泳模块、长跑模块等。

学习模块的特点是教师为学生设定学习目标，学生自主构建模块。对教师而言，设计一个学习模块意味着在数周的时间内预测和组织必须教授的内容，以使学生达到预期的水平，提供体育活动设施，并设计评估方法。对学生而言，体验学习模块意味着在很长一段时间内要学习相同的活动或相同的活动类别，并观察自己在活动中的进步情况。

---

① Ministère de l'Éducation nationale, "de l'Enseignement supérieur et de la Recherche. Un module d'apprentissage en EPS : Enjeux et principes de construction," https://eduscol. education. fr/ressources-2016.

（一）学习模块的开发原则

1. 教育性原则

一个学习单元的准备工作必须整合运动、方法和社会三个方面。在体育课程中，始终注重发展学生的运动技能，构建学生的身体语言，让学生掌握学习方法和工具，了解社会角色和遵守规则。

2. 基础性原则

学习模块建立在学生已经知道原有内容的基础上。因此，这可能需要一个初步的诊断评估，并设定新的目标。学习单元中的学习活动是以结束对学习的期望为基础的，优先考虑对所选活动的期望。根据对所选活动的期望，确定新的目标。

3. 灵活性原则

模块的设计要考虑到场地、设备和时间表的技术限制。在学年期间，可以通过优化课程的长度和数量，甚至是课程在一周和一天中的位置，重新制定每周的课程表，以更好地适应计划中的体育教学安排。在学校里，每周的课程表可以通过优化课程的长度和数量，甚至课程在一周和一天中的位置，以更好地适应计划的体育教学安排。

4. 循序渐进原则

模块的开发安排了课程顺序，以确保学习时循序渐进。每个单元的课程数量和持续时间可以不同，但在基础学习阶段，建议采用6~12节课的模块。

5. 确定评估原则

模块的开发必须从一开始就考虑到形成性和总结性评估方法，保障模块学习评估的系统性与确定性。

（二）学习模块的阶段

学习模块分为发现阶段、学习阶段、评估阶段3个阶段。

1. 发现阶段

发现阶段即教学前准备阶段。在这一阶段，教师需要提示学生第二阶段的学习内容，使学生在教学单元开始前建立良好的同伴关系。

2. 学习阶段

学习阶段即正式的教学阶段。在这个阶段，对于学生而言，由于学习情境会让学生面临一个复杂的情境，他们将逐渐了解各种解决方案，并能够通过个人方法、与同龄人的交流或在老师的帮助下验证其中一些方案。

基于他们的水平，他们能够意识到正在做什么，以自己的方式取得成功，这是学习的重要方面。对教师而言，学习单元的形成所涉及的情况的设计必须适应学生的特点，因此这也是一个巨大的挑战。

3. 评估阶段

评估是一项复杂的行动。评估的目的是让所有学生，无论水平如何，都可以展示在复杂情况下采取行动的能力。评估时既可以采用过程性方式，也可以采用结果性方式。

第四节　法国体育课程

法国体育课程是学校体育的核心内容，与体育教学相辅相成，共同体现国家、地方等各主体对学校体育的价值认识。同时，法国体育课程既是有目的的、有计划的，也是灵活的、变通的。

一　法国体育课程目标

体育课程是实现体育教育目标，师生进行体育教学的载体。法国教育部根据各学段学生的年龄特征、社会需求等方面制定了各学段体育课程的详细目标。

1. 法国体育教学目标制定的依据

（1）学生需求

体育课程最重要的对象是学生，满足学生的发展需求是法国体育课程最根本的价值。不同年龄段的学生面临不同的矛盾与冲突，因此，课程目标的制定需要遵循学生的身心发展规律，了解学生的兴趣爱好以及学习倾向等，抓住共性问题以求课程之全面，兼顾个性问题以求课程之质量。

（2）社会需求

社会需求是法国教育课程的"指挥棒"之一，培养适应法国社会需求的人是教育教学的重要目的。因此，体育课程目标的制定既要能谋求社会长远之需，又要能解当下之急。从长远来看，法国体育课程是培养体育人才、提高国民体育素质、建设体育强国的重要手段。从当下来看，体育课程的主要作用在于培养学生的体育习惯，营造全民体育文化，为2024年"法国奥运年"做准备。

2. 各阶段体育课程目标

法国教育部提出各阶段体育课程目标指南，为地方教育部门、学校、教师等制定体育课程目标提供参照。

（1）学前教育阶段

整个幼儿园阶段有 4 大体育课程目标。首先，发展儿童在时间、空间以及物体感知与控制方面的能力。其次，发展儿童的平衡能力及协调能力以适应不同的环境。再次，发展儿童的身体想象力，进而使儿童能够通过身体活动与艺术活动同他人交流。最后，使儿童在单独或集体的体育活动中解决协作、合作方面的问题，发展儿童合作解决问题的能力。

（2）初等教育阶段

体育课程的目标为让学生发展运动技能，建立肢体语言，学习用语言表达情感和行动。通过个人和集体的身体练习，学生具备了道德和社会价值，例如，尊重规则，尊重自己和他人。

（3）中等教育阶段

体育课程的目标在于鼓励学生调动各种驱动力（例如，生理、心理、情感等方面的驱动力），在多样化和更富挑战性的环境中提升运动技能，以及了解体育运动的效果，学会用口头语言或书面语言表达。同时，让学生尝试扮演不同的角色（例如，裁判、观察员……），理解规则的重要性。

（4）高等教育阶段

体育课程的重要目标是帮助学生正确面对青春期的身心变化。具体而言，通过体育和运动教学帮助所有中学生获得关于自己、他人和环境的新基准，以建立一个尊重差异的积极的自我形象。

二　法国体育课程内容

为实现以上这些课程目标，法国学校体育和运动教学为所有学生提供从小学到大学的所有培训课程，包括四个互补的学习领域①：在给定时间内达到最佳表现水平；适应不同环境；通过艺术或杂技表演来表达自己；进行集体或个人对抗，并熟练掌握技巧。各领域对不同阶段的体育课程内容

---

① Ministère de l'Éducation nationale, "Programmes et horaires à l'école élémentaire," https://www.education.gouv.fr/programmes-et-horaires-l-ecole-elementaire-9011.

做出规定。

1. 在给定时间内达到最佳表现水平

（1）基础学习阶段

在这一学习阶段，首先，需要通过跑、跳等体育活动培养学生的运动能力，使学生掌握跑、跳、投掷等技能。理解跑得快与跑得远、掷得远与掷得准等方面的区别。其次，鼓励学生运用"优势手"与"优势腿"实现身体协调与平衡。再次，为学生提供不同的外部参照物，培养学生在运动过程中通过外部参照物感知时间与空间的能力。最后，扮演特定的角色，遵守老师的规则。

（2）巩固学习阶段

巩固学习阶段的学校体育内容必须与基础学习阶段结束时的学校体育内容相结合，以提供教学条件，保证四个互补的学习领域的学习成果持久稳定。这一学习阶段允许学生通过发展运动技能和开发资源，在跑步、跳跃、投掷或游泳方面做出效果最大化的表现。这涉及所有体育活动（例如，跑步、跳跃、投掷方面的体育活动），尤其是游泳相关活动。

（3）深化学习阶段

深化学习阶段要求学生选择至少两个运动项目或至少两种游泳方式，努力取得最佳成绩。因此，此阶段开展的课程涉及跑步、跳跃、投掷、游泳等体育活动，同时还有根据学生兴趣爱好开展的课程，以及让学生自主进行体育运动。

2. 适应不同环境

（1）基础学习阶段

该学习领域要求本阶段的学生在没有支撑的情况下在水中移动约 15 米，并可以在水中浸泡一段时间，且在多样安全的环境中完成旅行，遵守安全规则。因此，此阶段会开展的课程涉及游泳、定向越野、滑行、水上活动、骑马等。

（2）巩固学习阶段

该学习领域在本阶段对学生的要求为独自或与他人一起，在多样的自然环境或人工环境中进行一次旅行，了解并遵守适用于每个环境的安全规则，同时确定在出现问题时通知负责人或按程序处理。因此，该阶段会开展滑行、水上活动、骑马、在大自然中徒步旅行、定向越野、攀岩、游泳等方面的课程。

（3）深化学习阶段

该学习领域要求本阶段的学生在或多或少熟悉的自然环境或社会环境完成旅行，同时确保自身及同伴的安全，尊重安全规则。为此，该阶段会开展户外活动，如定向越野比赛、攀岩、徒步旅行、皮划艇、救援、山地自行车、滑雪等。

3. 通过艺术或杂技表演来表达自己

（1）基础学习阶段

该学习领域要求本阶段的学生调动身体的表现力，记住、呈现动作并适应节奏，完成集体或个人的表演。该领域开展的课程为集体舞蹈、创意舞蹈、体操活动、马戏艺术等，帮助学生体验艺术及体育。

（2）巩固学习阶段

首先，该学习领域要求本阶段学生以小组形式制作两类作品：其一是杂技作品，目的为进行判断；其二是艺术作品，目的为进行欣赏和感受。同时，学生应该了解如何拍摄一场表演，以进行回顾和更新。其次，该学习领域要求学生尊重他人的利益，接受自己的作品并将其呈现在他人面前。为此，该阶段会开展集体舞蹈、创意舞蹈、体操活动、马戏艺术等课程，吸引学生进行表演创作。

（3）深化学习阶段

该学习领域要求本阶段的学生调动身体的表达能力来想象、创作和诠释一个艺术或杂技作品。为此，该阶段会开展舞蹈、马戏艺术、杂技、体操等课程，帮助学生在小组中积极参与艺术项目和实现正规化，并支持学生通过使用不同的观察和分析工具欣赏作品。

4. 进行集体或个人对抗，并熟练掌握技巧

（1）基础学习阶段

该学习领域要求本阶段的学生在尊重游戏规则的前提下进行个人或集体对抗，同时控制运动和情感投入，以成功完成简单的行动。该阶段会开展简单的传统游戏，例如，加农炮、贝雷帽、队长球等游戏，有球或无球的集体游戏，集体运动前游戏，格斗游戏，球拍游戏等，帮助学生了解游戏的目的，识别对手。

（2）巩固学习阶段

首先，该学习领域要求本阶段的学生能在进行调整的情况下或在球员人数减少的情况下，通过确定有利的得分情况，组织战术以赢得决斗或比赛。其次，该学习领域要求本阶段的学生在整个比赛过程中保持有效的运动投入水平。再次，该学习领域要求本阶段的学生尊重伙伴、对手和裁判，并承担活动和课堂组织中固有的不同社会角色（球员、裁判、观察员）的作用。最后，该学习领域要求本阶段的学生接受比赛结果并能对其进行评论。为此，本阶段会开展更复杂的传统游戏，例如，贝雷帽、队长球、鸡-毒蛇-狐狸等；有球或无球的集体游戏和集体运动前游戏，例如，手球、篮球、足球、橄榄球、排球等；格斗游戏；球拍游戏，例如，羽毛球、网球。

（3）深化学习阶段

该学习领域要求本阶段的学生在真实、平衡的对抗中：首先，在有利的情况下采取果断的行动，使力量平衡朝着有利于自己或有利于团队的方向倾斜；其次，该学习领域要求本阶段的学生根据自己的身体状况和力量调整运动技能；再次，该学习领域要求本阶段的学生与同伴团结一致，尊重对手和裁判，以及观察和共同进行裁判；最后，该学习领域要求本阶段的学生接受比赛结果并进行客观分析。为此，本阶段将开展合作和反对活动：有球的集体游戏和运动，如手球、篮球、足球、排球、橄榄球等；双重对立活动、运动和球拍运动，如羽毛球、乒乓球等；格斗体育活动，如摔跤、柔道、拳击等。该阶段帮助学生了解所有对立活动之间的异同，以及每一种活动的特殊性。

第五节　法国体育教师

一　法国体育教师工作概述

教师是教育活动的主体之一，在其中扮演引导者、组织者、评价者等多重角色，这表明教师工作具有复杂性。体育教师作为教师队伍的一部分，同样面临繁复的工作与重要的任务。《教育法》规定，法国幼儿园与小学由小学教师组成教学团队承担体育教师职责，中学由体育与运动教学人员承担体育教师职责。

（一）体育教师的工作

1. 教学工作

法国的教学工作指与学生直接面对面授课的工作，也是所有教师面临的第一大工作。法国体育教师需要与同事一起开展跨学科教学项目，例如通过以团队形式以及与协会或机构合作，开展跨学科活动或游学活动。

2. 与教学服务有关的工作

法国教师与教学服务有关的工作包括教学前的准备和研究，监测、评估学生学习情况和协助学生进步，在教学或多专业团队中工作，维护与学生家长的关系。与其他教师一样，体育教师需要参加班级委员会，凭借在传统课堂以外的环境中与学生打交道的经验了解每个学生的行为（检测孤独的学生、群体现象等）。此外，体育教师还需要执行校长的命令，从而为他所负责的学生的定向训练提供信息和进行监督。

3. 参与学校相关项目

作为教学团队的一员，法国体育教师需要为学校项目的设计和实施作出贡献。首先，法国体育教师可以参与教育行动，通过与学生家长和国民教育合作伙伴进行对话，支持学生选择教育道路。其次，法国体育教师通过成为教学委员会或董事会的一员参与学校生活。

（二）体育教师的任务

首先，法国体育教师的第一项任务为培养学生掌握体育运动技能与知识。体育教师不仅掌握体育教学方法，还掌握各种体育活动的组织情况、规则与裁判情况，可以向学生介绍体育活动，并展示动作或参加相关活动，使学生了解并掌握体育运动技能与知识。

其次，法国体育教师最重要的任务之一是传播公民与共和价值观。作为教学的一部分，体育教师通过培养学生的主动性、团队精神和对规则的尊重来提高学生对公民和共和价值观的认识水平。

二　法国体育教师的职业素养

（一）思想品德

一名负责任的体育教师是遵守道德原则的。体育教师需要贯彻自由、平等和博爱以及世俗主义的共和价值观，平等地对待每一位学生，反对一切特权与歧视。同时，尊重学生自由思考以及宗教信仰的权利。除此之外，团结的共和国思想要求体育教师能够与学校合作伙伴、家长、团队等进行合作，共同为教育事业作出贡献。

（二）专业技能

一名合格的体育教师应当有扎实的体育教学知识，熟稔体育教学方法，了解学生与学生学习的过程。进一步而言，体育教师应该能够根据学生的多样性合理地安排体育教学内容，并采用恰当的教学方法使学生进步。

（三）语言技能

法国根据世俗原则要求，规定所有教师必须使用法语教学。掌握法语成为体育教师的专业素质之一。

三　法国体育教师的专业发展[①]

由于教师承担了传播国家文化与价值理念、培养人才等重要职能，法国对教师的要求非常高。想从事体育教育的人需要通过专业的培训、学科竞赛等环节才能成为一名实习体育教师。

（一）职前发展

1. 入职选拔

法国对教师的选拔严格，需要经过以下步骤。

（1）获得相关学位

成为一名体育教师，有必要在获得 STAPS 学位后，接受专门从事教学、教育和培训工作的 MEEF 硕士培训。MEEF 硕士培训涉及教师招聘考试的备考工作。

（2）拥有体育和运动教师能力证书

要教体育，必须通过 Capeps。Capeps 是体育和运动教师能力证书考试，要求视入学条件而定，可以在国家高等教学与教育学院内准备。其提供为期两年的专业和相关学科课程。作为 MEEF 硕士学位的一部分，其专门用于准备教学内容。

（3）成为实习教师

外部竞赛在硕士课程的第二年结束时组织，一旦通过竞赛便会被任命

---

① Ministère de l'Éducation nationale, "Je deviens professeur," https://eduscol.education.fr/368/je-deviens-professeur.

为实习教师，并被分配到被招聘的学校相关部门。外部竞赛的获胜者拥有硕士学位才能被任命。

（4）成为终身体育教师

在获得学术评审团对责任实习评估的有利意见后，相关人员将被授予终身教职，然后成为经过认证的教师。

2. 职前培训

法国为培养出合格且高质量的教师队伍，非常重视教师职前培训。教育部提供多种多样的培训模式。

（1）STAPS 培训

STAPS 培训涵盖广泛的学科领域，包括运动训练、运动生理学、运动心理学、运动管理和运动健康等方面的知识和技能。相关学位可通过大学或独立的体育科学学院开设的专业课程获得。学生在学习期间将接受理论和实践培训，包括课堂教学、实验室实践、实地考察和实习等。

（2）MEEF 硕士培训

MEEF 硕士培训是为希望成为教育工作者的人提供的专业培训。这个硕士培训课程涵盖教育各个方面的知识和技能，包括教学方法、教育心理学、课程设计、班级管理和评估等。

（3）Inspé 培训

Inspé 是高等教学与教育学院、法国教育部门设立的专门培养教育工作者的机构。其目标是培养具备扎实的学科知识和教育专业能力的教育工作者，他们能够胜任不同年级和学科的教学工作。Inspé 培训涵盖教学方法、教育科学理论、教育心理学、班级管理和课程设计等领域的知识和技能。

（二）职后发展

在整个职业生涯中，体育教师可以通过持续的培训来更新和完善知识体系。除此之外，教师还可以在从事体育教学的过程中不断发展。

首先，体育教师可以进行职业流动、新的职业认定等或者专业发展，例如可以转入更高学段学校任教、出国任教、成为中学职业技术院校的教师或者成为国家培训机构的培训师。同时，体育教师可以通过进一步学习获得更高级的教师认定。

其次，体育教师还可以进入全纳教育系统为全纳教育教师提供培训，成为主培训师，或者为有特殊需要的学生提供教育服务而成为专业教师。

最后，体育教师可以参加开放的教师比赛，逐步走向校长、国民教育督学及指导顾问等管理职位。

法国体育教师在成为正式教师之后便成为国家公务员，其薪酬待遇、专业发展等方面的前景良好。

第六节　法国学校课余体育

一　法国学校课余体育概述

学校课余体育，指正式体育课程以外的体育活动。法国学校课余体育占据学校体育活动的重要地位，在促进学校体育公平、促进学生个性化发展等方面起到了重要作用。

（一）学校课余体育的特征

1. 补充性

法国学校课余体育是学校正式体育课程的补充。其内容丰富，能够弥补体育课时的限制，同时开展形式多种多样，例如，日常体育活动、竞技体育锻炼活动等，对正式课程起到补充作用。

2. 灵活性

法国学校课余体育在内容选择、组织形式以及时间与地点等方面都具有灵活性。首先，在内容选择方面，课余体育可以针对学生的需求以及场域的特征选择活动内容。其次，在组织形式方面，可以以竞赛、集体锻炼、个人锻炼等多种形式组织。最后，在时间与地点方面，课余体育根据学生、教师、运动类型等的需求调整时间与地点。

3. 包容性

法国学校课余体育的自由选择程度可以为不同需求的学生提供服务，例如，残疾学生、辍学学生等。相较于正式体育课程而言，课余体育具有较强的包容性。

（二）学校课余体育的功能

1. 促进学生身体健康

法国学校课余体育最基本的目的在于对抗久坐，减少学生看屏幕时间，预防肥胖、近视等问题，保护学生身心安全，促进学生健康发展。

2. 培养高水平运动员

法国学校课余体育是培养高水平运动员的途径之一。体育俱乐部是课余体育的组织形式之一①，具有良好的培养高水平运动员的功能。在法国课余体育中，与法国学校合作的体育协会以及体育俱乐部为有更高体育需求的学生提供专业的指导与锻炼机会。

3. 传播奥林匹克运动会价值观

法国学校课余体育通过竞赛、训练等活动传播奥林匹克运动会的公平竞争、平等、包容等价值观，为2024年夏季奥运会及残奥会做准备。

二 法国学校课余体育的计划

法国教育部非常重视开展学校课余体育活动，并发布了多个计划、措施、倡议等予以支持。

（一）"每天30分钟体育锻炼"②

"每天30分钟体育锻炼"是法国教育部与2024年夏季奥运会组委会以及体育运动组织合作提出的计划，致力于使每个学生每天至少拥有30分钟的体育活动。此项计划的目的在于保障学生每天拥有30分钟的日常体育活动以促进学生身体健康以及发展运动技能。作为体育运动课程的补充，"每天30分钟体育锻炼"可以采取多种形式，并且应根据每所学校的情况进行调整，既可以在不同的学校时间（例如活跃的休息时间）内进行分段和组合，也可以在课后时间进行，还可以在课间操时间让学生更多地参与，并通过有趣的活动来对抗久坐不动的现象。

（二）"中学再上两小时的体育运动"③

"中学再上两小时的体育运动"是一项在全国范围内开展的旨在促进中学生参加体育运动和体育活动的计划。该计划要求2022~2023学年志愿中学（每个区3~7所）在课外时间为3~6年级的志愿参与此计划的学生进入校内的体育俱乐部提供便利。其目的为鼓励学生进行体育运动和体育活动，

---

① 曲宗湖、杨文轩主编《域外学校体育传真》，人民体育出版社，1999，第421页。

② Édouard Geffray, Gilles Quénéhervé, "30 minutes d'activité physique quotidienne," https://www.education.gouv.fr/bo/22/Hebdo3/MENE2201330C.htm.

③ Valérie Baduel, "Expérimentation de deux heures hebdomadaires supplémentaires d'activité physique et sportive pour les collégiens," https://www.education.gouv.fr/bo/22/Hebdo32/MENE2221657N.htm.

同时在体育课程之外，扩大学校体育协会向中学生提供服务的范围，特别是针对辍学的年轻人、进入第四学习周期的女生以及有特殊需要的学生。

除此以外，还有"奥林匹克和残奥会周""奥林匹克日"等倡议宣传2024年夏季奥运会与残奥会。

三　法国课余体育竞赛的价值与目标

课余体育竞赛是激发学生体育运动兴趣、培养学生竞赛精神的有效途径。全国学校运动会是法国最重要的课余体育竞赛，于每年9月举行。2023年9月20日，法国的小学、中学和高中举办体育、游戏和教育活动，如表演、越野跑、锦标赛、田径比赛和意识教育活动。

（一）全国学校运动会的价值

1. 促进全国体育事业的发展

全国学校运动会为国民教育、青年和体育部以及所有学校体育联合会合作促进体育事业发展的机会，同时是在全国学校发扬奥林匹克体育精神的机会。

2. 提高民众的体育参与水平

在各级学校体育活动中，全国学校运动会以庆祝奥运会和残奥会及欢迎来自世界各地的运动员为主题组织有趣且向所有人开放的体育赛事。从幼儿园儿童到高中学生皆可参与此运动会，在展示学生活力的同时可以吸引新生参与体育活动。

3. 增强社会各界对学校体育的认识

全国学校运动会可以提高学生、教育团队、家长、当地体育界和地方当局等对体育的认识水平并促进学校体育协会和联合会发展，进而提升学校体育的发展水平。

（二）全国学校运动会的目标

1. 培养学生的体育竞赛精神

鼓励所有学生以有趣和友好的方式发现和参与竞赛活动。全国学校运动会的目标之一是培养学生的体育竞赛精神。运动会中有适宜从儿童至高中不同学段学生的项目，运动会的参与面扩大能够使更多的学生感受和体验竞赛的趣味与展现竞技精神。

2. 提升学校体育的质量

向家庭和整个教育界宣传学校教育，提高其对学校体育的认识水平。

提高社会各界对学校体育的认识水平是增强学校和教育机构内活力和凝聚力的重要因素。

3. 备战 2024 年夏季奥运会及残奥会

法国全国学校运动会有助于为奥运会进行动员，传播奥林匹克价值观。2024 年在巴黎举办的夏季奥运会和残奥会是推广奥林匹克主义价值观——卓越、友谊、尊重体育价值观（如努力的品位、毅力、对进步的渴望、尊重他人、尊重自己和规则）的机会。全国学校运动会对体育及其传达的价值观的动员旨在促进所有学生以及参加 2024 年夏季奥运会和残奥会的法国运动员成功。

第七节　法国学校体育管理

一　法国学校体育管理概述

学校体育管理是学校管理工作的重要内容，也是教育管理的重要方面。学校体育管理是确保学校在体育教学、行政、财务和人力资源等方面管理和运作的手段，也是评估学校实施相关政策与行动的工具。

管理是一个有目的、有意识的活动过程，是采用科学计划、组织、决策、领导等手段优先且高效率地完成预先目标的过程。因此，从管理的角度看，学校体育管理的目标是通过计划、组织、领导等手段，高效率地实现学校体育的目的。

具体而言，学校体育管理的目标是充分发挥各级管理部门的职能，整合多方资源，以保障学校体育教育活动正常开展，有效地完成学校体育工作。

学校体育管理的任务：宏观层面，其任务为根据国家或地区政治、经济、教育等事业发展对学校体育的需求，制定国家或地区的学校体育发展战略、发展目标以及发展计划等；中观层面，其任务为健全学校体育各级管理机构或组织，做好督导、评估等工作；微观层面，其任务为协调各类资源，为学校体育工作提供必要的技术、信息、物质等，组织开展学校体育工作，多方面保障学校体育工作的正常开展与有效实施。

二　法国学校体育管理体制

法国学校体育管理体制是指管理学校体育工作，保障其运行的机制与体

系，包括机构设置、组织设施、人员聘用、职级晋升等。法国作为西欧传统
的中央集权制国家，实行半会议制半总统制，其学校体育采用从中央到地方、
自上而下的管理体系。法国教育部门学校体育管理机构体系如图3-1所示。

在法国，学校体育的教育事业最高管理机构是法国国民教育、青年和
体育部（以下简称"法国教育部"），属于中央级教育行政机构，下设学校
教育总局、高等教育与研究创新部等各部。[①]法国教育部主要负责管理学龄
前、初等教育、中等教育阶段的学校体育工作。第一，法国教育部的职能
包括：根据法国教育方针、政策等制定体育教育课程和指导方针，确保学
校体育教育的质量和连贯性；负责确定学校体育相关文凭及授予相关证书；
负责管理学校体育所需经费，如教师薪酬、体育设施设备等费用；负责对
学校体育工作的评估与监督；负责体育教师的聘任与管理。第二，法国教
育部下属机构学校教育总局负责协助制定体育教育政策、制订体育教育计
划和编写教材，以及对相关教师进行培训和提供支持。第三，法国教育部
主要负责管理和监督高等教育系统，包括大学、研究机构等。在学校体育
方面，法国教育部主要负责与学校教育总局合作管理高等教育学校体育工
作，以促进学校体育工作的开展。

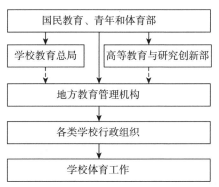

图3-1 法国教育部门学校体育管理机构体系

注：↓表示上下级关系，⤵表示指导关系。

资料来源：教育大辞典编纂委员会编《教育大辞典 卷12 比较教育》，上海教育出
版社，1992，第296页。

法国的地方教育行政单位分为市镇、省和大学区。市镇是最基础的教

---

① 教育大辞典编纂委员会编《教育大辞典 卷12 比较教育》，上海教育出版社，1992，第
296页。

育行政单位，主要负责初等教育；市镇以上是省，主要负责初等教育以及中等教育；大学区是中央以下一级的教育行政单位，负责高等教育及学区内中等教育和初等教育。三者在学校体育工作的管理方面既有共同职能，也有分属职能。首先，根据《教育法》，市镇、省或大学区的共同职能为：负责在学校开放时间内，经负责其运作的理事会和当局同意，在学校组织额外的教育、体育和文化活动等。其次，市镇的职能为：负责配备和维护公立小学体育器材和体育运动所需的设备；雇用教师以及体育教练；管理学校体育教育活动，同时保证学生能够平等地参与体育课程与体育俱乐部的活动等。再次，省的职能为：负责配备和维护公立中学的体育器材及体育运动设施；负责招聘和管理体育运动教师；按照教育部要求制定适宜的体育教育政策，以及提供资金支持；监督学校体育工作开展等。最后，大学区的职能为：根据教育部规定以及国家对学校体育工作的要求，制定适合学区的学校体育计划以及指导方案；提供修建、维护体育设备设施与人员培训等经费支持；制订培训计划等。

中央集权依然是管理的核心方式，国家在学校体育管理中起决定性作用。但近年来，法国政府不断下放权力，这也增加了各省、市镇等地方的学校的体育自主权。

第八节　融合体育

融合体育是全纳教育概念在体育层面的延伸，指将特殊学生纳入普通教育环境中，使特殊学生能够平等地在普通学校体育环境中接受体育教育，享受普通学校体育环境中的资源的一种教育教学模式。

一　融合体育的溯源与发展

20世纪90年代，欧洲各国的学校开启了全纳教育的征程。1994年，92名政府代表和25个国际组织在西班牙萨拉曼卡举行了关于教育和特殊教育需求的世界会议，并承诺促进普及教育，认识到确保有特殊教育需要的儿童、青年和成人在正常教育系统中接受教育的迫切需要。《萨拉曼卡宣言》承诺为普通学校提供专业支持，帮助他们应对特殊教育需要。二战以来，如何使特殊学生参与体育活动成为法国面临的一个难题，将特殊学生纳入普通教育的融合体育成为解决这一难题的路径之一。纵观其发展历程,可以分为隔离、加入、融合、全纳四个阶段。

(一)隔离阶段(1945~1970年)

1945年底的医疗监督旨在监测学生的健康状况,并为他们的第一次医疗分类作出贡献,目的是评估每个学生是否适合学校生活和实现身体发育,进而将学生分为良好、中等、不足、非常不足四组。后两组学生需通过做适当的、矫正性的体操进行改善。1946年,政府出台法令设立体育康复中心以作为残疾学童的制度化专用设施,旨在根据医疗当局制定的规范将他们的健康情况改善到被认为是正常和可接受的水平。[1] 随着1958年法兰西第五共和国的成立和戴高乐将军所希冀实施的宏伟政策的实施,国家打算鼓励尽可能多的人参加体育活动,同时使体育教育服务法国的体育政策。[2] 1959年出台的法令让符合条件的学生参加强制性的学士学位体育运动考试,但对特殊学生的政策没有进行任何调整。

隔离是指将特殊儿童与普通儿童的体育运动分离。在此阶段,医院确定关于"残疾"的定义,并对相关学生进行划分。普通儿童可以参与学校体育活动,但特殊儿童只能参与特殊的矫正与康复体育活动。

(二)加入阶段(1970~1989年)

1966年,有研究者提出将特殊儿童隔离的体育教学方式导致学校教育出现文化方面的歧视与不平等,这一想法推动了特殊儿童参与学校体育的进程。1972年,社会各界组织了一场残疾学生如何参与体育的讨论会,其目的是使身体残疾的学生能够参加学校考试,对残疾进行分类,并为他们找到适当的测试和量表,同时在立法中引入部分免修的概念。这次会议成立了两个工作组:一个是医疗小组,负责澄清和对残疾情况进行分类,以确定进行适当的体育教育测试;另一个是行政小组,负责起草有关项目体育教育的正式文本。1975年,《哈比法》提出让所有儿童进入学校接受初等教育和中等教育。1980年出台的法令规定了特殊学生(涉及中等教育学士

---

[1] Yacine Tajria, Jean Saint-Martina, eds., "A Crusade against the Curve? Physical Education for Disabled Pupils in France after World War II (1945-1958)," *Paedagogica Historica*, 2019, 56 (4).

[2] Yacine Tajria, Jean Saint-Martina, eds., "Building an Inclusive PE in France: The Laborious Development of a School Discipline Opening up to Disabled Pupils since the 1960s," *Materiales para la Historia del Deporte*, 2022, 22: 112-125.

学位和技术学士学位）在体育考试中的特殊安排，以及特殊学生在初级教育学位考试中参加体育课的特殊组织条件。同年出台的法令规定特殊考生可以对适应性体育考试进行选择，将田径、游泳或体操三个领域作为考试可选范围，并依据学生是否站立或使用轮椅进行相应的调整，体育教师必须严格遵循医生的建议，不能对自己的学生进行评估。[1]

在这一阶段，医校合作为特殊学生制定了特定的考试标准，特殊学生也加入学校体育之中。但在此时，特殊学生只是作为边缘化的角色加入其中，法国实际并未为特殊学生提供体育课程，让其进行定期练习。

（三）融合阶段（1989~2005 年）

1989 年，法国政府颁布的《若斯潘法》规定："教育是国家的首要任务。公共教育服务的设计和组织考虑到学生。它有助于机会均等。人人享有受教育的权利，以便使他或她能够发展自己的个性，提高他或她的初级和继续教育水平，融入社会和职业生活，并行使他或她的公民身份权利……确保所有青年人，无论其社会、文化或地理出身如何，都能获得普遍的文化和公认的资格。鼓励残疾青年融入学校。这涉及卫生保健机构和服务。"[2]接着，1990 年出台的《残疾儿童或青少年的特殊教育和学校融合通知》表明了支持残疾学生进入普通学校的态度，提出确保残疾儿童或青年与学校其他青年尽可能生活在一起的愿景。[3]

此阶段，"残疾"不仅仅是医学上的词语，而是深入学校之中。融合让残疾学生有能力与健全的学生一起发展自己的能力，以便能够更加自主，符合社会的要求。

（四）全纳阶段（2005 年至今）

2005 年，法国颁布了关于"残疾人平等权利和机会、参与和公民身份"的法律并创建了残疾人部门之家、残疾人权利和自主权委员会等机构，其专门研究残疾人的需求并提供补偿方案。同时，受到 2001 年世界卫生组织

---

[1] Yacine Tajria, Jean Saint-Martina, eds., "Building an Inclusive PE in France: The Laborious Development of a School Discipline Opening up to Disabled Pupils since the 1960s," *Materiales para la Historia del Deporte*, 2022, 22: 112-125.

[2] François Mitterrand, Michel Rocard, eds., "Loi n°89-486 du 10 juillet 1989 d'orientation sur l'éducation," https://www.legifrance.gouv.fr/loda/id/JORFTEXT000000509314/.

[3] L. Jospin, C. Évinc, eds., "Éducation spécialisée et intégration scolaire des enfants ou adolescents handicapés," http://dcalin.fr/textoff/annexes24_1990.html.

制定的新的《国际功能、残疾和健康分类》的影响，法国改变了原来的残疾分类。[①] 在教育上，2005 年的"2005—1725 法令"确定了个性化学校教育项目，规定了特殊学生的各种学校教育方式，并强调在普通环境中上学必须始终是进行学校教育的参考原则。2010 年，教育部发布的通知提出，特殊学生优先接受教育，同时，在教学中需要考虑特殊学生的残疾情况以及健康状况，为其提供灵活且多样化的教学安排，制订教学整合计划。同时，有学者提出"全纳"的使命是确保每个学生（不仅仅是残疾学生，而是所有学生）全面发挥潜力。在全纳学校中，"充分发挥潜力"不仅限于学业潜力方面，还包括智力（和身体）的各种表达形式。因此，它的特点是具有创新能力、自我反思能力以及使用多种策略，这些策略旨在尊重差异而不是消除差异。同时，全纳学校是充满活力的，依托每个参与者的专业知识发展。[②] 2022 年，体育部部长和残疾部部长共同决定将"每天 30 分钟体育锻炼"扩大到残疾儿童医疗和社会机构。这项决定将在为残疾儿童提供服务的机构中实施，为那些未在普通学校上学的儿童提供参与体育活动的机会，以确保所有儿童都能平等地参加日常体育活动。

与此前的情况不同，学校为特殊学生融入学校进行了一定的调整，提供了方便的体育教学条件。这使特殊学生与普通学生拥有平等地接受体育教育的权利。

从发展历程可以看出，法国的特殊学生的体育走在日益民主化的道路上，法国坚定世俗主义且保持中立性，为所有的学生带来了平等的受教育机会。

二　融合体育的动因与价值

（一）融合体育的动因

1. 遵循共同价值观

1881~1882 年，法国教育部部长费里颁布了《费里法案》，法案规定了国民发展教育的义务、免费和世俗化的原则，促进了法国义务教育的普及。二战后，体育在学校教育中扮演日益重要的角色。根据所有儿童都接受教

---

① Barral，Catherine，"La Classification internationale du fonctionnement，du handicap et de la santé：un nouveau regard pour les praticiens，"*Contraste. no*，2007，27（2）.

② N. Rousseau，L. Prudhomme，*La pédagogie de l'inclusion scolaire*，3e édition：*Un défi ambitieux et stimulant*，Québec：Presses de l'Université du Québec，2010.

育的世俗化原则，特殊学生需获得平等的体育受教育权，享受平等的体育资源。因此，在有关残疾学生的体育经过了几十年的曲折发展后，更为民主的融合体育登上学校体育的舞台。

2. 满足现实需求

二战以来，法国的社会失业人口增加，极端贫困人口增加，民众普遍对社会不满。法国人民的身体素质与健康状况堪忧，残疾人士的相关问题更加严重。1945 年以后，法国政府为振兴法国而不懈努力，体育运动成为努力的方向之一。由于体育运动具备增强民众体质、培养民众的自理能力及重振民众信心的特殊作用，残疾人士的体育运动需求得到政府的重视。并且，使残疾人士得到更优质的体育教育成为推动法国融合体育产生的动力，促使法国政府不断改革有关残疾人士的体育教育模式。

（二）融合体育的价值

1. 坚定世俗主义，促进教育公平

宪法规定法国是一个世俗、民主的国家，并且在序言中提出国家需保障儿童和成人平等地接受教育、职业培训和文化，使其在各级组织接受免费和世俗的公共教育是国家的义务。融合体育为所有学生提供了平等地接受体育教育的机会，保障了学生的受教育权。这既是融合体育的动因，也是融合体育的价值所在。

2. 促进特殊学生积极参与体育活动，发现自我才能

在普通学校与特殊学校中，法国政府为特殊学生提供适宜的设备，这为特殊学生提供了一个良好的教育环境，使他们可以挖掘自己的潜能，其目的在于发展特殊学生的能力。[1]

3. 培养团结、包容、健康的公民

融合体育需要各方面的团结合作与共同努力，因此，这对于特殊学生、普通学生、教师、学校管理人员等教育系统中各个方面的人而言具有极大的挑战性。融合体育会提高普通人与特殊人群彼此之间的包容性，增强民族团结。与之相关的体育锻炼能够强健国民体魄，使法国走向更美好的未来。

---

[1] Abdullah Bora Özkara, "Comparative Research on Inclusive Education in England, Germany, France and Turkey from the Perspective of Physical Activity," *Comparative Professional Pedagogy*, 2018, 8（4）.

三　融合体育的实施

法国政府非常重视特殊学生与普通学生的平等受教育权，这一点体现在诸多法律政策中。《教育法》《体育法》《社会行动和家庭法》等法律对特殊学生参与学校体育做出了多个方面的说明与法律保障。

1. 建设教师队伍

在教师和体育教育工作者的初始和在职培训期间，对他们进行关于不同形式的残疾和慢性病的具体培训，以提高他们的全纳素质。同时，规定教育工作者和教师需采用适应教学法，为特殊青年定期参加体育活动和体育运动提供便利。

2. 设置融合课程

法国的课程观提倡为所有人提供普通课程，反对设置特殊课程，并且强调课程应该适应学生的需要，而并非让学生适应课程等。因此，学校教育、职业培训和特殊教育机构的体育活动、体育运动的组织和相关课程会考虑不同类型残疾人士的特殊性，在设置课程时应当适应学生的需求，将特殊的需求融入常规的体育课程之中。

3. 促进家校合作

法国政府简化学生入学条件并继续保证让学生免费获得适应性教育和多元化学习资源，通过全纳课程手册让家长更好地了解孩子的学习进度，并在学生首次入学时保证学校与每个学生家庭成员进行单独的、面对面的交流和沟通。在体育运动方面，学校可以为家长提供指导和建议。

除以上方面外，法国政府还在资金投入、监督评估、新建机构等方面做出努力①，从多层次、多维度保障特殊学生参与学校体育活动，在普通学校就读的残疾学生人数日益增长（如图3-2所示）。同时，越来越多的特殊学生参与到学校体育活动之中，促使学校体育进一步发展与完善。

四　融合体育的特征

（一）面向全体学生

同其他学科一样，法国融合体育是面向所有学生的。在法国学校中无

---

① 吴景尧：《法国出台全纳教育新举措》，中国教育信息化网，https://web.ict.edu.cn/world/w3/n20201113_74632.shtml。

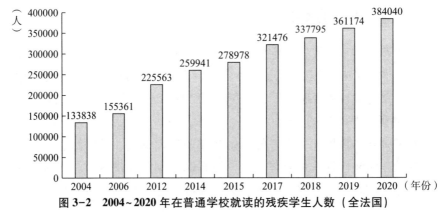

图3-2 2004~2020年在普通学校就读的残疾学生人数（全法国）

资料来源：根据国家教育、青年和体育部评估、前景和绩效理事会（DEPP）的数据制作，转引自 Ministère de l'Éducation nationale，"Scolarisation des élèves en situation de handicap," https://www.education.gouv.fr/la-scolarisation-des-enfants-en-situation-de-handicap-343648。

论学生残疾（部分、永久或暂时残疾）与否，教师都需要根据学生自身的条件与能力调整教学内容，为特殊学生提供量身定制的教学计划以及进行评估测试，以保障全体学生参与。

（二）全学段保障

残疾学生被安排在所在地区的学校参考班。由于在第一阶段和第二阶段，一些学生的健康状况或残疾状况可能导致出现疲劳、行动迟缓、学习困难等情况，因此，学校成立了若干集体机构以为这些学生进行无障碍教学：首先，在小学课堂，在学校包容班（CLIS）适应残疾儿童教育的同时，使他们有机会与其他学生共同参与活动；其次，在初中和高中，教育融合特组（ULIS）允许学生参与个性化教育项目。

（三）校内外合作

学校体育联合会、法国残疾人体育联合会和适应体育联合会合作，组织会议或比赛，鼓励普通人和特殊人群共同参加。特殊人群既可以与健康人练习相同的运动项目，也可以是特定的运动项目，如轮椅篮球或轮椅足球。

法国是较早关注特殊学生参与体育运动的国家。在经历了几十年的发展与改革后，如今法国的融合体育理念与实践在全球范围内都较为先进。尽管仍然存在一些问题，但法国关注关于特殊人群全面发展以及平等权利的全纳价值观、学校环境适应特殊人群而非特殊人群适应环境的全纳理念，这非常值得学习。

第四章
德国学校体育

第一节　德国学校体育的产生与发展

学校体育指的是"在中小学当中开展的有关体育运动各种活动形式的总和"[①]。德国大学中体育不是必修课程，所以，德国的大学体育在严格意义上属于社会体育的范畴。[②] 因此，德国学校体育只包括中小学体育，不包括大学体育。

一　德国学校体育的历史沿革

历史的车轮一直在转动，作为历史文明的一部分，体育不可避免地受到历史背景的影响。以重大历史事件为分割线，德国学校体育被划分为5个重要的时期。根据德国 Balz 教授和 Kuhlmann 教授的著作《体育教育学》，德国学校体育始于1871年，迄今已有150多年的历史。[③]

（一）德意志帝国时期的学校体操（1871~1918年）

1774年，受自然主义教育思想的影响，德国教育家巴泽多在德绍成立了世界第一所博爱学校。在博爱学校里，体育被列为正式课程，其将古希腊流传的体操以及民间盛行的项目进行融合，创造了著名的"德绍五项"（跑步、跳高、攀登、平衡、负重），使身体练习在教育意义上成为统一的体育手段。博爱学校迅速在德国各地建立，并迅速在欧洲各地建立起来。另一位同一派系的教育家古茨穆茨被誉为"德国近代体育之父"。他认同全民体育的思想理念，从理论和实践两个层面对以往的体育理论进行系统的

---

① P. Röthig, R. Prohl（Hrsg.）, *Sportwissenschaftliches Lexikon*, Schorndorf：Verlag Hoffmann, 2003, p. 467.

② 刘波：《德国体育研究》，北京体育大学出版社，2012，第63页。

③ E. Balz, D. Kuhlmann, *Sportpädagogik—ein Lehrbuch in 14 Lektionen*, Aachen：Meyer & Meyer, 2006, pp. 34-36.

整理，并创造了自己的体操体系——八项运动，这个体系最终成为近代学校体育的普遍模式，改变了学校体育的贵族性质。

1811 年，被誉为"德国体操之父"的弗雷德里希·路德维希·杨构建了新的身体锻炼体系。从 19 世纪中期起，体操课开始进入学校，德意志帝国时期的学校体操课的主要目的是培养健康、具有纪律性和集体意识的臣民。19 世纪后期，德意志帝国政府正式颁布关于学校体育的法案，这标志着学校体育制度的确立。

（二）魏玛共和国时期的身体锻炼（1918～1933 年）

一战之后，学校教育的发展受国家民族主义和社会、教育改革的影响较大。首先，德国政府致力于在所有学校普及体育教育。从幼儿园到高等学校，体育课程成为学生必修课程的一部分。其次，魏玛共和国时期学校体育的主要形式是自然体操和传统体操相结合，传统的体操课和现代竞技运动项目并存，将竞技体育与学校体育相结合，鼓励学生参加各类体育比赛。以奥地利教育家高尔霍费尔为代表的教育家提出用"自然体操"来适应儿童在运动方面的需要，学校体育逐渐从简单的体育活动转变为有组织的竞技项目。

除此之外，魏玛共和国时期开始重视女性体育的发展，学校设立女子体育课程，促进女性身体健康和发展。学校取消了以往对女性参与体能测试以及体育竞赛的限制，促进女性学生更多地参与体育活动。同时，德国运动协会开始在学校体育中发挥更大的作用。这些协会通过组织专业的体育教练和提供专业的体育设备，为学生创造更好的体育活动条件。

（三）纳粹统治下的身体训练（1933～1945 年）

纳粹统治时期，纳粹党试图借教育力量复兴德国，使教育成为德国法西斯扩张的工具。[1] 1935 年，希特勒在纳粹党代表大会上发表声明，德国所有的青少年都必须"像皮革一样坚韧，像猎犬一样灵活，像克虏伯钢铁一样坚强"。[2] 学校体育进行大变革以为政治需要服务，从 1937 年起，学校中最主要的课程是每天 5 个小时的身体训练，传统的体操课被搏击、越野行军、射击和野营等军事训练取代。

为了保障军事教育的全面实施，尤其是在学校体育实施，纳粹政府出

---

[1] 曲宗湖、杨文轩主编《域外学校体育传真》，人民体育出版社，1999，第121页。
[2] 潘华：《德国体育史》，人民体育出版社，2019，第95页。

台了一系列政策和措施，包括建立军事化的教育体系，要求教师加入纳粹组织，设立专门的运动组织并强制学生参加，如希特勒青年团等。而且，在 1934 年，教育当局发布命令规定所有受过八年国民学校教育的城市学生，要去乡村服役九个月。在此期间，其继续接受普通教育和纳粹思想的灌输，进行体力劳动。

（四）分裂时期的身体教育（1945～1970 年）

随着第二次世界大战德国战败以及纳粹政府的倒台，德国分裂为联邦德国和民主德国，因分属两个截然不同的政治体系和经济体系，学校体育出现了两种不同的"身体教育"。

联邦德国的"身体教育"是作为"学校整体教育中不可缺少的一部分"而存在的。在 20 世纪 60 年代，政府实施为实现全民健身目的的《黄金计划》。这个计划获得了很好的社会效益，产生了巨大影响。在此计划的推动下，学校体育与社会体育的关系密不可分，并且，它作为社会生活的重要一部分，被广泛认同，社会体育成为学校体育的基础。[1]

民主德国学校体育中的"身体教育"被作为提高运动成绩和培养社会主义人格的手段，与联邦德国学校体育的差异较大。民主德国在奥运会的成绩十分优秀，究其根本是因为其实行与苏联一致的"劳卫制"，凡是奥运会、世界性大型比赛上设有的正式比赛项目都在学校开展。

（五）当代德国教育（1970 年至今）

20 世纪初 70 年代初，德国联邦教育部与德国体育联合会和联邦州体育联合会共同推出"学校体育锻炼计划"。这项计划试图加强学校与体育俱乐部之间的合作与联系，以实现教练、场地等资源的共享，促进学生积极参与学校体育活动。紧随其后，有关各联邦州学校与体育俱乐部之间合作的政策、方案等相继颁布。至 20 世纪 90 年代初，德国全国范围内学校与体育俱乐部之间合作的局面基本形成。[2]

1990 年 10 月 3 日，民主德国与联邦德国合并，德国正式统一。原来分裂的两部分统一后，虽然存在体制磨合的问题，但体育发展求同存异。为了使东部德国地区社会体育的发展进程与西部德国地区相统一，联邦政府

---

① 陆美琳、张俭：《中、德、日三国学校体育教学指导思想的比较研究》，《南京体育学院学报》（社会科学版）2004 年第 5 期，第 47～49 页。

② 张文鹏：《德国学校体育改革的政策研究》，《体育成人教育学刊》2016 年第 6 期，第 3 页。

专门制定了《东部黄金计划》，促进东部德国地区包括青少年在内的大众体育的发展。进入 21 世纪，德国的学校体育呈现新的特点：学校体育的范围拓展到校外；关注体育教育的整体性，学校体育不仅包括单纯的体育运动，还包括体育教育的各个方面，如体育文化、体育伦理和体育科学等；注重设置多样化的运动项目，如游泳、健身操、网球等进入课堂；着重培养学生终身参与体育活动的理念，注重运动行为能力的培养；把培养专业化的体育教师队伍放在重要位置，培养体育教师扎实的体育知识基础和教育能力。

二 德国学校体育的思想变迁

由于欧洲文化在发展过程中基本上是一个整体，特别是在 19 世纪以前，各个国家的文化相互影响、相互渗透。因此，德国体育思想的发展不可避免地受到欧洲整体文化的影响，很难完全独立出来。根据一些相关资料，德国学校体育思想的发展可以划分为五个阶段。[①]

（一）体育教育在欧洲文化影响下的起源与发展阶段

体育教育思想最早可以追溯至古希腊时期，代表人物是柏拉图，在他的教育思想中，体操和音乐具有重要的地位，因为二者能够使个人达到身体和精神的完善。柏拉图的学生亚里士多德在柏拉图的教育思想上继续思考，他主张学生应该德、智、体、美等全面发展。代表性的观点是，他主张通过简便的体操而不是十分严苛痛苦的训练来对学生进行体育教育。[②]

1517 年宗教改革在德国首先爆发，这是继文艺复兴以来又一次深刻的思想解放运动。它所包含的博爱、平等思想促进了教育普及。马丁·路德对教会学校暴君式的教育方法进行批判，并要求父母让子女接受优良的体育教育，他主张把体操作为德国学校的必修内容。

直到 18 世纪，法国人卢梭第一次阐述了新的体育教育理论与身体教育之间密不可分的关系。自然教育理论的一个突出特点是将儿童的发展年龄划分为不同阶段，对不同年龄阶段的儿童进行教育，相关原则、方法和内容不尽相同。卢梭的自然教育理论得到泛爱主义者的支持，这些泛爱主义

---

① 刘波：《德国体育研究》，北京体育大学出版社，2012，第 87~93 页。

② E. Meinberg, *Hauptprobleme der Sportpädagogik*, Darmstadt：Wissenschaftliche Buchgesellschaft，1996，pp. 2-3.

者发展和系统化了卢梭的理论。通过建立泛爱学校进行实践，相关教育家有德国占茨穆茨、巴塞多等人，他们都被认为是"现代身体教育理论的先驱者"。在其理念中，身体的能力和技巧是人类全面教育的重要组成部分，这样教育就是自然且合理的。

（二）德国体操运动和学校体操发展阶段

德国体操作为国家教育的一种特殊形式，经历了不同的发展阶段。一开始，体操主要由弗雷德里希·路德维希·杨和一些浪漫主义教育实践家建立。古茨穆茨提倡的关注人类教育的健身操由弗雷德里希·路德维希·杨等教育家发展为关注国家教育的体操。他改变了体操的社会性质，把体操作为国家的和大众化的身体教育建立起来。国家体操的目标是培养具有爱国主义和民族主义精神的国家公民。

身体教育实践的发展通过德国政府的努力在不断推进，尤其是在普鲁士，体操在公办学校被确立为教育的一个正式组成部分。1842 年，施皮茨以体操和健身操练习为基础发展了一个体操体系，这个体系非常符合裴斯泰洛齐教育学基本要素中的原则。这个体系的主要特征包括身体控制、秩序和纪律。但在之后的 1860～1863 年，德国进入体操之争时期，对于什么是"正确的"体操，教育家之间进行争论，并且间接产生了大量针对体操的专业指导与体操和身体练习，以及涉及教育、国家和社会的价值等诸多作品。

（三）教育学改革背景下的身体教育发展阶段

进入 20 世纪，对 19 世纪体操模型的反思使新的身体教育理论出现。这一时期出现了包括女子体操的发展、体操和舞蹈运动以及高尔霍费尔和施特莱歇尔的自然体操教育学改革理论。游戏和运动是 20 世纪体操俱乐部以及体育课改革的重要方面。尽管女子体操教师比较缺乏，但是德国几乎所有州都把女子体操作为必修课来设置。教育改革开放的思想在学校"自然体操课"的实施方面得到了体现。它强调身体锻炼的生理价值，并且强调体育活动要适应不同儿童的性别、生理特征。

"自由运动"的教育学理念首先体现在奥林匹克运动理念上。随着奥林匹克理念和奥运会的发展，独立的体育运动教育学理论逐渐建立，建立这种奥林匹克教育学理论的正是顾拜旦。他的目标就是通过奥林匹克运动为教育和提倡公平与和平作出贡献，这是一种特殊的教育理念。[1]

（四）政治性身体教育发展阶段

军国主义体育思想在19世纪后期产生于德国，这种体育思想主张在学校体育教学实践中直接运用军事训练方法，通过体育训练可以培养具有坚强意志、团队精神和顽强斗志的士兵，以提高国家的战斗力和竞争力。具体做法是在学校开展军事性很强的兵操和室内体操，把青少年学生培养成具有"爱国主义"和"忠君"意识的军人。

19世纪末20世纪初，德国作为后起的资本主义国家，不断摄取战争胜利的果实，因而竭力推行国家体制的战争化和军事化，宣扬具有专制主义和极端民族主义色彩的军国主义。军国主义体育思想就是在这样的背景下形成的，这一体育思想较大程度地满足了专制政府进行国内统治和对外扩张的需要，因而，在19世纪末20世纪初，其在德国、日本等学校和社会被大力推行。但是在这一思想支配下的体育手段简单粗暴，枯燥乏味，违背青少年身心发展规律和民主自由精神，因而，20世纪以后，其受到广泛抵制。

（五）身体教育和现代体育教育发展阶段

1945年之后，学校体育在民主德国和联邦德国的发展情况截然不同。在民主德国，体育运动和学校教育要服从社会主义政府和政党的需要。民主德国的体育思想遵从马克思的全面发展观，培养全面发展的人，就是智力和体力获得充分自由发展的人，脑力劳动和体力劳动相结合的人，并且认同体育的阶级性且把它看作一种社会实践。民主德国体育教育的中心是竞技体育，大力培养竞技体育运动人才。从身体和精神上培养青少年，注重培养他们的坚定的信念和品质，使有天赋的青少年的运动才能得到充分发挥。[2] 鼓励学生积极参与国际大赛以提高民主德国的国际地位，并强调民主德国政府作为"第二个德意志政府"的价值。

联邦德国更强调体育的"独立性"。1950年，德国体育联合会在汉诺威成立，统一管理联邦德国体育协会以及其他体育组织。独立性指的是一项运动能够独立发展且不受政治、经济等其他因素的影响。这种思想一直持

---

① O. Grupe, M. Krüger, *Einführung in die Sportpädagogik*, Schorndorf: Verlag Hoffmann, 2007, p. 128.

② 曲宗湖等编著《几个国家学校体育的比较》，北京体育学院出版社，1987，第5页。

续到 20 世纪 80 年代，是社会意识的主流。① 20 世纪后半叶，德国的学校体育思想强调健康、体育素养和生活质量。体育教育被视为培养学生终身参与体育活动的手段，强调体育活动的乐趣和长期效益。1956 年，德国体育联合会、各联邦州文化部和地区体育联合会共同签署发布了"促进学校的身体教育"计划。后续为了保障计划的顺利实施，1972 年和 1985 年，其分别出台了"学校中的锻炼计划"和"第二次学校锻炼计划"。②

进入 21 世纪，德国学校体育思想强调多元化和包容性，鼓励进行各种类型的体育运动，注重行为能力的开发。体育教育不仅关注传统体育项目，还注重非竞技体育、休闲体育和适应不同能力水平体育活动的发展，并且强调培养学生的全面素质，以促进学生终身体育思想的形成。除此之外，随着技术的发展，基于数字化工具和体育科技，学校体育思想开始融入技术和创新，以提高体育教育的质量和效果。

总的来说，德国学校体育思想的发展经过了从强调军事训练到全面发展、健康、多元化和技术融合的演变过程。这一发展历程反映了社会和教育领域的变革，以及德国对体育教育的不断改进和适应情况。

第二节　德国学校体育的结构、功能与目标

结构和功能之间存在密切的关系。结构指的是一个系统、物体或组织的组成部分和它们之间的关系，而功能指的是这个系统、物体或组织所能够完成的任务或实现的目标。它们之间是相互影响、相互依存的。

一　德国学校体育的结构

德国学校体育的结构依据年级分段，可以划分为学前教育阶段体育、小学教育阶段体育、中学教育阶段体育和高中教育阶段体育四个部分。

（一）学前教育阶段体育

德国的义务教育始于 6 岁，在此之前，学前教育的形式为非公共教育，

---

① R. Prohl, *Grundriss der Sportpädagogik*, Wiebelsheim: Limpert Verlag, 2006, p. 39.

② O. Grupe, M. Krüger, *Einführung in die Sportpädagogik*, Schorndorf: Verlag Hoffmann, 2007, p. 122.

学生可以自行选择。由于就业情况调整，家庭教育角色中的母亲育儿时间大幅减少，保育机构、幼儿园等应运而生。1840年，德国教育家福禄贝尔创立了第一所幼儿园，德国成为现代幼儿园的起源地，并且幼儿园在世界范围内逐渐被认可并建立起来。在幼儿园教育中，自我活动和游戏的价值被充分发掘。幼儿体育教育是学校体育的基础，幼儿园会提供各种简单的体育活动，如游戏、跑步、跳跃、掷球等，帮助儿童培养基本的运动技能和兴趣。

同时，学校会定期与家长沟通交流，共同关注幼儿的体育锻炼和健康成长情况。政府、非政府组织和企业也会通过资助、义工等形式参与幼儿体育事业。

（二）小学教育阶段体育

小学教育阶段是德国学校体系的第一阶段，通常为4年，面向6~10岁的学生。在小学教育阶段，体育课程变得更加系统并且注重基本的身体素质和协作能力的培养。学生需要学习基本的体育技能，如跑步、跳跃、游泳等，以及了解运动生理学和运动心理学的基本知识。学校会提供各种体育活动，让学生在快乐地成长中体验体育运动。

一般学校从三年级开始开设专门的体育课程，例如，游泳课、足球课。德国各联邦州根据《基本法》（Grundgesetz）出台相应的州教育法，例如《北莱茵-威斯特法伦州教育法》规定，小学体育课程应包括基本运动技能、体育游戏、团队运动和户外活动等方面。

（三）中学教育阶段体育

德国中学教育阶段分为不同类型的学校，包括重点中学、普通中学、实科中学和综合中学，学生的年龄通常为10~16岁。[1] 从五年级开始也就是进入中学之后，学校会增加体育理论课，比如运动解剖、体育保健等课程。要进一步提高学生的运动技能和身体素质，并增强他们在特定体育项目中的技术和实际操作能力。体育在这一阶段备受重视，课程内容包括广泛的体育运动和竞技项目。学生有机会依据自己的兴趣，选择丰富多样的体育活动并作为他们的体育课程。[2]

---

[1] 曲宗湖、杨文轩主编《域外学校体育传真》，人民体育出版社，1999，第117页。

[2] K. Hardman, "Physical Education in Germany: An Historical Overview," *Journal of Sport History*, 2008, 35 (3).

（四）高中教育阶段体育

高中是学校体育的重要组成部分，学生的年龄通常为 16～19 岁。体育在高中更加专业化，学生可以选择特定的体育项目，如足球、篮球、田径等，参加体育比赛和锻炼。高中体育课程旨在提升学生的专业技能和竞技水平。在德国高中教育阶段，学校体育课程变得更加系统和专业。体育课程内容包括理论知识和实践技能，如运动生理学、运动心理学、运动损伤预防等。此外，学校还提供各种运动项目的选修课程，如篮球、足球、排球、游泳等，让学生根据自己的兴趣和特长进行选择。在此阶段，学校体育的目标是培养学生的运动能力和竞技精神，并为优秀运动员提供进一步发展的机会。

二　德国学校体育的功能

学校体育的功能简单来说是指学校体育在教育、健康、社会等方面所发挥的作用和价值。学校体育的功能主要包括本质功能和非本质功能。

（一）促进身体健康

健身功能是学校体育最原始、本质的功能。现代生活方式使人们面临"现代文明病"的威胁，如心脑血管疾病、糖尿病等。学校体育以身体练习为主要内容，通过锻炼和训练，增强学生的体质，让他们培养健康的生活方式。体育运动不仅以积极的方式弥补了身体锻炼的缺乏，体育运动产生的大量消耗也使日常摄入的高能量得到平衡，促进学生身体健康，同时能排解学生心中的焦虑、紧张等情绪，大大促进学生心理健康。德国学校体育为学生提供了学习和发展各种体育技能的机会，包括游泳、足球、篮球、田径、网球等，这有助于学生提高身体协调和运动能力。

（二）开发行为能力

自 20 世纪 80 年代起，开发行为能力开始被德国的一些学者提倡，直到90 年代成为德国学校体育发展的重要趋势。通过提供适当的教育和支持，德国致力于帮助个体实现全面的发展，以便他们成为独立、自信和积极的成年人。它特别强调在运动场上培养如下能力：能以自己情感感染全体成员的能力；达不到自己的要求，也能宽容待人的能力；能灵活地参加比赛并取得乐趣的能力；交流与对话的能力。[①]归根结底，重视行为能力的培养

---

① 曲宗湖、杨文轩主编《域外学校体育传真》，人民体育出版社，1999，第 126 页。

即把体育运动作为桥梁和手段促进学生社会化发展。德国学校体育教育强调团队合作、沟通、领导和公平竞争的重要性。学生通过参与团队体育活动提升协作和与人交往的能力，并且学校体育教育强调体育道德和进行公平竞争，这有助于培养学生的道德和价值观，如尊重、公平和团队精神。

总的来说，德国学校体育的功能不仅限于体育技能的培养以及身体素质的提高，还包括促进学生综合发展以及对学生身体健康、社交技能和情感健康的培养。这些功能促进学生全面发展，也提升了学生感受美好生活的能力。

三 德国学校体育的目标

德国是联邦议会共和制国家，因此，在学校体育方面，国家只颁发指导性的文件，州政府发布相关具体的政策文件。学校体育的目标只能举例概括来讲，Balz 教授和 Kuhlmann 教授基于北莱茵-威斯特法伦州的教学实践，认为学校体育应该以培养学生的行为能力为核心，具体有六个方面的目标。[1]

（一）提高感知能力，丰富运动经验

这是学校体育目标中最基础的内容，要求学生通过对体育课程的学习，形成与提升参与体育活动的基本动作、身体素质与能力，如力量、速度、耐力等。同时，在走、跑、跳、爬、攀等基本动作的基础上，进行一定的练习以使动作姿势符合教学标准。运动经验在学生运动感知力发展的基础上形成，它是指个体在参与各种体育活动、锻炼和竞技过程中所积累的实践知识和技能。德国政府为了促进青少年通过体育活动增强身体素质，颁布了《田径与游泳体育锻炼标准》。在德国，体育活动可以是 14 天的自行车郊游，也可以是类似于杂技的体操，设置这些活动的目的在于提高学生的协调能力，使其获得更丰富的运动经验。[2]

（二）通过运动进行自我塑造和展示

学生在具备基础的运动技能之后，就能够凭借获得的运动能力积极参加体育学习和锻炼。在这个过程中，其可以达到提升个人内在品质、塑造

---

① E. Balz, D. Kuhlmann, *Sportpädagogik-ein Lehrbuch in 14 Lektionen*, Aachen: Meyer & Meyer, 2006, p. 155.

② 张建军、付兰花：《德国学校体育概况》，《石油教育》2003 年第 6 期，第 60~62 页。

良好形象和展示自身能力的目的。并且，个体通过不断挑战自己、克服困难，实现自我成长和提升。这不仅可以从生理上提升身体素质、塑造良好形象，更重要的是从心理上通过学校体育的各种实践，培养心态积极、增强团队协作能力、增强自信心、适应社会需求的个人，从而以一种健康、积极的方式促进个体在身体、心理和社交等多个方面实现自我成长和提升。

（三）让学生在一定程度上勇于冒险和承担责任

这具体是指在面临挑战、困难和未知风险时，学生表现出勇敢、果断、敢于尝试的态度，并愿意为自己的行为和决策承担责任。这种行为特质有助于个体在生活和工作中不断成长、突破自我，获得更高的成就。在踏入社会之后，其也能够勇敢面对挑战，突破自己的舒适区，并具有强烈的自我发展内驱力，为未来的生活和发展做好准备。学生在具备勇于冒险和承担责任的能力之后，也会将这种能力迁移到日常生活以及其他科目的学习过程中，以更好地适应社会身份的转换，这也是"以人为本"教育理念的一种体现。

（四）体验、理解和评估成绩

在形成勇于冒险和承担责任的品格之后，学生将从一个开放的视角体验、理解与评估体育学习。体验成绩是指个体在参与活动、学习和竞技过程中所获得的感受和体验。这包括成功的喜悦、失败的教训、成长的欣喜等多种情感体验。体验成绩有助于个体了解自己的优势和不足，激发内在动力，促进自我成长。理解成绩是指学生在深入思考、分析和学习过程中，对成绩背后原因和内涵进行理解。这有助于个体把握学习的规律，提高认知水平，形成独立思考和解决问题的能力。评估成绩有助于个体发现自己的优势和不足，制订合适的学习和发展计划，调整策略以实现更高的目标。通过这三个环节，个体可以不断认识自己，发现自己的潜能，调整体育学习和发展方向，实现自我提升。

（五）相互合作、对抗和谅解

相互合作、对抗和谅解是人们在互动过程中重要的三个方面，它们分别代表人际关系中的协作、竞争和沟通成分。合作是学生在体育教学、体育活动中不可缺少的环节。合作的重要性体现在团队项目中，可以通过合作实现资源整合，发扬团队精神和增强凝聚力。同时，个体在这个过程中，能够培养良好的沟通、协调和互助能力。除了合作之外，对抗也是体育活动的重要组成部分，对抗可以激发个体的潜能，提高个体的竞争意识，培养个体的挫折承受能力。最后是谅解，谅解是合作与对抗中的沟通过程，学会谅解也是适应社会的重要品质之一。只有这三者兼备，才能够帮助学生形成良好的体育习惯和具备优秀的体育意识。

（六）促进健康，增强健康意识

促进健康和增强健康意识是指学生在体育活动中关注身体健康、心理健康以及精神层面的发展情况，从而实现整体健康水平的提升。在进行体育运动的过程中，学生需要养成良好的生活习惯，保持心理健康，提高社交能力，并不断学习健康知识，提高健康素养，以实现自身健康最大化。德国国民体育素养和能力水平较高的原因是德国人在学生时代接受学校教育之时，便通过体育学科形成了终身体育意识。[1] 学校体育的重要功能就是健身功能以及培养良好的行为能力，因此，培养学生终身参与体育活动和锻炼的习惯与终身体育的意识是必不可少的环节。体育应伴随人的一生，深切融入日常生活中，以提升学生的生活质量。

总的来说，德国学校体育以上六个目标之间的关系不是孤立的，而是层层递进，互为表里，这六个目标最终都服务于整体提升学生体育素养、体育意识的目的。

第三节　德国体育教学

一　德国体育教学目标

在《教育大辞典（简编本）》中，教学目标被界定为"培养受教育者的总目标"。[2] 体育教学目标就是指在教学过程中，教师旨在推动学生体育技能的发展，培养学生体育素养和体育意识而设定的具体目标和规划。德国根据学生的年龄进行分段，制定了四个阶段的体育教学目标。

（一）学前体育教学目标

学前儿童（3～6岁）：在这个年龄段，德国体育教学的目标主要是促进儿童身体发展和基本运动能力的培养。重点培养儿童的协调性、平衡感、

---

① 赵富学、王相飞、汪全先：《德国课程改革进程中体育学科核心素养的构建及启示》，《西安体育学院学报》2020年第5期，第9页。
② 顾明远主编《教育大辞典（简编本）》，上海教育出版社，1999，第234页。

灵活性和基本动作技能，如跑步、跳跃、投掷等。同时，通过体育游戏和简单的团队合作活动，培养儿童的社交能力和团队合作意识。

（二）小学体育教学目标

小学生（6~10岁）：在这个年龄段，德国体育教学的目标是进一步发展儿童的基本运动技能，并培养他们对不同体育项目的兴趣。重点培养儿童的跑步、跳跃、投掷、接球等基本动作技能，引导他们参与不同的体育项目，如足球、篮球、游泳等。同时，通过团队活动和竞赛，培养学生的团队合作能力、竞争意识和体育道德观念。

（三）中学体育教学目标

中学生（10~16岁）：在这个年龄段，德国体育教学的目标是进一步发展学生的运动技能和身体素质，并培养他们的运动能力和体育兴趣。重点培养学生的体能、耐力、灵活性和协调性，同时加强他们在不同体育项目中的技术训练和战术理解。此外，通过体育比赛和竞技活动，培养学生的竞争意识、团队协作能力和领导才能。

（四）高中体育教学目标

高中生（16~19岁）：在这个年龄段，德国体育教学的目标是进一步提高学生的运动技能和身体素质，着重培养他们的竞技能力和领导才能。根据德国教育部发布的高中阶段课程大纲，德国高中体育教学目标除了培养学生的身体素质外，包括力量、耐力、柔韧性、协调性，还包括培养学生的各种运动技能，如跑步、跳远、游泳、篮球、足球等。并且，体育教育重视通过集体运动项目培养学生的团队合作精神和领导能力，进而让学生了解并养成良好的生活习惯，增进他们对健康的重视程度和增强自我保护意识。

总的来说，德国体育教学的目标是通过培养学生的身体素质、基本运动技能和竞技能力，促进他们全面发展和健康成长。同时，体育教学注重培养学生的社交能力、团队合作意识和体育道德观念，以及培养他们对体育运动的兴趣和理解。

二　德国体育教学设计

体育教学设计就是教师依据体育教学目标而进行的教学行动方案的设计。①

---

① 周登嵩主编《学校体育学》，人民体育出版社，2004，第208页。

德国体育教学设计涉及多个层面，包括教学目标、教学内容、教学方法和组织形式以及评估与反馈等。以下是德国体育教学设计要点。

教学目标设定：学校体育教学设计首先需要设定清晰的教学目标，明确学生应该具备的知识、技能和态度。这些目标可以包括培养学生的身体素质、运动技能、团队合作精神和领导能力等。

教学内容选择：体育教学的内容应该根据教学目标和学生的实际情况选择合适的运动项目和活动。德国体育教学内容丰富多样，包括体操、田径、游泳、球类运动等。教师需要根据学生的兴趣和能力选择适合的运动项目，并结合课程大纲的要求进行安排。

教学方法和组织形式：体育教学设计注重学生的主体性和参与性，教师需要采用多种教学方法和组织形式激发学生的积极性和兴趣。这包括小组合作、游戏化教学、问题解决等方法，以及分组活动、竞赛、展示等组织形式。

评估与反馈：体育教学设计需要考虑评估与反馈的环节。教师可以通过观察学生的表现、对学生进行技能测试与个人反思等方式评估学生的学习情况，及时给予其积极的反馈和指导，帮助学生提高运动技能。

健康教育：德国体育教学设计的特色就是包含健康教育的内容。教师可以通过讲解健康知识、引导学生养成健康的生活习惯、让学生了解运动对身心健康的重要性等方式来进行健康教育。

总的来说，德国体育教学设计需要设定明确的教学目标，选择合适的内容和方法，进行评估与反馈，并加入健康教育的内容。这样的教学设计可以促进学生全面发展，提高他们的身体素质和运动技能，培养他们的团队合作精神和领导能力，同时关注学生的健康意识和生活习惯的养成情况。

三 德国体育教学过程与原则

（一）体育教学过程

体育教学过程是指依据体育教学目标，体育教师与学生等教学组成要素相互作用而展开的教学活动的过程。[①] 体育教学过程分为准备阶段、实施阶段和总结与评价阶段。

---

① 周登嵩主编《学校体育学》，人民体育出版社，2004，第145页。

准备阶段：这个阶段主要包括课堂的组织、学生的热身运动和教学目标的简要说明。教师在此阶段要确保学生做好身体和精神上的准备，为学生提供足够的热身时间，以避免出现运动损伤的情况。同时，教师还要简要介绍课程教学目标、内容和注意事项。

实施阶段：这个阶段是体育教学的核心部分，教师根据教学计划组织学生进行各种体育活动。在此阶段，教师会针对不同的运动项目进行技能讲解和活动示范，学生则在教师的指导下进行实践。德国体育教学强调团队合作和公平竞争，教师会尽量让学生在实践中体会到运动的乐趣，培养他们的体育兴趣。在学生掌握基本技能的基础上，教师会引导他们进行更深入的练习，以提高运动技能和身体素质。这个阶段的教学内容多样，包括体育理论、运动技巧、身体素质训练等。同时，教师会关注每位学生的学习状况，在最近发展区内为学生制订个性化的训练计划。

总结与评价阶段：这个阶段是体育教学的最后一个环节，教师会带领学生进行总结和反馈。教师对学生在本节课中的表现进行评价，指出他们的优点和不足之处，并提出改进建议。同时，教师会对本节课的教学内容进行简要回顾，帮助学生巩固所学知识。此外，教师还会鼓励学生参加校内的体育俱乐部和社团，以便在课余时间继续提高自己的运动技能。

（二）体育教学原则

1. 以身体素质能力为核心

德国学校体育教学目标是多维的。德国体育教学注重培养学生多样化的身体素质，包括力量、速度、耐力、灵敏度等方面，并注重培养学生的协调能力和技能。对学生身体综合素质的培养主要包括以下几个方面：培养学生的空间定位能力；培养学生的应急反应能力；培养学生的平衡能力；培养学生的韵律辨别能力；培养学生的分辨能力等。[①] 同时，德国体育教学强调学生之间的合作与团队精神，通过团队活动和合作项目培养学生的沟通能力、合作能力和领导能力。在德国学校体育教学中，体育教师往往通过一个体育游戏对学生进行多重能力的培养。

2. 培养观照生活的价值观

德国的体育教师认为优秀的体育成绩不是进行体育活动的终极目标，

---

① 蒋远松：《新课程标准视野下管窥德国中小学校体育教学》，《教学与管理》（小学版）2014 年第 9 期，第 2 页。

而应该更加注重学生自身的成长并满足个人社会化、生活化要求。① 体育是德国人民生活的重要组成部分，体育不仅仅是单调的身体锻炼，而是人们彰显个性、体现生命价值的重要方式。② 这种观念也在学校体育的实施中体现出来，在体育教学中出现"观照生活"的倾向。体育教学十分注重对学生行为能力的培养，强调将体育理论知识和实践技能有机结合，通过多种教学方法，如实践法、观察法、讨论法等，提高学生的学习效果，让学生通过亲身体验理解体育价值的真谛。

3. 注重开发游戏的价值

游戏是体育活动中的重要组成部分之一。在德国体育教学中，教师会设计丰富且有趣的游戏，营造轻松愉快地进行体育锻炼的氛围。这些游戏不仅有助于提高学生的兴趣，还能帮助他们掌握运动技能、增强身体素质。并且，通过游戏，教师可以向学生传授道德观念和行为准则。游戏的规则和道德准则相结合，使学生在体育活动中养成良好的行为习惯和具备社会责任感。例如，在德国体育课程的"带有绊脚物的翻滚"游戏中，教师先提前放置好阻碍物实心球。而后，教师要求学生进行助跑，在跨越障碍物的同时在垫子上做前滚翻。因为这是日常生活中经常出现的现象，如何在被绊倒后保护自己是学生们应该思考的问题，这体现了游戏的现实价值。③

四　德国体育教学方法

体育教学方法指的是教师和学生两个主体，在教学过程中为实现体育教学目的、完成体育教学任务而采取的不同层次活动方式的总称。④

以语言传递信息为主的体育教学方法，是指教师侧重于通过语言交流来传授体育知识、运动技能的教学方法，主要包括讲解法、讨论法和报告法等。讲解法是教师通过清晰、准确的语言讲解体育理论、运动技巧和比赛规则，让学生在理解的基础上掌握运动技能和体育知识。讨论法是教师

① 高振发：《美国、德国体育教学模式的比较研究》，《南京体育学院学报》（社会科学版）2004 年第 5 期。

② 王海源：《德国学校体育的社会化与生活化》，《中国学校体育》2005 年第 6 期。

③ 赵强：《德国学校体育课程设置的特征、理念及启示》，《教学与管理》（理论版）2017 年第 8 期，第 3 页。

④ 周登嵩主编《学校体育学》，人民体育出版社，2004，第 171 页。

组织学生进行体育话题的讨论，引导学生独立思考、表达观点，以提高学生对体育的认识和理解水平。报告法是通过让学生准备体育相关主题的报告，研究和整理相关资料，提高学生对体育知识的掌握和运用能力。

以直接感知为主的体育教学方法，是指教师利用实物或直观教具的演示，让学生凭借自己的感官对客观事物或现象进行直接感知，进而获得了解体育知识与技能的方法，主要包括动作示范法、演示法等。将体育理论与实际操作相结合，使学生在了解运动技能原理的基础上，提高实践锻炼的效果。演绎法和归纳法是最常使用的两种教学方法。演绎法是通过教师的直接指导，使学生掌握技术；归纳法是教师把提示作为辅助手段，启发学生进行发现总结，最后再经过教师的总结指点使学生掌握技术。①

以情景和竞赛活动为主的体育教学方法，是指教师通过创建具有感染力的教育环境，让学生在体育教学中感受到运动的乐趣和价值。教师会运用各种教学手段，如生活展现、实物演示、音乐渲染等，营造生动的情景，并组织各类体育比赛，激发学生的竞技热情。在比赛中，学生可以学会面对挑战、克服困难，培养自信、勇敢和坚定的品质。

五　德国体育教学评价

体育教学评价是指在体育教学过程中，对学生的知识、技能、态度和能力等方面进行的一种系统性、连续性的评估和鉴定。根据评价的不同功能，可以将其划分为诊断性评价、形成性评价和终结性评价。

德国学校体育教学评价综合运用形成性评价和终结性评价，以保障评价的公平性和有效性。在评价的过程中，教师通常会把体育运动认知、体育技术、情感以及责任四个方面作为评价指标。并且，评价的范围需要涵盖学生的体育知识、运动技能、体能、情意态度和价值观等多个方面，以全面了解学生的体育素养。德国体育教学评价充分考虑学生的个体差异，针对学生的不同特性制定个性化的评价方法和设置相应指标。

德国体育教学评价采用多种评价方法，如笔试、实践操作、观察、访谈等，以适应不同学生的学习方式和需求。强调对学习过程的动态关注，进行持续性的评价，以便及时调整教学策略，提高教学效果。同时，注重

---

① 曲宗湖等编著《几个国家学校体育的比较》，北京体育学院出版社，1987，第80页。

评价中学生的主体性，鼓励学生参与评价过程，培养学生的自我评价能力和主体意识。在课程开始之前，教师会向每位同学发放一张"体育学习与锻炼评价表"，评价内容包括技术技能测验、健康测验、环境知识测验等方面的知识。根据自评、互评以及教师评价的结果，教师会在学期末以及课程结束时进行综合性评价，强调激发学生的积极性和自信心，给予学生适当的表扬和鼓励，以增加学生参与体育运动的兴趣，引导学生树立终身体育的理念。

第四节　德国体育课程

一　德国体育课程概述

《现代汉语词典》（第7版）中的课程的定义是"学校教学的科目和进程"。

《教育学原理》指出："课程是指学校为实现培养目标而选择的教育内容及其进程的总和，它包括学校教师所教授的各门学科和有目的的、有计划的各种教育活动。"[①] 德国体育课程的目标在于培养学生的身心健康、运动技能、团队协作和社会交往能力。通过体育课程，学生不仅可以提高身体素质，增强抵抗力和自信心，而且能在日常生活中养成良好的体育锻炼习惯。同时，体育课程有助于培养学生遵守规则、尊重他人、积极进取的精神风貌。

二　德国体育课程类型

德国是一个联邦制国家，虽然各州在学时、教学大纲等具体方面有所不同，但在总体课程理念上保持一致。德国课程大致可以分为必修课、选修课和课外体育活动三类。

在德国的教育体系中，体育课程是必修课，涵盖各个年级。此类课程旨在培养学生的基本运动技能、体育素养和健康意识。例如，小学生必修的体育课程涉及游泳、跑步、跳跃等基本运动项目，并以培养良好的领导力和团队协作能力作为学校体育课程的培养目标。团队协作体育课程通过

---

① 王道俊、扈中平主编《教育学原理》，福建教育出版社，1998，第54页。

各种集体运动项目，如篮球、足球、曲棍球等，让学生在实践中学会合作与沟通。另外，为培养高水平运动员，德国学校设有竞技体育课程。此类课程为学生提供专业的教练和设施，让学生进行高强度训练。例如，部分学校设有奥林匹克培训项目，选拔和培养有潜力的运动员。

针对学生的兴趣和特长，德国学校提供各种专项体育选修课。这些课程旨在培养学生的竞技水平和专项技能，例如，篮球、足球、乒乓球等课程。学校还设有一些选修的健康促进课程，关注学生的身心健康，传授健康生活方式和保健知识，例如，瑜伽、太极等课程。德国的休闲体育活动丰富多样，包括健身、游泳、徒步、自行车等。学生可以根据自己的兴趣和需求，选择适合自己的休闲体育活动。此类课程旨在培养学生终身运动的习惯。

课外体育活动是学生放学后参加各种各样的体育社团活动，学生依据兴趣在体育俱乐部选择合适的体育活动。另外，德国学校重视户外教育，认为户外活动对学生的身心健康有益。户外教育课程包括徒步、登山、露营等。例如，初中生可以参加一周的户外教育课程，学习户外生存技能和进行团队协作。

三　德国体育课程编制

（一）课程大纲设置以"自由"与"具化"结合为主

德国是联邦制国家，16 个州享有较大的教育自主权，联邦政府通过颁布对各类学科教学的指导性意见，保障教学实施的一致性。相关政策规定，德国中小学体育课程的开课比例要占全部课程的 30%，且设置了选修课和必修课。课程设置遵循全面发展的原则，旨在促进学生全面发展，提高他们的身心健康水平。课程内容涵盖各种体育项目，包括体能训练、体育技能、竞技体育和休闲体育等。例如，德国学校体育课程涉及田径、游泳、足球、篮球等多种体育项目，以确保学生在各个方面得到锻炼。德国也会在选修课中针对具有一定潜力的运动员开展专项训练，为学生提供展示才华的平台。例如，一些德国学校设有体育校队，选拔和培养具有潜力的运动员，让其进行专项训练。

（二）课程基于发掘学生的"自然性"而设置

依据德国体育教育观念"儿童为中心，教师应起辅助指导作用"，因而课程设置注重发掘学生的"自然性"。① 所以，中小学课程包括三大类。第一类是基础意义课程，包括运动能力体验游戏、空间体验游戏课程；第二类是运动领域课程，包括田径类课程、水中课程、器材上运动以及格斗类课程等；第三类是环境教育课程，如"环境与经验""环境与责任"等课程。课程内容包含环保教育内容，引导学生关注生态环境。同时，利用自然地形和设施开展户外运动，培养学生热爱大自然的情操。例如，德国学校体育课程设有户外教育项目，让学生在大自然中开展徒步、探险等体育活动。

（三）课程教学安排与实施方法注重"量与实操性"

德国体育教学对学生身体活动能力以及素质能力的培养非常重视，因此，注重运动量与实操性的平衡。大多数联邦州的体育教学课程具体规定了课程实施的周次与时间，小学阶段要求有 680 个小时的体育课程，初中阶段要求的时间有所增加，为 720 个小时。德国体育课程强调学生的亲身体验以及承担社会责任。通过参与体育活动，培养学生遵守规则、尊重他人、团队合作等良好品质。同时，体育课程关注社会问题，如青少年肥胖、心理健康等问题，引导学生树立正确的生活观念。例如，德国学校体育课程中设置了志愿者服务项目，鼓励学生参与社会体育活动，传播健康生活理念。

四 德国体育课程资源的开发与利用

（一）体育课程资源的开发

根据德国教育部和各州教育部门的指导，德国体育课程资源的开发要基于综合性的课程框架和标准。这些框架和标准涵盖基本的运动技能、体育原理和身体健康等方面。学校和教师在资源开发过程中可以参考德国教育部门发布的教学指南、教材和课程资料。这些资源提供了详细的教学内容、活动建议和评估标准等。例如，在德国的一所小学中，教师使用德国教育部门提供的体育教材和课程资料，设计了一个关于足球的课程。通过这个课程，学生学习足球的基本技能、战术和规则。教师使用多种教学方法，如示范、小组讨论和实践活动，帮助学生提高踢足球的技术和团队合作能力。

同时，在开发体育课程资源的过程中，重视"家校社"联动。德国各个中小学通过定期讲解使学生的家长了解体育课程内容、教学计划并组织召开

---

① 曲宗湖等编著《几个国家学校体育的比较》，北京体育学院出版社，1987，第 110 页。

"家长体育晚会",加强家长对学校体育课程的认同,彻底发挥教育合力。

(二)体育课程资源的利用

德国体育课程资源的利用是通过课堂教学和学生参与体育活动来实现的。教师可以根据学生的兴趣和能力选择合适的资源进行教学。德国体育课程资源的利用鼓励学生主动参与和自主学习。通过使用多样的教学方法和先进的体育设备,教师可以帮助学生发展技能、提高协作能力和促进身体健康。

学校和教师可以通过组织体育比赛、运动节和俱乐部活动等方式,进一步利用体育课程资源,这些活动可以提供更多的实践机会和展示平台。例如,在德国中学组织体育运动节活动,学生可以选择参加不同的项目,如田径、篮球和游泳。学校利用德国体育课程资源,为每个项目提供详细的教学指南和评估标准。通过参加体育运动节活动,学生有机会展示体育技能,并与其他学生进行竞争和交流。

五　德国体育课程改革的发展趋势

(一)"整体与开放"的课程设置理念

德国教育学者把教育过程看成一个整体,达到教育目的是开设教育课程和采用教育手段的终极目标。仅仅学会基础的体育知识和运动技能是远远不够的,更重要的是促进学生身心全面发展。因而,德国学校体育的教育目标是全面发展学生身体,让学生养成锻炼习惯,在此基础上有能力承担个体的社会责任。[①] 德国体育课程改革具有多元化和包容性,旨在满足不同学生群体的需求,维护他们的利益。体育课程应该提供多样化的运动项目,包括传统的体育项目如足球、篮球等,以及非传统的项目如攀岩、舞蹈等,以激发学生学习体育的兴趣和动力。

(二)"以人为本"的课程设置理念

德国学校体育社会化程度逐渐加深,因此,"以人为本"的教育思想成为德国体育教育工作者的普遍共识。[②] 体育课程关注学生的个体差异,例

---

① 张俭、张宝霞:《现代德国体育演变及其对我国学校体育发展的启示》,《南京体育学院学报》(社会科学版)2003 年第 5 期。

② 赵强:《德国学校体育课程设置的特征、理念及启示》,《教学与管理》(理论版)2017 年第 8 期,第 122~124 页。

如，在德国的布莱梅综合中学，篮球课教学被区分为初级、中级和高级三个层次，以适应不同学生的学习兴趣以及掌握技能的程度。同时，德国体育课程改革鼓励体育课程与其他学科的融合，以促进学生进行综合性的学习和培养学生跨学科的思维能力。例如，在德国一小学中，教师将健康教育与体育课程进行融合。教师通过讲解运动对身体健康的益处、饮食和生活习惯的影响等内容，帮助学生理解健康与体育的关系。跨学科的意识与能力，可以帮助学生更好地适应社会。

第五节　德国体育教师

德国师资培养制度——"二二制"即教师必须学习掌握两个专业、通过两次全国统一考试才能获得任教资格的制度，在世界范围内独树一帜。体育教师培养是教师队伍培养的一部分，遵循相同的培养制度。一般来说，德国体育教师培养不涉及高等教育范围，专指中小学体育教师的培养。[①]

一　德国体育教师工作概述

在德国，体育教师的概念有广义和狭义之分。广义体育教师指从事体育教育工作的专业人士，他们主要负责在学校、体育场馆、社区等场所开展体育教学、训练和指导工作。狭义体育教师指那些取得特殊资格证明并通过相应考试的人。[②] 本节中的德国体育教师（狭义概念）主要是指在基础教育阶段（小学、初中、高中）从事体育教学工作的教师。他们主要负责对学生进行体育教育，提高学生的身体素质，培养学生的体育兴趣和运动技能，同时协助学校开展各类体育活动和竞赛。

二　德国体育教师的职业特点

德国体育教师培养主要包括三个阶段，即学习阶段、实习阶段和继续教育阶段，其中前两个阶段所占比重较大。20世纪60年代以前，德国体育教师培养（学习阶段）主要在师范专科学校进行。20世纪60年代之后，师

---

①　刘波：《德国体育研究》，北京体育大学出版社，2012，第76页。

②　刘波：《中德体育师资培养比较》，《体育学刊》2008年第6期，第44~48页。

范专科学校纷纷升格为师范学院，后来逐渐并入综合性大学，数量大大减少，所以，目前德国体育教师培养主要在综合性大学进行。[1]

（一）学习阶段

这个阶段主要关注学生对体育基本知识和技能的学习情况，以及对教育理论的学习情况。培养目标是使学生具备扎实的专业知识和教学能力。在学习阶段，学生要学习两个专业：除了在科隆体育学院、综合性大学或高等师范院校学习体育专业之外，还要在其他大学学习第二专业。学习课程主要包括体育理论、运动生理、运动解剖、教育理论等。学生需要通过理论学习与实践操作相结合，掌握有关体育教学的基本方法和技巧。例如，科隆体育学院体育师资专业的学生要学习第一专业体育和教育学相关课程，大约100个周学时，同时要在其他高校如科隆大学选修第二专业，大约有70个周学时。学生在修完两个专业的全部课程并顺利通过第一次国家统一考试之后，就能获得实习教师的资格。

（二）实习阶段

通过第一次国家统一考试结束学习阶段后，学生进入实习阶段。实习阶段主要让实习教师在实际教育教学环境中锻炼和运用所学知识，培养教学能力和综合素质。实习安排在不同教育阶段和不同类型的学校，以增加实习教师的实践经验。实习时间为两年，实习教师的工资是正式教师的一半左右。实习教师在实习阶段的第一年的主要任务是模仿和学习，旁听正式教师的课程进行学习，并开始尝试代课；在实习阶段的第二年需要独自承担正常工作量的教学任务，并要接受其他教师旁听形式的监督和指导。除了正常完成教学任务外，实习教师还要定期参加教育研讨班以提升自己的教学水平。两年的实习期满，实习教师通过第二次国家统一考试（包括笔试和教学实践综合测验）之后，就可以正式获得教师资格。[2] 德国体育教师的实习期相对较长，要求十分严格。

（三）继续教育阶段

继续教育阶段就是指体育教师的在职培训，旨在提高他们的专业素养和教育教学能力。课程设置涵盖教育心理学、教学策略、新兴体育项目等，

---

①　饶从满、满晶：《德国教师教育的演进》，《外国教育研究》1994年第5期，第7页。
②　刘波：《德国体育研究》，北京体育大学出版社，2012，第78页。

注重理论与实践相结合。体育教师可以根据自己的需求选择相应的课程，以更新知识体系和提高教育教学水平。德国的体育教师在职培训主要由以下几个方面组成。

（1）学术培训：德国体育教师可以选择参加大学或其他教育机构提供的学术课程，以进一步学习体育科学、运动训练、运动生理等方面的知识。这些课程通常涵盖理论和实践两个方面，使教师能够更好地理解和应用体育教育的原理和方法。

（2）教育研讨会：德国各个州和教育机构经常举办各种体育教育研讨会，为教师提供交流和学习的机会。这些活动通常包括专题讲座、工作坊、示范课等，旨在帮助教师更新教学方法和理念，并与其他教师分享经验以及实践经历。

（3）专业认证和证书课程：德国体育教师还可以参加一些专业认证和证书课程，以获得特定领域的认可和资格。例如，他们可以参加某些体育项目的认证课程，如游泳、篮球、足球等，以提高他们在这些领域的专业水平。

（4）实践经验交流：德国体育教师还有机会参观其他学校或国际体育教育机构，观摩和学习不同地区和国家的体育教育实践。这种实践交流可以帮助教师拓宽视野，了解不同的教学方法和文化，进一步提高自身的教学能力。

三　德国体育教师的职业素养

德国奥林匹克体育联合会（DOSB）在 1975 年提出的体育教师培训模型针对体育教师的职业素养列出了 4 个对基本能力的要求，即运动的、学术的、政治的和教学的能力。[1] 这个模型至今仍然适用，成为大多数德国高等院校培养体育教师的标准模板。

德国学者认为体育教师在学习阶段应该学习和掌握的知识包括三个方面。首先，体育教师出于对学生主体性的尊重而需要掌握的知识为：（1）人类学和心理学知识；（2）教育学、社会学和伦理学知识；（3）运动医学、运动生理学和卫生保健学知识。其次，体育教师出于对自己职责的要求需要学习的知识为：（1）生物力学和运动学知识；（2）训练学知识。最后，体育

---

① P. Röthig, R. Prohl（Hrsg.），*Sportwissenschaftliches Lexikon*，Schorndorf：Verlag Hoffmann，2003，p. 519.

教师出于教学任务的发展性和前瞻性而需要学习的知识涉及教育史和体育课程发展史等历史类课程。[①]

四 德国体育教师的专业发展

(一) 突出教师指导学生提升体育素养的要求

在体育教师的专业发展过程中，德国始终强调"职业核心标准"的理念。例如，2001 年，德国巴伐利亚州、汉堡市政府纷纷颁布一系列针对教师职业的考核标准。考核标准细则，不仅针对实习教师、新入职教师、成熟教师、优秀教师、专家教师制定了分层次且详细的专业考核方式和内容，而且详细说明了教师在课程与教学方面的必备能力。这些都体现在《普通教师与职业教师专业标准》中，其指出体育教师课程教学素养的培养要贯穿在持久性的专业发展过程中。[②]

因此，德国体育教师高度重视个人专业发展，将终身学习作为提升自身教育教学能力的重要途径，持续不断地更新知识体系，提高自身素质，并且注重在教学过程中进行反思与评价，根据评价结果不断调整教学策略，提高体育教育教学质量。

(二) 强调体育教师对学科素养知识结构的构建

在全球化的背景之下，德国强调体育教师要考虑来自不同国家和文化背景学生的基本情况，并采取丰富且有趣的课程改革手段激发学生的体育学习兴趣。德国体育教师具备较强的跨学科素养，不仅能熟练掌握体育教育专业知识，还具备心理学、教育学、社会学等领域的知识，为教育教学提供全面支持。德国体育教师善于在教学过程中尝试新的教学方法和手段，以提高教育教学质量。

除此之外，德国要求体育教师在具备基本的课程素养之外，还需要具备劝说和理解学生的素养、通俗而有趣的课程讲解与示范素养、课程组织与创造素养、把握课程细节与分寸的素养等。[③] 德国重视从源头做起，采用先提高教师素养进而培养学生的优秀素养的方式促进学校体育发展。

---

① 刘波：《中德体育师资培养比较》，《体育学刊》2008 年第 6 期，第 44~48 页。

② 缪佳：《德国体育政策 3 大特征》，《上海体育学院学报》2014 年第 1 期，第 8~11 页。

③ B. H. Holzweg, "Instructional Theory in Physical Education: A Review of German Journal Publications," *International Journal of Physical Education*, 2009, 19 (8).

第六节　德国学校课余体育

一　德国学校课余体育的概念

在德国学校体系中，课余体育是指在正式课程之外的时间，学生参与的体育活动。它被视为学生全面发展的重要组成部分，具有重要的教育意义和地位。在德国中小学，除体育课外，课余体育活动一般以俱乐部的形式实施。[①] 因此，德国学校课余体育活动丰富多样，旨在培养学生的体育兴趣，提高他们的身体素质，并促进培养他们的社交、团队合作和领导能力。

二　德国学校课余体育的地位

德国《基本法》（Grundgesetz）第 7 条专门规制中小学校教育，其中将体育列为必修课程之一。此外，德国学校课余体育活动不仅在学生全面发展过程中占据重要地位，还是德国学校体育教育体系和体育俱乐部体制的重要组成部分。

德国的许多学校设有体育俱乐部，这些俱乐部为学生提供广泛的体育活动选择，包括团队运动、健身、游泳、瑜伽等。德国政府还在学校外建设了大量的体育设施，包括体育馆、足球场、篮球场等，以便学生能够积极参与体育活动。另外，德国政府通过一系列奖励措施鼓励学生积极参与课余体育活动，例如，在学校中设立"优秀体育生"称号，并向表现突出的学生颁发奖学金。此外，德国政府还设立了"青少年体育促进基金"，为学校提供资金支持，以便学校能够更好地开展体育活动。

三　德国学校课余体育的功能

根据 Balz 教授和 Kuhlmann 教授的研究，学校与体育俱乐部的合作的课余体育活动至少有以下积极作用：（1）补充学校体育教学运动项目，学生可以在体育俱乐部接受射箭、赛艇等项目的培训；（2）促进学校体育专业化，通过二者之间的合作深化学校体育教学中的原有运动项目，这有利于

[①]　曲宗湖、杨文轩主编《域外学校体育传真》，人民体育出版社，1999，第 151 页。

培养高水平运动员；（3）学生通过参与体育俱乐部组织的活动提高对社会的参与度；（4）学生可以从体育俱乐部获得丰富的体育活动经验，在学校体育课上学以致用。[①]

除此之外，课余体育活动有助于提高学生的身体素质，增强体质。通过参加丰富多样的体育活动，学生可以全面锻炼身体，提高运动能力，为健康成长奠定基础。同时，课余体育活动可以锻炼学生的思维能力和应变能力，某些体育项目如围棋、乒乓球等，具有很强的竞技性和智力性，有助于学生在学习之余放松身心，提高智力水平。课余体育活动为学生提供了一个广阔的社交平台，让他们在互动与合作中结识新朋友，提升沟通能力、团队协作能力和人际关系处理能力。

另外，这种合作的积极作用是双面的。对体育俱乐部来说，其与学校之间的合作项目可以得到政府的资助，通过发展更多的青少年会员来提升影响力。综合来看，基于学校课余体育活动进行的学校与俱乐部之间的合作是一种双赢的选择。

四　德国学校课余体育的形式

德国学校课余体育在教育系统中具有重要的地位和意义。它旨在培养学生的身体素质和运动技能，提高他们的协作能力和价值观认知，同时为学生提供展示和发展自己体育才能的平台。德国学校课余体育大致可以分为体育课程、体育俱乐部和社团、校内运动会、体育研讨会和培训课程四类。

（一）体育课程

体育课程是德国学校课余体育的核心组成部分。根据德国联邦教育和研究部（BMBF）的官方资料，体育课程被视为学生全面发展的重要环节，旨在帮助学生培养身体素质、运动技能和社交能力。体育课程一般由专业的体育教师负责，涵盖各种体育项目和运动项目，如球类运动、游泳、田径、健身等。在体育课程中，学生不仅学习和锻炼运动技能，还学习规则和策略，并培养团队合作和公平竞争的精神。

---

① E. Balz，D. Kuhlmann，*Sportpädagogik-ein Lehrbuch in 14 Lektionen*，Aachen：Meyer & Meyer，2006，pp. 165-166.

（二）体育俱乐部和社团

德国学校鼓励学生参加体育俱乐部和社团，这些俱乐部和社团通常由学校或社区组织，提供更广泛的体育运动项目和训练机会。德国奥林匹克体育联合会的数据显示，德国有超过 90000 个体育俱乐部，为学生提供各种各样的体育活动选择，如足球、篮球、游泳、田径、舞蹈等。学生可以根据自己的兴趣和爱好，选择参加适合自己的俱乐部或社团，并通过训练和比赛提高自己的技能。

（三）校内运动会

德国学校定期组织运动会和比赛，为学生提供展示和比拼的机会。根据德国奥林匹克体育联合会的信息，德国的学校运动会分为三个层次：校内运动会、地区性运动会和全国性运动会。这些运动会通常包括各种项目的比赛，如田径、球类运动、游泳等。参与运动会和比赛可以激发学生的竞争意识和团队精神，并为他们提供锻炼和展示自己才能的平台。

（四）体育研讨会和培训课程

德国各个州和教育机构经常举办体育研讨会和培训课程，让体育教师可以接受专业知识和进行教学方法的更新。这些研讨会和培训课程也为学生提供了机会，他们可以通过参加这些活动，接触到最新的教学方法和理念，促进身体素质和知识技能发展。

五 德国学校课余体育锻炼、训练与竞赛

（一）学校课余体育锻炼

学校课余体育锻炼是指学生在课余时间，运用多种体育手段，以发展身体、增进健康、愉悦身心为目的的群众性体育活动。联邦德国各州《学校法》（Schulgesetz）规定，学校应保证学生每天至少参加 1 个小时的体育锻炼。此外，学校还需设立体育俱乐部，组织各类体育活动，以便学生在课余时间参加体育锻炼。同时，各州教育部门根据联邦政府的政策，制定了相应的规定以确保课余体育锻炼实施。例如，巴伐利亚州规定，学校必须为学生提供丰富的体育活动，确保学生每天至少锻炼 1 个小时。

（二）学校课余体育训练

学校课余体育训练是学校利用课余时间，对一部分具有体育运动特长的学生进行体育训练，提升其专业能力，使他们的运动才能得以充分发展

和提高的一个专门组织的教育过程。根据联邦德国各州《学校法》，学校课余体育训练旨在促进学生身体健康，培养运动技能，提高学生的运动水平并培养团队合作精神。所以，学校课余体育训练应遵循以下原则：趣味性、适合性、系统性。在德国，学校课余体育训练一般由学校体育教师或外部体育教练组织，并会根据学生的年龄和技能水平来分组。一般分为两种类型：一种是团队运动，例如足球、篮球、排球等；另一种是个人运动，例如游泳、体操、田径等。训练时间通常安排在每周的课后以及周末。

（三）学校课余体育竞赛

学校课余体育竞赛是指全体学生利用课余时间参加的，目的是丰富课余文化体育生活、增强学生体质的体育比赛。德国学校课余体育竞赛涵盖多种运动项目，如足球、篮球、游泳、跑步等，并形成了三级竞赛体系。首先，学校会定期组织校内体育竞赛，学校之间也会举行校际体育竞赛，让学生在更大的范围内展示自己的运动才能。其次，各州教育部门会定期组织地区性体育比赛，如巴伐利亚州的各级教育部门会组织中学生体育竞赛，除了可以提高学生的体育技能外，还可以选拔优秀运动员代表地区参加更高级别的比赛。最后，德国设有全国性的青少年体育竞赛，如德国青少年奥林匹克运动会。这些比赛为全国范围内的优秀青少年运动员提供了一个展示和交流的平台，这有助于发掘和培养体育人才。

第七节　德国学校体育管理

一　德国学校体育管理体制

体育体制是指在体育运动过程中，影响其主体的各种组成因素的机构、功能及相互联系，以及这些因素产生影响、发挥功能的作用过程和作用原理。根据主导地位的不同，世界不同的体育体制可以划分为政府主导型、社会主导型和介于两者之间的结合型。[①] 德国实施典型的社会主导型体育体制，宪法中没有明确地赋予联邦政府管理体育的权力，不设置专门的政府体育主管部门。与此同时，德国体育的管理任务主要由各类社会体育组织

---

① A. Hede, "Sports-Events Tourism and Destination Marketing Strategies: An Australian Case Study of Athens 2004 and Its Media Telecast," *Journal of Sport Tourism*, 2005, 10 (3).

如体育类协会和俱乐部来承担，各联邦州政府的教育部门和体育局只负责中小学体育教学和公共体育设施的建设任务。

虽然德国联邦政府不发布针对学校体育管理的具体细则，但从宏观上对学校体育场馆建设、土地利用、俱乐部运行拨款等方面进行调控与治理。目前，德国体育的最高管理机构为德国奥林匹克体育联合会，它直接或间接地管理其他所有体育俱乐部。另外，德国校内外体育俱乐部的特点是：体育社团自治管理、治理模式公益性与非营利性结合，校内外俱乐部之间的关系紧密；管理人员通过民主选举产生，以议宪制为形式，自下而上建构组织，再从上到下进行管理，使体育充分发挥它的"闲暇价值、健康价值、修养价值、教育价值和社会价值"。① 因此，德国体育体制被称为典型的"俱乐部体制"。

二 德国学校体育管理政策法规

处理好学校与体育俱乐部之间的关系是德国体育管理相关政策法规的关注重点。1955年，德国奥林匹克体育联合会和德国各州文教部长联席会议（KMK）联合签署了"支持学校体育教学的建议"，体育俱乐部与学校全方位的合作自此展开。1972年，德国联邦教育部、德国体育联合会、联邦州体育联合会一起签署了"学校体育锻炼计划"，学校与体育俱乐部之间的合作关系更加密切。此后十年间，一些有关学校与俱乐部之间的合作的具体措施的原则性文件相继出台。20世纪90年代初，二者之间的合作项目不断施行，现在德国的体育设施中的很大一部分是由政府投资修建的，学校与俱乐部共同利用。

德国政府官方发布的关于学校体育管理的相关的政策法规涵盖国家级、联邦州级、市级和校级等多个层面。这些文件共同为德国学校体育管理提供法规依据和指导原则。在实际操作中，各州和学校还需根据本地实际情况，灵活调整和实施相关政策。

（一）国家级政策法规

德国《基本法》规定了联邦各州的教育自主权，明确了联邦政府对教育事业的扶持责任。在这一法律框架下，各州负责制定和实施学校体育教

① 曲宗湖、杨文轩主编《域外学校体育传真》，人民体育出版社，1999，第106页。

育政策。联邦德国各州《学校法》对学校教育的组织、管理和实施等方面进行了详细规定，其中包括体育教学的设置和实施。根据这一法律，各州教育部门需确保学校体育教育的质量和实施。2017 年，德国各州文教部长联席会议和德国奥林匹克体育联合会共同发布了《中小学体育发展行动指南：2017—2022 年》。这份指南面向全德文化教育机构、中小学管理者、教师、家长、青少年以及其他领域对中小学体育感兴趣的专业人士，旨在进一步明确各州、县市和学校在中小学体育发展中的角色和责任。

（二）联邦州级政策法规

德国各联邦州根据本州实际情况，制定了一系列具体的体育教学管理政策文件。以下列举两个具有代表性的联邦州关于体育管理的相关政策：《北莱茵－威斯特法伦州学校体育教育指导纲要》明确了北莱茵－威斯特法伦州高中体育教育的目标、内容和要求。该文件要求学校确保学生掌握一定的体育技能，培养学生养成积极参与体育活动的习惯。《巴伐利亚州学校体育教学大纲》规定了巴伐利亚州学校体育教学的课程设置、教学内容和教学方法。该文件强调体育教学要注重学生的个性发展和全面素质教育，提倡采用多样化的教学手段。

（三）市级政策法规

各市根据联邦州级政策文件，结合本地实际情况，制定相应的体育教学管理文件。例如，德国首都柏林市颁布的《柏林市学校体育教育政策》明确了柏林市学校体育教育的目标和政策措施。该文件要求学校加强对学生体育能力的培养，提高学生身体素质，并鼓励学校开展多种形式的体育活动。

（四）校级政策法规

各学校在遵循联邦州级和市级政策文件的基础上，结合本校实际情况，制定校级体育教育政策。这些政策通常包括课程设置、教学方法、评价制度、师资培养等方面。其中最主要的两个构成部分就是学校体育教育规程和学校体育课程设置指南，从微观层面使德国学校体育管理的政策法规实现真正落地。

三 德国学校体育管理的内容

德国学校体育管理的内容和方法是由联邦各州制定和执行的，因此，在不同的州可能存在一些差异，但主要体现在体育课程管理、体育教学管理、课余体育管理、体育运动设施管理、体育安全管理五个方面。

（一）体育课程管理

德国学校体育课程管理涉及课程设置、教学内容、教学方法等方面。在课程设置上，德国各州根据本州的教育法规和实际情况制定体育课程标准以及体育课程大纲，要求学生完成一定的体育课程学分。教学内容包括体能、技能、健康教育、体育文化等多个方面。教学方法除了最基本的讲解法、小组合作外，还注重学生的个体差异，提供不同难度的课程以供学生选择。德国学校体育课程管理也涉及课程评价和监管。各州教育部门负责对本州学校体育课程的实施情况进行监督和评价。评价内容包括课程设置、教学质量、学生体质健康等方面。此外，德国还设有全国性的体育教育质量监测项目，对学校体育课程进行定期评估。

（二）体育教学管理

德国联邦教育和研究部（BMBF）负责制定德国的教育政策，其中包括体育教育的内容和目标。例如，BMBF发布的德国体育教育相关政策文件明确了体育教育的重要性，强调通过体育培养学生的身体素质、健康意识和社交技能。德国奥林匹克体育联合会（DOSB）是德国的全国性体育组织，负责指导和协调体育教育。DOSB发布的指导文件为教师和学校提供了有关体育课程管理方面的指导，如《中小学体育发展行动指南：2017—2022年》。这一指南包括教学方法、评估标准和教学资源等方面的内容。德国各州制定了学校法和体育教育法来管理学校体育教学。例如，巴伐利亚州的学校法规定了体育课程的学习时间和课程设置，要求学生在每周至少有180分钟的体育课程。同时，该州的体育教育法规定了体育教师的资格要求和教学质量的评估标准。

（三）课余体育管理

德国学校体育管理鼓励学校组织丰富多样的课余体育活动，如运动俱乐部活动、体育竞赛和户外探险等。这些活动可以增加学生的体育经验，培养他们的兴趣和激发他们的运动潜力。鼓励学校积极推广这些活动，并提供必要的支持和资源。同时，德国学校还会鼓励学生积极参与和领导课余体育活动。学生可以加入学校体育委员会或学生运动协会，参与体育活动的组织和决策，提高学生的团队合作和领导能力。

（四）体育运动设施管理

德国学校体育管理要求学校进行体育运动设施的规划和建设。学校需要根据学生数量和体育需求，合理规划和配置体育场馆、操场和健身房等设施，以支持学生的体育活动。同时，德国学校体育场地设施建设相关管理条例要求学校体育场地设施的建设应符合国家安全标准，需要定期检查和维护设施，确保其安全和适用。此外，学校还需要提供必要的安全设施和装备，如护具、防护垫等，以保障学生在体育运动中的安全，并制定体育场地设施使用管理规定，明确使用权限、时间、人员等信息，防止未经许可的人员使用场地设施，从而确保学生安全。

（五）体育安全管理

根据联邦德国各州的学校教育管理条例，学校体育安全管理的主要任务是确保学生在体育活动中的人身安全。学校应制定相应的体育安全管理规定，明确体育课程的安全操作规范，对体育教师、教练员进行安全教育培训，确保他们在体育活动中能够有效地保障学生的安全。更具体的管理条例中也有明确规定，学校需要制定应急预案，对可能出现的突发情况进行预防及应对。并且，各州教育部门也出台了一系列具体规定。例如，要求学校加强与家长、社区的沟通协作，共同关注学生的人身安全问题。2018年，德国文教部长联席会议体育委员会与德国法定意外保险协会首次联合发布了有关校园体育事故的预防办法倡议。

第八节　德国体育环境教育

德国中小学体育课程的一大特色就是将环境教学融入体育课程教学。德国体育环境教育是指通过体育活动和体验，培养学生对环境保护和可持续发展的认识和行动能力。它涵盖环境知识的传授、环境问题的讨论、环境行为的养成以及环境责任的培养。

一　体育与环境的矛盾

环境保护问题已经成为当代社会共同关注的重点问题。一方面由于社会和经济的发展，很多国家尤其是欧美发达国家的生活水平大大提高，人们开始追求更高质量的生活环境；另一方面，人类生产与生活对环境的破坏日益加剧。为了整个社会的可持续发展，很多国家尤其是发达国家越来越把改善环境、减少对环境的破坏作为重要任务。"现代生态体育"和"绿色奥运"的理念正是在这种大背景下提出来的。① 在德国等体育发达国家，从 20 世纪 80 年代开始，"与体育相关的环境教育"就受到重视并产生了相关理论，德国中小学体育课在 20 世纪 90 年代中期已经增加了环境教育内容。

体育运动与环境之间具有密切的、相互影响的关系。体育对自然环境的影响主要包括以下五个方面。第一资源消耗，体育活动特别是竞技体育，需要大量的资源投入，如体育场馆、运动器材、能源等。这可能导致资源浪费和环境负担加重。第二能源消耗，体育活动往往伴随着大量的能源消耗，例如体育场馆的照明、空调等设施，以及运动员和观众的出行。能源消耗增加会导致碳排放增多，进一步加剧环境问题。第三垃圾生产，体育赛事和活动会产生大量的废弃物和垃圾，如塑料制品、纸制品等。处理这些垃圾不当会对环境造成污染。第四生态环境破坏，部分体育活动可能会对自然环境造成破坏，如越野滑雪、登山等。这些活动可能导致植被破坏、水土流失等问题。第五噪声污染，体育场馆和训练设施的噪声可能会对周边居民造成影响，影响他们的生活质量。

反之，环境在受到体育运动影响的同时，会对体育运动造成影响和伤害。一方面，环境污染有可能损害人们的健康，例如，当人们在被污染了的雾霾环境中运动的时候，就有可能因此而损害呼吸系统；另一方面，环境破坏可能使运动空间减少和受限，例如，由于健康因素，很多水域不再适合开展水上运动。总的来看，体育活动与环境的关系确实是相互影响又密不可分的，因此，在体育教学中开展环境教育是必要之举。

二 在体育教育中开展环境教育的必要性

体育教育作为社会教育的重要组成部分，受到环境与生态方面的影响，体育运动的发展所需要的资源很多来自人类的自然环境，如空气、水、土壤等。体育场馆建设、器材生产、赛事管理等也会对环境产生一定的影响。因此，在环境保护意识逐步增强的现代社会，增强体育教育的环保意识，

---

① 刘波：《德国体育环境教育及其启示》，《体育文化导刊》2010 年第 2 期，第 4 页。

推行低碳、环保的体育发展模式，建设绿色、可持续的体育场馆和运动设施，对于保护生态环境、促进人类社会的可持续发展具有重要意义。

在德国，环境教育从 20 世纪 70 年代开始就成为学校教育中的一项重要内容；80 年代以后，体育与环境的关系逐渐成为体育科学中一个研究热点；90 年代以来，德国中小学体育课在环境教育中发挥越来越重要的作用。

德国学者针对"与体育相关的环境教育是否应该在中小学体育课中进行？"这个问题提出七个需求，认为在学校体育中进行环境教育非常必要。这七个需求主要表现在两个层面：第一个层面是人与自然的关系即在体育运动中如何与自然界打交道（包括第一个到第四个需求）；第二个层面是教育结构的改善（包括第五个到第七个需求），具体为在中小学体育课进行环境教育是与自然界关系重新定位的需求、与自然界交往中的审美需求、行为方式与行为能力的需求、放弃某些特定运动行为的需求、环境教育敏感性的需求、消除呆板课程结构的需求以及结合生态教育进行体育教师培训的需求。[1]

更有学者认为，中小学体育课中的环境教育任务关系到终身体育的发展情况，因此，在体育教学中开展环境教育具有很高的价值。具体到体育课中，环境教育的任务主要表现在两个方面：（1）要采取适当的教学方式，使学生不仅清楚在与环境之间关系中需要肩负的责任，还要积极思考融洽地与自然相处的正确方法；（2）利用丰富的教学资源，教授和培养学生应对生态危机的知识和能力，并清晰地认识到体育运动行为带来的后果和副作用。[2]

三　德国中小学体育课程中的环境教育

从 20 世纪 90 年代开始，环境教育就已成为德国一些联邦州如巴伐利亚州和巴登-符腾堡州中小学体育课中的一个重要组成部分。巴伐利亚州位于德国南部，面积约占德国国土面积的 1/5，是德国面积最大的联邦州。巴伐利亚州积极进行教育改革，具有优质的教育资源，因而在德国教育体系中的地位举足轻重。而巴登-符腾堡州是德国经济和竞争力最强的地区之一，

① P. Kuhn, W. Brehm, C. Suck, "Umwelterziehung im Sportunterricht-in der Theorie und in der Praxis," *Sportunterricht*, 1998, 47 (2).
② 刘波：《德国体育研究》，北京体育大学出版社，2012，第 98 页。

雄厚的经济实力为教育的发展提供了坚实的支撑，因而，巴登-符腾堡州的教育水平一直处于德国前列。下文以巴伐利亚州和巴登-符腾堡州为例，介绍环境教育在这两个州体育课中的开展情况。

（一）巴伐利亚州

1992～1996年，巴伐利亚州政府基于贯彻"培养体育运动行为能力"的体育教学需求目的，颁布并实施了新的体育课教学大纲。新的教学大纲的出台，一方面适配了力求体育运动项目均衡的教育目的；另一方面贯穿四个不同学习领域，使教学方式多元化发展，这四个学习领域即游戏与自我完善、健康、公平与协作和环境领域。[①]

新的体育课教学大纲推陈出新，强调三个主题，即环境与经验、关系与矛盾和责任与行为。第一大主题"环境与经验"是对学生进行环境教育的敲门砖，课程实施中的具体任务包括了解和体验体育的空间环境、深入探究不同地域条件下可能开展的体育活动，明确健康的体育与健康的环境之间的关系等。第二大主题"关系与矛盾"的主要任务是引导学生清楚体育活动与环境之间的相互依存又相互影响的关系，如教师通过把生物课与物理课上的学习内容进行对比，使学生提高认识体育与环境之间相互影响的能力。在第三大主题"责任与行为"中，体育教师强调课程实施过程中不仅要进行关于体育运动中的自然环境的讨论，又要进行体育行为与环境意识相互影响的讨论。因为这三个主题任务本身自带的知识内容层次，所以其在不同年级的教学中各有侧重，其中，"环境与经验"是小学低年级学习的重点，小学高年级的学习重点为"关系与矛盾"，而初中学生的学习重点是"责任与行为"。[②]

同时，为确保体育环境教育的质量，巴伐利亚州加强对教师的培训，提高他们的环境教育意识和能力。教师在培训中学习将有环保意识的动作和技术融入课程，让学生在体育锻炼的同时，养成良好的环保习惯。例如，在篮球教学中，教师会强调节约用水，妥善处理废旧运动器材等。另外，巴伐利亚州的学校会定期举办环保主题活动，如"绿色运动会""环保体育

---

① P. Kuhn, W. Brehm, C. Suck, "Umwelterziehung im Sportunterricht-in der Theorie und in der Praxis," *Sportunterricht*, 1998, 47 (2).

② P. Kuhn, W. Brehm, C. Suck, "Umwelterziehung im Sportunterricht-in der Theorie und in der Praxis," *Sportunterricht*, 1998, 47 (2).

周"等。在这些活动中，学生通过参加各种环保竞赛和游戏，提高环保意识，培养环保行为。政府也与企业、环保组织等合作，共同推进体育环境教育。例如，学校与环保组织开展户外活动，让学生亲近自然，增强环保意识。

（二）巴登-符腾堡州

1994 年 8 月，巴登-符腾堡州政府颁布了新的教学计划，调整了各个学科的课程设置以及课程结构。其中，与以往教学计划最大的变化就是重视跨学科的连接，因而，体育课教学计划中开始增加环境教育的内容。新的教学计划说明环境教育的实施形式主要有以下三个层面：（1）通过对不同年级教学计划的指导；（2）通过体育课与其他课程跨学科的对比；（3）进入普通的体育课教学任务中。[①]

体育课教学任务中的环境教育依据儿童的学习水平以及接受程度将其区分为不同的等级。例如，在综合中学中，初一学生要学习"儿童发现和保护环境"，初二学生要关注"自然与休闲：森林能承受多少人？"，等等。同时为了配合教育任务，教师需要同步开展一些户外体育活动，采用野营、定向越野等方式激发学生的学习兴趣。重点中学和实科中学的情况则不同，虽然其也会与其他学科一起完成环境教育任务，如实科中学初一学生要了解"我们如何能够和环境负责任地交往"，重点中学初一学生要学会"为自然负责"，重点中学初三学生要认识"作为生态系统的森林"，等等，但这些与体育课程之间的联系并不紧密。为了改善这一情况，新的教学计划又进行了内容补充，如重点中学初一体育课中"应该长时间跑步还是长距离跑步"成为教学内容，[②] 同时又增加了"爱惜森林和自然"的主题。因而，新的体育教学计划推动学校体育课与环境教育融合。[③]

巴登-符腾堡州政府高度重视体育环境教育，认为环境保护和可持续发展是教育的重要内容。州政府通过制定相关政策和法规，确保体育环境教育在巴登-符腾堡州各级学校得到落实。体育课程还会结合户外教学，让学

---

① R. Radef, *Sport und Umwelt-Sportbezogene Umwelterziehung in der Schulpraxis Baden-Württembergs*, Frankfurt am Main：Lang Verlag, 1996.

② 刘波：《德国体育环境教育及其启示》，《体育文化导刊》2010 年第 2 期，第 145~148 页。

③ R. Radef, *Sport und Umwelt-Sportbezogene Umwelterziehung in der Schulpraxis Baden-Württembergs*, Frankfurt am Main：Lang Verlag, 1996.

生亲身感受环境问题。例如，组织学生参加户外拓展训练、徒步旅行等活动，让学生在实践中了解自然环境，培养环保意识和责任感。同时，在体育课程实施过程中，教师通过讲解、讨论、案例分析等不同方式，让学生了解环境问题的严重性，从而激发学生的环保行动。教师会引导学生关注身边的环境问题，鼓励学生参与环保行动，为改善环境作出贡献。

第五章

日本学校体育

第一节 日本学校体育的产生与发展

日本学校体育最早可以追溯至明治时期，此后，随着社会的发展，学校体育依次经历了大正时期、昭和时期、平成时期、令和时期，其思想也经历了"身体的教育""通过运动的教育""运动的教育"三个阶段的变迁。本节聚焦学校体育的产生与发展，按照时间顺序梳理日本学校体育的历史沿革与思想变迁。

一 日本学校体育的历史沿革

日本学校体育肇始于明治时期，迄今已有 150 多年的历史，具体可分为明治时期（1868~1912 年）的学校体育、大正时期（1912~1926 年）的学校体育、昭和时期（1926~1989 年）的学校体育、平成时期（1989~2019 年）和令和时期（2019 年至今）的学校体育。

（一）明治时期（1868~1912 年）的学校体育

1872 年（明治 5 年），日本学校体育在《学制》的颁布与实施中萌芽[1]，最初，其被称为"体术科"，后更名为"体操科"，以普通体操和兵式体操为主要教学内容。普通体操以保健和增强体质为指导思想，目的是促进身体正常发育。兵式体操由西方传入日本，原用于军队的训练，后来作为"体操科"的教学内容被纳入学校体育中，目的是使学生具备顺从、威武、勇敢等军人品质。1886 年，运动、游戏、普通体操和兵式体操均被纳入教学大纲，丰富和发展了学校体育的内容。1904 年，为改进"体操科"的教学内容，日本成立了"体操游戏编审委员会"，同时，瑞典体操开始传入学校，游戏的教育价值得到重视。在瑞典体操的理论基础上，

---

① 今村嘉雄『日本体育史』、不眛堂出版部、1970、73 頁。

普通体操和兵式体操被统一编为学校体操，游戏被分为以竞争为主、以表现动作为主和以行进为主三类。1907 年，文部省和陆军司令部共同编制了《学校体操整理统一案》，基于此，文部省于 1911 年修改了教育大纲，大幅增加了学校体育的内容，使体育在学校中的地位明显提高。

（二）大正时期（1912~1926 年）的学校体育

1913 年，日本制定了《学校体操教学纲要》，提倡合理、贴近生活的新式体操，学校体育开始朝着自由化、科学化的方向发展。[1] 纲要中示例的学校体操与学生的发育阶段相适应，增加了运动量和不同难度的动作，要求学生在教师的口令下进行整齐划一的身体运动，这是大正时期学校体育的主要内容。此外，《学校体操教学纲要》明确指出学校应承担起对学生进行富强主义教育和培训强兵的责任，因此，当日本发动侵略战争时，军国主义者便开始在学校大肆推行国家主义与军国主义教育，将学校体育作为培养侵略者的重要手段。[2] 1925 年，日本发布《现役军官指导学校教练的配属令》，要求军人进入学校指导学生进行体育训练，学校体育正式进入军事教练时代。大正后期，日本学校体育以提高生产力和增强国防军事力量为主要目的，国家主义、军国主义教育色彩浓厚。

（三）昭和时期（1926~1989 年）的学校体育

昭和时期的学校体育以第二次世界大战结束的 1945 年为界，分为昭和前期（1926~1945 年）和昭和后期（1945~1989 年）两个时期的学校体育。

1. 昭和前期（1926~1945 年）的学校体育

随着日本侵略亚洲、称霸世界的野心日益膨胀，大正前期实行的具有自由化、科学化特征的学校体操最终被军国主义教育取代。1931 年，为培养国民的武士道精神，日本将剑道、柔道作为中学的必修课，学校体育的国家主义、军国主义色彩愈发浓厚。[3] 1936 年，日本再次修改教育大纲，大大充实了学校体育的内容，主要内容包括体操、游戏、竞赛、教练、卫生、柔道和剑道等。由于受国家主义、军国主义的指导，此时的学校体育服务

---

① 尾形裕康『日本教育通史』、早稲田大学出版部、1981、178 頁。

② 〔日〕井上清：《日本的军国主义 第三册 军国主义的发展和没落》，马黎明等译，商务印书馆，1985，第 221 页。

③ 大熊廣明「わが国学校体育の成立と再編における兵式体操・教練採用の意味:明治・大正期を中心として」、『筑波大学体育科学系紀要』24 号、2001。

于国家政治。1941 年，日本发布《国民学校令》，将"体操科"更名为"体炼科"，美其名曰"锻炼身体、磨炼意志"，实则培养效忠天皇、为战争献身的殉葬品。在这一时期，日本军国主义者大范围发动侵略战争，为了及时补充兵源，学校体育全面实行军事化管理，并制定《国民学校体炼科教授要项实施细目》，以对体操和武道进行具体的指导。

2. 昭和后期（1945~1989 年）的学校体育

以 1945 年日本投降、第二次世界大战结束为契机，日本颁布了《体育基本法》与《学校教育法》，扫除了学校体育中带有军国主义色彩的军体操、武道等内容。学校体育教育从军国主义教育转为民主化和自由化教育，以游戏和体育运动为主要教学内容，还引入了大量美国竞技体育项目，注重对运动技能的传习。1947 年，日本发布《学校体育指导纲要》，将"体炼科"再次更名为"体育科"（初中、高中称"保健体育科"），并沿用至今。进入 20 世纪 50 年代，日本开始成立体育科学学会并建立体育科研机构和体育科学管理机构，多次派遣研究人员到世界先进国家考察学校体育发展状况，广泛进行学术交流，学校体育进入科学化时代。[①] 20 世纪 70 年代以来，为增进国民身体健康、改善国民生活结构、丰富国民精神，日本保健体育审议会提出终身体育方针，强调学校作为专门的教育机构是实现终身体育的第一阶段，应以培养学生具备终身运动的能力和态度为目标，树立学校体育与终身体育相联系的教育理念。

（四）平成时期（1989~2019 年）和令和时期（2019 年至今）的学校体育

进入平成时期和令和时期，日本社会向国际化、信息化和老龄化社会发展。为适应社会发展的需求，1989 年，文部省对小学、初中、高中《学习指导要领》进行修订。此次修订不仅对学校体育提出了培养学生自我运动的积极态度和能力的要求，还提出了新的学力观，即注重培养学生对体育学习的意欲、关心和态度，使学生通过体育学习提高思考力、判断力和表现力。面向 21 世纪，学校体育基于身心一体的观点，将体育与保健两者结合起来为学生提供指导，同时基于终身体育、快乐体育的观点，改善体

---

① 杨正云、王颖：《论日本明治维新以来学校体育思潮的历史变迁》，《体育文化导刊》2003 年第 11 期。

育教育内容，培养学生积极向上、充满活力的生活态度。经过多年的实践，日本的学校体育取得了一定的成果，但在其发展过程中一直存在问题和矛盾，如运动和不运动的学生两极分化情况严重，学生终身热爱体育和实践体育的能力和习惯还未完全形成等。随着社会的发展与价值观的变化，日本学校体育始终面临新的挑战，需要进行变革。

二 日本学校体育的思想变迁

古代日本受中国传统儒家思想的影响，较为强调对道德、精神的训练，对体育的重视程度较低。明治维新以后，随着社会的变化，近现代日本学校体育开始发展，其思想变迁大致经历了"身体的教育"、"通过运动的教育"和"运动的教育"三个阶段。

（一）"身体的教育"

明治初期，"身心二元论"观点在日本盛行，认为人由精神和身体组成，身体是精神的载体，两者分开接受教育。1876 年，为与"身心二元论"中"精神的教育"相对应，日本将西方传来的"physical education"译为"身体的教育"，并简称"体育"。[1] 在"身体的教育"思想的影响下，学校体育将体操作为主要教学内容，旨在提高学生身体活动能力、促使学生身心协调发展、增进学生身体健康。随着国家主义、军国主义思想的出现，学校体育开始为"富国强兵"国策服务，主张通过"身体的教育"使学生拥有军人般强健的身体和精神力量。进入昭和时期，国家主义、军国主义思潮日益发酵，为满足军国主义的需要，学校体育强调通过"身体的教育"培养学生旺盛的战斗气概和坚决服从命令的精神，培养效忠国家和天皇的国民。

（二）"通过运动的教育"

第二次世界大战结束后，日本从美国引入"通过运动的教育"思想。这一思想否定了以往"身心二元论"的观点，将人的精神与身体看作一个不可分割的统一整体，使学校体育思想从"身体的教育"转向"通过运动的教育"。"通过运动的教育"主张"运动手段论"，即将"运动"作为谋

---

[1] 张世响：《现代日本学校体育教育的变迁（1945~2008）》，北京体育大学出版社，2009，第 20 页。

求学生全面发展、培养学生健全身体与健全精神的手段。20 世纪 60 年代，学校体育的"通过运动的教育"这一思想弊端凸显，招致日本社会的批判。一方面，"通过运动的教育"只在促进学生身体发展方面取得一定的效果，其他方面并未见效；另一方面，"通过运动的教育"是将"运动"作为获得提高学生身体活动能力和运动技能等"运动"的外在价值的手段，忽视了"运动"自身的内在价值。①

（三）"运动的教育"

"通过运动的教育"思想受到批判后，日本学校体育开始提倡"运动的教育"，从"运动手段论"转向"运动目的论"，即从以往把"运动"作为手段的思想转向把"运动"作为目的的思想，期望帮助学生改善体力和健康状况、理解和掌握运动技能与知识、感受运动的快乐、提升运动的美感、确立自己的个性、明确自身的责任。②"终身体育"和"快乐体育"的提出是日本学校体育思想完成由"身体的教育"到"通过运动的教育"再到"运动的教育"的转变的重要标志，指明了学校体育未来的发展方向，即把"运动"本身作为教育的目标和学习的内容，重视"运动"本身，培养学生解决问题和终身从事体育运动的能力，同时注重让学生体验"运动"本身的特性与乐趣。总的来说，"运动的教育"思想能够使学校体育在终身体育时代培养一代又一代自发、自主参加体育运动，并且终身热爱、坚持体育运动的时代新人。

第二节　日本学校体育的结构、功能与目标

本节聚焦学校体育的结构、功能与目标，按照时间序列将日本学校体育的结构划分为学前教育阶段体育、初等教育阶段体育、中等教育阶段体育和高等教育阶段体育四个部分。不论哪一阶段，日本学校体育都具备增进学生健康与传承文化的功能，有着培养学生有计划地从事运动的习惯、增进学生的健康和增强学生的体力、培养学生明朗而富有朝气的生活态度

---

① 张世响：《现代日本学校体育教育的变迁（1945~2008）》，北京体育大学出版社，2009，第 21 页。

② 钟启泉：《日本学校体育的演进及其未来走势——日本教育学者木下百合子教授访谈》，《全球教育展望》2009 年第 6 期。

的共同目标。

一 日本学校体育的结构

按照时间序列，日本学校体育的结构大致可以划分为学前教育阶段体育、初等教育阶段体育、中等教育阶段体育和高等教育阶段体育四个部分。

（一）学前教育阶段体育

日本政府以"增强儿童体质健康"为中心，先后制定和修改了《体育振兴基本计划》《体育立国战略》《幼儿运动指导方针》等一系列法律法规，不仅为学前教育阶段的学校体育发展提供了法律保障，还对其工作提出了具体要求。

学前教育阶段体育的特点主要体现在以下几个方面。一是注重自然适应教育。自然适应教育是指将儿童置于自然环境中进行体育教育，以增强儿童对环境的适应能力，如冬季的耐寒训练与夏季的游泳锻炼。二是师资队伍建设专业化。日本特地制定了《幼儿体育指导员资格认证制度》，依据不同的标准对学前教育阶段体育教师进行分类。三是重视学生安全问题。如在服饰方面，学前教育阶段体育教师均被要求避免佩戴手表、戒指、项链等有可能划伤儿童的尖锐物品；在组织儿童开展活动时，要时刻注意避免儿童发生踩踏事故。

（二）初等教育阶段体育

日本初等教育阶段按照年级被划分为三个学段，依次是低学段（一年级和二年级）、中学段（三年级和四年级）和高学段（五年级和六年级）。初等教育阶段体育对不同学段学生有着不同的要求，但都注重在增强学生体力的同时，使学生体验到运动的乐趣，培养学生对体育的亲近感。

初等教育阶段体育的特点主要体现在以下几个方面。一是基于小学生的身心发展特点，以游戏和运动的形式来理解和改进教材。二是强调对运动特性和运动乐趣的体验，并以此来进行教材分类和教材分析。三是不拘泥于正规的运动项目要求和技术细节。四是设立表现运动。[①]

（三）中等教育阶段体育

日本中等教育阶段体育分为初中体育和高中体育两部分。中等教育阶

---

① 水原克敏『新小学校学習指導要領改訂のポイント 』、日本標準、2017、84-89 頁。

段的体育科目名称为"保健体育科"，是将保健知识与体育知识结合在一起对学生进行体育指导的科目。

日本中等教育阶段体育的特点主要体现在以下几个方面。一是内容的设置与选修制教学相结合。二是重视日本的武道教学和礼仪方面的教育。三是注重各项运动的特性，让学生理解各项运动的意义。四是注重技能的教学，注重在技能教学中增进学生的体力。

（四）高等教育阶段体育

日本高等教育阶段体育由保健体育科目和运动部两部分构成。保健体育科目为大学通识教育科目，主要包括运动科学、保健、运动实践三个方面的内容，因此，保健体育科目又被分为健康和运动科学理论课程与运动实践课程两种类型。其中，健康和运动科学理论课程为必修科目，运动实践课程为选修科目，学生可根据自己的兴趣爱好自主选择。运动部由学生自己组织，自己开展体育活动，涉及运动项目广、数量多，具备开放性和自主性等特点。运动部不仅能够吸引兴趣相同的体育运动项目爱好者，还能够吸引具有较高竞技水平的学生。[1]

二　日本学校体育的功能

学校体育的功能是指在一定的环境和条件下，学校体育所能发挥的有效作用或效能。

（一）增强学生健康功能

学校体育是以体育运动为主要内容来进行教学的，要求学生的身体直接参与其中，并在运动的过程中持续地承受一定的生理负荷。因此，学校体育最本质的功能是增进学生的健康。日本学校体育增进学生健康功能具体体现为增强学生的体格、增强学生的体力和提高学生的运动能力。[2] 其中，体格是指学生身体的形态特征，用身高、体重、胸围、坐高等测量值来表示；体力是构成学生活动基础的身体能力，分为行为体力和防卫体力两种，前者是学生积极进行活动的行为能力，后者是适应外界冷热、抵抗疾病等维

---

[1]　清水将「高等学校における運動部活動の教育課程上の位置づけに関する検討」、『東亜大学紀要』14 号、2011。

[2]　毛振明、〔日〕圆山和夫编著《日本学校体育关键词100》，高等教育出版社，2005，第38~40页。

持生命的抵抗力；运动能力是指学生运动方面的能力，即走、跑、跳、投、打、推、拉、抓、爬、游等身体基本活动能力。学生的体格、体力和运动能力均可以在先天素质的基础上，通过参与后天的体育运动而有所提高。

（二）传承体育文化功能

日本保健体育审议会在《面向 21 世纪的体育运动振兴方案》的答复中指出，为了丰富而充实地生存，人类不仅需要那些维持生命和生活所必需的物质的东西，还需要能够满足身体和精神需求的丰富多样的文化。《体育基本法》在总则中明确指出，体育是世界共通的人类文化。[1] 一方面，体育运动在满足作为生物的人对身体活动的欲望的同时，还能使人从中获得爽快感、成就感以及与其他人的连带感等精神上的充实和愉快。另一方面，体育运动给人以欢乐，有助于保持和增进健康、增强体力以及促进青少年人格的形成。就其作用于身心两个方面来说，体育是国民身心健康的文化生活中不可缺少的东西，是人类文化重要的组成部分。学校体育为学生参与体育运动提供了机会与场地，向学生传授各项体育运动项目的技能知识，使包括残疾儿童在内的所有学生都能终身地、随心所欲地享受体育运动的乐趣，这对传承体育文化具有重大意义。

三　日本学校体育的目标

日本对学校体育的认识从"身体的教育"转向了"运动的教育"，基于这一思想转变，学校体育的总目标被确定为：通过合理的运动实践以及对健康、安全从事运动的理解，培养学生有计划地从事运动的习惯，同时增进学生的健康和增强学生的体力，培养学生明朗而富有朝气的生活态度。日本学校体育的目标以学生为中心，从养成学生的运动习惯到增进学生的健康和体力，再到培养学生运动的态度，循序渐进、环环相扣。

（一）培养学生有计划地从事运动的习惯

培养学生有计划地从事运动的习惯是为重视生活而特别强调的目标内容。具体而言，使学生可以根据自己的兴趣爱好选择切合自身情况的运动、合理地规划运动时间和运动地点，从而培养学生持之以恒地参加体育运动的

---

[1] 「スポーツ基本法（平成 23 年法律第 78 号）（条文）」、文部科学省、https://www.mext.go.jp/a_menu/sports/kihonhou/attach/1307658.htm。

习惯和能力，并将运动变成自己擅长的东西，确保学生在今后的生活中能持续不断地进行体育运动实践。这一目标的提出，意味着学校体育要将体育运动与学生的日常生活相联系，使体育运动最终成为学生生活的一部分，而不仅仅是让学生从知识和感觉层面理解运动的价值与作用。

（二）增进学生的健康和增强学生的体力

增进学生的健康和增强学生的体力是指学校体育要让学生掌握维护和增进身体健康的方法，使学生借助合理的运动实践，促进身心健康发展，从而具有良好的身体状况和强健的身体活动能力，以进一步培养学生健康、安全生活的能力和态度。

（三）培养学生明朗而富有朝气的生活态度

培养学生明朗而富有朝气的生活态度是指学校体育要为学生的体育活动服务，要借助体育运动培养学生积极上进、乐观活泼、阳光自信的生活态度，并借此达到体育学科的终极目标，即培养学生现在和将来都能使自己的生活充满活力、丰富多彩的能力。

日本学校体育总目标中除了明确规定学校体育要实现的目标外，还提及日本学校体育目标的实现路径，即通过合理的运动实践和对健康、安全从事运动的理解。其中，通过合理的运动实践是指要根据学生身心发展的特点，遵循科学的规律使学生进行运动实践。具体来说，是依据运动对身体的作用、各项运动的特点、运动练习的一般原则、防止运动损伤的发生、与运动有关的健康问题与安全措施等方面组织学生进行合理的运动实践。对健康、安全从事运动的理解是指要深化学生对个人和集体生活中健康与安全问题的认知与理解，提高个人和集体的健康水平，提高学生对运动中出现的紧急伤病的处理能力以及针对日常生活中的健康和安全问题采取适当对策的能力。

第三节　日本体育教学

体育教学是学校体育工作的中心环节，各国都十分重视体育教学工作，日本也不例外。本节聚焦体育教学，从日本体育教学目标、设计、过程与原则、方法、评价、本质与特征六个方面对其进行阐述。

一　日本体育教学目标

体育教学目标是体育教学的起点，也是体育教学的终点，为体育教学指明了方向，明确了体育教学要达到的结果。日本为小学、中学、大学三个阶段分别制定了不同的体育教学目标。

（一）小学体育教学目标

日本小学分为低学段、中学段和高学段三个学段。低学段的体育教学目标如下：一是使学生在愉快地进行基本运动和比赛的同时，有效地增强学生的体力；二是培养学生公正地、时刻注意健康和安全地进行运动的态度。中学段的体育教学目标如下：一是使学生在愉快地进行各种运动的同时，根据运动的特性发展技能、增强体力；二是在培养学生协同和公正态度的同时，注意学生在运动中的健康和安全问题，培养其坚持到最后一刻的精神。高学段的体育教学目标如下：一是使学生在体验各种运动的乐趣和喜悦的同时，依据运动的特性发展运动技能，增强体力；二是在培养学生协同和公正态度的同时，使学生重视健康和安全问题，具有尽最大努力进行运动的态度；三是使学生了解身心发育、发展的特点，防止运动损伤，预防疾病，培养其进行健康和安全生活的态度和能力。[①]

（二）中学体育教学目标

日本中学的体育学科叫作保健体育科，由保健和体育两部分内容组成。其中，保健部分的教学目标是提高学生的思考力和判断力，使学生理解个人和集体生活中的健康和安全基本知识，培养学生保持和提升个人健康和集体健康的能力和态度。体育部分的教学目标如下：一是通过各种合理的运动实践，在提高学生运动技能的同时，让学生体验运动的乐趣和喜悦，培养进行健康生活的能力和态度；二是通过各种适合的运动帮助学生强身健体、磨炼意志、增强体力；三是通过运动中竞争和协同的体验，培养学生公正的体育态度，进而培养学生遵守规则、相互负责的态度；四是培养学生健康和安全地进行运动的态度。[②]

---

① 「小学校学習指導要領（平成 29 年告示）」、文部科学省、https://www. mext. go. jp/content/1413522_001. pdf。

② 「中学校学習指導要領（平成 29 年告示）」、文部科学省、https://www. mext. go. jp/content/1413522_002. pdf。

（三）大学体育教学目标

日本大学体育视身心为一体，要求学生在体育学习的过程中基于体育和保健的观点发现问题、思考问题、解决问题，持续丰富体育生活。大学体育教学目标如下：一是帮助学生根据各种运动的特性和魅力增强对运动的理解以及对社会生活中健康的理解，同时掌握相应的运动技能；二是使学生能够发现自己和他人以及社会在运动和健康方面的问题，培养学生能够根据目的和状况向他人传达、朝着合理的方向进行思考和判断、有计划地解决问题的能力；三是使学生树立终身体育理念，通过运动增进健康和增强体力，具有开朗、富有活力的生活态度。①

二　日本体育教学设计

体育教学设计是为了实现体育教学目标，制订各学年教学计划的过程，以保证有目的、有计划、有效率地开展体育教学。教学计划分为年度计划、单元计划、课时计划三类，因此，体育教学设计主要涉及年度计划设计、单元计划设计、课时计划设计三部分内容。

（一）年度计划设计

年度计划是对全年体育教学进行安排的基本计划，将各领域中的运动项目以单元为单位进行组织，并将它们按一定顺序分配到各个年级的计划中。在设计年度计划时，除了注意与《学习指导要领》所规定的目标、内容有所联系外，在选定具体内容和分配各项内容课时时还应结合本校体育教学方针，设计与本校体育设施、班级数额相适应的年度计划。另外，年度计划的设计还应注意以下几点：一是明确计划与体育目标的关系；二是明确全年各项活动的关系；三是明确各年级的单元排列；四是明确与学校体育整体计划中各项活动的关系。

（二）单元计划设计

单元计划是将具有相对独立性的内容和教学方法，以单元的形式在年度计划中进行具体展开的计划。单元计划的设计应注意以下几点：一是要对该单元教学内容，即运动项目的特性进行研究和认识；二是应明确标明

---

① 「高等学校学習指導要領」、文部科学省、https://www.mext.go.jp/sports/content/1384661_6_1_2.pdf。

学生所进行的具体活动、活动的组织方式以及要达到的目的；三是设计合理的教学目标，使全体学生体验到运动的快乐；四是对学生的学习活动和教师的指导活动进行必要的预测。

（三）课时计划设计

课时计划又称教案，是关于每节课怎样展开教学的基本计划，也是教学计划中最具体的计划。课时计划的设计应注意以下几点：一是课时计划不是孤立存在的，应注意标示它与单元计划整体之间的关系；二是标明教学目标与教学内容；三是标明在一节课的教学过程中学生的学习活动与教师的指导活动；四是有效地对设施、器材等物的环境与学习小组等人的环境进行设计。

三　日本体育教学过程与原则

体育教学过程是一个复杂的动态过程，涉及教师、学生、教法等多方面因素。体育教师需要遵循一定的教学原则，推动教学过程有序进行，从而有效地完成教学任务。

（一）体育教学过程

体育教学过程是指为实现一定的体育教学目标，由教师的"教"和学生的"学"二者组成的双边统一活动过程，一般分为导入阶段的"开始"、展开阶段的"中间"、整理阶段的"总结"三个部分。[①]

导入阶段的目标是让学生产生运动动机，知道如何运动并做好体育运动学习准备，包括明确体育学习目标、学习计划以及知晓学习进展等内容。展开阶段是在学生明确具体运动目标后实际推进体育学习的阶段，主要内容为教师把握学生运动状况并进行相应的指导。整理阶段是以个人、小组为单位，客观地评价学生运动成绩、分析教学过程的阶段，旨在使教师总结教学经验，使学生了解自己的运动水平，领会运动的乐趣。

（二）体育教学原则

体育是教育的一部分，因此，体育教学除了遵循教育学、教育心理学等学科的教学原则和学校体育的要求之外，还需要遵循体育教学原则[②]，主

---

① 宇土正彦『体育科教育法入門』、大修館書店、1983、3頁。
② 岡出美則・友添秀則・岩田靖編『体育科教育学入門』、大修館書店、2021、23頁。

要有以下三条。

1. 与学生生长发育相适应原则

不同年龄阶段的学生的身体生长发育情况各不相同，教师应依据不同年龄阶段学生的特点开展体育教学。如在小学阶段，低学段应以重视参与体育的快乐和交往活动为主，中学段需要增加对学生体能和技能的要求，高学段需要增加与生长发育有关的知识学习。此外，还要对学生的健康状况资料、运动能力测验结果、体育成绩等进行综合评估，依据评估结果对学生不同时期的体育学习进行适当调整。

2. 尊重学生差异性原则

受遗传体质、生活环境、生活经验等多个因素的影响，学生的身心发展状况存在一定的差异。为了使每个学生的个性都能得到发展，体育教学不应是同一性的，学校应在考虑学生对运动的兴趣、学生运动水平的高低以及学生学习速度等个体差异的基础上开展体育教学。

3. 使学生自发自主学习原则

学生是参与体育运动的主体，学校体育的终极目标是使学生具备终身持续地、有计划地进行体育运动的态度与能力。因此，体育教学应注重学生自主性的培养，在使学生确定与自己相适宜的运动项目后，鼓励学生自发自主学习、锻炼，教师在关键时刻提供指导。

四　日本体育教学方法

体育教学方法是在体育教学过程中，教师和学生为实现体育教学目的、完成体育教学任务而采取的不同层次的、教与学相互作用的活动方式的总称。日本体育教师在进行体育教学时，主要采用讲解法与示范法。

（一）讲解法

讲解法是体育教师使用通俗易懂的口头语言，对学生初次接触的运动项目进行正确的说明，以保证将必要的、最低限度的技能教授给学生的教学方法。教师在使用讲解法进行教学的过程中，应注意向学生反复强调运动的要点，并对学生技能学习的过程及时给予具体的反馈。此外，运动技能的掌握需要经过学生的亲身实践与反复的训练，因此，体育教师在体育教学过程中应避免过多地使用讲解法，而是要将"讲"与"练"结合起来，做到"精讲多练"。

（二）示范法

在学生运动技能的教学过程中，运用视觉来把握技术的要领是重要且有效的方法。因此，在日本体育教学中，示范法是最基本的教学方法，也是体育教师最基本的教学技能，是体育教学中关键的教学环节。[1] 示范法是指体育教师在教授某些无法用语言传授的运动技能时，向学生亲身演示的一种教学方法，通过视觉感受使学生更好地理解和掌握运动技能。示范法可以充分激发学生的学习动机，帮助学生认知运动技能的细节，修正、精进运动技能，使学生更好地理解学习目标。

五　日本体育教学评价

体育教学评价是按照教学目标对学生通过体育学习所产生的变化进行评定，并对如何改进体育教学与指导进行思考的过程。[2] 根据评价的时间，体育教学评价可以分为教学前的诊断性评价、教学中的过程性评价和教学后的终结性评价。

（一）诊断性评价

诊断性评价是在学年、学期或某体育教学单元开始前进行的一种评价。教师能依据评价结果了解学生的体育基础，更好地设计和开展体育教学。诊断性评价主要包括三个方面的内容：一是检查学生参与运动时是否有愉快的体验；二是检查学生是否具备体验运动乐趣、享受运动的学习方法；三是检查学生运动技能的学习和掌握情况。

（二）过程性评价

过程性评价是在体育教育活动中进行的一种评价。过程性评价能使教师基于学生学习状况的持续性反馈，按照学习指导过程仔细地检查学生体育教学目标实现的程度，并在必要情况下对体育指导计划做出修正。过程性评价主要包括检查学生在学习过程中针对具体的体育内容达到怎样的目标，或者学生在什么地方遇到困难而难以掌握技术要领等内容。

（三）终结性评价

终结性评价是在学年末、学期末或某体育教学单元结束时进行的一种

---

①　岡出美則・友添秀則・岩田靖編『体育科教育学入門』、大修館書店、2021、51 頁。
②　日本體育學會『最新スポーツ科学事典』、平凡社、2006、120 頁。

评价。终结性评价要求教师尽可能全面地掌握有关学生体育学习的状况，客观地总结学生学习目标的完成程度。终结性评价的结果一方面能够帮助学生明晰目前达到的运动水平，以便进一步寻求相应的补充指导、深化指导和发展指导；另一方面能够帮助教师有效地控制和改善现有体育教学计划中存在的问题，为以后更好地开展体育教学提供支撑材料。

文部科学省曾明确指出，学校体育教学评价不仅要注重终结性评价，还要注重对每个学习者进行寻求各种运动的深度快乐和发展学习的过程性评价。在新学力观的影响下，日本体育教学评价呈现以终结性评价为主转向过程性评价与终结性评价相结合的发展趋势。

六　日本体育教学本质与特征

教师在开展体育教学工作时，只有把握好体育教学的本质与特征，才能确保取得良好的教学效果。

（一）体育教学本质

体育教学本质是追求"快乐体育"，即将运动本身作为教学的重要目的，使学生认识体育运动并热爱体育运动，给予每个学生参与体育运动、理解运动的意义、体验运动的乐趣的机会，为学生树立终身体育理念打下良好的基础。在体育教学过程中，"快乐体育"并不过分强调学生的运动量和运动强度，而是希望在学生愉快地参与运动的过程中完成既定的教学目标。

（二）体育教学特征

"快乐体育"主张将体育教学改造成一个让每个学生都能体验到运动乐趣的过程，进而把每个学生都培养成终身体育者。因此，日本体育教学呈现注重学生学习的主体地位与注重培养学生的自我教育能力两大特征。[①]

1. 注重学生学习的主体地位

日本体育教学是以怎样才能使学生乐于学习为出发点来研究教与学及其相互关系的，这标志着学生主体地位的真正确定。教学目标的确定、学习计划的制定、体育教学环节的设计与调控都充分考虑学生的学习基础与主体作用的发挥。体育教师主要对学生的运动进行学习指导，为学生创造

---

① 邰伟德：《日本中小学体育教学特点》，《外国中小学教育》1988 年第 1 期。

良好的运动环境，保障学生安全。

2. 注重培养学生的自我教育能力

日本体育教学不仅重视向学生传授体育知识、技术与技能，而且重视培养学生的自我教育能力。自我教育能力是指学生具备自主学习的意欲、掌握好的学习方法以及探求适合自己的生活方法。因此，日本的体育教学强调要从"教师教"转变为"学生学"，教学重点多偏向使学生学会如何掌握一项新技术、如何把握体育学习的全过程、如何归纳运动技术难点等方面。

第四节　日本体育课程

体育课程是学校体育的核心内容。本节聚焦体育课程，结合体育课程名称的变迁及其含义对日本学校体育课程进行概述，并从体育课程类型、编制、资源的开发与利用、改革的发展趋势四个方面对其进行阐述。

一　日本体育课程概述

体育课程对于实现学校体育的教育价值起着至关重要的作用，学校体育的各项目标必须通过各类体育课程的实施来实现。作为学校课程门类之一，体育课程还应与学校课程中的智育、德育、美育等其他课程相互协同配合，共同塑造学生健全的人格。

（一）体育课程名称的变迁

自 1872 年日本公布《学制》时，体育课程被称为"体术科"，翌年改称为"体操科"，以兵式练习为手段，由军人担任体育教练。第二次世界大战期间，日本将"体操科"改称为"体炼科"，课程内容只有体操和武道，并以"锻炼身体、磨炼意志，培养润达刚健的身心、献身奉公的实践力"为宗旨。第二次世界大战结束后，在新教育思想和教育方针的指导下，日本再次将体育课程的名称从"体炼科"改为"体育科"，并沿用至今。

（二）体育课程的含义

日本体育课程以生涯体育和快乐体育为指导理念，是把教育的内容与学生的身心发展情况和授课时数联系起来的旨在达到学校体育的目的和目标的学校体育教育计划。

在课程目标方面，日本体育课程并不只是向学生介绍运动项目，提高学生的体力和运动技能，而是将"体育"作为一种教育手段，旨在通过体育锻炼培养学生强健的体魄和健全的人格，注重培养学生公正、合作和遵守规则的意识。[①] 在课程内容设置方面，日本体育课程在各个学段都设置了不同难度、不同要求的教学内容。各级各类学校在设置体育课程时，除了开设传统体育项目之外，还会开设自然类的体育项目以及与学生日常生活密切相关的体育项目。

二　日本体育课程类型

日本体育课程分为学科体育课程和经验体育课程两大类，这两类系统的体育课程交替出现在日本历次修订的《学习指导要领》之中。[②]

（一）学科体育课程

学科体育课程是根据体育教育目的，以系统编写的体育教材为核心，把运动文化以及运动项目作为教育内容的教育课程，是人类运动文化积累的基础。日本学科体育课程既包含传统运动项目，如体操、田径、游泳、球类等，也包含日本特色的运动项目，如剑道、柔道、民间舞蹈等。其中，每个大项下又分多个小项，如体操运动包含垫上运动、单杠运动、平衡木以及跳箱运动等。但是，学科体育课程存在以学问中心主义为主导，无视学生的生活经验、兴趣和关注点的倾向等问题，容易导致学生失去学习欲望并对体育运动丧失兴趣。

（二）经验体育课程

经验体育课程是以学生参与体育实践、体育活动的经验为核心内容组织起来的课程，也称活动体育课程或生活体育课程。经验体育课程从日常生活出发，依据学生的运动兴趣和运动经验对学生进行指导，促进学生进行体育学习，旨在培养学生对体育运动的兴趣和提升学生对自然与社会的理解水平。但是，经验教育课程存在形式主义、轻视科学和过度以学生的运动生活为中心等问题，难以使学生掌握系统的体育学习方法。

---

① 成亮：《日本学校体育课程的设置及其启示》，《教学与管理》（理论版）2018 年第 1 期。
② 张世响：《现代日本学校体育教育的变迁（1945~2008）》，北京体育大学出版社，2009，第 85~86 页。

三 日本体育课程编制

体育课程编制决定体育课程的质量，是体育课程前期准备工作中的重要一环。

（一）体育课程编制的定义

体育课程编制是指根据日本政府制定的《学习指导要领》的要求，自主选择和组织课程内容、指导和规定课程实施、进行有效课程评价等具体方案的形成过程。体育课程编制要求体育教师结合学校体育开展的实际情况和学生的实际需求，编制科学的、有效的、可行的体育课程。

（二）体育课程编制的内容

体育课程编制主要由体育课程目标编制、体育课程内容编制、体育课程实施编制、体育课程评价编制四部分组成。其中，体育课程目标编制要以增进健康、增强体质，培养学生进行终身体育的能力为核心思想。体育课程内容编制要基于学生的身心发展特点、体育学习基础等因素，选择、编排合适的运动项目。体育课程实施编制要注重创新现有的体育教学方法，不断丰富学生的运动体验。体育课程评价编制要注重开发体育课程的多元评价方式，为体育课程的实施以及取得的成效提供更多信息反馈。

（三）体育课程编制的类型

日本的体育课程编制主要有两种类型：一是重视运动技能习得的系统性，二是重视体育运动的日常性。前者是从教育的角度出发，采用系统的编制方法并依据学生的身心发展特点，编制注重各类运动项目习得的系统过程的体育课程。后者是从生活体育的角度出发，采用问题解决的编制方法，编制出注重解释和解决日常生活中存在的体育问题的体育课程。

四 日本体育课程资源的开发与利用

体育课程资源是指有利于实现体育课程实施的各种内外因素和条件的总和。除了传统的体育教材外，体育课程资源还包括体育辅助教材、体育教学仪器、体育运动设施等。随着课程改革的不断深入，体育教师不仅是体育课程的忠实实践者，还是体育课程资源的开发者和利用者。

（一）体育辅助教材的开发与利用

体育辅助教材是指除体育教科书以外的、有益于指导学习的合适教材，分为印刷教材、视听教材、系统教材、广播教材等四类。[1] 其中，印刷教材包括副读本、学习笔记、解说书等，视听教材包括幻灯片、录像带、录音带等，系统教材多指电脑软件，广播教材包括电台或电视节目等。作为与日本学校或具体年级的学生身心发展程度相适应的准教材，体育辅助教材能够有力地弥补现行体育教科书的不足，学校和体育教师应加大对体育辅助教材的开发与利用力度。

（二）体育教学仪器的开发与利用

体育教学仪器是体育教师在进行教学时所使用的机械和器具，是为了提高教学效率和教学质量所用的教学辅助工具。作为更富有自主性和主动性的学习资源，体育教学仪器有助于学生顺利开展体育运动，也能够及时帮助学生解决问题以及反馈教学情况。日本体育教师非常重视用教学仪器来辅助体育课程的实施，常用的教学仪器有视听仪器、记录用仪器、学生个别学习时使用的仪器、学习反应分析装置、培养学生信息处理能力的仪器。随着社会的发展与技术的革新，开发更多现代化的体育教学仪器是日本丰富学校体育课程的重要途径。

（三）体育运动设施的开发与利用

体育运动设施是体育课程能否取得预期效果的决定因素之一，是体育课程实施必不可缺的直接条件之一。例如，在球类运动的教学中，因体育设施、用具数量的不同，体育课程开设的内容与学生的参与度也就有所不同。在体操运动的教学中，如果缺乏充足的跳箱、软垫等运动设施，就无法完成预定的教学目标，无法使学生获得良好的运动体验。因此，体育运动设施资源的开发与合理利用不仅能使体育教学顺畅进行，使教师更加高效、安全地开展学习指导，还能使学生更好地了解该项运动的特点、体验运动的乐趣。

五　日本体育课程改革的发展趋势

伴随各时期的教育改革，日本体育课程在不断地变化的过程中呈现体育课程目标结构化与体育课程内容系统化、具体化等发展趋势。

---

[1]　毛振明、〔日〕圆山和夫编著《日本学校体育关键词100》，高等教育出版社，2005，第218页。

（一）体育课程目标结构化

在日本 2017 年修订的《体育学习指导要领》中，体育课程目标突出强调要培养学生的"资质与能力"，即培养学生的"知识与技能"、"思考力、判断力与表现力"以及"向学力与人性"。[①] 其中，"知识与技能"是学生进行体育运动学习的基础，是体育运动能力的集中表现。"思考力、判断力与表达力"是培养学生在学习与生活中发现问题、分析问题、解决问题，并通过实际所反映出的问题或结果进行再创造的能力。"向学力与人性"能够激发学生的自主学习性，使学生发现体育运动独特的魅力所在。[②] 各年级体育课程都依据以上三要素制定了学生应达到的学习目标，并对各年级课程目标进行逐级逐层分析，避免各年级课程目标重复脱节，逐渐形成了一个具体化程度高且具有连贯性的体育课程目标体系。

（二）体育课程内容系统化、具体化

在日本 2017 年修订的《体育学习指导要领》中，体育课程内容的修订呈现系统化与具体化特征。在体育课程内容系统化方面，学校加强了对各学年阶段课程内容的一体化设置，形成低学段各类"运动游戏"，中、高学段各类"运动"的体系化内容，以突出各阶段的发展重点。[③] 此外，课程内容从"资质与能力"的三要素出发，对各学年阶段体育、保健领域中的各类内容进行构建与呈现，与课程目标结构框架保持一致。在体育课程内容具体化方面，学校对不同类型的运动项目进行明确划分，具体分为身体运动类、器械运动类、田径运动类、游泳运动类、表现运动类和球类等。此外，体育课程内容还对教师应教授和学生应掌握的动作做出了具体规定，深度细化了各年级学生学习不同类型运动项目应达到的运动技能水平。

---

① 高橋修一「新学習指導要領にける体育科、保健体育科のポイント」、『体育科教育学研究』1 号、2018。

② 「中学校学習指導要領（平成 29 年告示）解説理科編」、文部科学省、https://www.mext.go.jp/content/20210830-mxt_kyoiku01-100002608_05.pdf。

③ 「小学校学習指導要領（平成 29 年告示）解説総則編」、文部科学省、https://www.mext.go.jp/component/a_menu/education/micro_detail/__icsFiles/afieldfile/2019/03/18/1387017_001.pdf。

第五节　日本体育教师

"古之学者必有师"，体育教师是教师队伍中的重要成员。本节聚焦体育教师，对日本体育教师的工作进行概述，并从体育教师的职业性质与特点、职业素养、专业发展三个方面进行阐述。

一　日本体育教师工作概述

日本体育教师是各级各类学校从事保健和体育教育的专业教师，按工作属性可以分为专职教师和业余教师两种类型。小学专职体育教师较少，主要由班主任兼任，初中和高中的体育教师则为专职体育教师。初中和高中的"体育科"称为"保健体育科"，是体育和保健各自相对独立而又统一的教育课程。因此，日本专职体育教师经常需要承担体育课和保健课的教学工作，这就要求体育教师既懂体育的理论知识和运动技术，也懂保健相关的理论和知识，并在教学实践中形成有机联系。[1]

在教学方面，体育教师主要负责如下工作。一是根据学生已经达到的运动水平，开展相应的补充指导、深化指导和发展指导。二是对学习目标、学习计划和学习方法等方面的问题进行有效的指导和优化。三是对教学进行反思与总结，为后续的教学做好准备。体育课在总课时中的比例随着年级的升高而相应地升高，这种现象说明，不同的学段对体育教师的工作要求有所不同，年级越高，体育教师需要完成的课时数越多，工作量越大。除了承担对学生进行保健、体育和安全的教学工作外，体育教师还受到校长和体育主任的直接领导，需要参与教学委员会、体育委员会、保健委员会和安全委员会的活动，并配合其他教师和事务人员完成相关的行政工作。

在日本，体育教师主要由教育专业、体育专业和养护专业三类不同专业的大学或研究生院的毕业生组成，由大学的专门部门进行培养，达到文部科学省的教师准入标准并通过任职考试后走上工作岗位。日本学者指出，在当代学校体育中，虽然学生的自发性与自主性十分重要，但这并不意味

---

[1]　齐建国、薛懋青、贾志勇编著《日本学校体育与健康教育》，海南出版社，2000，第116~117页。

着要放弃体育教师的指导。相反，为激发学生的运动欲望，实现学校体育的目标，体育教师工作的必要性和重要性不论以往、现在还是今后，都不会发生变化。

二 日本体育教师的职业性质与特点

体育教师的工作既包括组织室外的实践技术课程，也包括开展室内的讲授课程；既包含教学任务，也包含学校的部分管理工作；既具有独立的工作职责，也有与保健室等部门协同配合的职责，尤其是小学体育教师还要兼任其他科目。这就形成了日本体育教师的工作特点，也就自然构成了体育教师的职业特性。

（一）室外教学和室内教学相结合

室外教学和室内教学相结合是体育教师明显不同于其他科目教师的职业性质与特点。体育教师的工作是在相对开放的环境中进行的，而其他学科教师的工作一般是在教室中进行的。具体而言，体育教师进行教学工作的场地往往由学生进行的具体运动项目决定。如田径、球类等运动项目多进行室外教学，室外空旷的场地能为学生提供广阔的运动空间，而体操等需要借助运动设施开展的运动项目则多进行室内教学。

（二）脑力劳动和体力劳动相结合

脑力劳动和体力劳动相结合的职业性质与特点主要体现在体育教师的教学工作中。在日本，各阶段的学校体育课程是由体育教师基于文部科学省制定的《学习指导要领》与社区和学校的实际情况设计的。实际的设计过程往往需要体育教师付出大量的脑力劳动。在课程教学过程中，由于体育课程独特的运动属性，体育教师在教授各运动项目时，需要进行大量的体力劳动，往往通过自身一系列的动作示范、动作分解等让学生更好地理解技术要领。

三 日本体育教师的职业素养

职业素养是人类在特定社会活动中依据活动规范所表现出来的职业综合能力。体育教师首先是教师，其次是体育教师，也就是说，其应先具备普通教师的资格，再掌握体育方面的专业知识。因此，日本体育教师的职业素养主要体现在教师的一般资质与专项资质两个方面。①

（一）教师的一般资质

在教育职员培养审议会发布的《关于教师资质能力的提高方策》中，日本政府强调专职教师必须具备如下资质：一是具备作为教育者的使命感；二是具备对人类成长发展的深刻理解；三是具备对学生的教育性感情；四是具备教学科目的专门知识；五是具备丰富的教养；六是具备实践性的指导力。

（二）教师的专项资质

与担任其他科目的教师一样，体育教师除了具备教师的一般资质外，还需要具备如下专项资质：一是能够向学生传达运动的乐趣和喜悦；二是经常充满活力，具有优异的体力和运动能力；三是能够向学生传授现代学校体育的意义；四是具有制订体育指导计划与体育指导方法相关的专门知识、理论或技术；五是能够制订与学生身心发展阶段相适应的体育指导计划；六是具备使用体育设施、用具管理等方面的相关知识；七是具备使学生注意安全和提高学生安全能力的指导方法；八是能够在学生发生事故时采取适当的处置措施。

值得注意的是，体育教师在实际教学过程中往往容易依赖经验进行技术指导，有时不能充分理解运动技能较差的学生的心理。因此，在教学过程中，不管学生运动技能强弱与否，体育教师都应怀着体谅与理解的心情鼓励那些某项运动技能较差的学生，挖掘学生所具备的独特潜能，同时致力于促进他们人格的形成与发展。这既是作为教师需要具备的一般素质的体现，也是体育教师专项素质的创新性发展，是对体育教师职业素养提出的更高要求。

四　日本体育教师的专业发展

日本能够在第二次世界大战结束后，迅速发展为世界第二大经济体的一个重要原因是教育的成功。作为在普及教育中受益最大的国家，日本教育的成功有多方面的原因，其中一点就是重视教师的发展和进修。日本将教师的专业发展和进修叫作研修，即研究、修炼。体育教师的专业发展即

---

① 「教師用指導書/デジタル教科書・教材」、東京書籍、https://ten. tokyo-shoseki. co. jp/text/chu_ current/hotai/shuhen. html。

具有教师资格的体育教师经过研究与修炼后成长为优秀体育教师的过程。

（一）体育教师的研修内容

日本体育教师的研修内容主要集中在以下七个方面：一是学科目标和教学内容；二是教师的作用和教材教法；三是教育思想和学科教学观点；四是文化修养和专业素质；五是实践经验和教学器材；六是特别活动和安全措施；七是辅导手段和教学评价。

（二）体育教师的研修方式

日本体育教师的研修方式包括个体性研修和团体性研修两种，这两种方式促进了日本体育教师研修活动的开展。[①]

1. 个体性研修

个体性研修是由体育教师自主开展的研修方式。一般每一名体育教师都会自主选择参加一个或几个学术团体，成为团体的会员。学术团体定期举行学术交流和论文报告会，并将主办的刊物定时发放给会员，以提供某个方面的信息和动态。体育教师从中了解这个方面的有关情况，并与其他会员进行经验交流。另外，体育教师还会经常进行实地考察与学习，了解和掌握与自身体育专项有关的技术和教学方法，有时也会请专家对自己的工作进行实际的指导。更深入的个体性研修一般是指体育教师利用假期或休假时间，到大学或国外进行专门的学习，以获得更高的学位、学历或资格证。

2. 团体性研修

团体性研修是由学校统一开展的研修方式。对学校而言，由于面临学校间的竞争和入学人数减少的压力，校方非常希望通过提高师资质量来提升学校的教学水平，从而增强学校在社会上的竞争力。因此，学校经常组织教师以团体的方式开展教学观摩、参加学术研讨会、举办专门讲座等活动，甚至还会有计划地安排骨干教师和青年教师到国内外知名大学学习深造。为了提高学校的知名度与体育教师的质量，学校不仅会统一派遣本校体育教师到专业运动队学习训练，还会招募专业运动队的教练莅临学校指导体育教师的训练。

---

① 齐建国、薛懋青、贾志勇编著《日本学校体育与健康教育》，海南出版社，2000，第150~153页。

第六节　日本学校课余体育

要实现学校体育的目标，仅靠有限的体育课时数远远不够。因此，在体育课之外，日本广泛开展内容丰富、形式多样的学校课余体育活动，这深受学生的喜爱。本节聚焦学校课余体育，从日本学校课余体育的概念、地位、功能、形式及锻炼、训练与竞赛五个方面对其进行阐述。

一　日本学校课余体育的概念

日本学校课余体育是指学校依据学生不同的兴趣和特长，在课余时间（课前、课间、课后）广泛开展的以发展身体、增强体质、娱乐身心、提高运动技术水平等为目的的有组织的体育活动。学校体育俱乐部、运动部和综合型社区体育俱乐部等各种学校和社会体育组织为学生参与课余体育提供了广阔的平台。

随着学校体育的发展，课余体育已经成为学校培养学生体育兴趣、养成学生体育习惯、丰富学生校园生活的重要途径。[1] 作为体育教育的重要组成部分，学校课余体育与课内体育有机地结合在一起，在着眼于学生知识、技能和体力发展的同时，注重对学生运动、能力的培养，并朝着实现学生身心协调发展、培养学生发展个性和社会生活所需要的品质的方向不断改进与完善。

二　日本学校课余体育的地位

日本是东亚地区最为重视青少年体质和健康问题的国家之一，早在 20 世纪中后期，日本政府就以政策和文件的形式制定了《日本学校课余体育活动的基本指导方针》等一系列指导学校课余体育的文件。在 2017 年修订的《体育学习指导要领》中，日本政府明确指出课余体育是学校体育的重要一环，具有教育意义和价值，应重视其与体育课程以及其他教育课程之间的联系。在政府的号召下，学校开设了极为丰富的体育俱乐部活动、运动部活动以及课间活动，几乎全部的中小学都能实现学生每天活动 100 分钟

---

[1]　笹川スポーツ財団『スポーツ白書』、株式会社かいせい、2017、98-103 頁。

的目标。随着学校课余体育教育属性的不断增强与教育价值的逐步确立，其在学校体育中的地位稳步提升。

三　日本学校课余体育的功能

日本教育管理部门将课余体育视为引导学生健康与文化生活的必要活动并将其纳入学校体育教育系统之中。[①] 作为学校体育的重要补充，学校课余体育被赋予诸多教育功能。

（一）学校课余体育对学生的功能

日本学校课余体育强调学生的个性发展和向开始体育职业生涯的过渡，致力于对学生情绪、态度、理想、意识、价值等方面产生积极影响，不仅着眼于学生知识、技能和体力的发展，还提倡知识与情感发展相统一，塑造学生完整的人格。参与课余体育，一方面能使学生感受到体育运动带来的快乐，从而使其对体育产生积极的态度，增加参与体育运动的兴趣，培养学生正确的运动价值观；另一方面能锻炼学生的身体、丰富学生的生活，在增进健康与增强体质的同时，为学生开始体育职业生涯奠定良好的心理与运动能力等方面的基础。

（二）学校课余体育对学校的功能

作为学校体育的拓展与延伸内容，课余体育一方面与学校现有体育课程相互补充、相互促进，为满足学生参与感兴趣的体育活动提供了广阔的空间与充分的自主权，对丰富学校体育教育内容与营造学校良好的体育氛围具有重要作用。另一方面，由于学校体育课程时间有限，其往往无法满足学生进行体育活动的需求，难以实现学校体育的目的。课余体育能够与学校开设的体育课程形成一个有机的体育共同体，两者相互配合，共同实现学校体育的目的，促进学校体育积极发展。

（三）学校课余体育对国家的功能

为国家发现和培养优秀体育运动后备人才是学校的重要任务之一，学校课余体育则是实施这一任务的重要渠道之一。通过学校课余体育，有运动天赋与特长的学生能够参与自己喜欢、擅长的运动项目，充分挖掘自己

---

① 「スポーツ基本法（平成 23 年法律第 78 号）（条文）」、文部科学省、https://www.mext.go.jp/a_menu/sports/kihonhou/attach/1307658.htm。

的潜力。许多学生在参与课余体育活动时，还会倾向于向更高水平发起挑战，不断提高运动技术水平，努力创造优异的运动成绩，从而涌现出一批年轻有为的运动苗子，为日本培养高水平体育人才、深入实施体育立国战略奠定良好的人才基础。

四　日本学校课余体育的形式

学校课余体育是学校体育的重要组成部分，也是学生实践终身体育的重要环节，大致可以分为俱乐部活动、运动部活动、校内运动会与体育节活动、课间活动四类。

（一）俱乐部活动

俱乐部活动包括必修俱乐部活动和自由俱乐部活动两种形式。必修俱乐部活动主要致力于学生综合素质和能力的全面发展，分为艺术、科学、体育三类。学生需要先在其中选择一类进行活动，然后学校将其作为相对固定的活动内容，以督促学生定期参加。从学生的选择结果来看，必修俱乐部活动以体育类活动为主。自由俱乐部活动是由拥有共同体育爱好的学生组织开展的完全自主和自由参与的活动。参与自由俱乐部活动的学生不分年级、班级、年龄和性别，可以根据自己的兴趣爱好自愿选择各部的活动。自由俱乐部活动一般由各部学生自主负责、自主管理，多由有一定自我组织、管理能力的高年级学生担任组织者。在自由俱乐部活动中，高年级的学生还会主动帮助和指导低年级的学生进行体育运动，这有利于学生团体意识的形成。

（二）运动部活动

运动部活动是由学校运动部组织开展的多种多样的体育活动，囊括田径、棒球、篮球、排球、足球、羽毛球、乒乓球、网球、游泳、弓道、剑道、柔道等体育运动项目。其中，有些项目是学校体育教学中涉及的内容，但大多数是教学计划以外的内容，是对体育教学内容的补充和延伸。同自由俱乐部活动一样，运动部活动由学生自己组织、自己开展、自己管理，这能有效提高学生的综合能力。[①] 参与运动部活动的学生脱离年级和班级，不分年龄和性别，根据自己的兴趣爱好自愿参加，以更加自由和自主的方

---

① 　奥本繁「とクラブ活動、部活動の再考」、『札幌大谷大学短期大学部紀要』40 号、2010。

式进行体育运动。由于学生大多参加的是自己感兴趣的项目，运动部活动效果显著，既能帮助学生锻炼身体、掌握运动技术，还能满足其心理需求，促进身心健康发展。[①]

（三）校内运动会与体育节活动

校内运动会与体育节活动是学校例行活动中的体育性活动，是让学生"自己主动地进行运动、自己规划快乐的大会"，一般在秋季举行。校内运动会这一名称多在小学和初中使用，体育节活动这一名称多在高中和高校使用。[②] 早在1947年的《学校体育指导纲要》中，日本就明确提出要经常召开校内运动会，普及体育比赛，增进学生之间的友谊。校内运动会与体育节活动一方面能够帮助学生掌握正确的运动竞争和比赛方法，培养学生遵守规则、公平竞争的意识与正确对待胜负的态度；另一方面能够促进学校体育、俱乐部活动和运动部活动的开展，充实、丰富校园体育生活。

（四）课间活动

课间活动是指学校在两节课之间特别组织的全校整体开展的体育活动，又被称为课间体育。课间活动本应是学生在课间自由开展的活动，但日本学校通常将其作为集体性的运动活动来实施，频率为每周2~3次，或者每天进行，将其视为一种连续性的运动。对于那些活动欲望较低和厌恶参加体育活动的学生而言，课间活动是为数不多的体育活动机会，有可能成为引导他们对体育活动产生兴趣的有效契机。由于受课间、活动场地等因素的限制，课间活动的开展方式和内容容易出现形式化和程式化的问题，学校必须在不过度占用学生自由活动时间的基础上创造性地进行合理的安排。

五 日本学校课余体育锻炼、训练与竞赛

锻炼、训练与竞赛是日本学校课余体育的重要组成部分。

（一）学校课余体育锻炼

学校课余体育锻炼是指学生在课余时间里，运用多种体育手段，以发展身体、增进健康、愉悦身心为目的的大众性体育活动。作为日本学校课

---

① 仁木幸男「中学校の部活動の教育的効果に関す研究歴史的考察と調査研究」、早稲田大学教育学研究科博士学位論文、2010、105–106頁。

② 毛振明、〔日〕圆山和夫编著《日本学校体育关键词100》，高等教育出版社，2005，第254页。

余体育锻炼的特色教育活动之一，临海学校为学生进行终身体育锻炼提供了一条重要途径。临海学校为增进学生的健康，根据游泳指导等运动教育计划在夏季海边开展锻炼活动。与日常在游泳池进行的游泳锻炼相比，临海学校利用大海这一自然环境来开展游泳活动，可以让学生在海水中感受到波浪和潮流，更有助于激发他们对游泳的兴趣。此外，临海学校还会开展远距离的游泳锻炼，让学生在挑战疲劳、寒冷以及心理上的恐惧感的同时，培养他们游泳的持久力与超越极限的精神力。

（二）学校课余体育训练

学校课余体育训练是学校利用课余时间对部分有一定体育运动特长的学生进行体育训练，培养竞技能力，使他们的运动能力得以发展和提高的专门组织的教育过程。运动集训是日本学校课余体育的重要训练方法，主要目的是通过集体的生活和运动训练有效地提高学生的运动技能、培养学生的集体默契以及养成良好的团体生活方式。集训周期虽然普遍较短，但以集中练习为主，练习量比较大，能够使学生在较短的时间内集中地、有重点地进行练习，有助于提高学生的运动技能。此外，集训还可以使学生体验集体生活，养成良好的生活习惯，有助于提高学生的自主性和社会性。

（三）学校课余体育竞赛

学校课余体育竞赛是指全体学生在课余时间参加的旨在丰富课余体育文化生活、增强学生体质的体育比赛。"甲子园大赛"与"箱根驿传"两项比赛是广受日本社会、家长和学生追捧以及令参赛学生自豪的学校课余体育经典竞赛。"甲子园大赛"全称为"全国高等学校野球选手权大会"，是日本每年在阪神甲子园棒球场开展的全国高中棒球锦标赛，[①] 分为春、夏两季，打进"甲子园大赛"便意味着打进全国决赛。作为日本高中最高水平的棒球竞技大赛，"甲子园大赛"激发了许多学生的体育热情。"箱根驿传"全称为"东京箱根间往复大学驿传竞走"，是日本历史最悠久的大学生团队马拉松接力竞赛，东京和箱根分别是这项竞赛的起点和终点。除了考验个人能力以外，"箱根驿传"还考验队员之间的配合与默契以及在不同区间排兵布阵的策略。

---

① 高益民：《"野性"的日本学校体育》，《教育家》2020 年第 29 期。

第七节　日本学校体育管理

学校体育管理是学校管理的重要组成部分。本节聚焦学校体育管理，从管理体系和管理职责两个方面对日本学校体育管理进行概述，梳理为学校体育管理提供法律保障的政策法规，并从学校体育教学管理、课余体育活动管理、体育运动设施管理、安全管理四个方面阐述学校体育管理的内容。

一　日本学校体育管理概述

学校体育管理是为保证学校体育目标的实现以及促进学校体育的良好发展，在文部科学省、日本体育厅、保健体育审议会等政府部门制定的政策法规与制度的基础上开展的一系列学校体育统筹规划管理工作。

（一）学校体育管理体系

日本学校体育管理体系由最高管理机构、中层管理机构、下层管理机构三部分构成。[①] 最高管理机构多由校长、体育主任负责，体育主任除了是体育学科的教科主任外，还是包括班级活动或运动部活动等体育性活动、学校性活动在内的学校体育整体的实质性的最高管理者。中层管理机构主要是体育教研室与体育教学委员会。下层管理机构主要由体育教师、俱乐部顾问、体育活动组织人员、体育设施负责人员等组成。

（二）学校体育管理职责

最高管理机构、中层管理机构、下层管理机构分别从不同的职责范围出发，对学校体育工作进行引导和管理，从而保证学校体育各项目标的实现。

1. 最高管理机构的职责

最高管理机构必须从根本上研究和决定学校体育的方针、政策，在直接管理学校体育管理体系中的中层管理的各部门的同时，还需要负责包括下层管理机构工作范围在内的组织管理的全部工作。

2. 中层管理机构的职责

中层管理机构的基本职责是遵循最高管理机构确定的学校体育的基本

[①]　宇土正彦『体育管理学』、大修館書店、1977、190-200頁。

方针，制定本部门的具体管理方针，并负责指导和监督下层管理机构在实际工作中实施这些方针。此外，还必须经常掌握下层管理机构对方针的具体落实情况，在加以指导的同时，不断搜集和听取来自下层管理者的意见，向最高管理机构提供有关自己工作情况的准确报告和资料。

3. 下层管理机构的职责

下层管理机构及其人员是最高管理机构及其人员所确定的方针的实践者，但下层管理机构并不仅仅是上层管理机构指令的承担者，它具备一定的创造性、独立性和自主性。学校体育的下层管理机构的主要职责如下：一是需要领导相关运动人员并对其进行技术辅导；二是需要掌握相关运动人员的健康及日常生活情况并制订合理的辅导、管理计划；三是需要掌握管理工作的成效并加强与中层管理机构的联系。

总的来说，作为学校体育工作的重要组成部分，学校体育管理应按照学校体育的目标，围绕学校体育教育方针和各项规定制定具体的管理计划及相关政策。此外，各级体育管理机构还应结合学校体育工作开展的实际情况，总结评价学校体育管理的实施效果并对管理中出现的问题及时修正，从而不断完善学校体育管理工作。

二　日本学校体育管理政策法规

日本通过相关的法律法规保障学校体育管理工作的顺利开展，从而实现学校体育的目标和任务。日本政府颁布的《体育基本法》《学校教育法》《学校教育法实施规则》《学习指导要领》《学习指导要领解说》《教职员资格法》《教职员资格法实施规则》等法律法规对学校体育的目标、课程、课余活动、健康保健、体育场馆、安全保障、体育保险等内容都有非常详细的规定。

（一）《体育基本法》

《体育基本法》是日本体育教育法规中最重要、最具权威性的法规，旨在为促进国民身心健康发展、创造美好生活、构建充满活力的社会以及实现国际社会的和谐发展作出贡献。《体育基本法》以法律的形式明确规定了有关学校体育的基本理念以及国家、地方、学校等公共团体在学校体育管理方面承担的责任，同时规定了综合、有计划地推进有关学校体育政策的基本事项，决定了学校体育管理工作的整体方向。①

（二）《学校教育法》及《学校教育法实施规则》

《学校教育法》及《学校教育法实施规则》是将日本宪法和《教育基本法》的理念具体化的重要的学校教育法规，详细规定了学校体育的教育制度、目标、授业年限、学科、课程、就学义务等。如《学校教育法实施规则》明确规定，"为做好学生的管理工作，校长必须制作其学校在校学生的《指导要录》，即制作记录学生学习及健康状况的书面材料原件"。学校体育管理机构需要在此基础上，结合各校的实际情况开展学校体育管理工作。

（三）《学习指导要领》及《学习指导要领解说》

《学习指导要领》是由文部科学省根据《学校教育法》及《学校教育法实施规则》制定的小学、初中、高中教育课程的国家标准。《学习指导要领解说》是文部科学省对《学习指导要领》的总则、目标、内容、道德、特别活动及其修订宗旨的解说。作为学校体育的教学指导文件，《学习指导要领》与《学习指导要领解说》在帮助教师进一步加深对体育学科目标与内容的理解，以及更好地进行教学管理等方面发挥重要的作用。

（四）《教职员资格法》及《教职员资格法实施规则》

《教职员资格法》及《教职员资格法实施规则》是学校管理体育教师的重要参考文件，明确规定了教职员的资格标准，即"教职员必须是拥有该法律授予的相应资格的人"。也就是说，为保证教职员的资质，学校在聘任体育教师时，必须确保体育教师持有相应级别的教师资格证书。

三　日本学校体育管理的内容

学校体育管理主要是依据组织机构的职能，结合相关部门的法律法规文件，对学校体育教学、课余体育活动、体育运动设施、安全等方面进行有序管理，使学校体育工作更加规范化、科学化。

（一）学校体育教学管理

学校体育教学管理是按照教学管理的理论和方法，结合体育教学的基本方法、特征、原则，对体育教学的导入、展开、整理等各个环节进行有

---

① 「スポーツ基本法（平成 23 年法律第 78 号）（条文）」、文部科学省、https://www.mext.
go.jp/a_menu/sports/kihonhou/attach/1307658.htm。

效的干预和监督，从而达到提高学校体育教学质量的目的。作为学校体育管理的中心环节，学校体育教学管理主要包括体育教学计划管理、体育教学过程管理以及体育教学评价管理等方面。

（二）课余体育活动管理

课余体育活动管理旨在促进课余体育活动的良好发展，巩固其在学校体育中的重要地位，主要包括体育俱乐部活动管理、运动部活动管理、体育节活动管理、课间活动管理以及体育锻炼、训练、竞赛管理等方面。由于课余体育活动充分尊重学生的自主性，多由学生自主开展，课余体育活动形成了学生主导、教师辅助的管理模式，有助于培养学生的自我管理能力。

（三）体育运动设施管理

体育运动设施管理是顺利、有效地开展体育教学的前提条件之一。在对体育器材和用具等运动设施进行管理时应注意以下几点：一是体育运动设施的管理业务应由专人负责；二是明确与体育运动设施相关的使用方法与使用注意事项；三是研究不同体育运动设施的整理和保管方法；四是定期整理体育运动设施的各种记录册，如借还表、清点表等。[①]

（四）安全管理

安全管理是指确立安全的体制，尽早发现学校环境和学校体育生活中存在的有可能成为事故原因的危险，并尽快地消除危险，确保学生安全。作为防止学生在学校进行体育运动时出现意外事故的重要防御措施，安全管理主要包括对人的管理和对物的管理。其中，对人的管理是指学校应掌握学生定期体检的诊断结果，同时通过同监护人和学生沟通等方式，尽量全面地了解学生的身体状况与健康状态。对物的管理是指在进行体育活动前，教师和学生一起确认课堂需要使用的体育设施是否存在安全隐患，在确保设施没有问题后方能进一步开展体育活动，同时还要注意设施使用方法中规定的限制与禁止事项。

第八节　日本学校体育改革与发展

日本学校体育的改革与发展依次经历了生活体育时期、体力主义时期、

---

① 　宇土正彦『學校體育經營手冊』、大修館書店、1994、49 頁。

快乐体育时期、新学力观时期、生存能力时期、资质与能力时期，呈现适应社会不断变化与发展的需求、重视对终身体育态度与能力的培养、坚持保健教育与体育的有机结合等特征。本节聚焦学校体育的改革与发展，按照时间顺序对不同时期日本学校体育改革与发展及其特征进行阐述。

一 日本学校体育改革与发展情况

1945 年第二次世界大战结束后，日本学校体育迎来了重大的改革与发展，其变化主要体现在文部科学省制定和修订的《学习指导要领》中。[①] 从 1947 年制定《学校指导要领》开始，文部科学省每 10 年左右对《学习指导要领》进行一次大修订，2017 年 3 月进行了最新一次修订。在这期间，日本学校体育的改革与发展大致经历了生活体育时期（1945~1958 年）、体力主义时期（1958~1977 年）、快乐体育时期（1977~1989 年）、新学力观时期（1989~1998 年）、生存能力时期（1998~2008 年）、资质与能力时期（2008 年至今）。

（一）生活体育时期（1945~1958 年）

第二次世界大战结束后，美国教育使节团指导日本制定了《教育基本法》和《学校教育法》，使日本的教育从军国主义教育转变为民主主义和自由主义教育。"完全放弃战争，以民主为基调建设和平国家"是这一时期日本学校体育改革的主要方向。受美国实用主义和经验主义教育思想的影响，日本重视学校体育生活化，强调把体育运动作为手段，增强学生身体素质。

为了树立"生活体育"思想，日本基于 1947 年制定的《学校体育指导纲要》，对学校体育进行了三个方面的改革：一是撤销了学科内容中带有军事色彩的教材、奖励、游戏和运动，即取消学校中投掷手榴弹的活动和以军舰进行曲为主要内容的教材，停止武道科目，代之以非军事化的游戏和活动；二是在指导方法上纠正了有关秩序、队列、行进、徒手体操中整齐划一、形式主义、训练主义的方式，要求把命令、号令和指示等控制在最小限度，从而唤起人们对学生自发性与个性的关注；三是解决与学校体育有关的组织和团体的民主化问题，即对学校体育学科外的组织及其运营进

---

① 「学習指導要領の変遷」、文部科学省、https://www.mext.go.jp/a_menu/shotou/new-cs/ide-a/1304360_002.pdf.

行民主化改革。

（二）体力主义时期（1958~1977 年）

1952 年和 1956 年连续两届不佳的奥运会成绩使日本大受刺激，深感提高国民体力的重要性。为在 1964 年东京奥运会上取得优异运动成绩，日本于 1958 年制定了新的《学习指导要领》，并于 1961 年颁布了《体育运动振兴法》。自此，学校体育进入了一个新的历史阶段，结束了以民主主义为指导思想的生活体育，开始转向以身体活动为主的体力体育。

1968~1970 年，日本先后再次修订了小学、初中和高中的《学习指导要领》，强调学校体育要以增强体力为特征，从原来的基本运动能力和运动技能、方法的掌握转向体力和运动技能相结合。随着体力体育的实施，日本学生的体力虽大幅增强，但由于这一时期学校体育教学和体育活动几乎都是机械的身体训练，学生开始对体育运动产生抵触情绪。因此，一些从事学校体育研究的学者开始批判体力主义单纯从生物学的角度去增强学生的体力，主张对学校体育进行改革，快乐体育应运而生。

（三）快乐体育时期（1977~1989 年）

20 世纪 70 年代末到 80 年代末，由于社会经济的高速发展和生活水平的提高，人们的价值观和生活方式发生了很大的变化，更加关注生活质量和身体健康。在此背景下，日本体育界从人类生存、活动能力等方面对以往单纯的体力体育进行批判。

文部省于 1977 年和 1978 年分别修订了小学、初中和高中的《学习指导要领》，在学校体育方面开始倡导把"运动的教育"作为指导思想的快乐体育，纠正了前一次《学习指导要领》中偏重体力体育的倾向。学校的快乐体育是为终身体育而服务的，教师要在教学指导中通过让学生体会各种运动的乐趣，激发学生对体育运动的兴趣，从而养成终身从事体育活动的习惯。快乐体育的实施对日本学校体育的发展起到了积极的促进作用，但由于快乐体育过于注重体育的娱乐性，学校体育的教学仅从教师和学生的兴趣出发，不利于学生体力的增强和能力的培养。

（四）新学力观时期（1989~1998 年）

20 世纪 80 年代末，随着日本社会向国际化、信息化和老龄化社会发展，个性和能力的培养受到重视。为此，日本于 1989 年修订了《学习指导要领》，在学校体育方面，将发展学生的个性、培养学生的能力作为改革的目标,并提出了新学力观,即通过体育学习,提高学生的思考力、判断力和表现力,培养学生对体育学习的兴趣,引导其关心和终身热爱体育运动。

在新学力观的引领下,学校体育还强调"自我教育能力的培养",在终身体育方面对学生提出了"自我运动的积极态度和能力"的要求,在增强体力方面对学生提出了"自我身心锻炼"的要求,在健康教育方面对学生提出了"自主的健康生活态度"的要求。新学力观的提出有力地促进了日本学校体育的改革与发展,但也招致诸如"新学力观不顾学力差的学生、易扩大学力差别"等批评。

（五）生存能力时期（1998~2008年）

为解决进入21世纪后学校体育中出现的诸如如何增强学生学力、促进学生身心健康发展、培养学生适应21世纪社会需要的生存能力等问题,日本学校体育将尊重学生个性、营造更为宽松的体育学习氛围作为进一步改革的方向。

1998年,日本中央教育审议会发表了"21世纪日本教育和体育改革"的最终审议报告,就今后的学校体育教育方向提出如下意见:在"宽松愉快"的环境下,以培养学生自主学习、独立思考的"生存能力"为基础,严格筛选体育教育内容,彻底贯彻基础性和基本性的原则,推进学校体育改革,完善学校体育制度,使每位学生都能具有活跃的个性、丰富的人性以及健壮的体魄。① 根据这一报告,文部省于1998年修改发布了体现学校体育改革新精神的《学习指导要领》,基于贯穿终身的、丰富的体育生活及身心一体、促进学生健全成长的重要观点,将体育和保健更好地联系在一起进行指导,从而培养学生乐观向上的生活态度。

（六）资质与能力时期（2008年至今）

经过10年的实践,日本体育界发现1998年修订的《学习指导要领》存在诸多问题,如受快乐体育和宽松教育的影响,学生的学习能力低下、体力下降等。为保障21世纪的教育质量,文部科学省对《教育基本法》《学校教育法》进行了修正,在注重学生德、智、体全面发展的同时,重视对学生的基础知识和基本技能的培养,以及对思考力、判断力、表现力和学习兴趣的培养,即"资质与能力"的培养。

---

① 木村清人「21世紀学校体育の課題と展望」、『体育科教育』3号、2000。

依据相关法律法规，文部科学省于 2008 年发布了新修订的《学习指导要领》。在学校体育方面，强调对体育基础知识和基本技能的学习，强调对学生思考力、判断力、表现力的培养，主张通过道德、体育教育培养学生美好的心灵与健康的体魄。2017 年，文部科学省在 2008 年学校体育改革的基础上，发布了最新修订的《学习指导要领》，明确了学校体育今后改革的方向，突出强调要全面培养学生的资质与能力。① 学生的资质与能力包含"知识与技能""思考力、判断力与表现力""向学力与人性"三个要素，分别指"体育和保健知识与运动技能学习""体育和保健知识学习与运动过程中的思考能力、判断能力、表达能力""面向学习的能力与人性"。

总的来说，21 世纪以来《学习指导要领》的两次修订，是日本针对过去 30 年学校体育强调的快乐体育、宽松教育所导致的学力下降和体力下降等问题进行的重大改革，为学生进行终身体育打下了良好的基础，同时为学校体育的发展指明了前进的方向。

二　日本学校体育改革与发展特征

历经各时期的改革与发展，日本学校体育取得了一定的成效，其改革与发展主要呈现以下三个方面的特征。

（一）适应社会不断变化与发展的需求

日本学校体育不仅要解决自身存在的一系列问题以匹配学生的发展，还要针对社会发展中产生的一系列变化和问题进行相应的变革。学校体育适应社会不断变化与发展的需求的特征在日本历次改革中都有所体现。随着日本社会的迅速变化，信息化与国际化已成为未来发展的必然趋势，使学生具有丰富的人格，切实掌握作为一个独立的人和一个社会成员参与社会生活应具有的知识、技能和态度，同时发现、发展自己个性和自立意识已然成为现实的需要。为此，在学校体育的改革中，日本始终从适应未来社会不断变化与发展的需求出发，审视学校体育改革的方向，不断地充实和完善学校体育，在学校体育课程及课余体育活动中不断拓宽学生的视野，培养具有国际视野、能自立于国际社会的日本人。

（二）重视对终身体育态度与能力的培养

日本早在 1977 年修订《学习指导要领》时，就开始提倡将学校体育与

---

① 　水原克敏『新小学校学習指導要領改訂のポイント 』、日本標準、2017、84-89 頁。

终身体育联系起来，通过让学生自发自主地参与感兴趣的体育运动，使学生充分体验运动的乐趣，培养学生对体育运动的兴趣。同时，日本通过让学生掌握进行终身体育活动所需要的体育知识和技能，促进学生自我锻炼能力的提高，形成终身体育的态度和习惯。此后，在多次修订《学习指导要领》的过程中，文部科学省进一步明确了培养学生终身体育态度与能力的要求。日本认为，学校学习阶段只是学生成长中的一部分，要把体育活动对于学生的意义延伸至学生离开学校后的成长阶段。因此，日本学校体育在各个方面始终以培养学生的终身体育态度与能力为目标，学校体育的重点也相应地落在学生体育态度和能力变化方面。重视学生终身体育态度与能力的培养成为贯穿日本学校体育改革的主线和特征。

（三）坚持保健教育与体育的有机结合

第二次世界大战结束后，日本就认识到体育教育主要是促进身体发育的系统教育，保健教育是关于身体保养的系统教育，两者与身体密切相关，关注身体的不同方面，应该同时作为体育学科的内容。基于这种认识，文部省在1947年首次制定的《学习指导要领》中就把初中与高中阶段学校体育课程的名称改为"保健体育科"，将保健的教学内容与体育的教学内容融合在一起。除此之外，日本小学的体育课程内容也会初步涉及保健知识。随着学校体育改革与发展的不断深入，在历次修订《学习指导要领》的过程中，日本学校体育都十分注重保健教育与体育的有机结合。学校体育改革坚持保健教育与体育的有机结合不仅提高了学生的体质和健康水平，使学生掌握了保健的方法、理解了健康的意义，还使学校体育的内涵得到了丰富与延伸。

第六章
意大利学校体育

第一节　意大利学校体育的产生与发展

意大利的学校制度可以追溯至公元前 3 世纪的古罗马共和国后期，但此时体育教育在学校里并未受到重视①，学校主要教授文学、修辞学、辩证法等内容，较少涉及体育教育。在中世纪，教会学校占据垄断地位，基督教教育成为中世纪的全部精神内容，把体育看作有罪的、不纯洁的活动②，这进一步导致学校体育衰落。直至文艺复兴时期，人们强调以人为本，重视身心全面发展，这才为学校体育的发展奠定了思想基础。启蒙运动时期，意大利民族精神觉醒，立志统一四分五裂的意大利，由此兴起意大利复兴运动，由于发生统一革命战争，学校体育教育的发展再度陷入停滞。随着 1861 年意大利实现政治上的统一，成立了意大利王国，意大利开始了学校体育教育的制度化时期，学校体育教育稳步发展。可是由于世界大战的爆发，意大利学校体育又倒退回采取军事训练的模式。直至二战后法西斯政权瓦解，意大利共和国成立，意大利的学校体育才逐渐回归正轨，得到了快速发展。

一　意大利学校体育的历史沿革

总体而言，统一后的意大利的学校体育发展经历了三个阶段：制度化阶段（1861~1923 年）、衰落阶段（1923~1946 年）和发展阶段（1946 年至今）。

（一）学校体育制度化阶段（1861~1923 年）

1861 年，意大利人民以撒丁王国为核心，成功解放了西西里和那不勒斯。尽管当时领土尚未完全统一，威内托、特伦蒂诺、弗留利以及威尼斯·

---

① 吴式颖、李明德主编《外国教育史教程》，人民教育出版社，2015，第 63~64 页。
② 赵国炳、杨忠伟：《古希腊与中世纪体育的兴衰探源：基于对身体和娱乐的考察》，《体育科学》2012 年第 1 期。

朱利亚等区域仍归属于奥地利，而罗马依旧为教皇的所在地，意大利仍宣布成立了王国，展现了其迈向统一的坚定决心。1859年，撒丁王国颁布的教育法案《卡萨蒂法》（legge Casati）也被直接作为意大利王国教育基本法。最初的学校体育被称为"体操"（ginnastica），其内涵既涵盖了旨在强化体魄、舒展肢体的纯粹体育教育，又包含旨在提升武器操作能力的军事教育。此时，学校体育的主要目标在于培养灵活、有力且能胜任武器操作的青年，其军事意义显然超越了教育意义。

1878年，公共教育部部长弗朗切斯科·德·桑克蒂斯（Francesco De Sanctis）颁布1878年7月7日第4442号法令，将"体操"更名为"教育体操"（ginnastica educativa），并明确规定教育体操为小学、中学及师范学校的必修课程，政府计划在5年内拨款3000里拉，以确保所有小学均开设教育体操课程。课程训练的内容与强度由教育部部长与战争部部长共同商讨决定，以确保其符合青少年的年龄及身体发育规律。对于男生而言，教育体操的军事意义尤为显著，旨在为其未来服兵役做好充分准备；而对于女生，教育体操则纯粹具备教育意义。此外，任课教师须通过教育体操知识考试，方可获得任教资格。与《卡萨蒂法》相似，此次改革同样深受军国主义思想的影响，将军事意义与教育意义杂糅在教育体操课程中。然而，与过往相比，此时体育的教育性所占比重有所上升，并且首次被确立为国家统一规定的必修课程。

1893年，公共教育部部长费尔迪南多·马丁尼（Ferdinando Martini）正式确定了"体育教育"（educazione fisica）这一名称。1910年颁布的《达内奥-克雷达罗法》（legge Daneo-Credaro），对体育教育进行了全面而详尽的规定，使体育教学更加规范化和系统化。该法规定体育教育应涵盖体操、游戏、射击、合唱等多种旨在强健体魄、塑造性格的教育性活动；小学体育教育每天至少应保证30分钟的教学时间，中学则为每周至少3小时；体育教师应于年末对学生的体育表现进行评价；同时，每所中学必须配备室内体育馆和露天体育场，以满足体育教学和锻炼的需求；此外，体育教师的培养由教育学院负责，学制为两年，课程内容包括生理学、教育学、体育运动等多个方面，以确保教师具备扎实的专业知识和技能。

随着《卡萨蒂法》至《达内奥-克雷达罗法》一系列法律文件的相继出台，意大利的学校体育教育开启制度化进程。国家通过立法手段将体育教育确立为各级学校的必修内容，并增加资金投入①，以推动学校体育教育蓬勃发展。在这一过程中，体育教育的教育性愈发凸显，其在意大利国家教育体系中的地位得到了显著提升。

（二）学校体育衰落阶段（1923~1946年）

1922年，墨索里尼上台执政，更加关注教育领域。他委任乔瓦尼·真蒂莱（Giovanni Gentile）为教育大臣，与教育学家朱塞佩·隆巴多·拉迪斯（Giuseppe Lombardo Radice）一起于1923年对意大利学校系统进行结构性改革。此次改革的一大举措是将体育教育交由校外的专门机构如国家体育教育机构（Ente Nazionale per l'Educazione Fisica）、国家巴利拉组织（Opera Nazionale Balilla）和意大利年轻人团体（Gioventù Italiana del Littorio）进行管理。这一变革旨在通过强化军事相关的理论知识学习和实践活动练习，巩固并加强政治统治的根基，但这最终导致体育教育与学校体系相分离。

在法西斯主义统治的约20年间，体育教育被赋予了浓重的民族主义和军事主义色彩。此次法西斯主义教育制度的改革，以国家至上、民族至上、领袖至上为主导思想，其核心目标在于培养青年学生的军国主义好战精神②。尽管"真蒂莱改革"在制度创新方面取得了一定成果，如设立了全国统一的中学入学考试，然而，它将体育教育视作军事化手段，导致体育教师边缘化，这不仅限制了学校体育教育功能的正常发挥，也阻碍了体育教育自身的健康发展。

（三）学校体育发展阶段（1946年至今）

第二次世界大战结束后，随着意大利社会的逐步复苏和教育制度的重建，学校体育教育迎来了崭新的发展阶段。

1945年，随着法西斯政权的覆灭，意大利颁布了新的法令，正式将体育教育纳入道德和公民教育范畴，首次明确指出体育运动的目的在于通过学生与自然环境的接触获取直接经验。这与当时杜威的行动主义教育理念以及蒙台梭利教学法的广泛传播密不可分。1947年，意大利教育部设立体

---

① G. Zanibelli，"La Scuola al Fronte：L'Educazione Fisica Come Strumento di 'Vocazione' Patriottica. Dalle Sonnacchiose Aule dell'Italietta alla Trincea. Il Caso Senese，" Quaderni della Società Italiana di Storia dello Sport，Serie Speciale，Lo Sport alla Grande Guerra. Roma：Società Italiana di Storia dello Sport，2014，pp. 313-324.

② 陈祥超：《意大利法西斯主义教育体制初探》，《世界历史》1994年第1期。

育教育专门办公室，这标志着体育教育重新成为学校课程的重要组成部分，体育成为中学的必修课程。[①] 1955 年，小学教学计划公布，着重强调身体活动的价值，并明确规定学校应在每日安排适当的户外游戏和锻炼活动。1958年颁布的体育教育条例，对学校体育教学规则、体育师资规范以及高等体育院校等方面做出详细规定。该条例明确规定，在所有中等教育机构和艺术教育学校，体育都是必修课程，并且针对男生和女生分别教学；体育教师每周的工作时长为 18 小时；高等体育院校属于大学级别等。这一条例为意大利学校体育教育奠定了坚实的基础，成为日后学校体育持续发展和完善的重要基石。

随着时间的推移，意大利学校体育教育不断成熟，在 1963～1979 年颁布多部相关法令，对从幼儿园到高中等不同阶段的学校体育课程设计与教学计划做出详细规定[②]，体育教育法律法规体系日益完善。此后，意大利高等院校的体育教育专业开始蓬勃发展，在 1998 年开设体育科学本科课程，并于 2000 年设立体育科学硕士学位。进入 21 世纪，意大利学校课程一体化蓬勃发展，各级学校间体育教育的衔接更加紧密。意大利先后于 2004 年、2007 年和 2012 年出台三部《幼儿园和第一阶段教育课程指引》（Indicazioni Nazionali per il Curricolo della Scuola dell'Infanzia e del Primo ciclo d'Istruzione，以下简称《国家课程指引》），对从幼儿园到初中的学校体育课程的教学目标做出统一规定。此外，意大利从 2021 年开始在小学高年级引入专职体育老师，改变了小学长期以来的全科教学传统。

二　意大利学校体育的思想变迁

意大利学校体育思想的发展经历了从最初片面强调军国主义，到逐渐转向对行动主义的实践探索，直至现今对新人文主义全面关注的演变过程。

（一）军国主义

在意大利，早期的学校体育和军事训练紧密相连，这源于该国长期的战争传统。从邦国纷争与四分五裂的动荡时期，到统一运动的制度化阶段，

---

① A. Carraro, E. Zocca, M. Lanza, M. Bertollo, *Punti Chiave di un'Epistemologia dell'Educazione Fisica in Italia*, Scuola e Didattica, 2002, pp. 13-18.

② M. Ferrari, M. Morandi, *I Programmi Scolastici di "Educazione Fisica" in Italia*, Milano: Franco Angeli, 2015, pp. 157-163.

再到世界大战的衰落阶段，意大利一直处于战争状态。这种持续的战争环境使意大利形成了独特的战争精神与战争文化。

唯心主义哲学家真蒂莱的体育教育思想在其著作《普通教育学概论》（*Sommario di Pedagogia Generale*）中得到集中体现。他坚信，身体由意志产生，仅作为物质的身体是无法被教育的，唯有具有精神准则的身体才能接受教育。① 在他看来，体育教育并非精神教育的补充，体育教育本身就是精神教育②，应该通过体育运动来培养人的整体精神，而这种体育活动广泛存在于校外，学校无法完全吸纳。真蒂莱希望通过体育教育加强学生对墨索里尼政府的认同，从而建立起"法西斯大帝国"③。

因此，学校体育和军事训练的紧密结合，既深受当时社会环境的影响，也体现了教育家们对体育教育的理解。在这种特定历史背景下形成的体育教育观念，对意大利体育教育的发展产生了深远而持久的影响。

（二）行动主义

随着行动主义教育思潮的兴起，意大利体育教育改革的指导思想发生了深刻转变。其核心在于以儿童为中心，重视儿童的身心发展规律，尊重儿童的需求和兴趣，倡导儿童的自我表达和自由生长，以促进儿童的个人成长。在这一变革浪潮中，国际知名幼儿教育家蒙台梭利成为意大利的代表性人物。她非常重视体育教育在儿童成长中的作用，强调运动不仅是神经系统发展的外在表现结果，也是其内在重要目标。蒙台梭利坚信，个体的存在离不开运动，儿童的发展是其内在潜能的自然展现与释放。因此，她极力主张赋予儿童充分自由活动的权利，鼓励他们通过体操与游戏实现自我教育。④

蒙台梭利的行动主义教育理念注重个体化的运动练习，强调儿童在运动中的主动性与自我纠正能力，以展现他们的内在生命力。⑤ 这一理念在当时的意大利教育改革中得到了充分体现，不仅推动了体育教育的创新与发

---

① G. Gentile, *Sommario di Pedagogia Generale*, Bari: Gius. Laterza & Figli, 1913, pp. 103-258.

② G. Gentile, *La Riforma dell'Educazione: Discorsi ai Maestri di Trieste*, Firenze: G. C. Sansoni, 1975, p. 156.

③ 陈祥超：《意大利法西斯主义教育体制初探》，《世界历史》1994 年第 1 期。

④ 〔意〕蒙台梭利：《蒙台梭利方法——运用于"儿童之家"的幼儿教育的科学教育方法》，任代文主译校，人民教育出版社，2001，第 148~149 页。

⑤ 苏永骏、黄贵、周景晖：《蒙台梭利幼儿体育教育思想及其现代价值》，《南京体育学院学报》（社会科学版）2013 年第 6 期。

展，还为意大利的体育教育事业注入了新的活力。在蒙台梭利等教育家的引领下，意大利的体育教育逐渐迈向了一个更加科学、人性化与全面发展的新时代。

（三）新人文主义

如今，新人文主义（nuovo umanesimo）正日益受到社会各界的关注，成为推动意大利社会发展的重要理念。它不仅强调人类与社会、环境、技术的和谐共生，还倡导尊重他人、尊重差异以及多元文化的和谐共存。[1] 作为一种综合性的人文理念与历史观，新人文主义对意大利的影响已延伸至教育领域。

新人文主义认为，每个人的生活都深受世间事物的影响，同时每个个体都肩负着塑造人类未来的使命。[2] 学校在教育各阶段都需致力于培养学生的全球意识和责任感。而实现这一目标的关键在于跨学科教育，它要求学生跨越学科的界限，全面掌握并融合不同领域的知识。在这样的背景下，学校体育教育亦应被置于更为宏阔的视野下进行审视。体育教育不仅要履行科学教育的职责，引导学生探寻自我在宇宙、地球及人类进化过程中的定位，也要肩负起人文教育的使命，帮助学生理解自我在人类文化、社会、历史中的位置。通过接受这样的教育，学生深刻认识到生命的珍贵，以及所有生命形式之间的紧密依存关系，从而将广阔的人类宏观世界与丰富的个人微观世界相结合，形成对生命与世界的全面而深刻的理解。

意大利学校体育思想的一系列转变，不仅彰显了意大利学校体育教育对时代需求的敏锐洞察与积极适应，还体现了其致力于培养全面发展人才的坚定决心与不懈努力。

第二节　意大利学校体育的结构、功能与目标

意大利教育体制独具特色。学前教育涵盖针对不同年龄段儿童的多种服务，包括针对3~36个月幼儿的早期教育服务、面向3~6岁儿童的幼儿园

---

① 乐黛云：《人文主义与新人文主义》，《光明日报》2012年5月14日，第15版。

② "Indicazioni Nazionali per il Curricolo della Scuola dell'Infanzia e del Primo Ciclo d'Istruzione," Ministero dell'Università e della Ricerca, https://www.miur.gov.it/documents/20182/51310/DM+254_2012.pdf.

服务，以及融合上述两者的儿童中心。基础教育则划分为第一阶段教育与第二阶段教育。第一阶段教育包括小学教育与初中教育，第二阶段教育包括五年制高中教育以及三年制和四年制的大区一级的职业教育和培训，其中，五年制高中教育又细分为普通高中教育、技术教育、职业教育。根据2006年第296号法令，第一阶段教育和第二阶段教育的前两年被确定为义务教育，这意味着6~16岁的青少年必须接受为期10年的义务教育。本节将重点探讨幼儿园、小学、初中和普通高中（以下简称"高中"）阶段的学校体育教育。

一　意大利学校体育的结构

意大利的学校体育涵盖幼儿园、小学、初中和高中阶段四个部分。

（一）幼儿园阶段体育

幼儿园为3~6岁的儿童提供教育与保育服务，旨在激发儿童在学习探究、社交互动、自主创新等方面的潜力，帮助儿童形成积极的自我认同，增强儿童的自主性和竞争力，促进儿童在情感、运动、认知、道德和社会等多方面的全面发展，为其未来成长为合格的公民奠定基础。在该阶段，儿童开始对自己的身体——从出生起就作为自我认知的工具——有了初步的了解。教师积极鼓励、发掘引导儿童的好奇心和探索欲，为儿童设计、创造各种机会。在教师的指导下，儿童可以通过直接体验、游戏、试错等方式不断深化和系统化地学习。[1]

运动是儿童学习的第一要素：在幼儿园的日常活动中，寻找、发现、玩耍、跳跃、跑步等活动不仅能让儿童感到快乐，还是他们认识自我、探索世界的重要途径。幼儿园阶段体育教育尤其注重培养儿童的游戏能力、运动技能以及身体协调性。通过体育活动，引导儿童认识并欣赏自己的独特性，进而在运动中增强自信，同时建立起对他人的信任感，学会尊重他人、环境和自然。[2]通过各种身体动作，儿童能够感知到不同的情绪和有不

---

[1]　"Indicazioni Nazionali per il Curricolo della Scuola dell'Infanzia e del Primo Ciclo d'Istruzione," Ministero dell'Università e della Ricerca, https://www.miur.gov.it/documents/20182/51310/DM+254_2012.pdf.

[2]　"Indicazioni Nazionali per il Curricolo della Scuola dell'Infanzia e del Primo Ciclo d'Istruzione," Ministero dell'Università e della Ricerca, https://www.miur.gov.it/documents/20182/51310/DM+254_2012.pdf.

同的感觉，如愉悦、轻松和紧张，同时也能享受动作控制以及与他人合作带来的满足感。这种体验让儿童更加了解自己身体的潜能和局限，逐渐培养起对运动风险的意识。

（二）小学阶段体育

小学（学制 5 年）招收 6～11 岁的学生，旨在让学生掌握基本的知识和技能，发展他们利用身体进行表达的能力，促进学生个性化发展。在这一阶段，学生已经能够通过自己的身体进行模仿、表达和交流，并以此来对自我进行更深层次的探索，加强对自己情感的主观控制。

对于小学体育教育而言，非正式的日常活动、户外游戏以及专门的体育训练都扮演至关重要的角色。小学体育教育特别强调学生在与物体、环境和他人的互动中，深化对自我的认知并发掘自身的潜力。通过各种运动形式，如面部表情、舞蹈和肢体语言等，学生能够更深入地了解自己的身体，并通过运动传达那些难以用语言表达的情感和体验，从而以更充分、有效的方式与他人建立联系。这种教育方式不仅有助于学生深入感知自己的身体，塑造独特的个性，还能够培养他们对运动的持久热情，促进个人的身心健康发展。此外，小学体育教育还注重教导学生掌握有关均衡营养和个人卫生的知识。

（三）初中阶段体育

初中（学制 3 年）面向 11～13 岁的学生开放，旨在系统增进并深化学生的知识储备，培养学生的独立学习能力，提升学生的社交技巧，为今后的教育道路奠定坚实的基础。在初中阶段，学生对于运动技能的掌握与实践更为成熟，学生的行动力更强，运动技能也在他们持续参与活动的过程中逐步精进，进而增强了学生的自信与自尊。与此同时，运动体验被视为一种"积极的体验"，尤其是涉及胜负体验的体育活动，在培养学生的情绪管理能力方面发挥至关重要的作用。

此外，参加体育运动和体育活动也意味着学生要在集体中进行分享，学会尊重并欣赏多样性，深化对团队协作价值的认识。实际上，游戏和体育成为建立关系和人际交往的促进者和调解者。① 另外，在自然环境中进行

---

① "Indicazioni Nazionali per il Curricolo della Scuola dell'Infanzia e del Primo Ciclo d'Istruzione," Ministero dell'Università e della Ricerca, https://www.miur.gov.it/documents/20182/51310/DM+254_2012.pdf.

的体育活动，对于培养学生的公民意识，树立尊重人类、尊重环境的价值观具有决定性的影响。

为确保学生在运动中得到更多的收获，初中阶段的学校体育课程也包含旨在巩固健康生活方式的内容。这不仅是形成重视运动的个人文化的基础，也是预防运动功能衰退、超重、不良饮食习惯、运动技能退化，以及过早放弃运动和使用成瘾物质等问题的关键。

（四）高中阶段体育

高中阶段（为期5年）招收14~19岁的学生，其教育目标不仅在于传授知识，还致力于通过系统的技能培养，为学生奠定坚实的文化和方法论基石，激发他们的批判性思维，培养其长远规划能力，从而为学生的大学学习以及未来的职业生涯构筑稳固的基础。

在体育教育方面，高中阶段的核心任务在于引导学生认识到增强身体素质的重要性，这涵盖了对身体的了解、掌握和尊重，同时涉及对体育所承载的社会价值的理解和实践。此外，高中体育教育使学生能够体验在不同环境下参与体育活动的影响与益处，进而认识到保持良好的身心状态对于满足学习、工作、体育和休闲等多方面日常需求的重要性。这种认识有助于学生自主制订健身计划，有效管理身体形态，养成良好运动习惯，塑造积极的生活态度，形成健康的生活方式。

二　意大利学校体育的功能

体育是年轻人在心理、情感、社交和身体等方面健康成长过程中最有效的助力工具之一。[1] 总体而言，学校体育具有教育功能、训练功能与预防功能三大功能。

（一）教育功能

体育，作为一门科学学科，发挥连接科学领域、交流表达、人际关系和公民身份的桥梁作用[2]，而学校体育的首要功能就是教育功能。教育

---

[1]　Linee Guida per le Attività di Educazione Fisica, "Motoria e Sportiva nelle Scuole Secondarie di Primo e Secondo Grado," https://archivio. pubblica. istruzione. it/normativa/2009/allegati/all_prot4273. pdf.

[2]　"Indicazioni Nazionali e Nuovi Scenari," Ministero dell'Università e della Ricerca, https://www. miur. gov. it/documents/20182/0/Indicazioni+nazionali+e+nuovi+scenari/.

（educare）源自拉丁语 educere，其中"e"代表向外，"ducere"则表示引导或领导。这一概念将学生的内在潜能引出并为其发展指明了方向，进而促进学生在身体、心理和人际关系能力上的成长。学校体育的教育功能通过教育活动和教学活动得以实现，其中，教育活动侧重于概念和信息的传播，而教学活动则更加注重建立有助于学习的情感联系。[①] 这一过程有赖于特定的教学法和教育实践，同时离不开父母、教师、同龄人和媒体等多方参与者的共同努力与协作。

体育活动为学生提供了宝贵的审视自我机会，使他们能够深入思考自己的价值观与同龄人之间的差异。这些活动不仅促进了学生对商定和共享规则的尊重，还强化了作为公民共处基石的道德价值观。学生不仅能够了解体育文化的原则，如尊重自己与对手、忠诚、归属感、责任感、控制攻击性行为以及拒绝任何形式的暴力等，还积极将这些原则付诸实践。因此，体育教育为学生提供了丰富的认知、社会、文化和情感体验机会，成为他们全面发展的重要组成部分。

（二）训练功能

学校体育的训练功能不仅关注学生身体素质和心理素质的提升，还注重社会交往能力和身心调节能力的培养，为学生的全面发展提供了有力的支持。

首先，通过多样化的体育运动项目，学校体育教育能够提升学生的身体素质，包括耐力、力量、速度、灵敏度和柔韧性等，这不仅能够增强学生的身体健康，还有助于提高学生的生活质量。其次，体育教育还能够通过教授和训练各种体育运动技能和技术，如传球、射门、游泳姿势等，使学生发挥运动天赋，掌握多种运动技能，提升综合运动水平。此外，体育教育还可以增强学生的心理素质，包括意志品质、顽强毅力和团队精神，教导学生面对挑战、克服困难，通过运动技能发掘自己的潜能与极限，增强学生的满足感和自尊心，保持心理健康。同时，通过团体项目的训练，体育教育能够促进学生的社会交往能力提高，培养他们的团队合作意识、沟通能力和协调能力，

---

① "Teoria Tecnica e Didattica dell'Educazione Fisica in Età Evolutiva, Percorsi Didattici," Università degli Studi di Ferrara, https://www. unife. it/medicina/scienzemotorie/minisiti-LT/ttd-attivita-motoria-eta-evolutiva-adulta-e-anziana/dispense-prof. ssa-marani/dispense-marani-samari-tani/percorsi-didattici-marani-samaritani.

进一步加深学生之间的友谊。通过各式各样的动作，从面部表情到舞蹈，再到多样化的体育表演，学生能够了解自己的身体，以充分和有效的方式与他人交流和联系。最后，体育教育能够通过规律的运动训练帮助学生调节身心、缓解压力、释放情绪，从而保持良好的情绪状态和生活状态。

（三）预防功能

学校体育的预防功能主要体现为通过系统的体育锻炼为学生的未来生活做准备。

首先，学校体育能够建立身体活动与维持及改善动态健康之间的紧密联系。通过定期参与体育活动，学生能够切实促进各个器官与系统，特别是神经肌肉系统的发育，从而增强身体对日常生活挑战的适应能力。其次，体育活动为学生提供了全面发展各种健康因素的机会，如心肺耐力、肌肉力量、灵活性和协调性等。这些因素的增强有助于提升学生的整体健康水平，并为他们在日常生活中的良好表现提供有力支持。最后，通过体育活动，学生能够更好地保持能量摄入和消耗之间的平衡，维持健康的体重和体脂比例。这种平衡不仅有助于降低罹患如心血管疾病、糖尿病等慢性病的风险，还为学生实现身体、心理和社会的平衡创造了有利条件。

三　意大利学校体育的目标

学校体育肩负着培育新型体育文化的使命，它致力于增强学生的公民意识，促进学生的多元融合和社会融入，并努力缩小男女在体育领域仍然存在的距离。[①] 意大利教育部对幼儿园、小学、初中和高中四个教育阶段的体育教育目标做出明确且详细的规定，涵盖了与经验领域和学科相关的能力发展方面，为教师指明了教学途径和文化线索，确保所有的教育行动始终围绕学生的全面发展展开，是教师开展体育教育活动不可或缺的参考。

（一）幼儿园体育目标

在全球范围内，对于幼儿园阶段儿童所需培养的能力已经达成共识：每个男孩和女孩都在逐渐塑造自我身份认同，这涉及了解身体、形成个性、

---

① "Linee Guida per le Attività di Educazione Fisica, Motoria e Sportiva nelle Scuole Secondarie di Primo e Secondo Grado," Ministero dell'Università e della Ricerca, https://archivio.pubblica.istruzione.it/normativa/2009/allegati/all_prot4273.pdf.

与他人共存以及探索世界。①

幼儿园阶段的体育教育旨在渐进式地培养儿童的自我认知和社交技能，包括教授儿童如何解读自己和他人的身体语言信息，以及尊重与关爱自我与他人。同时，幼儿园体育教育亦重视培养儿童的表达能力和进行身体交流的技巧，从而完善他们的感知能力、空间定位能力，以及基于想象力和创造力的行动能力和交流能力。这些体育教育目标为教师的教学工作提供了方向与重点，引导教师组织开展丰富多彩的活动和体验，以促进儿童能力的全面发展。

（二）小学体育目标

小学体育教育旨在通过培养学生对身体的感知来强化他们的自我意识，使他们能够快速地适应空间和时间的变化。在此过程中，学生不仅要学会运用肢体动作和运动语言来传达情感，还能通过戏剧表演、音乐节奏和舞蹈等多种形式进行自我表达。此外，学生从对基础技术动作的掌握开始，通过体验丰富多样的运动活动精进游戏和运动技能，渐进式地尝试更复杂的形式，为未来参与高阶的体育活动奠定基础。同时，学生必须始终牢记并践行确保自身和他人安全的基本原则。

小学体育教育不局限于校园内的学习，还强调将所学知识延伸至课外环境，使体育成为学生日常生活不可或缺的一部分。在此过程中，学生认识到身心健康的重要性，掌握与身体护理、合理饮食以及避免使用成瘾物质相关的基本原则。此外，通过各种游戏和体育活动，学生学会遵守规则，理解规则的价值，并在实践中展现对规则的尊重，从而培养规则意识和尊重他人的品质。

（三）初中体育目标

初中体育目标着重引导学生全面认识自己的运动能力，包括所具备的优势和存在的局限。在此基础上，学生将学会如何运用已掌握的运动和体育技能来应对不同的情境，提升自己的适应能力。同时，学生能够通过运用肢体语言与他人建立更加紧密的联系，并将公平竞争等体育价值观融入

---

① "Indicazioni Nazionali per il Curriculo della Scuola dell'Infanzia e del Primo Ciclo d'Istruzione," Ministero dell'Università e della Ricerca, https://www.miur.gov.it/documents/20182/51310/DM+254_2012.pdf.

日常生活中。此外，初中体育教育强调学生对健康生活方式和预防行为的认知与实践。学生将积极追求并践行健康的生活方式，学习预防运动伤害的方法，以确保自己健康与幸福。同时，学生将恪守基本的安全准则，不仅增强自身的自我保护意识，还懂得关心与保障他人的安全。在团队合作的情景中，学生将学会融入团队，主动承担责任，为实现共同目标而努力，从而培养学生的团队精神和协作能力。

（四）高中体育目标

高中阶段的体育教育旨在积极引导学生广泛参与各类体育运动和体育活动，促进运动神经和身体均衡发展，提升学生的力量、耐力、速度、协调性和灵活性等运动能力，进而发掘自身天赋和兴趣，并学会以自主的、恰当的方式运用各种运动技能，培养他们负责任的态度和行为习惯。这不仅能丰富学生的个性特征，还能激发他们的兴趣和动机，有助于发掘和培养个人潜能。此外，通过高中阶段的体育教育，学生能够认识到身体本身是一种沟通工具，能够传达丰富的信息，从而能够通过非语言的方式表达自己的情感和情绪。在参与个人和团队的体育运动的过程中，学生将学会遵守规则，与他人协同合作以达成共同目标。学生不仅能够对自己的行为进行反思，勇于承认不足并采取改进措施，还能学会分析他人的表现，从中汲取经验教训，以改进自身表现。

通过参与体育运动，学生不仅能够培养良好的运动习惯，还能加深对体育运动的欣赏和热爱。随着对运动方法、技术和经验的深入了解与掌握，学生能够自觉规划个人身体发展路径。他们能够认识到与不同环境建立恰当关系的重要性，学习遵守基本的风险预防原则。无论是在家庭、学校还是户外，学生都能够迅速应对各种突发情况。此外，学生将有机会接触并尝试运用各种创新前沿技术和工具，不仅将其应用于体育领域，还能与其他学科相结合，丰富自己的学习体验，提升跨学科能力。

第三节　意大利体育教学

意大利体育教育并非以线性的、分裂的学科内容顺序为导向，而以学生的学习质量为导向。在教学过程中注重教师密切合作，将多种工具和方法相互比较与融合，避免远离学生实际经验、碎片化且仅需记忆的概念性主题。[①]

一 意大利体育教学目标

意大利教育部针对各个教育阶段制定了详尽的课程指引，其中对体育教学目标做出明确规定。

(一) 幼儿园体育教学目标

幼儿园阶段的体育教学旨在培养儿童对自己身体的感知与认知能力，让儿童能够识别身体的各个部分，理解身体在静止和运动状态下的表现差异，掌握肢体的控制技巧，展现出更为成熟的行为模式，进而与自己的身体建立起积极、健康的互动关系，使儿童在学校的日常活动中实现良好的自我管理与调控。[②]

激发儿童对运动的兴趣。通过引导儿童在实践中验证姿势图式（schemi posturali）和动作图式（schemi motori），并配合小型体育器材，使儿童能够将这些图式灵活地应用于个人和团体游戏中。培养儿童评估运动风险的能力，让他们学会识别潜在的运动风险，并采取适当的预防措施保护自己。同时，帮助儿童了解性别和发育差异，树立正确的自我保健意识，养成良好的卫生习惯和健康饮食习惯。

挖掘儿童运用肢体语言交流和表达的潜力。儿童能够在运动、游戏和舞蹈等富有表现力的活动中与他人、与世界互动，展现出无限的想象力和创造力，使儿童能够适应学校内外不同的环境。

通过身体这一媒介，儿童可以尽情地玩耍、交流、表达自我，尝试扮演各种角色，甚至挑战自己的极限。在这一过程中，儿童不仅能够获得自信，还能认识到自己的优势与不足，学会在必要时寻求帮助。这不仅能够增强儿童的自我完整性感知，还能增强儿童的自主性和安全感，为儿童的个人成长和发展奠定坚实基础。

---

① "Indicazioni Nazionali per il Curricolo della Scuola dell'Infanzia e del Primo Ciclo d'Istruzione," Ministero dell'Università e della Ricerca, https://www.miur.gov.it/documents/20182/51310/DM+254_2012.pdf.

② "Indicazioni Nazionali per il Curricolo della Scuola dell'Infanzia e del Primo Ciclo d'Istruzione," Ministero dell'Università e della Ricerca, https://www.miur.gov.it/documents/20182/51310/DM+254_2012.pdf.

（二）小学体育教学目标

小学阶段体育教学目标主要体现在以下四个维度。[①]

第一，对身体与时空关系的认知。小学体育教育致力于加强学生对身体及其与时间、空间关系的理解，使学生学会应用和协调多样化的运动模式，从初级的连贯组合到高级的同步执行（例如奔跑与跳跃的协调，抓取与投掷的配合）。此外，学生需学会辨识和评估运动的轨迹、距离、节奏和顺序，从而能够精准地在空间中规划执行，与自己、物体和他人互动。

第二，将肢体语言作为交际工具的使用。体育教学十分重视将肢体语言作为交际表达方式，使学生可以通过表演、舞蹈等多种形式，运用创造性的表达方式和身体动作，有效地传达情感内容。同时，学生将学习策划并做出简单的连贯动作或编舞，以展示个人和团队的创造力与协作能力。

第三，对游戏、运动、规则和公平竞争的理解。使学生准确了解并正确运用各种体育游戏规则，遵循专业指导与既定规则参与流行的传统游戏。积极参与包括比赛在内的各种形式的游戏，并能与他人合作。尊重体育比赛规则，在失败时能够保持平和心态，在胜利时能够表现出责任感，接纳差异，向失败者表示尊重。

第四，健康与安全的认知与实践。健康与保健、预防与安全是小学体育教学的重点之一。学生将学习采取适当的行为来预防事故，并在日常生活中树立安全意识。此外，学生将认识到营养与运动对健康生活方式的重要性，并深入了解肌肉、心肺等组织、器官的生理功能及其与体育锻炼之间的紧密联系。

（三）初中体育教学目标

初中体育教学目标与小学体育教育目标一脉相承，并在其基础上进行深化，体现在以下四个维度。[②]

第一，对身体与时空关系的认知。学生能够熟练运用和迁移各种运动

---

①　"Indicazioni Nazionali per il Curricolo della Scuola dell'Infanzia e del Primo Ciclo d'Istruzione," Ministero dell'Università e della Ricerca, https://www.miur.gov.it/documents/20182/51310/DM+254_2012.pdf.

②　"Indicazioni Nazionali per il Curricolo della Scuola dell'Infanzia e del Primo Ciclo d'Istruzione," Ministero dell'Università e della Ricerca, https://www.miur.gov.it/documents/20182/51310/DM+254_2012.pdf.

技能做出不同的技术动作。学生能够利用已经获得的运动经验灵活应对新颖的或不寻常的运动场景。在各种运动情境下，学生能够有效利用时空变量，精准执行技术动作。学生能够借助特定的辅助工具（如地图、指南针等）在自然环境和人工环境中进行定位。

第二，将肢体语言作为交际工具的使用。学生将熟练掌握并应用简单的肢体表达技巧，通过个体、双人或团队的形式，运用姿势和动作传达想法、情绪和故事。学生能够在游戏和体育运动中解读同伴和对手的动作的意图。同时，学生能够理解和解读与游戏规则相关的裁判手势。

第三，对游戏、运动、规则和公平竞争的理解。学生具有适应能力，能够以新颖的、创造性的方式适应各种游戏情境，并提出有针对性的有效策略。学生知道如何实施游戏策略，可以进行协作，并积极参与团队决策。学生了解并正确应用所参与运动的技术规则，同时有能力扮演裁判的角色。在面对竞争情况时，无论是在胜利还是失败的情况下，学生都能有意识地管理自己的情绪和行为，展现出自制力和对对手的尊重。

第四，健康与安全的认知与实践。学生能够了解身体形态特征随着年龄增长而发生的变化，并根据推荐的体育教学计划进行适应性调整，从而提高运动表现。同时，学生能够根据不同活动类型合理分配运动量，并在运动结束后进行有效的呼吸调节与肌肉放松。学生能够妥善安排、正确操作和安全存放运动器材，以保障个人及他人的安全。面对各种情况，学生能够采取恰当的措施以确保自身及同伴的安全，并对潜在危险做出及时反应。此外，学生能够认识到热身的重要性，并进行热身活动以提高身体机能。学生能够充分了解并认识到摄入补充剂、非法或成瘾物质（如兴奋剂、毒品、酒精）所带来的潜在危害。

（四）高中体育教学目标

意大利高中学制为五年，其中，前两年属于义务教育阶段。鉴于该年龄阶段学生的脑前额叶区认知功能已发展成熟，他们能够更有批判性和创造性地开展活动。《高中教育国家指导方针》（Indicazioni Nazionali per i Licei，以下简称《高中教育方针》）对高中体育教学目标做出详细规定，主要体现在以下四个维度。

第一，自我感知、表达能力以及运动能力的全面发展。学生将深入了解自身身体构造与机能，提升协调性与适应能力，按照体育活动要求制定复杂的动作方案，应对高水平的体育运动。同时，学生能够批判性地理解和解读自己和他人的身体语言。此外，学生能够评估自身的体育表现能力，了解体能训练对自身的积极影响，自主开展不同时长和强度的体育活动。在这一过程中，学生能结合社会文化背景，从终身学习的角度出发，对体育运动相关的现象进行深入的观察、思考与解释。

第二，体育运动、运动规则和公平竞争。重视体育竞争的教育作用，促使学生养成参与体育运动的习惯。学生将有机会体验体育活动中的不同角色，如裁判和评审团成员，并承担相应的责任。学生能够培养个人责任感与团队协作精神。学生将全面了解和运用体育比赛中的技术、战术、策略，坚守道德伦理，尊重比赛规则，以真正的公平竞争精神面对竞技挑战。此外，学生具备指导运动活动的能力，并能有效地组织和管理校内外各类体育活动。

第三，健康、幸福、安全和防护。学生将掌握基本的卫生和营养原则，认识到定期参与体育运动的益处，以及使用能够产生即时效果的药物的危害，积极维护自身健康状态并提升身体机能，主动选择对健康有益的生活方式和行为，赋予体育运动正确的价值。同时，学生将能够了解自己的身体素质状态，积极追求幸福生活。学生了解健身房、家庭和户外（包括道路）等不同场景下保护个人安全所遵循的基本原则，学习必要的急救措施知识，能够采取适当的行为来预防运动伤害，确保自身和他人安全。

第四，与自然环境、技术环境的关系。通过在自然环境中开展体育运动，学生将进一步深化与自然的和谐关系，承担起对公共环境的责任，积极参与保护和改善环境的行动。这些行动还有助于学生整合跨学科知识，形成综合运用的能力。此外，学生将能够利用信息技术设备和多媒体设备，广泛参与各类娱乐活动和体育活动。

最终，在五年的体育教育、健康教育、情感教育、环境教育和法治教育的综合影响下，学生不仅能掌握多种技能，还能培养在生活的其他领域中灵活应用技巧的能力，培养学生良好的行为方式与正确的价值观。

二　意大利体育教学设计

意大利学校体育教学设计由各个学校主导，是教师在分析学生特点、教学目标、教学内容、教学方法等要素的基础上进行的统筹规划。

　　首先，教学目标是体育教学设计的核心。意大利《国家课程指引》已为各级各类学校的体育教学确立阶段性目标。各个学校紧紧围绕《国家课程指引》中设定的教学目标列出核心主题，指明该主题涵盖的相应能力，并由此细分出各个年级需要达到的知识和技能部分的目标。比如，初中阶段体育教育的核心主题中的"对身体与时空关系的认知"对应的内容包括"了解自身运动能力及身体状况，并不断提升体能""在指导下可以开展已掌握的运动活动和体育活动，并根据不同的情况调整动作""将时空感知能力这一运动技能提升至高度娴熟的水平"。比如，拉里阿诺综合学校（Istituto Comprensivo di Lariano）就要求初中一年级学生在知识层面达到以下目标：掌握与个人成长、姿态形体、身体功能、自我关系和自我认知相关的知识；可以锻炼基本运动能力和协调能力等。在技术层面达到以下目标：在运动技能训练中保持正确的姿势和体态；熟练使用传统的健身器材；无论是否使用简单的辅助工具（如地图和指南针），都能在自然和人工环境中进行定位；等等。①

　　其次，教学内容的选择和安排至关重要。需要根据教学目标和学生特点，选择合适的教学资源，设计丰富多样的教学活动，以激发学生的学习兴趣和积极性。比如，阿代莱·扎拉国立综合学校（Istituto Comprensivo Statale "Adele Zara"）小学二年级的体育课程内容就包括能够发展和巩固针对身体图式认知的游戏和活动；参与需要运用各种各样动作图式和姿势图式的活动；通过自己的方式使用身体和动作来表达自己，传递情绪和感受；基于奉献自己并遵守规则来比赛和组建团队；正确利用体育馆的设施与空间；采取受控的行为，旨在预防受伤和确保安全；进行食品卫生规则的应用；等等。②

　　此外，教学方法是实现教学目标的关键。通过多种教学方法的灵活运用，更好地满足不同学生的学习需求，提高教学效果。比如，意大利高中在进行体育教学时，将根据教学需求和班级学习进度使用整体法、分解法

---

① "Curricolo Verticale Finalizzato al Raggiungimento delle Competenze Disciplina：Educazione Fisica," https：//www. comprensivolariano. edu. it/attachments/article/2452/Curricolo% 20verticale% 20d%27istituto%20EDUCAZIONE%20FISICA. pdf.

② "Progettazione Didattica di Educazione Fisica-Classe Seconda-A. S. 2021/2022," Comprensivolariano, https：//www. istitutocomprensivoadelezara. edu. it/wps/wp-content/uploads/2021/11/PRO-GETTAZIONE-DIDATTICA-DI-EDUCAZIONE-FISICA-CLASSE-SECONDA. pdf.

以及混合法等。

另外，评价和反馈是体育教学设计中不可或缺的一部分。教师需要确定评估学生学习成果的方式和标准，提供及时的反馈以促进学生学习和发展。比如，巴蒂帕利亚"E·梅迪"理科、语言、古典高中（Liceo Scientifico Linguistico Classico "E. Medi" Battipaglia）的体育教学会对每个学生在实践活动和理论讨论中取得的实质性进步进行评价，包括技能、能力和知识的发展。此外，评价指标还包括学生在课堂上展现的努力、行为、参与度和兴趣。[1] 每学期进行2~3次评价，通过实践练习、问卷调查、多媒体作业等方式进行形成性和总结性评价。对于综合远程教学，要根据学校整体教学计划中采用的观察和评估表对学生进行评估。

最后，跨学科整合是体育教学设计的重要内容。体育可以与其他学科内容进行整合，促进学生进行跨学科的综合发展和应用能力的提升。通过跨学科方法探讨基本主题的发展情况，年轻人能够具有有机、完整和统一的知识框架[2]，更好地促进学生全面发展，培养学生的综合素养。

三　意大利体育教学过程

体育教学过程灵活多样，一般而言，至少包含以下五个环节：欢迎与导引、热身与激活、课程目标实现、娱乐与评价、放松与总结。[3]

在欢迎与导引环节，学生围坐成圈，教师处于中心位置。这一环节的目的是回顾先前知识技能，明确当日教学目标，这是进行新知识学习的重要先决条件。在该环节的最后部分，教师会了解学生的身体状况与特殊请求，比如，学生在身体不舒服时需要休息。

热身与激活环节则通过逐步加快的运动节奏，提升学生心率，加快生

---

① "Documento di Programmazione Dipartimento di Scienze Motorie," Imedia, https://lmedi. org/attachments/article/2754/Programmazione% 20Dipartimento% 20Scienze% 20Motorie% 202021 – 22. pdf.

② "Documento di Programmazione Dipartimento di Scienze Motorie," Imedia, https://lmedi. org/attachments/article/2754/Programmazione% 20Dipartimento% 20Scienze% 20Motorie% 202021 – 22. pdf.

③ "Teoria Tecnica e Didattica dell'Educazione Fisica in Età Evolutiva, Percorsi Didattici," Università degli Studi di Ferrara, https://www. unife. it/medicina/scienzemotorie/minisiti-LT/ttd-attivita-motoria-eta-evolutiva-adulta-e-anziana/dispense-prof. ssa-marani/dispense-marani-samaritani/percorsi-didattici-marani-samaritani.

物化学反应。热身活动形式丰富多样，包括跑步、游戏、自由活动等，旨在为学生进入课程核心阶段做好准备。

课程目标实现环节是体育教学的核心，学生将学习新动作，掌握新技能，教师将引导学生逐步掌握动作要领，提升技能水平。此外，学生还会将先前学到的知识应用到新环境中，实现知识迁移。

娱乐与评价环节是将所学知识以游戏或比赛的形式进行实践应用。例如学习投篮后在投篮比赛中应用，或在"3 对 3""5 对 5"的比赛中应用。此外，学生可以在该阶段获得即时反馈，了解自身学习水平。同时，教师可根据学生的表现确认整体学习水平，并依此调整教学内容和教学方法，确保教学效果。在学生知情的情况下，也可在该阶段进行形成性或终结性评价。

放松与总结环节通常在课程的最后 5~10 分钟，旨在帮助学生降低心率，平复呼吸节奏，恢复正常状态。此时可以要求让他们重新围坐成圈，分享学习心得体会，包括但不限于对刚刚结束的运动进行总结，这涉及在这堂课上学到的东西，未克服的困难，以及对下次的建议等。这个环节非常重要，因为它传达出教师对学生情绪、同学关系等方面的关注，并借此机会重申在关注自身表现的同时，不能忘记在团队合作中需要发扬尊重对方和公平竞争的精神。这一环节对于巩固学习成果、提升学生综合素质具有重要意义。

四　意大利体育教学原则

在尊重学校自治和教学自由的前提下，有效的体育教学需遵从以下原则。[①]

首先，重视学生的既有知识与经验，并以此作为新教学内容的基础。学生在校外通过触手可及的媒体渠道积累了丰富的知识和经验，并形成了各具特色的学习方式、情感期望以及信息搜索能力。教学活动应深入联结这些知识和经验，使学生进行有意义的学习。

其次，应对学生的多样性采取有针对性的措施，避免不平等现象的产

---

① "Indicazioni Nazionali per il Curricolo della Scuola dell'Infanzia e del Primo Ciclo d'Istruzione," Ministero dell'Università e della Ricerca, https://www.miur.gov.it/documents/20182/51310/DM+254_2012.pdf.

生。当前班级中呈现多样性的特点，涉及学习方式、兴趣爱好、情感状态等多个方面。学校应设计并实施有针对性的教学活动，以满足学生多元化的教育需求。特别是针对非意大利国籍的外国学生，他们不仅需要获得基本的意大利语沟通能力以启动学习进程，还需要掌握扎实的语言和文化知识来完全融入学习环境。这些学生既包括初到意大利的第一代移民，也包括在意大利出生的第二代移民。因此，应该采取差异化的干预措施，不仅仅局限于意大利语教学，而应涵盖学校整体教学的全面规划，所有学科的教师均应积极参与其中。此外，尽管残障学生在普通学校的融合已在文化和法律层面获得认可，但仍需制定切实可行的规划，充分利用学校自治和现代技术提供的灵活性和机会。

同时，大力倡导探索和发现的学习理念，以激发学生对新知识的探索兴趣。在这些原则的指导下，问题意识的培养显得尤为重要。它不仅能够引导学生发现问题、提出问题，还能促使他们质疑已有知识，探索合适的研究方向，并寻求创新的解决方案。

此外，鼓励进行合作学习。学习不仅是个体过程，社会化学习的维度也同样重要。因此可以引入多种形式的互动和合作，无论是班级内部的互助学习，还是通过组建跨班级或跨年龄的工作小组实现的合作学习。学生能够借助新技术共同构建新知识体系，例如通过网络搜索进行研究，与国外的同龄人进行交流。

最后，促进学生对自身学习方式的认识，从而实现"学会学习"的目标。学生应能够认识到学习过程中遇到的困难及采取的应对策略，理解所犯错误及其原因，并认识自己的优势，这些都使学生认识到自己的学习方式并能够培养自主学习能力。学生应自主进行知识结构和学习方法的构建，反思学习过程，并与他人交流自己的理解情况和预期达到的目标。每个学生都应能够理解所分配的任务和目标，识别困难，评估自己的能力，从而学会反思自己的表现、评估进步情况、认识挑战并思考改进方法。

五　意大利体育教学方法

在体育教学实践中，教学方法和教材的选择与使用必须严格遵循《学校三年规划》（Il Piano Triennale dell'Offerta Formativa），以确保与国家层面所设定的课程学习水平相一致。教学自由作为意大利宪法确立的一项原则，对于体育教学方法的采用具有重要意义。选用恰当的教学方法能够提高教师行动的有效性，并直接提高学生的认知、社交、情感和运动学习程度。[1]

在意大利，多种体育教学方法被广泛运用，包括讲授法、合作法、实验法、问题教学法、归纳演绎法、引导发现法以及角色扮演法等。这些方法的运用有助于更好地发挥组内各种关系的作用，如互助关系、对抗关系、竞争关系等，从而开展一系列能够提升师生合作、学生参与程度、自尊心、归属感的教学活动。

其中，差异化教学作为体育教学中常用的一种方法，显得尤为重要。教师需要深入了解和分享学生的学习需求和能力水平，进而设计有针对性的差异化的教学方案，以确保为所有学生创造一个友好、包容的学习环境。特别是对于那些在运动、感觉等方面存在限制的学生，教师需要采用专门的教学方法，以促进他们的融入和课程工作的顺利进行，确保每一位学生都能在体育教学中得到充分的成长与发展。

六 意大利体育教学评价

体育教学评价标准由体育教师在大学机构决定的评价标准框架内进行选择。[2] 体育教学的中期评价以及终结性评价必须与《国家课程指引》和《高中教育方针》中规定的教学目标一致，从而确保评价的连贯性与一致性。

评价工作贯穿课程始终，既为即将实施的行动指明方向，也规范已启动的行动的执行，并促进所采取行动的平衡与协调，在学习过程中发挥激励与引导作用，推动学生持续改进与成长。需要向学生及其家长提供及时、透明的评估标准与评价结果信息，这有助于明确不同的角色与职能，对于促进他们积极参与和共同承担教育责任，形成有效的教育合力至关重要。

此外，个别学校还会进行体育教学效果自我评估，以改进体育教学方法，提升教学有效性。通过社会报告数据或外部评估等手段，学校可以全

---

[1] F. Casolo，"Didattiche dell'Educazione e delle Attività Motorio-sportive，"*Formazione & Insegnamento*，2016，14（1 SUPPL.），pp. 11-24.

[2] "Indicazioni Nazionali per il Curricolo della Scuola dell'Infanzia e del Primo Ciclo d'Istruzione，"Ministero dell'Università e della Ricerca，https://www.miur.gov.it/documents/20182/51310/DM+254_2012.pdf.

面了解自身的教学质量与改进空间。^①

国家评价系统则承担着向学校、家庭、社区、议会和政府提供包括体育教学在内的教育系统的关键问题的基本信息的责任。国家评估研究所依据相关规定中的体育教育目标来检测和衡量学生的学习情况，同时倡导一种健康的评价文化，避免形成应试教育的倾向。

第四节　意大利体育课程

体育课程处于不断演变的过程中：从课程名称的变迁到课程类型的多样化，从课程编制的日益精细到重视不同资源的开发与利用。如今，体育课程一体化发展的趋势愈发明显。

一　意大利体育课程名称

在当代学校体育教育发展阶段，对于学校体育的理论研究程度不断加深，其中一个方面就体现为有关学校体育课程的官方正式名称争论不断，并进行了多次调整与修改。1985 年"体育教育"（Educazione fisica）被调整为"运动教育"（Educazione motoria），在 2002 年被更改为"运动与体育科学"（Scienze motorie e sportive），在 2007 年被"身体、运动与体育"（Corpo，movimento e sport）所代替，最终于 2012 年恢复为"体育教育"，并且其沿用至今。

其中，"运动教育"强调的是对身体运动技能的教育和培养，旨在通过系统的训练和指导，提高个体的身体技能水平，发展运动技能和协调能力。它通常针对儿童和青少年，着重于培养他们的基本身体技能，如跑步、跳跃、投掷等，为他们打下健康的身体基础。而"运动与体育科学"涉及更广泛的范围，它不仅包括对身体运动技能的培养，还包括运动的科学研究，如涉及生理学、解剖学、心理学、教育学等方面的知识^②，以及运动训练、

---

① "Indicazioni Nazionali per il Curricolo della Scuola dell'Infanzia e del Primo Ciclo d'Istruzione," Ministero dell'Università e della Ricerca, https://www.miur.gov.it/documents/20182/51310/DM+254_2012.pdf.

② M. Vicini, "Educazione Fisica o Scienze Motorie? Troppa Confusione sulla Disciplina Che Si Rischia di Ridurre al Solo Sport," Tecnica della Scuola, https://www.tecnicadellascuola.it/educazione-fisica-o-scienze-motorie-troppa-confusione-sulla-disciplina-che-si-rischia-di-ridurre-al-solo-sport.

运动医学等方面的知识，旨在探索运动的各个方面，从而促进运动表现的最大化并提高健康水平。"身体、运动与体育"这个概念更强调身体、运动和体育对个体整体发展的重要性。它既关注身体技能的培养，也强调运动对身体、心理和社会层面的影响，包括对健康的促进、团队合作、领导力等方面的培养，以及对运动和体育活动的文化、社会意义的认识。"体育教育"涵盖了以上"运动教育"、"运动与体育科学"以及"身体、运动与体育"等内容。体育教育的目标是通过体育活动促进学生身体健康、发展身体技能、培养团队精神和领导能力，同时提高对体育运动的理解和欣赏水平，这是一个更为宽泛的概念。

二 意大利体育课程类型

从课程开展地点来看，可以将意大利学校体育课程划分为校内体育课程和校外体育课程两类。

校内体育课程致力于为学生提供基础的体育技能训练，通过跑步、跳高、跳远、攀爬、排球、羽毛球、乒乓球、篮球和足球等项目提升学生的运动技能、身体素质和团队合作精神。这些活动既包含个人竞技，也有团队协作，满足了学生不同的兴趣和需求。为了进一步提高校内体育课程的丰富性，将学校提供的体育课程与校外提供的体育活动相结合，学校积极与校外机构合作，如业余体育协会（Associazioni Sportive Dilettantistiche）和业余体育俱乐部（Società Sportiva Dilettantistica）等，邀请专业教练为学生带来诸如拳击、飞盘等非传统运动项目的指导。此类课程会被计入1~2小时的正规课时①，为学生提供了全新的体育体验。

此外，意大利的体育教师在课程内容的选择上享有充分的自主权，因此他们能够根据学生兴趣和周边环境的特点，灵活调整体育课程内容。当学校缺乏某些体育设施时，体育教师可以选择组织学生前往校外进行相关体育活动，如皮划艇、保龄球、骑行、棒球、滑雪等。这些活动丰富了学生的体育经历，让他们有机会接触并尝试参与更多不同类型的运动，满足他们的个性化需求。

---

① "Le Discipline Sportive Associate per i Giovani e nelle Scuole," Sport e Salute, https://www.sportesalute. eu/progetti-organismi-sportivi/blog-progetti/4245-le-discipline-sportive-associate-per-i-giovani-e-nelle-scuole. html.

校内外体育课程的有机结合，为意大利学生提供了全面而多彩的体育教育平台，使学生拥有尝试、练习和精进各种体育项目的机会，从而培养他们在多样性、系统性、适应性、跨学科等方面的能力，促进他们在身体、认知、情感和社交等多方面发展。①

三　意大利体育课程编制

课程编制是体育教师的基本工作内容之一，也是科研与教学连接的桥梁。进行课程编制必须理解社会、了解学生、熟悉专业，同时自身具有课程编制能力。课程编制具有四个目的：第一是使教师的工作更具组织性、连贯性和有效性；第二是合理安排工作以充分利用学校时间；第三是确定实现目标的方法和工具；第四是促进学习。②

意大利体育课程编制是一个系统性的过程，涉及多个环节和考虑因素，通常包含以下步骤。首先，需要明确体育课程的主要目标。意大利的《国家课程指引》和《高中教育方针》明确了学校体育课程的基本目标，学校以此为基础制定学校体育教学目标，这些目标包括提高学生的体能、技能、运动参与积极性以及培养学生的体育精神等。③ 其次，分析学生需求。了解学生的年龄、性别、体能水平、兴趣爱好等因素，以便设计更符合学生需求的体育课程。再次，选择教学内容。根据教学目标和学生需求，选择适合的教学内容。这可以包括基本的运动技能、体育知识、健康生活方式等内容。然后，设计教学方法。选择合适的教学方法，如讲解示范、分组练习、游戏竞赛等，以激发学生的学习兴趣，提高教学效果。④ 同时，制定评价标准。制定合理的评价标准，以便对学生的学习成果进行客观、公正的

① "Le Discipline Sportive Associate per i Giovani e nelle Scuole," Sport e Salute, https://www.sportesalute. eu/progetti-organismi-sportivi/blog-progetti/4245 – le-discipline-sportive-associate-per-i-giovani-e-nelle-scuole. html.

② S. Camedda, "Una Breve Riflessione sulla Programmazione Educativa e Didattica," Magicroce, https://www. magicroce. edu. it/una-breve-riflessione-sulla-programmazione-educativa-e-didattica/.

③ "Iiss Copernico Pasoli. Programmazione Dipartimentale di Scienze Motorie e Sportive A. S. 2020/21," Copernicopasoli, https://www. copernicopasoli. edu. it/wordpress/wp-content/uploads/2020/07/SCIENZE_ MOTORIE. pdf.

④ "Iiss Copernico Pasoli. Programmazione Dipartimentale di Scienze Motorie e Sportive A. S. 2020/21," Copernicopasoli, https://www. copernicopasoli. edu. it/wordpress/wp-content/uploads/2020/07/SCIENZE_ MOTORIE. pdf.

评估。这可以包括技能测试、体能测试、学习态度评价等多个方面。接下来，安排教学进度。根据教学内容和方法，合理安排教学进度。确保每个阶段都有明确的学习目标和评估标准。最后，修订与完善。在实施过程中，不断收集反馈意见，对体育课程进行修订和完善。这可以包括调整教学内容、改进教学方法、优化教学进度等方面。此外，体育课程编制还需要考虑场地设施、师资力量等实际条件。确保课程的实施具有可行性，能够满足学生的实际需求。

四　意大利体育课程资源的开发与利用

意大利体育课程资源的开发与利用是一个动态且开放的过程，它超越了传统课堂教学的范畴，构建了一个全方位的教育体系。此过程坚持以学生为中心，以《国家课程指引》所设定的教学目标为导向，发挥体育教师的专业素养，由体育协调员进行指导和协调，同时，学校、家庭、社会三方共同参与[①]，从而构建起一个完善的体育教育生态系统。

首先，意大利在开发体育课程资源时始终坚持以学生的需求为核心，只有在明确学生的需求时，才能有的放矢，从而更好地实现《国家课程指引》中的教学目标。例如，意大利积极推进融合教育，当班级中出现听力、视力或运动障碍的学生时，就会有针对性地开发课程资源，以满足这些学生的特殊需求。

其次，体育教师的专业素养在资源开发过程中发挥举足轻重的作用。在意大利，体育教师享有充分的自主权，他们可以根据学生的兴趣、能力和学校的资源状况，自主选择教材与教学方法，设计和组织多样化的体育活动。在实践过程中，他们尤其注重将体育课程与当地的文化传统或特色运动项目相结合，比如在北方地区开展滑雪运动，在湖海区域进行帆船活动，让学生更好地了解和体验本地区的体育文化，增强他们的文化认同感和社会责任感。

此外，体育课程资源的开发与利用尤其考验学校领导的指导和协调能力。校长作为学校的领导，不仅负责制定相关规定和计划，为体育教师提

---

① "Indicazioni Nazionali per il Curricolo della Scuola dell'Infanzia e del Primo Ciclo d'Istruzione," Ministero dell'Università e della Ricerca, https://www.miur.gov.it/documents/20182/51310/DM+254_2012.pdf.

供支持和资源，推动体育课程的不断发展和改进，引导、促进学校体育专业的发展，还需要促进与教师、家长和社会各界的沟通，深化与家庭、校外机构、地方当局的合作，充分利用国家提供的社会、文化和经济资源，起到上传下达的连接作用。

最后，意大利体育课程资源的开发与利用需要学校、家庭和社会的共同参与。学校、家庭和社会是体育教育的三个重要支柱，它们共同努力促进体育教育的实施和发展，为学生提供更优质的体育教育服务。学校积极与家长和社区合作，共同关注学生的体育教育需求，提供更多的支持和资源。家长积极参与学校的体育活动，关心和支持孩子的体育发展。社会各界也认识到体育教育的重要性，共同推动体育教育事业的发展。意大利政府计划在 2026 年前投资 3 亿欧元专门用于进行从小学到大学的学校体育活动基础设施建设，配备现代创新型高科技体育设备。[①] 届时，这些体育场馆和体育设施不仅用于学生的课程学习，还将在课外时间向社区开放，真正实现学校、家庭、社会共同开发与利用体育课程资源。

学生、教师、学校、家庭、社会是一个共同体，体育课程资源成为连接共同体成员的纽带，使学校成为向家庭和每个社会成员开放的地方，充分体现了人的中心地位。

五　意大利体育课程一体化

意大利的学校课程具有连续性和统一性两大特点。[②] 学校体育一体化日益成为未来发展的主要趋势，这具体体现在横向一体化和纵向一体化两大方面。

其中，横向一体化表现为校内外一体化以及课内外一体化。一方面，学校积极与校外体育机构如业余体育协会和业余体育俱乐部等开展深度合作。在规定的课时内，学校邀请专业体育教练向学生传授非传统运动项目技能，并引导对此感兴趣的学生前往校外体育机构进行更深入的学习，从

---

① "La Scuola per l'Italia di Domani. Pnrr Istruzione," Futura, https://pnrr.istruzione.it/wp-content/uploads/2023/12/PNRR_Istruzione_presentazione.pdf.

② "Indicazioni Nazionali per il Curricolo della Scuola dell'Infanzia e del Primo Ciclo d'Istruzione," Ministero dell'Università e della Ricerca, https://www.miur.gov.it/documents/20182/51310/DM+254_2012.pdf.

而深化学生的体育专业化程度。另一方面，学校、家庭与社会不断加强沟通。学校定期与学生家长就学生在体育课上的表现、运动中遇到的困扰等问题保持沟通，使学生能够更加积极主动地参与体育课程，并鼓励他们在课后带领家庭成员一同参与体育活动，进而营造浓厚的社区运动氛围。

纵向一体化则表现为课程目标的一体化设计。以意大利的幼儿园、小学、初中体育课程为例，《国家课程指引》中对 3~14 岁儿童、学生所涉及的学校的体育课程目标进行统一规划，课程设计呈现连续性和渐进性的特点①，每个阶段的课程目标都以前一个阶段所达到的水平为基础，并不断拓展与深化。此外，《国家课程指引》中还有专门的部分详细描述了在不同阶段过渡时（如从幼儿园升入小学或从小学升入初中）学生已达到的状态水平。此外，随着越来越多综合性学校的出现，统一的纵向课程设计变得更为可行，从而使第一教育阶段内部连同第一教育阶段与第二教育阶段的衔接更为通顺。

第五节　意大利体育教师

体育教师在学生的成长过程中扮演举足轻重的角色，他们通常是学生人生中第一位也是唯一一位能够教授他们基础体育知识的成年人。对于一些学生而言，与体育教师的互动可能是他们首次接触球拍、足球或其他运动器材的宝贵经历。在这个过程中，体育教师能够专注于教授特定的技能，例如，正确握持网球拍，从而为孩子们打下坚实的运动基础，使他们对这项运动有深入的理解和持久的兴趣。

一　意大利体育教师工作概述

意大利体育教师承担多重职责。在教学方面，他们负责制订教学计划，规划课程内容，设计并实施体育课程，提升学生的体育技能。此外，他们还指导学生深入了解不同运动的规则和技术。为确保学生在安全的环境中进行体育锻炼，他们还会定期检查运动器材的可用性和安全性。在组织体

---

①　"Indicazioni Nazionali per il Curricolo della Scuola dell'Infanzia e del Primo Ciclo d'Istruzione," Ministero dell'Università e della Ricerca, https://www.miur.gov.it/documents/20182/51310/DM+254_2012.pdf.

育活动方面，意大利体育教师负责校内外的锻炼活动和体育赛事，确保学生能在多样化的体育活动中得到全面的锻炼和娱乐。为了培养学生的团队协作能力、领导力和沟通能力，体育教师需要通过团队运动和合作活动，让学生在实践中学会与他人合作并共同追求目标。在健康教育方面，体育教师不仅关注学生的体育技能，还重视培养学生健康的生活方式，包括对营养、锻炼和心理健康等方面知识的掌握。他们在运动过程中为学生讲解解剖学、生理学和心理学等基本知识，帮助学生养成健康的生活习惯。在评估与反馈方面，体育教师负责定期评估学生的体育技能和表现，为他们提供及时的反馈和指导，帮助他们不断改进，实现个人目标。在团队合作方面，体育教师需要与学校管理人员、其他教师和家长紧密合作，共同为学生的整体发展和学校体育项目的顺利运作贡献力量。最后，为了不断提升自己的教学水平和专业素养，意大利体育教师需要参与各种专业发展活动，如培训课程、研讨会和专业组织等，以确保为学生提供最优质的体育教学。

意大利体育教师覆盖范围在这几年经历了重要的变革。在 2021 年以前，小学阶段的体育课由全科教师负责，无论是每周课时为 24 小时、27 小时的班级还是每周课时为 30 小时的班级，通常都只有一名教师负责所有科目的教学，而每周课时为 40 小时的班级则有两名教师。在 2021 年 12 月 30 日第 234 号法令颁布后，情况发生了改变。从 2022/2023 学年开始，小学五年级的体育教学开始由具有专业资格的体育教师负责；从 2023/2024 学年开始，这一改革进一步延伸至四年级。这些专业体育教师每周进行 2 小时的体育教学，这一时间是总课时在 30 小时及以下的基础上额外增加的 2 小时，而每周 40 小时教学时间的班级的教学总时间则维持不变。对于初中和高中阶段的学生来说，一直都有专门的体育教师负责体育教学。

二 意大利体育教师的职业特点

体育教师的职业特点包括专业性、教育性、示范性、交互性、创新性等。他们不仅是技能的传授者，还是学生身心健康和全面发展的引领者，通过示范、指导和创新不断提升教学质量，促进学生成长与发展。

首先，在专业性与技术性方面，体育教师不仅需要具备丰富的体育学科知识和技术技能，还需要具备教学、训练、竞赛和科研等多方面的专业能力。学生必须不断学习和更新自己的知识体系，以确保能够应对体育教育领域不断变化的挑战和需求。

其次，在教育性与指导性方面，体育教师不仅是技能的传授者，还是学生成长道路上的引路人。通过体育教学和训练，他们帮助学生掌握体育技能，培养学生对体育的兴趣和习惯，并促进学生身心健康，在学生的整个人生发展过程中起到长效性作用。同时，他们对学生进行思想教育和品德培养，为塑造学生正确的价值观和人生观做出重要贡献。

再次，在示范性与实践性方面，体育教师通过自己进行示范动作和实践，使学生能够直观地了解体育技能和动作要领。体育教师还需具备良好的身体素质和运动技能，以更好地指导学生进行体育锻炼和训练。

又次，在交互性与合作性方面，体育教师与学生保持频繁的互动和交流，深入了解学生的学习需求和问题，并及时进行解答和指导。同时，他们积极与其他教师、学校管理人员和家长合作，共同促进学生全面发展。

最后，在创新性与发展性方面，体育教师不断追求教学方法和手段的创新，以适应快速变化的教育环境和满足学生的需求。关注体育学科的前沿动态和发展趋势，不断更新教学理念和教学方法，以提高教学质量和效果。

三 意大利体育教师的职业素养

意大利体育教师的职业素养主要体现在以下四个核心领域：学科能力、沟通能力、教学能力以及组织能力。[①] 这些领域相互交织，共同成为体育教师专业发展的基石。

首先，学科能力要求体育教师深入掌握体育科学及相关学科的知识体系。这包括但不限于心理运动（psicomotricità）、运动病理学、运动生理学等。对于这些专业知识的理解和掌握，不仅仅是记忆一些术语和概念，更重要的是理解其内在逻辑和联系，比如体育科学的边界和开放性、体育运动与体育教育的关系等议题。同时，体育教师需要关注体育科学的前沿动态，不断更新自己的知识储备，以适应不断变化的教学要求。

其次，沟通能力对于体育教师而言至关重要。体育教学不仅仅是传授技能和知识，更是一种人与人之间的互动和交流。体育教师需要能够敏锐

---

① "Profilo Professionale dell'Esperto in Scienze Motorie," https://www.scienzemotoriesportesalute. unifi.it/upload/sub/didattica/materiale-di-supporto-alla-didattica/did_ped_spec_i.pdf.

地察觉并理解情感因素，真正热爱学生与自己的岗位，并熟练地运用口头语言和肢体语言进行人际交流。他们还需要能够清晰地表达自我的教学意图和要求，有效地管理团队，避免发生冲突，并与他人协同合作等。

再次，教学能力是体育教师的职业素养的核心。他们需要具备全面的教学计划及实施、评价和记录教学活动的能力。从教学目标的设定到教学方法的选择，从教学过程的实施到教学评价的反馈，每一个环节都需要体育教师精心策划和执行。同时，他们需要不断反思和总结自己的教学实践，从中汲取经验和教训，不断提高自己的教学水平和能力。在培养学生掌握运动能力的教学过程中，教师的教学风格至关重要。①

最后，组织能力是体育教师有效开展教学活动的关键。体育教学涉及多个方面和资源的协调与整合。体育教师需要能够合理利用时间、空间、人际关系以及其他资源，确保教学活动顺利进行。同时，他们需要具备一定的抗压能力，以应对教学工作中的各种变化和挑战。

四　意大利体育教师的专业发展

体育教师的专业发展是指教师以自身专业素质包括知识、技能和情意等方面的提高与完善为基础的专业成长过程，是体育教师由非专业人员转向专业人员的过程。② 意大利政府十分注重教师专业发展，从终身学习的角度出发，在 2015 年 7 月 13 日第 107 号法令中将教师教育认定为"强制性、永久性和战略性"的优先任务。③ 意大利政府不断完善师范教育和职前、在职教育制度，促进体育教师队伍专业化。

从 1861 年在都灵开设第一门教育体操国家硕士课程，到 1909 年建立培养体育教师的师范学院，再到 1952 年成立高等体育学院，直到 1998 年通过法令同意在大学开设体育科学本科课程，并在 2000 年确立三项体育科学相

---

① D. Colella, S. Bellantonio, D. Monacis, "Analisi dell'Insegnamento in Educazione Fisica nella Scuola Secondaria di Primo Grado. Quali Rapporti con l'Apprendimento Motorio?" *Giornale Italiano di Educazione alla Salute, Sport e Didattica Inclusiva*, 2019（4）：85-93.

② 全国十二所重点师范大学联合编写《教育学基础》（第 3 版），教育科学出版社，2014，第 129 页。

③ C. D'Anna, F. G. Paloma, "La Professionalità del Docente di Educazione Fisica nella Scuola Primaria. Riflessioni, Scenari Attuali e Prospettive," *Annali Online della Didattica e della Formazione Docente*, 2019, 11（18）：50-68.

关的硕士学位——体育与运动活动服务的组织与管理（Organizzazione e gestione dei servizi per lo sport e le attività motorie）、体育科学与技术（Scienze e tecnica dello sport）以及预防性和适应性运动活动科学（Scienze delle attività motorie preventive e adattative），这标志着意大利体育科学教育的专业化和精细化程度达到了新的高度，体育教师培养水平逐步提高。成为小学体育教师必须在国内取得上述三个硕士学位之一或其他相当于上述硕士学位的资格以及在国外获得并得到认证的类似资格。为期三年的本科课程旨在为学生提供运动活动的科学、技术和方法教学基础。该课程重点聚焦体育锻炼的生物学与生理学原理，深入剖析运动教育的心理教育与社会基础，并全面涵盖与之相关的法律层面。课程内容广泛涉及解剖学、医学、营养学等专业知识，同时不乏对体育教育史和欧洲体育政策等宏观领域的探讨。为期两年的体育科学与技术硕士学位课程探讨了主要体育类别的生物医学、心理教育学、社会和法律方面，以及训练方法。除了获得上述学位以外，学生必须以课程、附加课或课外的形式在人类学、心理学、教育学以及教学法等课程修满 24 学分后才能获得成为体育教师的资格。① 在满足上述条件后，参与体育教师公开竞聘。如果成功，则需要参加一年的试用和培训。在通过试用期后，教师被确认获得终身教职，被永久聘用，并在接下来的四年内留在实习的学校。

　　为促进在职教师的培训，意大利政府出台教师培训计划，预计投资 3.25 亿欧元，所有获得终身教职的教师都将参与此计划。② 此外，意大利还专门建立高等教育和继续教育学院，确保学校教职员工的专业和职业发展，旨在进行教学培训，结合对学科的深入了解，使在职教师能够在高质量教学背景下应对来自教学方法、数字技能和文化技能的挑战③。

　　在体育教师培养过程中依旧存在学分过少以及学分在四个专业中分布不平衡等问题④，但体育教师队伍的准入门槛越来越高，且更加重视理论与

① "Chi partecipa," istruzione. it, https://www. miur. gov. it/web/guest/chi-partecipa5.
② "Piano per la Formazione dei Docenti," istruzione. it, https://www. miur. gov. it/piano-per-la-formazione-dei-docenti.
③ "Scuola di Alta Formazione Continua," https://pnrr. istruzione. it/riforme/scuola-di-alta-formazione-continua/.
④ P. Moliterni, L. De Anna, M. Sánchez Utgé, M. Mazzer, A. Covelli, A. Magnanini, "Formazione degli Insegnanti di Scienze Motorie. Posizione e Situazione tra Università e Società Scientifiche," *L'Integrazione Scolastica e Sociale*, 2020, 19 (2): 75-99.

实践之间的联系，呈现整体发展趋势。这些特点要求体育教师不仅要有广泛的运动科学文化知识，还需对前沿科学研究成果保持开放态度，将其融入个人教学中，并结合个人教学经验灵活制订短期、中期和长期的教学计划。同时，他们还需要掌握与学生建立有效关系的能力，熟练操作传统以及创新型设备，以应对各种挑战，确保教学具有包容性和个性化，从而最大限度地满足学生的需求。[①]

第六节　意大利学校课余体育

学校课余体育在意大利具有重要地位，其活动形式丰富多样，涵盖众多体育项目。通过举办各级比赛以及开展专项训练，课余体育不仅有助于培养学生的竞技能力，促进他们身心健康，还能为推动全民健身事业的蓬勃发展贡献重要力量。

一　意大利学校课余体育的概念

学校课余体育是指在学校正式体育课程之外，学生利用课余时间参与的，以发展身体、增强体质、提高运动技术水平、娱乐身心等为目的所有体育、娱乐和运动锻炼活动。这些活动可以在学校内外、课后或周末组织进行。课余体育具有活动内容的广泛性和活动空间的广阔性、活动形式的多样性和活动方法的灵活性、学生活动的主体性和教师指导的辅助性等特点。在参与课余体育时，学生应遵循自觉自愿、适量渐进、有恒经常等原则。

二　意大利学校课余体育的地位

学校课余体育十分重要，属于课外活动的一部分，与体育课程相辅相成，共同完成学校体育的任务，实现学校体育的目标。然而，在实际实施中，学校课余体育却处于边缘化地位。事实上，意大利学校每周只有 2 小时的体育课程，这与完成世界卫生组织（World Health Organization）提出的

---

① F. Casolo, "Didattiche dell'Educazione e delle Attività Motorio-sportive," *Formazione & Insegnamento*, 2016, 14 (1 SUPPL.), pp. 11-24.

5~17岁儿童和青少年平均每天至少进行60分钟中等到高强度的身体活动的目标①仍有很大的差距。意大利教育部认识到课余体育的文化、教育和社会价值，积极组织各类项目和竞赛促进课余体育的发展，并大力鼓励学生积极参与课余体育活动。

三 意大利学校课余体育的功能

学校课余体育有助于影响学生的福祉，实现相关的教育目标，并发展对青少年成长至关重要的技能，例如自我控制、协作学习、团结意识、增强所有人的作用和尊重每个人的作用。除了让年轻人有机会以健康的方式进行体育运动外，其还有助于增强批判意识。研究显示，学校课余体育能够有效改善学生肥胖状态，提升灵活度、平衡性、协调性、速度和力量等。②

除了普遍提升学生身体素质以外，学校课余体育的一个重要组成部分是课余体育训练。其是学校利用课余时间对有一定体育特长的学生进行体育训练，培养竞技能力，使他们的运动才能得以发展和提高的一个专门化的教育过程。课余体育训练应遵循全面发展原则、符合条件原则、培养基础原则和科学效率原则。意大利每年都会组织国家级学校体育比赛，由各个学校选拔男生、女生、残疾学生参加。这不仅能够给学校带来荣誉，提高学校体育工作的整体水平，推动学校体育事业持续发展，也能给国家培养和输送运动后备人才，促进融合、平等、多样性理念传播。其能够减轻父母的负担，由于时间和工作的原因，家庭成员不能总是陪伴孩子参加体育锻炼。

四 意大利学校课余体育的形式

为了推动学校体育教育发展，意大利开展了各级各类的学校课余体育活动。这些活动旨在促进形成健康的生活方式和增强多样性，成为预防肥

---

① "Who Guidelines on Physical Activity and Sedentary Behaviour," https://www.who.int/publications/i/item/9789240015128.

② A. Acella, S. Cataldi, F. Fischetti, G. Greco, "Forma Fisica degli Studenti Italiani: Efficacia di una Formazione Extracurriculare Supervisionata della Durata di 12 Settimane," *Giornale Italiano della Ricerca Educativa*, 2017 (18): 99-113.

胖、暴力、欺凌、种族和性别歧视的手段，传播正确的体育文化，解决过早辍学问题，促进学校弱势群体融入，鼓励残疾学生积极参与。①

　　在国家层面，有学生锦标赛、高水平学生运动员项目、活跃学校-青少年项目、活跃学校-儿童项目、运动的乐趣项目等。② 其中，学生锦标赛代表了跨学科体育实践的入门途径和学校体育活动的高潮，也是学校环境中最引人注目的聚集和社交时刻。学生锦标赛通过课外课程促进个人和团队体育活动发展，也促进年轻人中最脆弱和弱势群体融入。这创造了一条超越学科界限的教育途径，解决学生的道德和社会问题，引导他们具有积极的价值观和生活方式③，这包含攀岩、排球、羽毛球、橄榄球、乒乓球等项目。此外，高水平学生运动员项目旨在帮助参加高水平体育活动的中学生克服学校生涯中出现的无法定期上课的困难。其目的是为学校提供支持，以促进高水平学生运动员更好地兼顾学业与训练。由学校安排辅导老师，体育机构安排体育导师，共同为每个学生运动员设置个性化培训课程，保证学生教育成功。

　　值得一提的是，意大利政府举办了 2026 年米兰-科尔蒂纳冬奥会和冬残奥会吉祥物的征集活动，邀请意大利中小学生共同参与。在 1600 多件投稿中，来自卡拉布里亚地区的塔韦尔纳综合学校学生设计的雪鼬最终成为官方吉祥物。④ 此举促进了体育文化与奥林匹克精神在学生群体中的传播，促进全民健身，带动更多人参与冰雪运动，提高全民身体素质。

　　意大利各个大区也会因地制宜，制定本地区的项目。以意大利北部伦巴第大区为例，有"滑雪""拳击学习""马鞍上的学校"项目等。⑤ 其中，"滑雪"项目旨在通过线上和线下相结合的方式，让大区内的中小学生学习有关山区环境的知识，尊重自然和山区环境，改善与大自然接触的生活

---

① "Politiche Sportive Scolastiche," Miur Istruzione, https://www.miur.gov.it/web/guest/politiche-sportive-scolastiche.

② "Politiche Sportive Scolastiche," Miur Istruzione, https://www.miur.gov.it/web/guest/politiche-sportive-scolastiche.

③ "Campionati Studenteschi," Vivoscuola, https://www.vivoscuola.it/Schede-informative/Campionati-studenteschi.

④ 《2026 年米兰-科尔蒂纳冬奥会吉祥物揭晓》，International Olympic Committee, https://olympics.com/zh/news/milano-cortina-2026-mascots-unveiled-two-years-to-go-celebrations。

⑤ "Progetti Nazionali e Regionali, Ufficio Scolastico Regionale per la Lombardia," https://usr.istruzionelombardia.gov.it/aree-tematiche/attivita-motorie-e-sportive/progetti-nazionali-e-regionali/.

方式，进行户外运动。"马鞍上的学校"项目主张小马对于孩子来说应该成为一种教育参照物，帮助他们在生活中不断成长，培养他们的个性，增强他们的自尊心，将通过理论学习与现场体验加强学生对马术活动的了解。

第七节　意大利学校体育管理

学校体育管理是指管理者通过一定的组织形式和工作方式，为达成学校体育教育目标所进行的一系列活动。其最终目的在于最大限度地发挥学校的综合实力和办学效能，充分发掘并高效利用校内外的各种资源，显著提高学校的整体教育质量，促进学生全面发展。管理者需以严谨的态度和科学的方法，确保各项管理措施有效实施，从而推动学校体育工作持续进步与发展。

一　意大利学校体育管理机构与功能

意大利实行分权制的公共管理体系，中央政府及其下辖的 20 个行政区在教育领域均享有立法权。在此框架下，各行政区和地方政府负责处理所有未明确划归中央管辖的行政事务。在教育领域，中央政府承担着制定普遍标准等核心事务的职责，而诸如职业培训等具体事务则交由地区层面进行管理。

在意大利学校体育管理中，意大利教育部作为中央层面主导学校体育管理的核心部门，负责制定各级各类体育教育的总体目标，确立体育教师培养标准、资格认定和名额配置，制定学生体育成绩评价通用准则，以及推动学校体育设施建设与完善等。此外，教育部与意大利奥林匹克委员会、意大利残奥委员会以及国家体育联合会等组织保持紧密合作，共同促进学校体育事业发展。为进一步加强体育活动的组织与推广，意大利教育部特别设立了学校体育政策办公室，专门负责在全国范围内协调和实施各类体育项目。

在行政区层面，设有大区教育办公室（Ufficio Scolastico Regionale）。该机构负责监督国家体育教育制度在各学校的执行情况，并评估其成效。同时，它还统筹体育教师的招聘与福利待遇，全面评估各校三年教育计划的执行情况，推动体育教学的数字化进程，并积极促进残疾学生、移民学生等弱势群体参与和融入体育活动等。

在省市层面，设立地方教育办公室（Ambiti Territoriali）。该办公室作为学校与大区之间沟通的桥梁，发挥顾问和促进者的作用。它遵循中央和相关机构制定的指导方针，规划和实施省市一级的学校体育发展行动。同时，它积极与地方当局以及奥林匹克委员会和残奥委员会等机构合作，采取符合地方特色的宣传措施，组织与安排学校体育活动。此外，地方教育办公室还负责提供确保学生学习权的服务（如前往校外体育中心的交通服务），在严重紧急情况下暂停学校活动，以及建立、管理和监督（包括解散）学校管理机构。

在学校层面，学校体育中心是组织和推动第一、第二教育阶段学校体育活动的关键机构。[1] 它根据中央设立的教育宗旨和目标，与大区教育办公室和地方教育办公室协同合作，结合学校实际情况和资源条件，规划和组织各类体育活动。学校体育中心的工作重点包括：激发区域内的协同效应，以优化学校体育活动的实施与推进；维护与学生家庭在体育活动方面的良好关系；与地方当局以及当地体育联合会和协会建立稳固的合作关系；承担除了直接管理教职员工等应由校长承担的职责外，其他所有属于学校体育范畴的事务。[2]

意大利学校体育管理已构建了一套从中央到地方再到学校这一层级分明、职能明确的管理体系。在这一体系中，权力的适度下放不仅体现了国家对教育机构自治权的尊重，也极大地促进了学校体育活动的多样性与创新性发展。

二　意大利学校体育管理政策法规

按照学校体育管理政策法规的内容，可将其分为综合类、管理机构类、体育教师类以及体育课程与教学类四类。

---

[1]　"Linee Guida per le Attività di Educazione Fisica, Motoria e Sportiva nelle Scuole Secondarie di Primo e Secondo Grado," Ministero dell'Università e della Ricerca, https://archivio. pubblica. is-truzione. it/normativa/2009/allegati/all_ prot4273. pdf.

[2]　"Competizioni Sportive Scolastiche Progetto Tecnico A. S. 2023-2024," Ufficio Scolastico Regionale per il Veneto, https://www. miur. gov. it/documents/20182/7414469/Progetto+tecnico+a. s. + 2023-2024. pdf/1eb680a5-f9ea-21d4-b534-25d503ffcade? version=1. 0&t=1701707934583.

在综合类政策法规方面，1994 年 4 月 16 日第 297 号法令作为一部汇集各级各类学校教育法律规定的综合性文本，详细规定了意大利教育的基本规范、学校制度、学校人员配置、行政管理组织与架构、境外意大利学校等关键内容。其对学校体育教育中的课程安排、教学实施、效果评价、体育设施等做出纲领性规定。

在管理机构类政策法规方面，2014 年 2 月 11 日第 98 号法令和 2014 年 12 月 18 日第 925 号法令明确了大区教育办公室的组织结构和职责分配。法令规定每个大区均设有一个大区教育办公室，负责监管该地区的教育工作，其职责包括监督教育法规执行情况、评估教育质量、管理教职员工等。此外，法令还详细列举了各大区教育办公室的组织结构及领导层级。而 2015 年 7 月 13 日第 107 号法令则根据学生数量、学校的地理位置和地区特点设立地方教育办公室。《初高中体育运动教育指导方针》（Linee Guida per le Attività di Educazione Fisica，Motoria e Sportiva nelle Scuole Secondarie di Primo e Secondo Grado）对学校体育中心的设立及其相关职责做出规定。

在体育教师类政策法规方面，2010 年 9 月 10 日第 249 号法令对从幼儿园到高中的教师培养和准入做出规定，如幼儿园和小学教师必须完成为期 5 年的本硕连读课程。2017 年 4 月 13 日第 59 号法令对中学教师的培养进行了最新调整，尤其注重对数字技能和创新教学方法的培养。2021 年 12 月 30 日第 234 号法令及其后续澄清文件对小学体育课程的性质、目标、评价及体育教师聘任等方面进行了详尽的规定。

在体育课程与教学类政策法规方面，《国家课程指引》和《国家指引与新图景》（Indicazioni Nazionali e Nuovi Scenari）为幼儿园至初中阶段的体育课程实施指明方向。《高中教育方针》则为高中阶段的体育课程实施指明教学目标。

这些政策法规共同成为学校体育管理的坚实基础，为学校体育教育的健康发展提供了有力保障。

三 意大利学校体育管理的内容

（一）体育课程管理

体育课程管理是对体育课程的编制、实施、评价等活动进行计划、组织、指挥、协调和控制的过程，可以分为宏观和微观两个层面。宏观层面的体育课程管理是指国家和各级教育行政部门开展的体育课程管理活动，如国家体育课程政策的制定、区域性体育课程方案的改革等；微观层面的体育课程管理是指学校内部的课程管理活动。

意大利政府提倡高度的学校自治，因此，在体育课程管理方面，国家负责制定各阶段学校体育课程时长及课程目标，而课程具体编制、实施、评价等活动由学校及体育教师负责。

（二）体育教学管理

教学管理以课堂教学的全过程为对象，遵循课堂教学活动的规律，运用现代科学管理的理论、原则和方法，对课堂教学活动进行实施、监控、维持等，最大限度地调动教师和学生的积极性，使课堂总是持续有意义的教与学的活动，以保证课堂教学目标的有效实现。

意大利的体育教学管理通过设定清晰的教学目标、选择丰富多样的教学内容和方法、建立有效的评价机制以及与其他学科的整合来促进学生全面发展。教学目标的设定基于《国家课程指引》，涵盖不同年级学生的知识和技能需求。教师通过多种教学方法满足学生的学习需求，并采用差异化教学方法关注特殊需求的学生。评价和反馈机制确保学生的学习进步情况得到有效监测。最终，跨学科整合促进了学生综合发展和应用能力的提升。

（三）课余体育管理

课余体育管理是指对学校课余体育训练进行组织、规划、实施和评估的一系列活动。其目标是确保课余体育训练的有效进行，培养学生参与体育活动的兴趣和能力，提高学校的体育运动技术水平，以及促进学生的全面发展。

意大利教育部门和学校制订课余体育计划，规划和安排学生的体育训练活动，确保每个学生都有参与体育活动的机会。组织各种体育比赛、锻炼课程和俱乐部活动，包括运动赛事、健身训练、体育技能培训等，以丰富学生的体育生活。聘请专业的体育教练和指导员，为学生提供专业的体育训练和指导，提高他们的运动水平和技能。定期对学生的体育训练进行评估和监督，及时发现问题并采取措施加以改进，确保课余体育训练有效进行。

（四）体育运动设施管理

体育运动设施管理是对学校体育设施进行全面规划、维护、使用和评估的一系列活动。它的目标是确保这些设施的安全、高效运行，并为设施使用者提供优质的体育运动环境。

意大利政府出台"国家复苏和韧性计划"（Piano Nazionale di Ripresa e Resilienza），投资 6 亿欧元用于学校体育活动基础设施建设，计划向其配备现代创新性高科技体育设备，并向社区民众开放。

（五）安全管理

安全管理是为了保障参与体育活动者的生命安全和财产安全，规范和管理体育活动过程中各项安全工作。首先，在体育设施安全方面，包括检测体育场馆的牢固性、确保场地整洁平整、保证灯光和音响设施正常等。所有设施都必须安装牢固，符合相关的质量安全标准。学校或机构应定期组织相关人员对体育设施进行检查和维护，确保其安全可用。其次，在人员安全方面，意大利体育教育尤其注重学生安全意识的培养，这在各阶段的体育教育目标中贯穿始终，不仅要求学生可以安全使用体育运动设施，还能保护自身与他人的安全，并在各种突发情况下采取适当的措施迅速应对。

第八节　意大利体育教育中的性别平等

众多国际会议均已深刻认识到体育运动和体育教育对妇女和女童的生活与发展所发挥的关键作用，并在以下几个方面予以特别强调：首先，体育运动有助于妇女和女童增进健康，提升自尊心与自信心，从而塑造更加积极、健康的自我形象；其次，体育教育能够激励妇女和儿童积极接受教育并追求卓越，为未来的成长奠定坚实的基础；最后，通过参与体育活动，妇女和女童能够增进社会和谐，积极参与社会和社区的体育活动，为构建更加包容、平等的社会贡献力量。[①] 1994 年，由妇女与体育问题国际工作组（International Working Group on Women and Sport）发布的《布莱顿宣言》（Brighton Declaration），倡导女童和妇女在体育运动和体育教育中平等。2014 年 5 月，欧洲理事会在布鲁塞尔通过了《2014 年 5 月 21 日理事会关于体育领域性别平等的结论》，呼吁会员国考虑制定政策和计划，消除性别

[①] 《设立由教科文组织赞助的妇女、体育运动和体育教育观察站》，UNESCO 数字图书馆，https://unesdoc. unesco. org/ark：/48223/pf0000153990_ chi。

刻板印象，并在教育课程和实践中促进充分的性别平等。意大利教育部指出学校体育的任务之一就是缩小体育运动中男女之间仍然存在的差距。[1]

一 意大利推动学校体育教育性别平等发展的背景

体育是在以男性为主的背景下诞生和发展起来的，其价值观和原则来自数百年历史的父权制文化[2]，学校体育教育是刻板印象的承载者。[3] 尽管意大利在 1878 年已经规定体育课程也是女生的必修课，但男女的课程内容有很大的差别。除官方要求正式实施的课程以外，隐性课程对体育教育中的性别不平等起到推波助澜的作用。体育教师也会在有意或无意中加深刻板印象。

（一） 体育课程与教学中的刻板印象

意大利学校体育中的性别不平等有深远的历史渊源，在学校体育教学中存在严重的刻板印象。在学校体育制度化伊始时期，只有男生能够在学校接受体操教育。尽管后期女生也可以接受体育教育，但学校分别针对男生和女生进行教学，学习的内容也不尽相同：要求男生进行手工和实践活动，维护环境的秩序和美观；女生则进行玩具娃娃的照料、清洁、着装和发型设计等游戏，同时接受简单易行的家务活动培训，禁止女性参与体育运动，"女性工作应被视为女性精神培养的一个重要元素，并对她们在家庭生活中的道德和物质影响给予高度评价"。尽管意大利将体育教育作为道德和公民教育的一部分，引导学生尊重和掌握自己的身体，培养自我控制、自律和社交能力，但此时的体育教育以一种刻板和偏见的形式出现。这些规定中的教学内容和教学方法实际上忽视了学生的发展需求、个人特征以及性别差异。

此外，学校体育中的隐性课程体现出性别不平等的情况。隐性课程指的

① "Linee Guida per le Attività di Educazione Fisica, Motoria e Sportiva nelle Scuole Secondarie di Primo e Secondo Grado," Ministero dell'Università e della Ricerca, https://archivio.pubblica.istruzione.it/normativa/2009/allegati/all_prot4273.pdf.

② M. Parri, *Equità di Genere e Pratiche Trasformative in Educazione Fisica*, Bologna: Alma Mater Studiorum Università di Bologna, 2022, p.14.

③ A. Gentile, S. Boca, I. Giammusso, "'You Play like a Woman!' Effects of Gender Stereotype Threat on Women's Performance in Physical and Sport Activities: A Meta-Analysis," *Psychology of Sport and Exercise*, 2018, 39: 95-103.

是官方未正式实施，但伴随着显性课程的实施而产生的实际存在的课程，体现为教学实施过程中的无意识部分，大部分由每天不断重复的行为、经验和机制组成。随着时间的推移，其影响会逐渐稳定下来。隐性课程会在体育教师的无意识水平上出现，通过眼神、手势、言语的表现形式影响学生心智模型的塑造。① 比如，在教学过程中，教师会对男女学生产生不同的期望和评价，从而影响学生的体育参与和发展情况。鉴于明显的生物学差异，在体育课程实施过程中，面对性别问题，沉默经常是体育教师的首选。② 甚至许多体育教师倾向于依据自身运动经历所形成的模式、动作和行为来指导教学，并在实际教学中通过动作示范和语言指导加以展现。然而，由于刻板印象的根深蒂固，教师本身往往并未认识到这些教学行为中隐含的性别不平等问题。③

（二）体育教师工作中的性别差异

在教师团体中，体育教师往往相对边缘化，而女性体育教师则更为边缘化。事实上，在学校体育制度化前期，尽管体育课程被确立为必修课，但是女性体育教师并未被纳入教育部的教职员工名单，也未被列入学校的整体规划之中，她们甚至未能获得加入教师委员会的资格④。此外，由于当时社会中存在严格的性别隔离现象，女性体育教师往往只负责女生的体育课。她们的教学工作并没有得到公众的认可，薪资水平也低于男性同事。尽管此后，根据 1909 年 12 月 26 日第 805 号法令，女性体育教师在法律地位上与其他教师实现了平等，但在薪资待遇方面，仍然未能享受到同等的待遇。

此外，受到性别刻板印象的桎梏，部分人群可能持有偏见，认为女性不适合从事体育教学工作，或者在某些方面相较于男性教师存在不足。这种偏见和误解不仅阻碍了女性体育教师的职业发展道路，还限制了她们在体育教学与科研领域发挥潜能。此外，女性体育教师在家庭和社会往往承担着更多责任，这使她们在职业道路上面临更多的困难与挑战。举例来说，

---

① M. Contini, M. Fabbri, P. Manuzzi, *Non di Solo Cervello: Educare alle Connessioni Mente-Corpo-Significati-Contesti*, Milano: R. Cortina, 2006, p. 92.

② M. Parri, A. Ceciliani, "Riflettere sul Genere, una Proposta Formativa per gli Insegnanti di Educazione Fisica," *Education Sciences & Society*, 2020（2）: 21-39.

③ M. Parri, A. Ceciliani, "Il Genere e l'Educazione Fisica e le Percezioni degli Insegnanti: Un'Indagine Esplorativa," *Pedagogia Oggi*, 2021, 19（2）: 167-175.

④ D. Guazzoni, "L'Insegnante Femminile di Ginnastica-educazione Fisica nel Processo di Emancipazione Femminile Piemontese," *La Camera Blu. Rivista di Studi di Genere*, 2017（17）: 291.

她们可能需要把更多的时间和精力用在家庭和子女教育上，这无疑会对她们在工作上的投入和表现造成一定影响。

二 意大利推动学校体育教育的性别平等

普遍存在的性别定型观念往往将体育运动与体力、耐力、速度和斗志等"男性化"特征联系在一起，这对女性参与体育运动产生了不良影响。意大利教育部于2015年正式颁布《国家指导方针——尊重教育：性别平等、预防性别暴力和一切形式的歧视》（Linee Guida Nazionali, Educare al rispetto：per la parità tra i sessi, la prevenzione della violenza di genere e di tutte le forme di discriminazione），并于2017年推出"国家尊重教育计划"（Piano nazionale per l'educazione al rispetto），旨在推动学校开展一系列的教育和培训活动，以促进性别平等、防止基于性别的暴力以及消除一切形式的歧视，在意大利全境推动性别解放进程。作为学校教育的重要组成部分，学校体育教育同样肩负着宣传和实践性别平等的责任。

（一）体育课程与教学

为了打破性别隔离的现象，1963年，意大利教育系统引入混合班级，学校因此成为两性关系以多元形式展开的"混合"空间。① 1988年第426号法令更是明确规定，中学体育课程应按照混合班级进行教学，而非按照性别分开授课。

对于儿童和青少年来说，能够在受保护的环境中进行体育运动才能享受玩耍和娱乐活动的快乐。② 因此，从隐性课程角度出发，意大利要求体育教师务必注意避免使用带有刻板印象的语言，并积极促进对话、尊重、宽容，避免群体出现歧视行为。③ 举例来说，意大利语的单词存在阴性与阳性之分，比如，"ragazza"（女孩）为阴性，"ragazzo"（男孩）为阳性，它们有各自的复数形式"ragazze"和"ragazzi"。过去，在同时指代男孩、女孩时，常默认使用阳性复数"ragazzi"。然而，语言是彰显性别平等的工具，

---

① M. Parri, *Equità di Genere e Pratiche Trasformative in Educazione Fisica*, Bologna：Alma Mater Studiorum Università di Bologna，2022，p. 243.

② "Vademecum-La Tutela dei Diritti dei Minorenni nello Sport," Dipartimento per lo Sport, https：//www. sport. governo. it/media/3787/vademecum-la-tutela-dei-diritti-dei-minorenni-nello-sport. pdf.

③ "Vademecum-La Tutela dei Diritti dei Minorenni nello Sport," Dipartimento per lo Sport, https：//www. sport. governo. it/media/3787/vademecum-la-tutela-dei-diritti-dei-minorenni-nello-sport. pdf.

如今在意大利的正式场合（比如体育课上）和官网文件中，已开始同时使用阴性复数和阳性复数，如"Tutti i ragazzi, le ragazze hanno diritto a giocare"（所有的男孩和女孩都有玩耍的权力）。

教师在促进性别平等的过程中扮演至关重要的角色。他们不仅是性别平等的体现者，还是性别平等概念的践行者与传授者。除了传授运动技能外，他们还负责传递教育价值观念。研究表明，体育教师普遍都希望通过教学为实现性别平等作出贡献，使女性摆脱来自性别刻板印象的束缚[1]，并为女性进入传统上被认为是男性主导的学科领域提供支持。[2]

（二）体育教师

在教师聘任方面，现在意大利小学体育教师在法律和经济地位上与同级别的其他学科教师相同，且体育教师招聘方式已发生转变。过去，分开招聘男女教师，分配相应名额；如今，所有应聘者需统一参加笔试和口试，并根据成绩排名进行选拔[3]，从而确保不同性别的应聘者拥有平等的机会。

此外，"国家尊重教育计划"拨款300万欧元用于为每所学校培训至少1名教师从而克服有关不平等和偏见问题。[4] 意大利体育部、儿童和青少年权利保护机构以及运动与健康学院共同为教练和体育管理人员提供了《手册——在体育中保护未成年人的权利》（Vademecum-La Tutela dei Diritti dei Minorenni nello Sport），以提高他们的技能和确保所有儿童都能在健康和受保护的环境中参加体育运动。

学校体育教育实践不仅是一种教学活动，还承载着政治与文化的意义。体育课程作为学校课程的组成部分，能够成为进行性别平等实践的平台。然而，它也可能在无意中助长性别刻板印象。因此，我们需要进行充分的反思，以揭示并消除这些刻板印象，从而实现真正的性别平等。

---

[1] M. Parri, *Equità di Genere e Pratiche Trasformative in Educazione Fisica*, Bologna：Alma Mater Studiorum Università di Bologna, 2022, p. 248.

[2] "Vademecum-La Tutela dei Diritti dei Minorenni nello Sport," Dipartimento per lo Sport, https://www. sport. governo. it/media/3787/vademecum-la-tutela-dei-diritti-dei-minorenni-nello-sport. pdf.

[3] "Concorso 2023 per Docenti di Educazione Motoria nella Scuola Primaria," Ufficio scolastico regionale per l'Emilia-Romagna, https://www. miur. gov. it/web/guest/concorso-educazione-motoria.

[4] "Rispetta le Differenze. Piano Nazionale per l'Educazione al Rispetto," Ministero dell'Università e della Ricerca, https://www. noisiamopari. it/_file/documenti/EDUCAZIONE_AL_RISPETTO/Piano_Nazionale_ER_4. pdf.

第七章
加拿大学校体育

第一节　加拿大学校体育的产生与发展

一　加拿大学校体育的历史沿革

加拿大是一个相当年轻的国家，只有 200 多年的历史，有着全世界各个地区的移民，组成了一个多元化的社会。由于各个民族在相当大的程度上仍然保留自己的传统习俗，因此作为生活方式的一个重要组成部分的体育活动，也是绚丽多彩的。[①] 随着社会的不断发展，加拿大的学校体育也在发展。加拿大的学校体育发展大体分为以下几个阶段。[②]

（一）初期教育（19 世纪初至 19 世纪末）

加拿大（19 世纪初期的加拿大作为英国的殖民地是指当时的加拿大地区，即上加拿大和下加拿大）学校体育的初期教育主要集中在 19 世纪初，这一阶段的学校体育以户外游戏和体育锻炼为主，目的是培养学生的身体素质和让其养成良好的生活习惯。关于这一时期的学校体育，值得关注的点主要体现在以下几个方面。首先在教育体系方面，19 世纪初，加拿大的教育体系以公立学校和私立学校为主。在初期教育阶段，学校体育课程设置简单，以户外游戏和体育锻炼为主。其次在课程设置方面，在初期教育阶段，学校体育课程主要包括跑步、跳远、游泳等基本体育锻炼项目。这些项目有助于提高学生的身体素质和让其培养良好的生活习惯。不仅如此，还有一些传统的加拿大运动项目，如冰球和雪鞋竞走等。[③] 再次在教学方法

---

① 袁瑜：《加拿大学校体育的过去、现在和将来》，《学校体育》1992 年第 2 期，第 68~69 页。

② Morrow D., *A Concise History of Sport in Canada*, Toronto：Oxford University Press, 1989, p. 330.

③ 白银龙、舒盛芳：《加拿大体育战略演进的历程、特征与启示》，《沈阳体育学院学报》2020 年第 6 期，第 9~17 页。

方面，在初期教育阶段，加拿大的学校体育教学方法较为简单，主要依靠教师的示范和指导，让学生模仿和实践。随着教育理念的进步，其逐渐开始注重学生的自主参与和团队合作。又次在体育设施方面，当时的学校体育设施较为简陋，通常只有一片操场和一些基本的体育设备，如跳绳、铁饼、标枪等。随着社会经济的发展，学校体育设施逐渐得到改善，学校增设了篮球场、足球场等。最后在竞技比赛方面，当时学校体育比赛以校级和地区级为主。随着学校体育的发展，加拿大逐渐开始举办全国级的体育比赛，如加拿大全国中学生体育运动会等。

总之，在加拿大学校体育的初期教育阶段，虽然课程设置和设施相对简陋，但仍然为学生的身体素质培养和身心发展奠定了基础。随着教育理念的不断更新和发展，加拿大学校体育逐渐走向专业化。

（二）体育教育的兴起（19世纪末至20世纪初）

19世纪末至20世纪初，加拿大的学校体育发展状况经历了从萌芽到逐渐成熟的①阶段。在这一时期，加拿大政府对教育事业的投入力度不断加大，学校体育作为教育的重要组成部分也得到了相应的发展。在这一时期，加拿大政府实施了一系列教育改革政策，强调体育教育的重要性。这些政策规定，学校应将体育作为教育课程的一部分，以确保学生身心健康发展。同时，加拿大的学校开始设立系统的体育课程，包括田径、篮球、足球、排球等多种项目。这些课程旨在培养学生的体育兴趣，提高他们的身体素质，同时培养团队的合作精神和竞技精神。此外，随着对体育教育的重视，加拿大的学校纷纷改善体育设施，为学生提供良好的锻炼环境。许多学校设立了操场、健身房、游泳池等设施，以便于开展各类体育活动。在这一时期，加拿大的教育部门开始重视对体育教师的培训，设立了一系列教师培训课程。这使体育教师的专业素质得到提高，有助于学校体育教育水平进一步提升。在当时，随着学校体育的蓬勃发展，校际体育竞赛逐渐兴起。各学校之间开展各类体育项目的竞赛，不仅提高了学生的竞技水平，还促进了学校间的交流与合作。

总之，19世纪末至20世纪初，加拿大的学校体育得到了长足的发展。政

---

① 张鹏韬、韩玉蕾：《加拿大基础教育课程改革的历史脉络与时代特点》，《世界教育信息》2023年第10期，第3~14页。

府政策的支持、课程的设立、体育设施的改善、教师培训的专业化以及校际体育竞赛的兴起，共同推动学校体育教育繁荣。这一时期的学校体育为加拿大培养了一批批身心健康、素质优良的青少年，为国家的繁荣发展奠定了基础。

（三）学校体育与教育体制相结合（20 世纪初至 20 世纪中期）

20 世纪初至 20 世纪中期，加拿大学校体育经历了一系列变革和调整。首先是 20 世纪初至 30 年代，在这一阶段，加拿大学校体育以传统的英式体育项目为主，如田径、足球、橄榄球和曲棍球。体育课程主要由男教师授课，女性的参与度较低。此外，在这一时期，加拿大学校体育的发展受到了第一次世界大战的影响，战争使许多年轻人走上战场，体育教育也因此受到影响。① 紧接着在第二次世界大战结束后，加拿大学校体育逐渐恢复和发展。这一阶段的学校体育特点是从传统的英式项目向更多样化的项目转变，例如篮球、排球、游泳和冰球等。此外，随着加拿大社会的发展，学校体育逐渐面向全体学生，而非仅仅局限于精英运动员。女性在体育教育中的地位得到提高，越来越多的女性教练开始参与学校体育教育。各级政府和学校开始建立体育组织，如省际体育协会和学校体育联盟。体育课程和竞技活动得到标准化和正规化，校际比赛和锦标赛成为常态。

总之，20 世纪初至 20 世纪中期，加拿大学校体育发展经历了从传统到多样化、从精英导向到全民参与的演变。在这一过程中，学校体育逐渐与教育体制的其他方面相结合，关注学生的全面发展和个体差异。随着加拿大社会的发展和教育理念的变革，学校体育将继续拓展和创新，以适应不断变化的教育需求。

（四）加大学校体育的推广和投资（20 世纪中期至 20 世纪末）

20 世纪中期至 20 世纪末，加拿大学校体育在推广和投资方面取得了一定的发展。在这段时间里，加拿大政府开始重视学校体育教育，认为体育对于学生的身心健康和全面发展具有重要意义。因此，各级政府纷纷出台政策，推动学校体育普及和发展。② 同时，随着政策的支持，加拿大政府在教育经费中划拨一定比例用于学校体育设施建设和体育项目推广。此外，各级政府、社会组织和私人企业也会捐赠资金和器材，支持学校体育事业。

---

① Kidd. B. , *The Struggle for Canadian Sport*, Toronto：Lniversity of Toronto Press，1996，p. 258.

② Thiballt L. , Havery J. , *The Evolution of Federal Sport Policy from 1960 to Today*, Ottawa：University of Ottawa Press，2013，p. 35.

同时，在这一时期，加拿大的学校体育开始走向多元化，增加了许多新的体育项目，如极限运动、瑜伽等。学校体育设施得到改善，许多学校配备了现代化的体育场馆和器材。这一时期的学生还获得了更多参与和比赛的机会。因此，学校体育在这一时期得到了更广泛的推广。

（五）体育教育改革和多样化（20 世纪末至 21 世纪初）

20 世纪末至 21 世纪初，加拿大学校体育发展经历了许多变化和面临许多挑战，教育政策和体育课程也在进行改革。在此期间，加拿大政府对教育政策进行多次调整，强调全面素质教育，提倡身心健康、终身学习的教育理念。这使学校体育教育逐渐得到重视，体育课程内容更加丰富，为学生提供了更多选择。为了适应现代社会的发展需求，加拿大的学校体育课程进行了一系列改革，注重培养学生的体育素养、运动技能和团队精神。同时，体育课程强调运动与健康的关联，提倡健康的生活方式。

在这段时间里，加拿大的学校体育竞赛体系逐渐完善。各年级、各地区之间的体育比赛丰富多彩，激发了学生参与体育活动的热情。同时，选拔性比赛和锦标赛，也为优秀运动员提供了展示才华的平台。除了校内体育竞赛外，加拿大的学校还鼓励学生参加校外体育活动。例如，社区体育俱乐部、夏令营等活动有助于培养学生的体育兴趣，提高学生的运动水平。同时，加拿大学校体育教育重视多元文化，尊重各民族的传统和习俗。体育课程中融入不同文化元素，促进文化交流和民族融合。还有，值得关注的一点是，在这段时间里，加拿大学校体育教育逐渐实现性别平等。女性运动员获得了与男性平等的参赛机会和教育资源，女子体育项目得到全面发展。

总之，20 世纪末至 21 世纪初，加拿大学校体育教育取得了一系列成果。通过政策调整、课程改革、师资培训等方面的努力，加拿大的学校体育教育不断完善，为学生提供了更加全面、多样化的体育教育体验。

（六）当代趋势和挑战（21 世纪）

当代学校体育在技术的影响下不断演进，如电子计分板、视频分析和在线资源的使用。学校体育继续关注健康、包容性、性别平等和体育科研等方面的重要问题。[①] 除这些以外，加拿大的学校体育继续朝着专业化和多

---

① Morrow D., *A Concise History of Sport in Canada*, Toronto: Oxford University Press, 1989, p. 330.

元化方向发展。一方面，加拿大的学校体育注重培养学生的身体素质和体育素养；另一方面，加拿大的学校体育开始关注学生的心理健康和社交能力。此外，加拿大的学校体育促使学生积极参与国际赛事，如奥运会、世界大学生运动会等。

总之，加拿大学校体育的历史沿革反映了加拿大教育体系的发展和社会变迁。从最初的注重传统文化和身体素质培养，到现代的专业化和多元化发展，加拿大学校体育为学生的身心健康和全面发展做出了贡献。

二　加拿大学校体育的思想变迁

加拿大学校体育的思想变迁与加拿大学校体育的历史沿革是紧密联系在一起的，因为不同时期的学校体育思想会影响到学校体育的发展变革，那么同样，不同时期的学校体育的发展变化也会对学校体育思想造成一定的影响。因此，加拿大学校体育思想的变迁主要可以分为以下几个阶段。

（一）19 世纪初至 19 世纪末：体育与军事训练

19 世纪初，加拿大的教育改革兴起，强调体育锻炼在教育中的重要性。[1] 一些教育家提倡全面发展教育，认为体育、智育、德育等方面应均衡发展。到了 19 世纪中叶，加拿大的体育与军事训练受到德国体操运动的影响。德国体操强调体质教育、纪律性和团队合作，对加拿大的体育与军事训练产生了深远影响。19 世纪末，加拿大的女性开始参与到体育与军事训练活动中。尽管当时社会对女性参与体育仍有偏见，但一些开明的教育家和女性主义者积极推广女性体育，认为女性同样需要体育锻炼以促进身心健康。同时，加拿大的体育与军事训练开始关注竞技体育和军事竞赛。学校和企业纷纷组建体育队伍和军事团体，参与各类比赛。这有助于提高运动员和士兵的技能和战斗力，同时增强了国民的团结和爱国精神。总之，早期加拿大学校的体育教育主要关注军事训练，体育教育的目标是培养学生的纪律性和身体素质。当时，学校体育被视为一种准备让年轻男性参与国防事务的手段。体育课程的重点在于锻炼学生的体能，提高他们的体质，以便他们在战争中能够为国家服务。

---

[1]　陈玉忠：《加拿大体育政策的特点及启示》，《上海体育学院学报》2014 年第 1 期，第 36~40 页。

（二）19 世纪末至 20 世纪初：身体发展和竞技

在这一时期，加拿大的学校体育重视学生的身心全面发展。教育家认为，体育锻炼对于提高学生的体质、增强体能、塑造良好的道德品质和培养社交能力具有重要意义。因此，学校体育课程逐渐涵盖各类运动项目，如田径、球类、游泳、体操等，以满足学生在身体发展方面的需求。加拿大的学校开始逐渐重视学生的身体发展，认为体育不仅仅是为国防事业服务，体育开始被纳入学校的正式课程。此外，加拿大的学校体育开始关注竞技体育。教育家认为，竞技体育有助于培养学生的团队合作精神、竞争意识和领导力。此外，竞技体育还能提高学生的体育技能，为国家和民族培养高素质的运动员。因此，许多学校成立了体育队伍，参与各类竞技比赛。学校体育开始注重竞技，组织校际比赛和锦标赛。

（三）20 世纪中期：全面发展和团队体育

20 世纪中期，体育教育思想发生变化，国家逐渐认识到培养学生身体素质的重要性，于是，加拿大学校开始强调全面发展。体育不再仅仅是竞技，还包括个人发展、团队合作和身体健康。体育课程涵盖各类运动项目，如田径、球类、游泳、体操等，旨在促进学生在身体、心理和社会适应能力等方面全面发展。在这一时期，加拿大的学校体育重视团队体育。团队体育有助于培养学生的团队合作精神、领导力和沟通能力。各类学校纷纷组建体育队伍，参与各类竞技比赛，以提高学生的团队协作能力。总之，20世纪中期，加拿大的学校体育在全面发展和团队体育方面取得了显著成果。这一时期的学校体育思想为后世训练模式的发展奠定了基础，为培养具有身心健康和团队精神的国民做出了贡献。

（四）20 世纪末：包容性和多元文化体育

20 世纪末，学校体育思想进一步演变，开始关注包容性。在这一时期，加拿大学校体育强调包容性，使具有不同背景、性别、能力和种族的学生都能参与其中。教育部门制定了一系列政策，以确保所有学生都能享有平等的体育锻炼机会。这种包容性有助于促进社会和谐，减少歧视现象。加拿大学校体育开始重视多元文化体育。教育部门将各种文化背景的体育项目纳入课程，使学生能够了解和参与到不同文化的体育活动中。这有助于培养学生尊重和欣赏多元文化的素养，提高加拿大的文化包容性。学校体育教育在这一时期的一个突出特点是开始适应残障学生和多元文化学生的需求。体育课程不仅包括传统的西方运动项目，还包括东方的运动项目，如太极拳、瑜伽等。学校体育教育的目标逐渐转向培养学生的文化素养和人际交往能力。

（五）当前趋势：STEM 和健康教育

当前，加拿大的学校体育进入一个全新的发展阶段。STEM 教育是指科学（Science）、技术（Technology）、工程（Engineering）和数学（Mathematics）领域的教育。它强调跨学科知识整合，培养学生的创新能力、批判性思维和问题解决能力。学校体育教育逐渐将科学、技术、工程和数学（STEM）元素融入课程，鼓励学生探索与体育相关的科学知识。[①] 健康教育思想强调培养学生的身心健康，提高生活和健康素养水平。在加拿大的学校体育中，健康教育思想主要体现在终身运动理念、心理健康教育、营养教育、疾病预防与安全教育以及健康生活方式推广等方面。

总的来说，加拿大的学校体育思想在过去 100 年里发生了很大的变化。从最初的注重身体健康和军事素质，到后来的注重学生的全面发展和个性培养，再到注重学生的多元文化和包容性，加拿大的学校体育教育一直在不断发展。

第二节　加拿大学校体育的结构、功能与目标

一　加拿大学校体育的结构

学校体育是学校教育的重要组成部分，学校体育结构的划分合理有利于学校教育的科学发展，学校体育的结构一般而言以时间序列划分为学前教育阶段体育、初等教育阶段体育、中等教育阶段体育和高等教育阶段体育四个部分，并根据每个部分学生的身心发展特点指出每个部分体育的主要特点和重点，这种划分方式比较普遍。在加拿大，学校体育的结构因省份和地区而异，但一般而言，它包括以下组成部分。

第一是教育部门和政策制定机构。每个加拿大省份和地区都有自己的教育部门，负责制定和实施教育政策，涉及体育教育。关于教育政策制定机构，这些机构负责制定学校体育的政策、标准和指南。在加拿大，一些

---

① 李刚：《改变 STEM 教育故事 面向 STEM 教育未来——第六届国际 STEM 教育大会（2021）述评》，《数学教育学报》2022 年第 3 期，第 88~93 页。

省份采用"省级体育教育协会"或类似的机构来协助制定政策。

第二是学校。学校是学生体育活动的主要场所。从小学到中学再到大学，学校都提供体育教育、体育活动和竞技体育的机会。此外，每个学校通常隶属于一个教育委员会，这些委员会负责管理学校的事务，包括体育教育。

第三是体育教育课程和体育团队和活动。体育教育课程通常是由省级和地区级教育部门设计，以确保符合特定的教育标准和政策。同时，学校通常雇用经过专门培训的体育教师，他们负责教授体育课程和指导学生。关于体育团队和活动，首先是体育团队，学校通常组织各种体育团队，包括足球、篮球、排球、田径、冰球等。这些团队向学生提供参与体育竞技的机会。其次是体育活动，学校举办各种体育活动，如比赛、锦标赛、体育日等，鼓励学生积极参与体育活动。

除以上这些部分之外，还包括校际体育联赛和资源。其中校际体育联赛在某些省份设立，并且负责协调和管理学校体育活动，组织比赛和锦标赛。在资源方面，教育部门和学校董事会负责分配资源，包括体育设施、装备、教材和培训资料。对于高水平竞技体育，一些学校支持高水平竞技体育项目，为优秀运动员提供专门的培训和竞争机会。

这是对加拿大学校体育结构的一般概述。但是，在加拿大，具体的结构和政策可能因省份和地区而异，因此，研究和了解特定地区的体育体系是非常重要的。[①]

二 加拿大学校体育的功能

学校体育的功能是指在一定的环境和条件下，学校体育所能发挥的有效作用或效能。加拿大学校体育在教育体系中发挥多重功能，包括学术、身体健康、社交和情感发展等多个方面。以下是加拿大学校体育的一些主要功能。[②]

（一）促进健康的功能

在加拿大，学校体育促进健康的功能首先表现在促进身体健康方面，

---

① 陈辉：《加拿大安大略省学校体育发展的特点与启示》，《体育教学》2016年第11期，第41~43页。

② 吴兴德：《中国与加拿大体育教学比较的启示——访多伦多市部分中小学》，《体育教学》2010年第4期，第44~45页。

学校体育帮助学生维持身体健康，通过参与体育活动和运动，学生可以锻炼肌肉、增强心肺功能、提高身体灵活性和平衡感。这些锻炼有助于降低患病风险，提高生活质量，提高体能水平。其次是提高身体素养，体育活动培养学生的身体素养，包括协调、柔韧性、力量和耐力。此外，参加体育活动有助于培养学生健康的生活习惯，如规律作息、均衡饮食、戒烟限酒等。这些良好习惯有助于降低慢性疾病风险，提高生活质量。除了促进这些之外，体育活动还促进情感健康，体育活动能释放内啡肽，改善情绪，有助于减轻压力、缓解焦虑和抑郁等心理问题。体育锻炼还可以提高自尊心和自信心，增强应对生活挑战的能力。运动和体育活动可以帮助学生释放压力，促进情感健康。

（二）增进社交的功能

在学校体育的社交功能方面，首先是它可以促进社交互动，这得益于体育活动往往需要参与者分工合作，共同完成目标。在这个过程中，学生可以学会信任、支持和协作，培养团队精神。团队合作有助于学生建立深厚的人际关系，提高人际沟通能力。同时，体育活动为学生提供了社交互动的机会，建立友谊和社交关系，培养团队精神。其次是培养社交技能，体育活动为学生提供了一个实践社交技巧的平台。在活动中，学生可以学会与人沟通、建立友谊，以及处理人际关系。这些社交技能对于学生日后的生活和工作具有重要意义。因为学校体育团队活动教导学生合作、沟通、协调和共事，所以这些技能对学生非常重要。最后是丰富校园文化，学校体育赛事可以增强学校的活力和丰富校园文化，激励学生参与和支持学校体育。

（三）培养多元文化意识的功能

加拿大的学校体育项目往往涵盖各种文化和民族传统的运动项目，如冰球、曲棍球、原住民舞蹈等。① 通过参与这些活动，学生可以了解和尊重不同文化背景的同学，增强多元文化意识。此外，体育活动是一个促进文化交流的平台。在活动中，学生可以与不同文化背景的同学分享各自的文化习俗和价值观，从而增进对其他文化的理解和尊重。加拿大的学校体育活动还会鼓励学生与来自不同文化背景的同学合作，共同完成体育任务。

---

① 张凯：《加拿大初高中体育课程标准的研究》，北京体育大学硕士学位论文，2012。

这有助于学生提高跨文化沟通能力，培养多元文化背景下的合作精神。最后，加拿大的学校会在体育活动中穿插举办与文化相关的主题活动，如原住民文化活动、多元文化运动会等。这些活动旨在让学生更深入地了解和体验不同文化，增强多元文化意识。

以上这些功能促使加拿大学校体育成为学校教育中的重要组成部分，有助于培养学生的全面素养，促进身体健康和进行社交发展。

三　加拿大学校体育的目标

学校体育的目标是指在学校体育的整体中，在一定范围内，学校体育实践所期望达到的结果。学校体育的目标明确了学校体育工作的方向，是学校体育的出发点和归宿。学校体育的目标还为判断学校体育工作的正误，评价学校体育工作的效果优劣提供了依据和标准。[1] 一般来说，学校体育根据社会需要、学生身心发展的需要以及学校体育的功能确定目标。加拿大学校体育的目标主要包括以下几个方面。

（一）促进学生身体健康

加拿大学校体育的首要目标是促进学生身体健康。通过参与体育活动，学生可以锻炼身体，增强体质，提高身体素质。加拿大的学校体育课程包括有氧运动、力量训练、柔韧性训练等，有助于提高学生的耐力、力量、速度、灵敏性等。这有助于他们在面对日常生活中的身体挑战时更加从容。此外，通过学校体育课程的规范和要求，学生可以养成定期锻炼的良好习惯。这将有助于他们在成长过程中形成健康的生活方式，降低慢性病的发生率。最后体育活动能够帮助学生释放压力，改善情绪，增强自信心。这对于他们的心理健康具有重要意义。

（二）培养学生的团队合作精神

体育活动是培养学生的团队合作精神的重要途径之一。在团队运动中，学生需要与队友合作，互相支持，共同为团队的胜利努力。通过参与体育活动，学生可以提升与他人合作、沟通、协调和解决问题的能力，同时培养公平竞争的意识和精神。[2] 加拿大的学校体育课程包含许多团队运动，如

① 沈建华、陈融主编《学校体育学》，高等教育出版社，2010，第22页。
② 俞爱玲：《加拿大学校"高质量的日常体育活动计划"的启示》，《体育学刊》2006年第2期，第104~107页。

篮球、足球、橄榄球、曲棍球等。这些运动项目强调团队合作，让学生在实际比赛中体会到合作的重要性。通过参与团队运动，学生学会配合、协作、支持队友，共同追求实现团队目标。还有，在加拿大的学校体育课程中，教师通常会设计一些需要团队合作才能完成的任务，如集体项目、接力比赛等。这些任务鼓励学生在完成过程中相互支持、沟通和协作。通过合作完成任务，学生会体会到团队合作的力量，增强自己的团队意识。

（三）培养学生的领导才能

体育活动是培养学生的领导才能的重要途径。在体育比赛或训练中，学生可以扮演领导者的角色，带领团队取得成功。通过参与体育活动，学生可以锻炼自己的领导能力，学会领导他人，激励团队成员，并在压力下做出决策。加拿大的体育教练在训练和比赛中，会为学生提供领导能力的培训和实践机会。教练通过示范、指导和反馈，帮助学生掌握领导技巧，如激发队友的潜力、调动团队氛围、解决矛盾等。加拿大的学校会组织专门的领导力培训活动，如研讨会、讲座、工作坊等。① 这些活动邀请专家和成功领导者分享经验，帮助学生了解领导力的重要性，并培养他们的领导才能。

（四）培养学生的竞争意识和精神

加拿大的学校体育项目涵盖各种竞技体育，如篮球、足球、排球、田径等。通过参与这些竞技项目，学生能够在公平、公正的环境中体验竞争，培养强烈的竞争意识和拼搏精神。加拿大的学校还会组织校际体育比赛和联赛，让学生在真实的竞技环境中竞争。这些比赛有助于学生树立信心，敢于挑战，并在面对挫折时保持积极的心态。总之，体育活动在培养学生竞争意识和精神的同时，也教会他们正确看待竞争。在体育比赛中，学生需要克服困难，面对挑战，并追求取得最佳成绩。通过参与体育活动，学生可以学会正确对待胜利和失败，培养正面的竞争意识和精神，同时学会尊重对手和裁判员的决定。

（五）传承体育文化

加拿大学校体育致力于传承和推广本国及世界各地的体育文化，② 让学

---

① 居方圆、张震：《加拿大学校体育身体素养推展情形及启示》，《体育学刊》2020 年第 2 期，第 96～102 页。

② 俞爱玲：《加拿大学校"高质量的日常体育活动计划"的启示》，《体育学刊》2006 年第 2 期，第 104～107 页。

生了解和尊重不同国家和地区的体育传统，培养他们对体育的兴趣。首先，加拿大的学校体育课程为学生提供丰富的体育知识，包括体育运动的历史、规则、技巧等。学生通过学习这些知识，可以更好地了解体育文化，成为具有体育素养的公民。其次，加拿大的学校体育倡导多元文化，鼓励各民族间的体育文化交流。学生在学校体育活动中，可以结识具有不同文化背景的同学，增进相互了解和友谊。最后，学校体育课程还包括各种传统运动项目，如冰球、橄榄球、曲棍球等，致力于让学生通过学习和实践来传承体育文化。

总之，加拿大学校体育的目标是通过促进学生身体健康、培养学生的团队合作精神、培养学生的领导才能、培养学生的竞争意识和精神，以及传承体育文化，进而全面发展学生的身心素质。

第三节　加拿大体育教学

一　加拿大体育教学目标

体育教学目标是教学过程中师生预期达到的学习结果和标准。在体育教学过程中，教学内容组织与安排、教学方法与手段的选择、学生的学习活动等均围绕体育教学目标展开。[①] 体育教学目标一般具有导向性、层次性、系统性、灵活性、可操作性以及可测性。加拿大不同的学段有不同的体育教学目标。

（一）小学体育教学目标

小学体育教学目标主要是培养学生的基本运动技能，比如，通过体育教学，帮助学生掌握基本的运动技能，如跑步、跳跃、投掷、接球等。同时培养学生的团队合作意识，通过团队运动和合作游戏，培养学生与他人合作、沟通和协作的能力。还有就是要培养学生的运动兴趣，通过多样化的体育活动和游戏，激发学生的运动兴趣，培养学生积极参与体育活动的习惯。小学体育教学还注重培养学生的体育道德，教导学生遵守比赛规则，尊重对手、教练和裁判，树立正确的竞技观念。同时，强调团队合作精神，

---

① K. Hardman, K. Green, eds., *Contemporary Issues in Physical Education*：*International Perspectives*, London：Routledge, 2017.

培养学生的集体荣誉感。最后还要提高运动素养，通过体育课程，使学生了解运动生理学、运动心理学等基本知识，提高运动素养。同时，让学生了解运动在促进个人和社会发展中的重要性。

（二）初中体育教学目标

对于初中体育教学目标，首先是增强学生的体质，提高健康水平。通过科学的体育锻炼，促进学生生长发育，提高生理机能，增强抵抗疾病的能力。其次是培养体育兴趣，激发运动热情，初中体育教学要激发学生对体育的兴趣，培养学生积极参与体育运动的习惯。通过多样化的体育项目和方法，让学生在运动中享受乐趣，形成积极的体育态度。还要发展学生的运动技能，提高运动水平，初中体育教学要注重发展学生的运动技能，提高运动水平。根据学生的个体差异和兴趣，有针对性地进行技术指导，使学生在某一运动项目上具有一定的技能水平。也就是在小学阶段的基础上，进一步提高学生的运动技能，培养学生在不同体育项目中的表现能力。初中体育教育目标还包括培养学生的健康意识，通过体育课程，教授学生关于健康和健身的知识，培养健康的生活方式和良好的饮食习惯。[1] 最后是培养学生的领导才能，通过扮演团队运动领导角色，培养学生的领导才能和团队合作精神。

（三）高中体育教学目标

对于高中体育教学目标，第一是提高学生的运动技能和竞技水平，在初中阶段的基础上，进一步提高学生的运动技能和竞技水平，培养高水平的运动员和运动队。同时，教师也会根据学生的兴趣和特长，进行个性化的教学，以激发学生的潜能。第二是培养学生的竞争意识和精神，通过参加体育比赛和锻炼，培养学生正确看待竞争、尊重对手和遵守规则的精神。第三是培养学生的教练和裁判才能，通过学习体育规则和执法知识，培养学生成为合格的教练和裁判，为体育运动的发展作出贡献。第四是选拔和培养体育人才。对于具有较高运动水平的学生，学校会提供更多机会和资源，为他们进一步发展体育特长创造条件。

---

[1] J. F. Sallis, T. L. McKenzie, M. W. Beets, "Physical Education's Role in Public Health: Steps forward and backward over 20 Years and Hope for the Future," *Research Quarterly for Exercise and Sport*, 2012, 83 (2): 125-135.

二 加拿大体育教学设计

教学设计是运用系统方法分析教学问题，确定教学目标，建立解决教学问题的策略方案，评价施行结果和对教学方案进行修改的过程。[1] 它是以优化教学效果为目的，以传播理论、学习理论和教学理论为基础，通过一套具体的操作程序来协调、配置，使各教学要素有机结合的计划过程。加拿大体育教学设计在不同的学段有不同的特点。

（一）小学体育教学设计

加拿大的小学体育教学设计注重培养学生的身体素质、运动技能和健康生活方式。体育课程内容丰富多样，涵盖个人运动、团体运动和户外活动等。在教学过程中，教师会根据学生的年龄、体能和兴趣设计适合他们的运动项目。加拿大的小学体育教师在进行体育教学设计时，首先非常注重学生的个体差异，尊重每个学生的能力和兴趣。教师会根据学生的不同需求，提供不同难度的运动项目，使他们在适合自己的难度水平上得到锻炼。比如，在教授篮球技巧时，教师会为不同水平的学生设置不同的练习任务，如基本传球、投篮和防守等。这样，每个学生都能在适合自己的情况下学习。

其次强调团队合作，鼓励学生在团体活动中相互配合、支持。教师会组织各种团体运动，如足球、篮球、排球等，让学生在实践中学会合作。例如，在足球比赛中，教师会让学生轮流扮演不同的角色，如前锋、中场和后卫等，以便让他们了解各个职位的职责，并学会在团队中发挥作用。

加拿大的小学体育教学设计旨在培养学生健康的生活方式，让他们了解运动对身心健康的益处。教师会通过各种活动和讲座，教育学生保持健康饮食、预防运动损伤等。在课堂上，教师会向学生介绍各种运动项目的正确姿势和技巧，以帮助他们避免运动损伤，并享受运动的乐趣。

最后，强调户外活动，鼓励学生在自然环境中锻炼身体。教师会组织各种户外活动，如徒步、骑自行车、野营等，让学生在大自然中体验运动的快乐。例如在秋天的课堂上，教师会组织学生进行户外徒步活动，让他们在欣赏美景的同时，锻炼身体和增强团队凝聚力。

---

[1] 沈建华、陈融主编《学校体育学》，高等教育出版社，2010，第133页。

总之，加拿大的小学体育教学设计注重培养学生的身体素质、运动技能和健康生活方式，通过丰富的课程内容和多样的教学方法，使学生在愉快的氛围中健康成长。

（二）初中体育教学设计

《加拿大初中体育课程标准》中的教学组织内容一共分为 14 部分。初一年级的有：运动技能、政策的选择、父母和监护人、学校和社区合作、包容和公平。初二年级的有：运动技能、区别对待、与居民社区合作、人身安全、保密原则。初三年级的有：运动技能、信息通信技术、版权和责任、强度的测量、打造积极的体育教学环境。这些信息有助于体育教师制订体育课程计划，从而来满足学生的学习需求。这要求让学生结合自身的实际情况选择符合自己的学习目标，其中强调家庭教育在学生人生观、价值观形成方面的重要性，家长或监护人应当在家庭教育中丰富、拓宽课堂教学内容。标准针对体育教师如何营造积极的课堂气氛给出了一些建议，如建立明确的活动规则，熟悉当地法律法规，在教学中和学生进行身体接触等。[1]

在教学设计上，从营造积极的课堂气氛出发，以学生为中心，以满足学生需求为目的，不要总进行竞技类项目，多进行与自然相关的项目，与技能表现相比，更强调技能的学习过程向学生提供自我评价的机会。从安全的角度看，在任何活动中强调热身运动和放松运动的重要性，教师在体育活动中遵循衣着佩戴的规则，在各种体育活动中为器械装上保护装置，同时确保学生熟悉活动规则和新的器材，选择其他教师、学生或志愿者，在对正在运动的学生进行保护的同时确保学生了解应急程序。从身体接触的角度出发，要告诉学生体育教学中身体接触的目的和好处。如果身体接触让学生不舒服，那么鼓励他们告诉体育教师。要学会了解学生的暗示，同时在体育课程中进行身体接触之前，要得到他们的允许，尽量避免在体育课程的示范中有身体接触。在保密原则的指导下，要求教师在教学中不用学生不愿意公开的学号，要让学生知道如果泄露了私人信息，那么他们会受到伤害。同时，告诉学生他们有权知道学校里保存的他们的信息。[2] 最

① 张凯：《加拿大初高中体育课程标准的研究》，北京体育大学硕士学位论文，2012。
② 张凯：《加拿大初高中体育课程标准的研究》，北京体育大学硕士学位论文，2012。

后在教学过程中尽量避免采集学生的私人信息，告诉学生他们的父母有权知道他们在学校的学习表现情况。

此外，建议教师在授课过程中逐步提升难度，从基础到复杂，循序渐进，以便学生能够更有效地吸收和理解课程内容。至于学校与社区的合作，标准要求学生不应仅限于在课堂上学习知识，而应更广泛地接触社会，尤其是接触那些拥有丰富文化遗产的原住民社区。同时，学校可以邀请社会各界人士参与课堂教学，使学生能够充分利用社会资源，拓宽学习视野，丰富学校的教学内容，并激发学生不同的思考模式。此外，学生还需掌握信息通信技术，并了解相关的版权法规。

（三）高中体育教学设计

在加拿大的高中教育阶段，体育课程设置与初中阶段存在显著差异。在高中，只有高一的体育课被设定为必修，而高二和高三的体育课则转变为选修性质，给予学生更大的选择自由。加拿大高中体育课程标准将体育课程内容划分为三大类别：一是个人或双人运动项目，二是游戏与竞赛类活动，三是随季节变化而设的活动项目。

具体来说，高中体育课程教学项目可以分为三大类，分别是单人和双人活动、游戏或者比赛以及条件类活动。单人和双人活动包括田径、格斗类活动、技巧类活动、体操和舞蹈。游戏或者比赛包括得分类、区域类、隔网对抗类、目标类和创新类的比赛。条件类活动主要包括夏天的活动、冬天的活动、水上活动和水下活动。[①]

高中体育理论课也是高中体育教学的重要组成部分。在体育课程中仅仅学习运动方面的知识，不利于学生全面发展。教学主要是培养学生认识和解决问题的能力，单一的体育方面的知识并不能满足学生和社会的需求，因此课堂教学应该更关注体育科目与其他科目的交叉和融合情况，从而培养全面发展的复合型人才。[②] 加拿大课程标准十分注重体育课程与其他课程的交叉和融合情况，并将其设为理论课的主要内容。加拿大高中体育理论课的具体内容为：在高一年级，让学生学习实用技术，制定生涯发展规划，学习第二语言英语，以及学习环境和可持续发展方面的知识；在高二年级，

---

① 王建新：《中学体育理论课教学论》，《江苏社会科学》2006年第S1期，第142页。

② 张凯：《加拿大初高中体育课程标准的研究》，北京体育大学硕士学位论文，2012。

主要让学生进行原始学习，接受性别公平教育以及学习信息技术；在高三年级，让学生接受多媒体教育，了解多元文化和反种族歧视，关注科学技术社会发展情况和特殊需求。

三　加拿大体育教学方法

体育教学方法是体育教学的基本要素之一，直接关系体育教学工作和教学效率。实践已证明，教师能否正确理解、选择和运用教学方法，对于教学活动顺利进行具有重要意义。

人们对体育教学方法概念的认识和界定在不同时期甚至同一时期具有差异性：从只注重体育教学过程中教师的作用，到关注学生主体地位和主体性的发挥；从重视教学的双边性，到更加深刻地理解和注重教学的整体性与师生的相互作用。这表明人们的认识正不断地接近体育教学方法的本质和属性。

一般来说，在体育教学中，教学方法包括学习指导法、动作练习法以及一般教育法。其中，学习指导法包括语言法、直观法、完整法、分解法、预防与纠正错误法；动作练习法包括重复法、变换法、持续法、间歇法、游戏法、比赛法、循环法；一般教育法包括说服法、榜样法、评比法、表扬法以及批判法。[①]

而在加拿大比较有名的教学方法还有易动教学模式：[②] 易动教学模式由六个教学环节组成，分别是教案准备、讲解示范、各站游戏、小结简评、应用比赛、总结评价。在教案准备阶段，教师根据教学内容，首先把全班分成4~6个学习小组，每组任命1~2名组长。如果没有足够的场地与器材，则把教学内容分到4~6个不同的游戏站点（4~6个有机相连的内容），各小组在规定时间内逐站轮换；如果有足够的场地与器材，各小组则不需要逐站轮换，而是在本站一直学习。然后，教师要打印游戏内容以及完成每个环节所需的时间，以供上课时各游戏站点使用。在讲解示范阶段，教师在场地中心地对教学内容进行必要的讲解示范，并简要说明如何应用易动模式的 PERIOD 六大要素进行学习。在各站游戏阶段，各组进站，由组长带领

---

①　沈建华、陈融主编《学校体育学》，高等教育出版社，2010，第133页。
②　朱维娜、路春雷、许晓健：《加拿大易动教学模式及其在我国义务教育阶段"体育与健康"课程中的应用》，《湖北文理学院学报》2023年第9期，第73~78页。

各组按照打印好的内容进行站内游戏活动。各组在规定时间内转入下一站或在本站继续活动，直到完成所有计划的内容。学生在做游戏时，教师应不断地观察，并针对各组进行必要的帮助。如果出现带有普遍性的重要问题（特别是在移动教学模式运用初期），教师可以在某一站（内容）结束时把全班集合到中心地，简明地进行讲解指正。在小结简评阶段，在所有游戏站学习结束后，全班到场地中心地集合并进行分享、反思、答疑、小结。在应用比赛阶段，应用比赛有意识地将在各站学到的内容运用到实际游戏比赛中，并在比赛中体现 PERIOD 模式的要求。比赛的分队可以各站的学习小组为队，在多场地同时进行，或通过小组合并成队相互比赛。在一段时间的比赛后，也可以让不同的对手进行比赛。在总结评价阶段，在应用比赛结束后，全班到中心地集合，进行分享、反思、答疑、总结。

四　加拿大体育教学评价

加拿大体育教学评价是指对学生在体育教育中的表现和进步情况进行系统性评估和反馈的过程。以下是几种加拿大体育教学的重要评价方法。

（一）多元化的评价

加拿大体育教学评价采用多种方式，包括标准化测试、形成性评估、学生自我评估和教师评估。这有助于全面了解学生的能力。其中基于标准的评估通常基于国家或省级体育教育标准以及学校或课程制定的学习目标。这确保了评估与预期的学习成果一致。此外，学生通常被鼓励参与评估过程，可以自我评估体育技能。这有助于培养学生的自我反思和自我管理能力。在教师评估方面，教师在评估过程中扮演重要角色，他们观察和评估学生的表现，然后提供反馈和建议，以帮助学生改进。加拿大重视体育教师的专业发展，教师需要不断更新自己的教学方法和理念，以适应教育发展的变化。这有助于提高体育教学评价体系的质量和水平。此外，加拿大是一个拥有多元文化的国家，体育教学评价体系充分体现了多元文化的特点。教师会根据学生的文化背景和民族特点，设计富有特色的体育活动，为学生提供展示自己才能的机会。

（二）注重社区体育资源的利用的评价

加拿大充分利用社区体育资源，鼓励学生参加各类体育活动和项目。通过这些活动，学生可以提高自己的运动水平，同时为评价体系增添更多实践性的内容。因为学校通常会与附近的社区体育设施建立紧密的合作关系，共同举办体育活动，这样不仅有利于评价学生参与社区活动的积极性，还可以评价学校与社区体育机构、俱乐部和志愿者之间的合作与联络情况。此外，通过参考社区体育项目，还可以评价学校提供的体育项目是否具有多样性，是否能满足学生的需求。

（三）注重学生全面发展的评价

加拿大的体育教学评价方式的一个主要特征就是在评价过程中强调学生的主体地位，以学生为中心，评价内容具有多样性，旨在评估学生在体育教育中的综合表现，促进他们全面发展。该评价方式主要包括以下几个方面。第一，技术技能：评价学生在各种运动项目中的技术技能水平，如奔跑、跳跃、投掷、游泳等。技术技能是运动员的基础，良好的技术技能有助于提高运动表现。第二，战术意识：评价学生在团队运动中的战术意识，如配合、防守、进攻策略等。战术意识是运动员在比赛中取得优势的关键。第三，身体条件：评价学生的身体素质，如力量、速度、耐力、柔韧性等。良好的身体素质是运动员发挥潜能的基础。第四，心理素质：评价学生在体育活动中的心理素质，如毅力、自信、自律、团队合作等。心理素质对运动员在逆境中的表现具有重要作用。第五，社交技能：评价学生在体育活动中展现的社交技能，如沟通、领导、协作等。社交技能对运动员在团队中的融入和领导力培养具有重要意义。第六，运动素养：评价学生的运动知识、运动文化和运动道德，如对运动规则的理解、体育精神的传承、公平竞赛的意识等。第七，学术表现：评价学生在学术方面的表现，如学习成绩、学习态度等。良好的学术表现有助于运动员全面发展。第八，全面发展：评价学生在体育教育中的全面发展情况，包括以上各个方面。全面发展是培养运动员的核心目标。

通过这种评价方式，教师可以全面了解学生在体育教育中的表现，找出优势和不足，有针对性地进行教学辅导。同时，该方式强调学生全面发展，这有助于培养学生在体育、学术、心理等各方面的综合素质。此外，该评价方式还有助于激发学生的运动兴趣，促进他们积极参与体育活动，为终身参与体育活动打下基础。

五 加拿大体育教学的本质与特征

关于体育教学的本质，我们可以理解为"体育教学是什么"：体育教学是在学生与体育教师的共同参与下，有目的、有计划的体育认识、身体练习、情感和交往活动。体育教学是师生双边活动，是教师对学生进行教育和技能传授的过程。

关于体育教学的特点，从普适性的角度来说，体育教学的特点有以下三点。第一，身体直接参与，学生直接从事各种身体练习，并进行身体运动。第二，体力与智力活动相结合，身体活动外观上是一种体力活动，实际上，身体活动过程是人的思维、情感、意志等活动的外显。各种身体活动的完成，都是体力活动与智力活动相统一的过程与结果。第三，身体承受一定的运动负荷，学生在进行各种身体练习的过程中，机体各器官、系统，尤其是运动系统、神经系统、心血管系统等积极参与活动，新陈代谢加快，能量消耗增加，身体疲劳感也随之产生。

对于加拿大体育教学的特征，我们通过分析加拿大体育课程可以发现以下内容。首先加拿大的体育教学突出初高中学生的个性化发展。加拿大在中学生体育课程标准中提到，学生可以根据自己的能力、生活习惯和文化背景选择自己喜欢的运动项目，制定符合自己实际情况的可以实现的学习目标。[1] 其次注重培养学生社会活动的能力。标准要求学生的学习不能仅仅局限于课堂内容，还要注重学生社会实践能力的培养，鼓励学生参与社会和社区举办的各种活动，多与社会接触，将课堂中学到的知识转化成实践知识，提高自己对社会的适应能力。最后和国内体育课程只注重培养学生的运动能力相比，加拿大的体育课程的内容更加丰富，学生可以参加社团活动、学校活动、社区活动、义务活动或调研活动等，在这些活动中发挥自己的特长和爱好。学生只要参加这些活动，并在达到一定的标准时，就会得到相应的学分。

第四节　加拿大体育课程

一　加拿大体育课程概述

想了解加拿大的体育课程，我们首先需要对体育课程的内涵有一个了

---

[1]　姜峰：《加拿大大不列颠哥伦比亚省 2007 年初中体育课程标准评析》，《西南大学学报》（社会科学版）2009 年第 5 期，第 4 页。

解。复旦大学体育教学部的网站上强调体育课程是大学生以身体练习为主要手段，通过合理的体育教育和科学的体育锻炼过程，以达到增强体质、增进健康和提高体育素养为主要目标的公共必修课程。

体育课程在加拿大更多的是指健康与体育课程。健康与体育课程是学校重要的必修课程，主要通过锻炼学生的身体素质，通过实施理论与实践相结合来达到学生身心健康的课程，是学校课程中重要的组成部分。对体育与健康的概念进行定义，各个国家都有自己的标准。而《大不列颠百科全书》将健康的概念总结为"使个体长期适应环境的身体、情绪、精神以及社会方面的能力"。加拿大的体育课程强调身体、心理、情感和社会发展的全面性，认为体育活动是学生整体教育的重要组成部分，鼓励学生形成终身参与体育活动的习惯，促进健康生活方式的养成。此外，其体育课程内容涵盖各种运动项目，包括个人运动（如游泳、田径）和团队运动（如冰球、篮球），以满足不同学生的兴趣需求。同时还注重基本运动技能的培养，如平衡、协调、速度、力量等，以及对特定运动技能的学习。最重要的是其体育课程还包括健康生活方式的教育、营养学、体适能训练等，以培养学生的健康意识。[1]

二　加拿大体育课程编制

当前，体育课程的设置模式主要有三种：第一，健康与体育课程教育相结合的模式；第二，健康与体育课程教育分设的模式；第三，健康与生命安全基础课程教育分设的模式。[2] 加拿大体育课程编制方式主要就是这三种。

（一）健康与体育课程教育相结合的模式

加拿大的健康与体育课程教育相结合的模式，被称为"综合健康体育教育"（Integrated Health and Physical Education，IHPE）。这种模式将健康教育和体育教育有机地融合在一起，旨在为学生提供全面、综合的健康和体育教育体验。该模式的优点是：第一，将"健康"概念明确地加入体育课

---

[1]　Matt J. Vollum, "The Potential for Social Media Use in K-12 Physcial and Health Educational," *Computers in Human Behavior*, 2014, 35: 23-35.

[2]　吴胜涛：《国外体育教学模式对我国体育课程发展的启示》，《教学与管理》（理论版）2015 年第 1 期，第 45~49 页。

程，有利于更深刻地理解体育课程的作用，有利于实现学校规定的健康教学目标，有利于学生形成正确的健康观和体育观；第二，健康与体育课相结合，有利于该课程地位的提高；第三，有利于提升体育教师的知识素养，提高体育教师的社会地位。该模式的缺点是：第一，对教师的要求过高，两种内容在教学方式差异较大对教师来说有一定的挑战性；第二，健康知识理论课很可能挤占活动课的时间，达不到预想的效果；第三，就加拿大现状而言，培养这样的教师有一定的难度。[①]

（二）健康与体育课程教育分设的模式

这是指健康课程与体育课程是两门不同的课程，教育部分别颁发健康课程标准和体育健康标准。其中，健康课程作为一门独立的课程，涵盖心理健康、营养学、安全教育、慢性病预防、药物滥用预防等方面的内容。目的是培养学生养成健康的生活习惯，提高身心健康水平。体育课程作为另一门独立的课程，主要培养学生的体育技能、身体素质和运动习惯。课程内容包括各类运动项目的教学和实践，如田径、游泳、篮球、足球等。该模式的优点主要体现在以下几个方面：首先，明确了教学任务，确保了体育活动的充足时间；其次，教师能够专注于各自的专业领域，更有效地实现教学目标；最后，将健康与体育作为独立科目分开设置，便于各自的发展和优化。然而，这种模式也存在不足之处：一方面，它可能导致师生难以认识到两门课程之间的内在联系；另一方面，体育课程被视为孤立的学科，学生可能无法理解其对于终身参与体育活动的重要性，这不利于提升体育课程的整体地位。

（三）体育与生命安全基础教育课程分设的模式

这种模式下体育课程的设计不仅涵盖了基本的运动技能训练，还融入了健康相关的教学内容，如健康饮食、个人卫生、人际交流等。而生命安全教育独立于健康与体育课程，它涵盖了安全意识教育、自然灾害预防、应对攻击行为和紧急情况的处理技巧。这种课程设置与将生命安全知识融入健康教育的模式有所不同，它特别强调生命安全的重要性，有助于提升学生对这一领域的关注，并增强其应对各种情况的能力。但是，由于缺乏

---

① 张亚亚：《加拿大安大略省小学健康与体育课程研究》，天津师范大学硕士学位论文，2019。

专门的生命安全课程教师，这些内容通常由体育教师负责教授，这无疑增加了体育教师的工作难度和挑战。不过，无论是将健康知识与体育活动融合还是独立设置，都表明体育课程不仅关注运动技能，还包括传授健康相关知识。[1]

三　加拿大体育课程资源的开发与利用

加拿大体育课程资源的开发与利用是为了支持学生在体育教育中的全面发展和体育技能的提高。下文梳理的关于加拿大体育课程资源的开发与利用的几种类型。[2]

首先是标准化课程开发和多元化的体育项目。加拿大各省和领地通常会设置标准化的体育课程，以确保教育质量和学习目标的一致性。这些课程通常基于国家或省级教育标准设置。此外，加拿大体育课程资源鼓励学校提供多样化的体育项目，包括传统体操、球类运动、水上运动、户外活动等。这有助于激发不同学生的兴趣。

其次是教材和教育资源开发。为支持体育教育，加拿大开发了专门的教材和教育资源，如教科书、在线模块、教学视频等。[3] 这些资源通常与课程标准和学生的年龄段相匹配。加拿大的体育教材和教育资源充分体现多元文化的特点，涵盖各种运动项目和活动，包括传统的西方运动如篮球、足球、排球等，以及东方运动如瑜伽、太极等。此外，还有一些针对特定人群和需求的体育项目，如针对残疾人的无障碍运动等。此外，体育教材和教育资源充分利用现代科技手段，如计算机、智能手机、互联网等，为学生提供丰富的学习资源和互动平台。学生可以通过在线课程、视频教程等方式，随时随地学习和提高运动技能。

再次是跨学科整合与专业发展和培训。加拿大的体育课程资源开发注重跨学科整合，将体育与其他学科相结合，如健康教育、社会学、心理学、生物学等。这种整合有助于为学生提供全面的教育体验，让他们在不同领

---

① 张亚亚：《加拿大安大略省小学健康与体育课程研究》，天津师范大学硕士学位论文，2019。

② C. D. Ennis, "Knowledge, Transfer, and Innovation in Physical Literacy Curricula," *Journal of Sport and Health Science*, 2017, 6（2）：134-138.

③ Michelle Kilborn, Jenna Lorusso, Nancy Francis, "An Analysis of Canadian Physical Education Curricula," *European Physical Education Review*, 2015, 21（3）：325-342.

域获得相关知识和技能。例如，在体育课程中，教师可能会引入健康教育内容，让学生了解运动生理学、运动心理学等方面的知识。为了实现跨学科整合，教师需要具备较高的专业知识，能够将不同学科的内容有机地融合在体育课程中。教育部门也会提供相应的培训和支持，帮助教师提高跨学科教学能力。加拿大政府高度重视对体育教育工作者的专业发展和培训。教育部门会定期组织培训活动，提高教师的教学技能和更新教育理念。

最后是体育设施和装备、学生参与和社区合作、健康教育和身体素质，以及评估和反馈这几个方面的情况。学校通常拥有适当的体育设施和装备，以支持不同类型的体育活动。这包括体育场馆、游泳池、体育器材等。同时，学校鼓励学生积极参与学校体育活动，如体育队、俱乐部活动和比赛。还有与社区合作，利用社区资源，如体育场馆和专业教练，丰富体育课程内容。在健康教育和身体素质方面，体育教育资源通常包括健康教育，强调身体健康和健康生活方式的重要性。在评估和反馈方面，学生的体育教育表现通常要被评估，以进行反馈，进而改进。

这些要点强调加拿大体育课程资源的多样性和综合性，旨在支持学生在体育教育中全面发展。资源的开发与利用旨在提供有意义的教育经验，让学生培养健康的生活方式和进行积极的社会参与。

四　加拿大体育课程改革的发展趋势

加拿大体育课程改革一直处于不断发展和演变之中，受到多种因素的影响。梳理文献可以发现加拿大体育课程改革呈现以下发展趋势。①

（一）多元化的体育项目

加拿大体育课程越来越强调提供多样化的体育项目，以满足不同学生的兴趣需求。体育课程注重让学生接触多种类型的体育项目，包括传统运动项目（如篮球、足球、排球等）和非传统运动项目（如攀岩、瑜伽、舞蹈等）。这种多样性有助于激发学生的兴趣，让他们在体育课程中找到自己喜欢的运动项目。同时，体育课程会根据不同季节设置相应的运动项目。例如，在冬季，课程会引入滑雪、冰球等冬季运动项目；在夏季，课程会

---

① D. Kirk, "Physical Education, Youth Sport and Lifelong Participation: The Importance of Early Learning Experiences," *European Physical Education Review*, 2010, 16 (2): 117-134.

设置游泳、田径等夏季运动项目。这有助于培养学生适应不同季节的运动习惯。此外，多元化的体育项目趋势还表现为注重满足不同年龄段的学生的需求。针对小学生，课程会设置一些简单易学的运动项目，如跳绳、踢毽子等；针对初中生，课程会引入更具挑战性和竞争性的运动项目，如篮球比赛、田径比赛等；针对高中生，课程会提供更多专业化的运动项目，如羽毛球、跆拳道等。

（二）对健康和身体素质的强调

加拿大体育课程改革重视提高学生的身体健康水平，强调运动对身体健康的积极影响。通过各种运动项目，教育部门希望培养学生具有良好的心肺功能、强大的肌肉力量和柔韧性。体育课程改革同样关注学生的心理健康，认为运动对缓解压力、提高自信心和培养团队合作精神等方面具有积极作用。课程设置有助于培养学生积极向上的心理素质。体育课程改革还强调营养教育的重要性，教育部门会在课程中传授营养知识，让学生了解如何保持健康的饮食习惯。这有助于培养学生具有良好的生活习惯，提高他们的身体素质。课程标准以及课程目标都注重学生健康以及身体素质的重要性，这些都反映了对学生全面健康的重视。

（三）跨学科整合

加拿大体育教育越来越强调与其他学科的整合，以促进跨学科学习，如生物学、物理学、心理学等。这有助于学生更好地理解运动项目背后的科学原理，提高体育课程的学术含量。同时，体育课程改革致力于培养学生的综合素质，将体育与文学、艺术、社会学等学科相结合。这有助于培养学生成为全面发展的人才，提高他们的社会适应能力。加拿大的体育课程改革还引入项目式学习方法，让学生通过实际操作和探究来学习体育知识。这种方法有助于将体育与其他学科的知识和技能相结合，提高学生的综合运用能力。总之，体育教师在进行体育教学时，不仅教授体育方面的知识，还注重对其他学科的引入与学习。

（四）科技应用和包容性教育

科技在体育教育中的应用成为一个发展趋势，包括在线教育资源、虚拟现实技术、应用程序等，以增强教学和学习体验。[①] 这具体表现在随着科

---

① 梁瀛尹：《加拿大安大略省高中课程设置研究》，西南大学硕士学位论文，2015。

技的发展，越来越多的体育课程采用数字化教学资源，如在线教学平台、教育 App、多媒体教材等。这些资源可以帮助教师和学生更好地了解运动技能、理论知识以及体育赛事等内容，提高教学效果。同时，智能设备如心率监测器、运动手环、智能健身器材等在体育课程中的应用越来越广泛。这些设备可以实时监测学生的运动数据，为个性化教学提供依据，帮助学生更好地掌握运动技能和调整锻炼计划。加拿大体育课程改革越来越强调包容性教育，确保体育教育对各种学生，包括残疾学生和不同文化背景的学生，都具有可访问性。针对有特殊需求的学生，加拿大体育课程改革注重提供个性化、多样化的锻炼方式，帮助他们充分参与体育活动，提高身体素质。

这些趋势强调加拿大体育课程不断演变，以适应不断变化的学生需求、社会价值观和应对教育挑战。这些变化有助于提供有意义的体育教育，让学生培养健康的生活方式和进行积极的社会参与。

第五节　加拿大体育教师

一　加拿大体育教师工作概述

加拿大体育教师在学校体育教育中扮演关键角色，他们负责教授体育课程、指导学生参加体育活动和促进身体健康。以下是关于加拿大体育教师工作的概述。首先是教育要求方面，加拿大体育教师通常需要具备相关的教育背景和教育认证。通常，他们需要拥有本科或硕士学位，主修体育教育或相关专业。其次，他们需要获得教育认证，合法地教授体育课程。最后，他们在多方面发挥重要作用，在体育课程教学方面，体育教师负责设计和教授体育课程，包括课堂教育和体育活动。他们教授学生各种体育运动技能和健康相关主题知识。在学生指导方面，体育教师在学生体育活动中扮演导师和指导员的角色。他们组织和指导学校体育团队、校际比赛和锦标赛，并鼓励学生积极参与。在体育设施管理方面，体育教师通常负责管理学校的体育设施，确保它们的安全和适用性。他们可能需要安排体育比赛和活动的场地。在课外活动方面，体育教师经常参与学校体育课外活动，如俱乐部、锦标赛、体育日等的活动，以提供额外的体育活动机会。

在学生评估方面，体育教师需要评估学生的体育技能和参与度，为学生提供反馈并记录他们的表现。在培训和发展方面，体育教师通常需要不断接受培训和进行专业发展，以保持对最新体育教育方法和趋势的了解。在体育教育政策遵守方面，体育教师需要遵守加拿大教育政策和体育教育标准，确保他们的教育实践合法合规。在身体健康推广方面，体育教师在学校扮演身体健康推广者的角色，他们鼓励学生采取健康的生活方式，包括锻炼和饮食方面。在社交互动方面，体育教师与学生、家长和同事之间进行积极的互动，鼓励学生参与体育活动。

加拿大体育教师在学校教育体系中起着至关重要的作用，他们不仅教授学生体育技能，还促进学生身体健康，具备团队合作能力和领导力。他们需要具备专业知识、教育背景和关心学生身心健康。

二　加拿大体育教师的职业特点

加拿大体育教师的职业特点反映了他们在学校体育教育中的独特地位和作用。关于加拿大体育教师的职业特点，主要有以下几个方面。

首先，加拿大体育教师具有教育专业背景，包括拥有本科学位或硕士学位，以及得到相应的教育认证。这使他们具备教育和教学的专业知识。体育教师在学校中扮演综合性角色。他们不仅是体育教育者，还是体育指导员、导师、赛事组织者和体育设施管理员。体育教师的工作不仅包括教授学生各种体育运动和技能，如篮球、足球、游泳等，还帮助学生掌握这些技能，并促进他们的运动能力提高。

其次，加拿大体育教师会负责组织和指导学校体育团队，参与校内和校际比赛，促进学生参与竞技体育活动。同时，他们会培养学生的身体健康素养，体育教师主要通过体育课程和活动，培养学生的身体健康意识。他们强调运动对身体的积极影响。[①] 他们还需要进行社交互动，体育教师与学生、家长和同事之间进行积极的互动，鼓励学生积极参与体育活动。

最后，体育教师需要遵守加拿大的教育政策和体育教育标准，确保教育实践合法合规。在职业发展方面，体育教师通常会积极参加职业发展和

---

①　尹志华、汪晓赞：《美、加、爱体育教师专业标准建设的经验与启示》，《体育学刊》2019年第 2 期，第 105~112 页。

培训项目，以保持对最新体育教育方法和趋势的了解。最重要的一点是，体育教师在教育中肩负着培养学生全面素养、团队合作能力和领导力的使命，不仅关注体育技能，还注重学生的价值观和道德教育。体育教师还会进行身体健康推广，在学校扮演身体健康推广者的角色，他们鼓励学生采取健康的生活方式，包括锻炼和饮食方面。

加拿大体育教师的工作性质和特点反映了他们在学校体育教育中的多种角色定位，旨在促进学生身体健康和全面发展。他们需要具备专业的知识、教育背景和热情，以履行这一职责。

三 加拿大体育教师的职业素养

加拿大体育教师需要具备一系列职业素养，以胜任他们在学校体育教育领域的工作。

加拿大体育教师需要具有教育专业知识，体育教师需要深刻理解体育教育领域的专业知识，包括体育技能、运动生理学、教育心理学和教学方法。这有助于教师更好地指导学生，预防运动损伤，并提高运动表现。体育教师教育专业课程包括教育学、心理学、教学方法、课程设计等方面的知识。这些课程有助于体育教师了解学生的需求、完善教学计划和采用适当的教学方法。

体育教师要有一定的教育背景，通常需要拥有相关教育学位，如体育教育学士或硕士学位，并获得教育认证。[①] 同时，在加拿大，体育教师需要取得相应的教师资格证。这意味着教师需要通过相关考试，证明自己具备教育专业知识和教学能力。教育技巧也是体育教师应该具备的，体育教师需要具备有效的教育技巧，涉及课堂管理、课程设计、评估和反馈。

同时，体育教师要具备沟通能力，他们需要具备良好的沟通能力，能够与学生、家长和同事建立积极的关系，有效传达教育信息。除了这些以外，体育教师在学校体育团队中发挥关键作用，因此需要强调团队合作和领导能力。他们还会作为学生的榜样，展示健康的生活方式和良好的道德价值观。在对学生关怀方面，体育教师需要关心学生的身体健康情况和进

---

① 李亚川、江甦：《加拿大职前体育教师专业标准的分析与启示》，《体育世界》（学术版）2019年第12期，第130~131页。

行全面发展，鼓励学生积极参与体育活动。在事业发展方面，他们会不断追求事业发展，参加相应的培训和研讨会，以保持对最新教育理念和教育趋势的了解。加拿大体育教师还被要求学会尊重多样性，其中，多样性涉及性别、文化、宗教，并提供包容性教育。最后，对体育教师来说，关注身体健康也是他们的职业素养之一，他们应该强调身体健康的重要性，并且尊重健康的生活方式。

这些职业素养使加拿大体育教师能够履行职责，为学生提供高质量的体育教育和身体健康支持。他们的工作对学生的全面发展和身体健康具有积极影响。

四　加拿大体育教师的专业发展

加拿大体育教师通过专业发展机会不断增加自己的教育领域知识，以保持进行体育教育的最新最佳实践。加拿大体育教师通常会通过以下途径提高自己的专业水平。[1]

（一）教育学院和课程

为了成为合格的体育教师，个人通常需要在加拿大的教育学院完成本科或硕士学位学业，并获得相应的教育认证。这些学校提供专门的教育课程，教授体育教育专业知识和教育技巧。例如，著名的有阿尔伯塔大学（University of Alberta）的体育与休闲研究专业、卑诗省理工学院（British Columbia Institute of Technology，BCIT）的体育与健康促进专业、布鲁克大学（Brock University）的体育与运动科学专业。这些学院和大学的体育教育课程通常涵盖以下领域。第一，教育学：包括教育理论、教育心理学、教学方法等。第二，体育学科知识：如运动生理学、运动心理学、生物力学等。第三，健康教育：包括健康促进、疾病预防、营养学等。第四，运动管理：包括体育产业管理、运动营销、赛事管理等。第五，教学实践：通过实习、观摩等途径，培养学生的教学能力。

（二）继续教育和专业协会

继续教育是加拿大教师专业发展的重要组成部分。各级政府和教育部

---

[1]　安涛、鲁长芬、胡海、罗小兵：《英国、加拿大、新加坡体育教师培养模式对我国体育免费师范生培养模式的启示》，《北京体育大学学报》2015 年第 10 期，第 103~108 页。

门都提供了一系列继续教育项目和资源，以帮助教师提高教育教学能力，适应教育领域的变革。体育教师通常需要参加继续教育课程和培训，以保持对最新的教育和体育趋势的了解。继续教育项目涵盖多个领域，如课程设计、教学方法、教育技术、学生评估等。这些课程可能包括教学方法、体育科学、心理学和健康教育等内容。同时，体育教师可以加入专业协会，如加拿大体育教育协会（Physical and Health Education Canada，PHE Canada），这些协会为体育教师提供专业发展机会、资源和网络。协会通常组织年度会议、研讨会和研究项目，以推动体育教育发展。此外还有各省份和地区教师协会，如安大略省教师联合会（OSSTF）、不列颠哥伦比亚省教师协会（BCTF）等。这些协会致力于为本省份或地区的教师提供专业支持和权益保障。

（三）研究创新和教育技术

体育教师可以参与体育教育领域的研究和创新项目，以提高教育质量。这可能包括编写体育教材、开展研究、撰写学术论文或参与教育政策制定。此外，许多加拿大体育机构定期举办专业发展项目，如研讨会、讲座和实地考察等。这些项目旨在帮助体育教师了解最新的教育理念和实践成果，激发他们的创新思维。教师可以借此机会与其他教育工作者交流，分享经验和心得，提高自己的教育教学能力。同时，教育技术在体育教育中起着越来越重要的作用。体育教师可以通过学习和应用教育技术工具，如在线学习平台、视频分析工具和应用程序，提高教学效果。

（四）跨学科合作和学术进修

体育教师可以积极与其他学科的教师合作，以促进跨学科教育，将体育与其他学科整合起来，使教育内容更为综合。体育教师还可以与学校内部的其他教师、校外的教育机构、体育组织开展合作，共同探讨和创新体育教育领域的问题。这种合作可以为教师提供多元化的视角和资源，有助于推动研究创新。在学术进修方面，有些体育教师可能选择追求获得硕士学位或博士学位，以深入研究体育教育领域的问题，并在学术界或管理层拥有更高的地位。此外，加拿大体育机构为体育教师提供专业发展项目，如教育培训、课程设计、教学方法等。这些项目有助于教师了解最新的教育理念和实践成果，提高教学能力。加拿大体育教师也会与国际学术机构和同行建立学术交流与合作关系，共同开展研究项目，拓宽研究视野，提高自身在国际学术领域的地位。

总之，对于加拿大体育教育，体育教师可以通过不断地学习、专业发展和实践，提高教育和领导能力，为学生提供更好的体育教育和促进身体健康。

第六节　加拿大学校课余体育

一　加拿大学校课余体育的概念

加拿大学校课余体育是指学生在学校之外，通常在下课后、周末或假期时间，积极参与体育活动。参与体育活动通常是自愿的，不是学校体育课程的一部分。课余体育的目的是鼓励学生保持健康的生活方式、培养运动技能、促进社交互动以及享受体育和锻炼的乐趣。[1]

课余体育的概念包括以下关键要点。第一，自愿性：课余体育是学生自愿参与的，不受强制要求。学生可以根据自己的兴趣和喜好选择参与的体育活动。第二，多样性：课余体育涵盖多种不同类型的体育活动，包括团队体育、个人运动、户外活动、健身和休闲运动等。第三，促进健康：课余体育旨在帮助学生保持身体健康，提高体质，减轻压力，促进心理健康。

在加拿大，课余体育活动通常由学校、社区体育俱乐部、家庭和其他组织提供。这些活动有助于学生保持健康的生活方式，培养全面的个人素质，同时为社区提供丰富多彩的体育和娱乐选择。

二　加拿大学校课余体育的地位

加拿大学校课余体育的地位受到多种因素的影响，包括教育政策、社会需求和资源分配。加拿大学校课余体育在教育体系中具有很高的地位。以下是关于加拿大学校课余体育的地位的概述。

（一）全面素质教育的重要组成部分

加拿大学校教育高度重视学生的身心健康，课余体育活动被视为培养学生全面发展的重要手段。通过参与体育活动，学生可以锻炼身体，培养团队

---

[1]　郝荣凯：《体育锻炼对青少年生活质量的影响研究》，首都体育学院硕士学位论文，2024。

合作精神，养成良好的人生观和价值观。同时，加拿大学校课余体育旨在提高学生的运动能力和竞技水平，培养优秀运动员。许多加拿大学校设有各种体育社团和队伍，通过参加校内外比赛，提升学生的体育技能和竞技水平。

（二）校园生活的重要组成部分

加拿大学校体育充分融入校园文化，课余体育活动在加拿大学校中具有深厚的校园文化底蕴。学校通过举办各类体育比赛和活动，营造积极向上的校园氛围，促进师生之间进行交流与互动。同时，体育活动是学生之间进行社会交往的重要途径。通过参加课余体育活动，学生可以结识新朋友，拓宽人际交往圈子，提升人际沟通能力。不仅如此，而且课余体育活动有助于学生释放学业压力，调节身心。锻炼可以帮助学生在紧张的学习中找到平衡，提高学习效果。

（三）学生个人发展的重要推力

体育活动可以激发学生的潜能，让他们在挑战中不断成长。通过克服困难，学生可以培养自信、勇敢、坚持等品质，这有利于个人成长。同时，加拿大学校课余体育为学生提供了发展体育特长、获得奖学金甚至进入职业体育领域的机会。对于有潜力的运动员，学校会提供相应的培训和支持，帮助他们实现职业发展。

综上所述，加拿大学校课余体育在教育体系中具有很高的地位。通过参与课余体育活动，学生可以全面提升身体素质、心理素质和社会交往能力，为个人成长和未来发展奠定坚实的基础。同时，课余体育活动为学生提供了丰富多样的学习与成长机会，助力他们实现学业和职业发展。

三　加拿大学校课余体育的功能

关于加拿大学校课余体育的功能，它可以帮助学生保持身体健康。通过参与体育运动，学生可以锻炼身体，增强体质和耐力。此外，体育活动有助于预防和管理一些常见的健康问题，如肥胖、心血管疾病和骨骼肌肉问题。在情感发展方面，课余体育活动可以促进学生的情感发展。通过与同龄人一起参与体育活动，学生可以建立友谊和树立团队意识，培养合作精神和互助精神。体育活动还可以提供一种积极的情绪释放途径，这有助于减轻学生的压力和焦虑。在社会交流方面，课余体育活动为学生提供了与其他学生和教练建立联系和交流的机会。学生可以在团队合作和竞争中与他人互动，学习如何与不同类型的人相处和合作。这有助于培养学生的社交技能和人际关系。在个人发展方面，课余体育活动有助于学生个人发展。学生在体育活动中面临挑战，可以培养坚韧的毅力。体育活动还可以提供让学生发现自己的兴趣和才能的机会，培养他们的自信心和自尊心。在教育价值方面，课余体育活动在教育中具有重要的价值。通过参与体育活动，学生可以学习和掌握各种体育技能和知识。体育活动还可以培养学生的纪律性、团队合作与领导能力和解决问题的能力。在兴趣培养方面，课余体育活动可以帮助学生发展和培养兴趣。学生有机会尝试不同的体育项目，探索自己的兴趣和潜力。这有助于激发学生对体育运动的热爱，并可能为他们的未来职业发展提供方向。

综上所述，加拿大学校课余体育具有促进健康、发展情感、促进社会交流与个人发展、发挥教育价值和培养兴趣等多种功能。它为学生提供了一个全面发展的平台，这有助于他们在身体、情感和认知等方面实现全面的成长和进步。

四　加拿大学校课余体育的形式

加拿大学校课余体育具有多种形式，以满足学生的兴趣需求。① 加拿大一些常见的学校课余体育形式有体育团队，学校通常会组织各种体育团队，如足球、篮球、排球、田径、冰球、橄榄球等。学生可以参加这些团队，并代表学校参加校内和校际比赛。学校还可能设立各种体育俱乐部，如跑步俱乐部、网球俱乐部、高尔夫俱乐部等。这些俱乐部为学生提供额外的锻炼和活动机会。学校也可以定期举办体育日，鼓励学生积极参与各种体育活动和竞赛，如跳远、投掷比赛等。同时，学校可以提供健身课程，教导学生进行健身锻炼，包括有氧运动、体能训练和瑜伽。学校也会开设健康和营养课程，教授学生有关健康生活方式、营养和健康饮食的知识。在体育比赛和锦标赛方面，学校可以举办各种体育比赛和锦标赛，包括田径比赛、游泳比赛、网球比赛等。学生有机会在这些比赛中展示他们的体育技能。在户外冒险活动方面，一些学校提供户外冒险活动，如登山、皮划艇、露营等，鼓励学生接触自然并锻炼户外技能。同时，学校可以举办体

---

① 李宝凤：《美国、日本、加拿大学校的课外体育活动》，《中国学校体育》1994 年第 5 期。

育节，集结各种体育活动，如篮球比赛、足球比赛、射箭比赛等，让学生欣赏和参与。除这些以外，舞蹈和表演也是课余体育活动的形式，学校可能设有舞蹈团队或戏剧团队，让学生发展舞蹈和表演技能。最后，学校可能开设适应体育课程，为有特殊需求的学生提供定制的体育活动机会。

这些形式多样的学校课余体育，鼓励学生积极参与体育活动，提高身体健康水平和全面素质。

第七节　加拿大学校体育管理

一　加拿大学校体育管理概述

加拿大学校体育管理涵盖组织、协调和管理学校内的体育活动。这一领域的管理旨在确保学校体育活动的有效性、安全性和全面性。以下是关于加拿大学校体育管理的几个方面。[①]

首先，关于体育团队和俱乐部管理，学校通常有多个体育团队和俱乐部，如足球队、篮球队、田径队、跆拳道俱乐部等。学校体育管理涵盖这些团队和俱乐部的组织、教练员任命、比赛和训练安排。在资源分配方面，管理团队需要分配资源，如体育设施、装备、经费和人力资源，以满足学生和团队的需要。学校体育管理还包括安全管理，确保学校体育活动的安全性是关键任务。学校体育管理涉及规定比赛和训练的安全标准，包括急救措施。在课程规划方面，学校体育管理包括体育课程的规划和设计，以确保学生接受全面的体育教育，包括体育技能、身体健康和团队合作。在赛事和锦标赛方面，管理人员负责组织和承办校内和校际比赛、锦标赛和体育节，包括比赛安排、场地准备和裁判指派。学校体育管理还涉及体育政策和规定，学校体育管理需要制定和执行体育政策和规定，以确保体育活动的公平性和合规性。在教练员培训方面，管理人员通常负责教练员的培训和发展，以提高他们的教育和领导技能。关于社区参与方面，学校着重向社区开放体育活动，提供社区体育课程和活动。关于学生参与和招募方面，管理团队鼓励学生积极参与体育活动，并可能负责招募新的运动员

---

① 陈建华：《加拿大高校的竞技体育、社区体育、体育教育及其启示》，《体育文化导刊》2013年第10期，第91~94页。

和团队成员。最后，关于健康倡议方面，学校体育管理可以推广健康倡议，鼓励学生采取健康的生活方式和参与体育活动。[①]

加拿大学校体育管理是确保学校体育活动顺利进行、学生受益匪浅的重要组成部分。它需要进行精心策划，以促进学生身体健康和全面发展。

二　加拿大学校体育管理政策法规

加拿大学校体育管理受到各省份和领地的政府法规、学区政策和学校内部规定的监管和指导。加拿大学校体育管理政策法规主要包括教育法规、安全法规、隐私法规、平等和反歧视法规、学区政策、青少年体育法规、预防虐待法规等。

加拿大体育相关法律法规旨在促进体育事业的发展，提高国民身体素质，培养体育人才。该法律涵盖体育教育、竞技体育、群众体育、体育产业等多个领域。加拿大教育相关法律法规规定了教育的基本原则和目标，其中包括体育教育。学校需要遵循法律规定，提供体育教育课程，确保学生身心健康。《健康与体育业余法》强调健康生活方式的重要性，要求学校和教育机构提供健康教育和体育活动，以促进学生身心健康。安大略省相关体育法旨在促进安大略省体育事业的发展，提高国民身体素质，培养体育人才。法律涵盖体育教育、竞技体育、群众体育、体育产业等多个领域。不列颠哥伦比亚省相关体育法旨在促进不列颠哥伦比亚省体育事业的发展，提高国民身体素质，培养体育人才。法律涵盖体育教育、竞技体育、群众体育、体育产业等多个领域。

加拿大学校体育管理政策法规有一定的变化，因省份和领地而异。学校和学区通常需要密切遵守这些政策法规，以确保体育活动的合法性、安全性和公平性。此外，学校和学区可以制定自己的规定，以满足特定需求。

三　加拿大学校体育管理的内容与方法

加拿大学校体育管理关注体育领域的管理知识与技能，包括体育运动项目管理、体育赛事组织、体育设施管理、体育市场营销、体育赞助等方

[①]　K. Erickson, L. Running, R. Pigozzi, *Sport Management: Principles and Applications*, Toronto, ON: Pearson, 2019.

面。体育运动项目管理方面包括学习如何规划、组织和管理体育赛事，包括奥运会、世界杯等大型赛事。体育市场营销主要涉及研究如何制定体育市场营销策略，包括品牌建设、产品推广、赞助商关系管理等。体育赞助探讨如何寻找赞助商、谈判赞助合同以及维护赞助关系。体育设施管理研究体育场馆、运动中心的运营与管理，包括设备维护、场地预订、安全管理等。体育经纪人管理主要涉及学习如何代表运动员、教练或团队进行合同谈判、赞助商关系管理等。

加拿大学校体育管理的方法因特有的国情和体育产业发展状况而具有一定的独特性。首先是加拿大的体育管理教育模式，它注重理论与实践的结合，培养具有国际视野、领导才能和创新精神的体育管理人才。课程涵盖体育市场营销、体育财务管理、体育政策与法律等多个方面。课程内容既涉及基本运动技能训练，也涉及专项运动技能培训。此外，还有许多学校开设体育相关课程，包含运动生理学、运动心理学等。

其次，加拿大政府高度重视体育事业的发展，通过政策和资金支持，鼓励学校进行体育教育和管理。加拿大政府高度重视学校体育教育，联邦政府、各省份和各地区政府均制定了相关政策和法规，确保学校体育教育顺利实施。这些政策和法规涵盖体育课程设置、师资培训、体育设施建设、经费保障等方面。同时，加拿大政府鼓励社区开展各类体育活动，通过政策和资金支持，提高国民身体素质。学校体育管理专业在此背景下发挥重要作用。

再次，加拿大是一个拥有多元文化的国家，体育管理需要考虑不同文化背景下的体育需求和价值观，以实现公平、包容和多样性的体育发展。

最后，加拿大学校体育管理专业注重与国际上的体育组织、学校进行合作与交流，以提高教学质量和学生培养水平。加拿大学校体育管理专业常采用案例教学法，让学生通过分析实际案例，掌握体育管理的知识和技能。

以上这些是加拿大根据本国国情采取的适合自己国家的学校体育管理方法。

第八节　加拿大体育素养测评体系

加拿大对于体育素养的研究较为完善，走在世界前列，加拿大体育素养测评工具是目前国际应用较为广泛的测评工具，包括三个适合不同年龄段的测评工具（即 PLAY、CAPL、PL），其理论模型、测试指标、评分体系都经过相对严格的设计和论证，在国际上有一定的影响力，已明确定义了体育素养，认为体育素养涉及情感层面、身体层面、认知层面、行为层面，能够很好地测评学生的体育素养。

一　PLAY 的相关介绍

加拿大学生承担着巨大的学习压力，每天持续性久坐的时间长，因此他们的身体素养水平非常低。以转变现状为目的，以身体素养专家 Kriellaars 博士为首，联合多名专家于 2009 年着手研究身体素养测评体系。2014 年，加拿大致力于终身体育的非营利性组织——体育人生（Canada Sport for life，CS4L）发布了针对儿童的身体素养测评工具 PLAY（Physical Literacy Assessment for Youth）。PLAY 构建了一个以少年儿童利益为核心的联盟，涵盖了青少年、教练、教师等多方相关人士。因此，PLAY 根据这些不同利益相关者的角色特点，将测评体系划分为 6 个部分。（1）PLAYfun：使用者是专业人员，主要用于对青少年基本的运动能力、信心和理解能力进行测评。（2）PLAYbasic：使用者是专业人员，它是 PLAYfun 的简化版。（3）PLAYself：使用者是青少年，是青少年对自己运动喜欢、自我运动效能、身体素养重视程度进行测评。（4）PLAYparent：使用者是父母，主要是父母用来对孩子的体育认知、运动能力等进行测评。（5）PLAYcoach：使用者是教练或体育教师，用来对学生体育知识、运动能力等进行测评。（6）PLALinventory：使用者是青少年，用来对自己过去一年来参加过的体育活动进行测评。①

PLAY 的优点在于其具有全面性、简便性和实用性，可以帮助教育者和教练快速了解学生的体质健康和运动能力状况，为制订有针对性的教育计划提供依据。同时，该测评工具还可以激发学生对运动的兴趣和自信心，促进其在运动中取得更好的成绩。但是，需要注意的是，在使用 PLAY 时，教育者和教练应根据学生的年龄、性别、身体条件等因素进行适当调整，以确保测评结果的准确性和有效性。此外，测评过程应注重学生的安全性

---

① 尹行：《加拿大身体素养测评工具 CAPL 与 PLAY 的效度比较》，河南大学硕士学位论文，2021。

和隐私保护。

二 CAPL 的相关介绍

由健康积极生活与肥胖研究小组（Health Active Living and Obesity Research Group，HALO）主导，并与加拿大公共卫生局及安大略省卫生促进部门合作，于 2006 年启动了一项研究，旨在开发一套既可靠又实用，且易于操作的青少年身体素养测评体系。考虑到 8 岁以下儿童在认知发展上尚未成熟，进行问卷测试存在一定难度，而 12 岁以上儿童则可能受到青春期发育的影响，因此该测评工具的适用年龄范围被设定为 8 至 12 岁。在征询国家级专家组的意见后，HALO 于 2008 年推出了加拿大身体素养评估工具 CAPL（Canadian Assessment of Physical Literacy）。这个版本的 CAPL 通过体适能、基本运动技能、身体活动行为和知识问卷四个方面来评估学生的身体素养。[1]

在 2014 年，HALO 研究小组基于 2008 年版的 CAPL 进行了关键的更新，对测试指标和评分系统进行了精心的筛选与讨论。这次修订，即 CAPL 的第 1 版，对原测评体系进行了改进和优化，旨在克服早期版本中的若干缺陷，如扩大样本来源、修正维度评分、细化标准评价等。随后，基于 2014 年的修订版，CAPL 继续演进，并于 2017 年推出了第 2 版（CAPL-2）。CAPL-2 涵盖了身体能力、日常行为、知识与理解、动机与信心四大领域，每个领域都设定了详细的评估指标。这一版本在全球范围内获得了广泛的赞誉和认可。CAPL 的持续修订与发展，不仅深刻影响了加拿大的体育教育领域，也为包括中国在内的其他国家在建立学生体育素养评估体系方面提供了重要的参考和范例。[2]

三 PL 的相关介绍

加拿大的体育素养测评工具 PL（Physical Literacy）是一个综合评估体育素养水平的工具。体育素养是指一个人在身体活动中的技能、知识和态

---

[1] 邵朋飞：《加拿大中小学生体育素养测评工具 CAPL 的修订研究》，华东师范大学硕士学位论文，2017。

[2] 赵海波：《加拿大身体素养测评体系的内容及启示》，《中国考试》2019 年第 11 期，第 57~62 页。

度的综合表现。PL 旨在帮助个人和组织了解自己在体育素养方面的强项和改进的领域。PL 涵盖五个主要素养领域，包括运动技能、运动知识、身体活动参与、身体健康和情感态度。

这些领域从不同角度评估一个人在体育素养方面的表现。在运动技能方面，PL 会评估个人的基本运动技能，如跑步、跳跃、投掷等。在运动知识方面，评估工具会考察个人对运动规则、策略和战术的了解情况。在身体活动参与方面，PL 会评估个人的身体活动参与程度，包括参与体育运动、健身活动和户外活动的频率和积极性。在身体健康方面，PL 会考察个人的身体健康状况，包括体重、体脂和有氧耐力等。在情感态度方面，PL 会评估个人对体育运动的兴趣、自信心和合作精神等。这些对于个人的体育素养发展和长期参与体育活动都至关重要。

PL 得到的结果可以帮助个人和组织了解在不同方面的体育素养，并制订相应的改进计划。对于个人来说，PL 可以帮助他们了解自己在体育素养方面的优势和不足，并确定需要改进的方向。对于组织来说，PL 可以帮助它们了解自己所在的群体在体育素养方面的整体表现，并制订相应的培训和发展计划。

总之，加拿大的体育素养测评工具 PL 是一个全面评估个人体育素养水平的工具，可以帮助个人和组织了解自己在不同方面的体育素养表现，并制订相关的改进计划。

第八章
澳大利亚学校体育

第一节　澳大利亚学校体育的产生与发展

学校体育的产生和发展是学校教育发展进程的一个组成部分，它蕴含着教育理念和社会价值观的变迁。本节将结合澳大利亚学校体育的发展历程，分析体育在学校中的地位变迁、不同时期的体育教学方式、体育课程设置与变革等情况，探讨学校体育产生与发展的历史脉络和思想内涵。

19世纪下半叶，澳大利亚维多利亚州出现了现代意义上的学校体育萌芽。进入20世纪，学校体育内涵不断拓展丰富，体育项目增加，竞技化程度加深。20世纪中叶，学校体育转型，体育教育专业化程度提高，教学理念和内涵发生变化。当前阶段，学校体育继续深化，关注学生全面发展。澳大利亚学校体育发展历程反映了体育概念、地位、方式和理念的变迁情况，为我们认识学校体育发展的脉络提供了一个典型案例。

一　澳大利亚学校体育的历史沿革

（一）19世纪下半叶的学校体育萌芽时期

19世纪下半叶，现代意义上的学校体育在澳大利亚的维多利亚州萌芽发展。1866年，普鲁士移民古斯塔夫·特乔夫（Gustav Techow）根据体育医学理论编写了体操教材《学校和家庭体操练习手册》（*Manual of Gymnastic Exercises for the Use of Schools and at Home*），其中详细规定了体操动作的间距、方向、计数和动作幅度等要求。其强调通过规范的体操训练培养学生的自律性和服从性。其在维多利亚州的学校中大力推广，学生需要按照教材中的标准执行体操动作。[1] 与此同时，陆军军官将类似的规范体操引入

---

[1]　D. Kirk, *Schooling Bodies in New Times: The Reform of School Physical Education in High Modernity*, Albany: State University of New York Press, 1997.

学校，用于进行军事训练，进一步推广这一体育训练形式。在每天上体操课时，学生要列队站定，手脚并用地完成设定的体操动作。"一、二、三、四……"教官有规律的口令声和学生整齐划一的动作声回荡在操场上。这种严格规范的体操训练强调动作的标准化与机械重复，学生像执行军事化操练一样完成老师安排的体操内容，这在当时的许多学校里是常见的场景。

尽管规范的体操训练在校园中广泛开展，但体育教育者也认识到其局限性。这种体操训练方式过于机械，难以激发学生的积极性。与此同时，随着现代奥运会的兴起和体育项目的增多，单纯依靠枯燥的体操训练已经难以满足学校体育发展的需要。于是，新兴的体育运动开始被引入学校课程，学校体育的内涵在不断拓展。学校体育迈出了从单一体操训练向丰富多样化发展的重要一步。

（二）20世纪前半叶的学校体育发展时期

20世纪前半叶，随着社会环境的变化，澳大利亚学校体育进入了新阶段。第一次世界大战的结束使社会环境发生改变，工人阶级开始有更多的业余时间进行体育活动。[①] 1927年实施的《标准工作时间法案》（Standard Working Hours Act）将工作时间限制在每周40小时以内，进一步增加工人阶级的休闲时间，为学校体育的发展提供契机。1929年，维多利亚州教育部在其年度报告中重新定义了学校体育的内涵，它拓展到正式的体育锻炼、游泳、有组织的运动游戏、有节奏的体育锻炼、民族舞蹈、实用卫生知识以及针对每个孩子需求的体育康复活动等多个方面。这表明澳大利亚学校体育的内涵得到进一步拓展和丰富。

在这一时期，学校积极开展包括足球、板球在内的各种课外竞技体育活动，学校体育朝着竞技化方向发展的趋势日益明显。例如，在一年一度的学校运动会上，学生穿着代表不同学院的运动服，集体进行竞速、跳远等项目的比赛，场面非常热烈。这显示学校体育逐步从简单的体质锻炼朝着竞技体育方向发展，以为后续专业化发展奠定了基础。

（三）20世纪中叶至21世纪（或20世纪中叶至今）的学校体育转型时期

进入20世纪中叶，澳大利亚的学校体育出现了重要的转型与发展。20

---

① "Australia's Industrial Relations Timeline," Fair Work Australia, https://www.fairwork.gov.au/about-us/legislation/the-fair-work-system/australias-industrial-relations-timeline.

世纪 40 年代初期，过去由学校体育课程负责的学生体质检查被剥离出来，转由卫生部门负责。① 这标志着澳大利亚学校体育的职能发生了改变。与此同时，各级学校陆续创建了体育教育专业，这标志着体育教育进入专业化发展阶段。② 1946 年正式发行的桑德赫斯特教材（Sandhurst Textbook），批判了传统体育训练的枯燥性，强调通过丰富多彩的运动游戏激发学生的兴趣，使学校体育开始转型，逐步从简单强调标准化体操动作的训练，转向关注学生的体育活动兴趣和参与热情。这表明，随着体育教育专业化的发展，澳大利亚学校体育的理念和内涵发生重要的转变。

20 世纪中后期，澳大利亚学校体育经历了重要的转型与发展。随着体育教育专业化程度的提高，学校体育的理念和内涵发生了深刻变革。国家和州政府开始重视体育课程的开发，③ 1987 年颁布的《全澳健康与体育课程指南》（Health and Physical Education-A Curriculum Profile for Australian Schools）强调体育教育要培养学生的运动技能、体能、社会性和个人发展。进入 21 世纪，澳大利亚学校体育进一步强调培养学生的健康意识和行为。④ 2004 年，澳大利亚联邦卫生与老龄化部（Australian Government Department of Health and Ageing）发布了《澳大利亚儿童和青少年体力活动建议》（Australia's Physical Activity Recommendations for 5-12 Year Olds），强调学校在促进学生体育锻炼和健康生活方式方面的重要作用。⑤ 2012 年出台的《健康与体育课程大纲》（The Shape of the Australian Curriculum：Health and Physical Education）将课程目标确定为培养学生的运动参与、健康行为和社会发展，把体育纳入健康教育的框架，课程内容囊括传统的体育运动、健康教育、休闲

① D. Kirk, *Schooling Bodies in New Times：The Reform of School Physical Education in High Modernity*, Albany：State University of New York Press, 1997.
② D. Kirk, T. Karen, "Regulating Australian Bodies：Eugenics, Anthropometrics and School Medical Inspection in Victoria," *History of Education Review*, 1993, 23（1）：19-37.
③ *Health and Physical Education—A Curriculum Profile for Australian Schools*, Curriculum Corporation, 1994.
④ "Australia's Physical Activity Recommendations for 5-12 Year Olds," Australian Government Department of Health and Ageing, https：//www. walk. com. au/pdfs/DOHA_ 205465_ ParentsCarers. pdf.
⑤ "The Shape of the Australian Curriculum：Health and Physical Education," Australian Curriculum, Assessment and Reporting Authority（ACARA）, 2012.

和娱乐等多个领域。[①] 2022 年，新冠疫情催生了线上教学需求，学校体育开始探索进行线上线下混合式教学的改革。纵观澳大利亚学校体育的历史演变，其经历了从早期的军事化体操训练，到关注学生兴趣的多元化发展，再到如今注重培养健康行为和线上教学的创新，学校体育不断与时俱进，为促进学生的全面发展作出了重要贡献。

二　澳大利亚学校体育的思想变迁

（一）从技能导向到竞技体育导向的转变

19 世纪下半叶，澳大利亚学校体育发展的初期阶段的思想可概括为技能导向，即通过体育活动训练学生具备标准化的体操技能。特乔夫编写的具有代表性的体操教材对体操动作提出了详细规定，目的是控制身体，增强纪律性。在这一时期，标准体操的训练被视为学校体育的主要手段和目的。进入 20 世纪前半叶，随着现代奥运会的兴起和越来越多体育项目的出现，澳大利亚学校体育思想发生变化，逐渐形成竞技体育导向。在这一时期，学校体育课程开始引入多样化的体育项目，各类课外竞技体育活动在学校蓬勃开展，通过丰富的体育锻炼提高学生的竞技水平和运动能力。总体来看，在这一时期，澳大利亚学校体育的思想核心是竞技导向，即通过体育活动提高学生的竞技能力，而非单纯将其视为一种控制身体的训练手段。

（二）从竞技体育导向到社会批判导向的转变

20 世纪下半叶，随着社会环境的变化，澳大利亚学校体育的思想从简单的竞技导向转变为社会批判导向。20 世纪中后期，长期强调竞技成绩的体育教育引发反思，过分关注精英培养而忽视普通学生的问题开始受到重视。人们开始思考体育与社会文化的联系，体育活动本身如何塑造社会文化，以及反过来又是如何被社会文化所影响的。[②] 1999 年，澳大利亚政府发

① B. Hyndman, V. Cruickshank, "The Online Physical Education Class: A Challenge for All," *Journal of Research in Health*, *Physical Education*, *Recreation*, *Sport & Dance*, 2022, 92 (2): 6-13.

② "The National Education Agenda, 1996-1999: Its Impact on Curriculum Reform in the States and Territories," Australian Curriculum Studies Association, https://rest. neptune-prod. its. unimelb. edu. au/server/api/core/bitstreams/c6a79866-882a-572c-9ac3-e8c467cfb0f2/content.

布了《国家体育课程纲要》（National Physical Education Curriculum Profile），这标志着澳大利亚学校体育思想的重要转变。新的课程纲要不再简单关注技能和竞技，而是强调学生应探究体育与科学技术的关系，对体育实践进行批判性思考，以加强学生对体育的社会文化意义的理解。这显示学校体育的思想核心从提升竞技能力，转向关注体育背后更深层次的社会文化意涵。

（三）从社会批判导向到全面发展导向的转变

进入 21 世纪，澳大利亚学校体育的思想继续深化，从强调社会文化意义的批判性思考转变为关注学生全面发展。[1] 1999 年的体育课程不仅强调批判性思维，也采用"运动中的教育、通过运动进行的教育和关于运动的教育"（Education in，through and about movement）的框架关注学生发展的各个方面。这显示在继承批判性思维的基础上，澳大利亚学校体育思想更加关注学生的全方位学习与发展。新的课程纲要关注学生通过体育活动增进技能，获得知识，培养积极的价值观念，强调通过体育活动促进学生在身体、认知、社会、情感等各个方面的全面和谐发展。学校体育的思想核心不再局限于某一个方面，而是立足于促进学生全面发展。

第二节　澳大利亚学校体育的结构、功能与目标

学校体育在塑造一个国家的未来领袖和积极社会成员方面扮演关键角色。澳大利亚的学校体育体系，以严密的层级结构和明确的目标，为学生提供了一个全面发展的舞台。在这个体系中，学校体育不仅涉及课程，还是一个促使学生身心健康、提高运动技能、培养终身参与体育的意识、发掘和培养体育人才、增强社会凝聚力、提高社会适应能力的综合性学习平台。

澳大利亚的学校体育体系不仅涉及传统的体育教学范畴，还积极响应当今社会的多元化需求。通过国家、州和地区三级组织架构，学校体育系统不仅注重培养学生的体育技能，还注重发展学生的道德品质、认知能力

---

[1]　P. J. Arnold, *Meaning in Movement*, *Sport and Physical Education*, London, England：Heinemann Educational Books Ltd. , 1979.

和创新思维。这不仅为澳大利亚的学生提供了一个健康成长的环境，也为社会培养了具备卓越领导力和团队协作能力的未来一代。本节将探讨澳大利亚学校体育的结构、功能和目标，深入了解这一系统在促进学生成长、发掘人才、推动社会发展等方面的独特作用。

一　澳大利亚学校体育的结构

澳大利亚学校体育的结构分为国家层面、州和地区层面，以及学校层面。[①] 在国家层面，澳大利亚全国学校体育协会（School Sport Australia）是该国学校体育的最高管理机构，其成员包括各州和地区的教育部门。该协会负责制定澳大利亚学校体育的总体发展策略，组织学生代表各州和地区参加全国性的学校体育锦标赛（School Sport Championships），进行学校体育发展方面的政策指导，并与国家体育组织合作，促进学校体育事业发展。在澳大利亚全国学校体育协会中，设立全国代表学校体育委员会（National Representative School Sport Committee），其负责提供咨询意见，参与决策过程。

在州和地区层面，各个州和地区都设有学校体育管理机构。例如，昆士兰州存在州学校体育管理委员会和州学校体育理事会，它们负责管理和实施该州内的学校体育项目。同时，每个地区有体育管理小组和体育理事会，其负责该地区内学校体育项目的实施和推广。

在学校层面，学校体育活动主要由学校体育教师负责组织。通常情况下，澳大利亚中小学都有专门的体育教师，例如体育组长、体育主任等。这些教师负责学校体育课程的具体实施，组织学生参加校内体育课程，以及校际组织的各种体育竞赛和锦标赛。一些大型学校还会成立学生体育协会，这种组织形式鼓励学生自治，开展各种体育活动。

综合来看，澳大利亚学校体育的结构涵盖国家、州和地区以及学校三个层面。在这个多层次的结构中，每个层面都建立了相关的管理机构和项目体系，形成了自上而下的组织系统。同时，学校和地方具有一定的自主权，可以根据实际情况开展体育工作，确保学校体育工作顺利和有效进行。

---

① "School Sport Australia Strategic Plan 2021 to 2023," School Sport Australia, https://www. schoolsportaustralia. edu. au/wp-content/uploads/2021/12/School-Sport-Australia-Strategic-Plan - 2021-2023. pdf.

二 澳大利亚学校体育的功能

澳大利亚学校体育的功能不仅仅限于促进学生身心健康发展，它还在培养终身体育参与意识、发现和培养体育人才、增强社会凝聚力等方面发挥重要作用。[①] 首先，澳大利亚学校体育为学生提供了广泛的体育活动机会，满足了学生在体育运动方面的需求，促进了他们的全面发展。学校不仅设置多样化的体育课程，还组织各种富有教育意义和身体锻炼价值的体育活动，鼓励学生积极参与。这种体验不仅丰富了学生的校园生活，也在学生关键的成长阶段提供了宝贵的体育锻炼机会。

其次，澳大利亚学校体育强调培养学生终身参与体育的意识和习惯。学校提供了适应不同年龄段学生的体育课程，使学生掌握各种基本体育技能，使他们能够在学校学习和社区生活中积极参与体育活动，享受运动的快乐。这不仅帮助学生建立起终身锻炼的良好习惯，也为他们在未来成为积极的体育爱好者奠定了坚实的基础。

再次，学校体育在挖掘和培养体育人才方面扮演关键角色。澳大利亚学校组织各类体育竞赛活动，为拥有天赋的学生提供展示自己才华的舞台，发现并培养众多优秀体育人才。这些被选拔的学生将接受专业化的培训，代表学校和地区参加从州级到全国性的各类比赛。许多澳大利亚顶尖运动员正是从学校体育系统中脱颖而出的。

最后，学校体育有助于增强社会凝聚力，促进多元文化交流与融合。不同族群和文化背景的学生通过参与体育活动学会合作、互相尊重，共同进步。在体育场上，他们能够化解隔阂，建立友谊，这不仅丰富了学生的群体生活，也为他们的社会融入和文化认同提供了重要途径。总的来说，澳大利亚学校体育在促进学生成长、挖掘体育人才、推动社会发展等方面发挥独特功能，是学校教育中不可或缺的重要组成部分，对学生和整个社会都具有深远影响。

[①] "Health and Physical Education, School Curriculum and Standards Authority," https://k10outline.scsa.wa.edu.au/__data/assets/pdf_file/0007/364552/Health-and-Physical-Education-Curriculum-Pre-primary-to-Year-10.PDF.

三　澳大利亚学校体育的目标

澳大利亚学校体育的目标多元化，旨在通过各种体育活动，使学生在多个方面获得全面提高，对学生的个人成长和社会发展具有重要意义。[①]

（1）增进身心健康。澳大利亚学校体育不仅涉及体育课程，还是一个促使学生参与体育运动、培养健康生活方式的平台。学生通过各种体育活动掌握运动方法，提高身体素质，同时学会进行情绪管理、团队合作等，助力他们在成长过程中拥有强健的体魄和健全的心理。

（2）提高运动技能。通过系统的训练和指导，学生不仅掌握了基本的体育技能，还培养了协调性、柔韧性、力量等体质素质。这不仅为他们的体育发展奠定了基础，也增强了他们的自信心和自尊心。

（3）培养道德品质和公民意识。体育活动的公平竞争、团结互助等价值观念，使学生在比赛中学会尊重对手、遵守规则，培养了良好的品格。同时，学校还通过体育课程传播奥林匹克知识和体育精神，增强学生的国家认同感，培养其全球视野，使他们成为具备国际素养的公民。

（4）发展认知能力和创新思维。在各种运动项目中，学生需要学习战略和战术，解决各种身体和器械控制问题，这促使他们提高思维能力和创造力。同时，与他人合作、应对失败、决策和领导小组等活动也锻炼了学生的社会与情感技能，培养了他们的团队合作精神和领导能力。

（5）发现和培养优秀运动员。通过对学生的运动才能进行评测，学校能够及早发现并选拔出具有天赋的学生，为他们提供专项培训，使他们在某一运动项目上达到较高的水平。这不仅为学校赢得荣誉，也为国家队伍储备了宝贵的人才资源。

（6）提高社会适应能力。通过团队合作，学生学会互相关心，增强了自信心。良好的运动习惯也使学生养成积极的生活态度，这有利于他们更好地应对社会生活中的各种挑战。澳大利亚学校体育的多重目标，不仅为学生提供了全面的发展机会，也为社会培养了健康、积极向上的公民，为国家的体育事业和国民整体素质提升打下了坚实的基础。

[①] "Health and Physical Education, School Curriculum and Standards Authority," https://k10outline. scsa. wa. edu. au/__ data/assets/pdf_ file/0007/364552/Health-and-Physical-Education-Curriculum-Pre-primary-to-Year-10. PDF.

第三节　澳大利亚体育教学

体育教学是学校教育体系中不可或缺的一部分，旨在培养学生的身心健康、运动技能以及社会责任感。澳大利亚体育教学体系以独特的教学目标、内容设计和评价方法而闻名。本节将深入探讨澳大利亚体育教学，包括教学目标、设计与实施和评价。了解这些不仅可以为我国的体育教学提供启示，也能帮助我们更好地理解体育教学在学生身心全面发展中的作用。通过学习澳大利亚体育教学经验，可以更好地指导学生，使他们在体育活动中获得知识、技能和快乐，同时也使其在团队协作、社会责任等方面得到锻炼。

一　澳大利亚体育教学目标

（一）促进学生身心健康

澳大利亚体育教学致力于通过体育活动促进学生的身心健康。学校设置了健康教育与体育教育两个学科领域，其中，健康教育方面专门关注学生的身心健康发展。课程包括"个人、社会与社区健康"等课题，旨在帮助学生建立健康的生活方式，养成积极的健康行为，提升自我照顾的能力。具体而言，学生将学习合理膳食、疾病预防、良好卫生习惯、心理健康护理等知识，培养他们重视自身健康的技能。体育教育强调体育锻炼不仅可以提升学生的心肺功能，增强肌肉力量、柔韧性和协调性等身体素质，还能够增强他们的心理承受能力，提高对抗疾病的抵抗力。

（二）培养学生的运动技能

澳大利亚体育教学注重通过对多种体育项目的学习，培养学生的基本运动技能。学校设置了田径、体操、游泳、篮球、足球等多样化的体育项目。学生将通过专项训练掌握各种运动的基本动作和技术方法，提高身体协调能力和运动技能水平。这不仅丰富了学生的课余生活，也帮助他们找到适合自己的运动项目。此外，学校还会根据学生的兴趣，开设一些选修体育项目，满足不同学生的需求，为他们今后继续参与体育活动奠定坚实的基础。

（三）增强学生的社会责任感

澳大利亚体育教学注重培养学生在运动中的团队精神、公平竞争意识和社会责任感。例如，在足球、篮球等球类团队项目中，学生不仅能提高身体素质，还能增强团队协作能力。学生在参与体育活动的过程中学习公平竞争、遵守规则、互帮互助，并且承担团队责任。学校还举办各类校际交流赛事，让学生深刻体验体育对校园文化建设的积极作用。这些体育活动不仅锻炼了学生的身体，还磨炼了学生的意志，也为他们今后在社会生活中发挥积极的作用奠定了坚实的基础。[①]

二　澳大利亚体育教学设计

（一）健康教育

澳大利亚学校健康教育内容广泛，涵盖了食品与营养、性教育、药物教育、人际关系、心理健康等方面。这些内容主要集中在初级中学阶段的健康与体育课程中，旨在培养学生健康的生活习惯和拥有全面的健康认知。例如，在食品与营养方面，学生将学习健康饮食的知识，培养良好的饮食习惯。性教育部分会介绍身体发育变化，以及性关系方面的基本知识，促使学生形成正确的性观念。药物教育则着重让学生了解毒品的危害，培养他们远离毒品的意识。学校还会开设心理健康方面的课程，帮助学生学会调节压力，预防抑郁和焦虑，提高心理健康水平。

（二）体育活动

澳大利亚学校提供多样化的体育活动，包括田径、球类、体操、舞蹈、健身操等项目。在田径项目中，学生将学习短跑、中长距离赛跑、跳远、跳高等运动；在球类项目中，学生将接触篮球、足球、排球、手球等运动；在体操项目中，学生将学习平衡木、自由体操、竞技体操等；在舞蹈项目中，学校会开设一些流行课程，如街舞、方块舞等。这些体育活动主要通过体育课程进行，同时，学校还鼓励学生参加课余体育兴趣小组，培养学生自主参与的意识。学校也会定期举办一些大型体育赛事，如运动会、校际篮球赛等，旨在激发学生的体育热情，增强团队合作意识，丰富校园体

---

① D. Dean，T. Amanda，S. Claire，P. Louisa，W. Matthew，*Teaching Quality Health & Physical Education*，2nd ed.，South Melbourne：Cengage Learning，2021.

育文化。

（三）设计原则

在体育教学内容的设计中，澳大利亚学校秉持一系列精心设计的原则，确保教学内容既贴近学生的身心发展特点，又满足他们不同年龄阶段的体育学习需求。以下是对这些原则的详细阐述。

（1）年龄差异个性化教学。学校根据学生的年龄特点和身体发育状况，设计了具有针对性的体育项目。低年级的学生将接触一些简单易行、能够培养基本运动技能的小游戏，以建立他们的运动基础。而高年级学生则会面对更具挑战性和专业性的专项训练，以提高他们的技能水平。

（2）兴趣爱好引导。学校充分尊重学生的兴趣爱好，提供多样化的体育选修项目。这种灵活性鼓励学生在自主选择的体育项目中发展特长，不仅激发了学生的学习热情，也培养了他们的兴趣爱好，使其更具吸引力。

（3）区域文化因素融入。学校会综合考虑当地的自然环境、文化特色和社区体育资源等因素。在教学内容的设计中，会适度调整和增加体育项目，以适应不同区域的差异。这种地域性的考量确保了体育课程的贴近度和实用性，使学生能够将所学知识融会贯通，更好地应用于实际生活中。

（4）多元能力全面培养。澳大利亚学校致力于培养学生的多方面能力。除了基本的运动技能外，课程还关注学生的团队协作、领导力、沟通技巧等社交技能，以及创造性思维、问题解决能力等认知技能。这种全面培养的教学设计旨在使学生在多个领域取得进步，培养他们成为具备综合素质的个体。

总之，这些内容设计原则不仅体现了澳大利亚学校体育教学的灵活性和实用性，还确保了学生在学校体育课程中获得全面的发展，为他们未来的成功奠定了坚实的基础。①

三　澳大利亚体育教学实施和评价

（一）澳大利亚体育教学的基本原则

1. 因材施教原则

澳大利亚体育教学秉持因材施教原则，注重每个学生的个性发展。教

---

① D. Dean, T. Amanda, S. Claire, P. Louisa, W. Matthew, *Teaching Quality Health & Physical Education*, 2nd ed., South Melbourne: Cengage Learning, 2021.

师根据学生的年龄、身心发展特点以及个体差异，采取差异化的教学方法。例如，在低年级，学生更喜欢游戏活动，教师可以组织寓教于乐的体育游戏，激发学生的兴趣；而在高年级，学生的理论思维能力较强，教师可以加入更多的体育健康知识，促使学生形成健康生活的观念。

2. 循序渐进原则

体育课程内容按照由简单到复杂、由易到难的顺序设计。低年级的教学内容简单具体，高年级的教学内容逐渐变得抽象和复杂。同时，在单项运动的教学中，也要从基本技能培训开始，循序渐进地提高难度和复杂程度。这种渐进式的教学设计可以使学生面临合理的挑战，使他们在学习过程中不断获得成功的体验。

3. 趣味性原则

尽管体育活动本身具有一定趣味性，但教师仍需运用各种方法来激发学生的学习兴趣。可以设置各种难度级别的训练任务，进行个性化学习；增加一定的竞争性，激发学生的参与欲望；采用积极正面的反馈，鼓励学生积极表现；插入一些丰富多彩的课间活动，让学生在休息时间能享受运动的乐趣。创造轻松愉快的课堂氛围，可以使学生在愉快的氛围中接受体育学习的熏陶，激发他们持续参与的热情。

4. 安全第一原则

学生的人身安全是体育教学中最重要的因素。教师在教学过程中应该时刻保持警觉，检查运动场地和器材设备，及时消除安全隐患；讲解运动项目的安全规则，示范正确的活动方法；对于存在一定风险的项目，采取必要的预防措施；教会学生在运动中关注自己与他人的安全。只有确保学生在体育活动中的安全，他们才能放心参与，真正享受运动的乐趣。澳大利亚学校体育教学的安全第一原则为学生提供了一个安全、健康的学习环境，也为学生全面发展提供了保障。

在教学实践中，教师应当灵活运用这些基本原则，结合具体情况，不断提高教学效果，确保学生身心健康和全面发展。[①]

---

① D. Dean, T. Amanda, S. Claire, P. Louisa, W. Matthew, *Teaching Quality Health & Physical Education*, 2nd ed., South Melbourne: Cengage Learning, 2021.

（二）澳大利亚体育教学的主要策略

1. 合作学习

合作学习（Cooperative Learning）是澳大利亚学校体育课程中常用的教学策略之一。在这种教学模式下，教师设计需要学生分组合作完成的任务，例如传球游戏、绳索跳跃等。学生在活动中不仅要发挥个人力量，还需要与队友合作，共同实现团队目标。合作学习培养了学生的团队精神、沟通协作能力以及道德品质。教师在组建学习小组时应充分考虑学生的个体差异，确保每个小组都有能力各异的学生，以形成互补的团队，使每位学生都能发挥自身优势，为团队作出贡献。

2. 探究学习

探究学习（Inquiry-based Learning）要求学生在教师的指导下主动学习和探索，教师扮演的是活动设计者和学习顾问的角色。在体育课程中，教师可以设计开放性的学习任务，例如探讨不同球类运动中可采用的战术组合，然后让学生自主操作和探索。这种主动探究的学习方式培养了学生独立思考、发现问题和解决问题的能力，增强了他们的思维、创新和自主学习能力。在学生探究的过程中，教师应根据学生的能力水平提供适当的帮助和指导，确保每位学生都能从探究活动中获得成就感和满足感。

3. 差异化教学

澳大利亚学校体育课程强调差异化教学（Differentiated Instruction）策略，以应对学生个体差异的挑战。教师可以根据学生的体能和运动水平，让其进行不同难度的练习。对于运动能力较弱的学生，可以降低活动难度，通过简单的运动培养他们的自信心。在合作学习或分组活动中，教师可以故意将不同运动水平的学生组合在一起，鼓励他们相互帮助，共同进步。差异化教学关注每个学生的发展需求，确保每位学生都取得进步。

4. 积极核心策略

积极核心策略（Positive Core Strategy）强调体育课程要让每个学生感受到成功和进步。教师可以设定稍高于学生现有水平但可以通过努力达到的学习目标，让其接受适度的学习挑战。在教学过程中，针对学生的每一个微小进步都给予充分的肯定和鼓励。这种正面的反馈能够培养学生的自信心，让他们感受到自身能力的增长。同时，教师应密切关注每位学生的学习情况，为其提供适时的帮助和支持，帮助他们克服困难，最终实现预设

的学习目标。这种策略营造了积极向上的课堂氛围，让学生感受到教师的
关心和支持，激发了他们的学习动机。[①]

（三）澳大利亚体育教学的效果评价

1. 过程评价

过程评价（Formative Assessment）是澳大利亚体育教学中常用的评价方
式之一。在体育课堂上，教师可以通过观察学生的表现，了解他们的学习
方法和过程，例如，观察学生在长跑训练中的配速控制、呼吸调节、步频
步幅等基本技能的应用情况。教师通过观察结果提供反馈意见，帮助学生
形成良好的学习方式和习惯。这种评价强调及时调整教学策略，以支持和
改进学生的学习过程。

2. 同伴评价

同伴评价（Peer Assessment）是通过学生之间的互评进行的。教师可以
组织学生进行互评，例如，学生两人一组，相互观察和记录在特定运动项
目中的表现，并进行评价。通过这种方式，学生不仅能够自我监控，还能
向同伴学习。例如，在仰卧起坐测量活动中，学生相互观察记录动作质量，
之后交换角色，最终由教师对所有组的同伴评价结果进行总结。

3. 总结评价

总结评价（Summative Assessment）通常在教学单元或学期结束时进行。
它主要采用笔试或技能测试的形式，检查学生在一个阶段的学习效果。例
如，在学期结束时进行技术能力测试，评估学生对各种运动技能的掌握程
度。总结评价的结果为教师提供有价值的反馈，帮助他们调整下一个学期
的教学内容。

4. 诊断评价

对于在学习过程中出现问题的个别学生，教师可以进行专门的测试与
分析，找出问题的原因，并给出相应的对策。例如，如果发现学生柔韧性
不足，教师可以进行针对性测试（Diagnostic Assessment），了解是不是由肢
体协调性差导致的。然后，教师可以为这些学生制订特殊的训练计划，帮
助他们增强协调性。这种诊断评价有助于发现并解决个别学生在学习过程

---

① D. Dean, T. Amanda, S. Claire, P. Louisa, W. Matthew, *Teaching Quality Health & Physical Education*, 2nd ed., South Melbourne：Cengage Learning, 2021.

中遇到的问题，确保每位学生都能够取得进步。[1]

第四节　澳大利亚体育课程

在澳大利亚的中小学体育课程中，健康与体育（Health and Physical Education）被视为一门至关重要的必修课程。这门课程旨在培养学生的综合素养，引导他们成为积极进取、明智负责任的现代公民。课程内容着重强调学生获取、评估和应用健康信息的能力，包括食品标签阅读、健康资讯辨别等方面。此外，课程还注重学生的个人、社会技能，运动技能与策略，以及参与体育活动的习惯。为了确保学生全面发展，课程将体育内容分为个人、社会与社区健康以及运动与体育活动两个大范畴。在个人、社会与社区健康方面，课程内容逐渐引导学生从自我认知到与他人互动，再到社区影响的认知。而在运动与体育活动方面，学生将掌握基本运动技能，逐步提高运动适应能力和策略运用能力。通过游戏、运动项目等活动，学生在体育课程中得以锻炼身体，培养合作意识，并且学习团队合作和公平竞争的重要性。同时，澳大利亚非常重视体育课程资源的开发与利用，各级学校配备了标准的室内外操场、健身房，并聘请专职的体育教师和教练。学校还与社区体育俱乐部、专业运动训练基地等机构合作，为学生提供更广泛的体育锻炼机会。这样的体育课程体系为学生提供了一个全面发展的平台，不仅增强了他们的身体素质，也培养了他们的团队协作和社交能力，为他们未来的发展奠定了坚实的基础。

一　澳大利亚体育课程概述

（一）课程基本情况

澳大利亚将健康与体育课程设置为中小学的必修课程，这一决定基于对学生全面发展的考虑，同时也反映出该课程在培养学生成为积极的现代公民方面的重要作用。近年来，澳大利亚儿童和青少年过度使用电子产品、缺乏身体活动的问题日益严重，各种健康问题屡见不鲜。因此，政府和教育部门认识到必须通过学校教育提高学生的健康意识和行为习惯。健康与体育课程

---

[1]　D. Dean，T. Amanda，S. Claire，P. Louisa，W. Matthew，*Teaching Quality Health & Physical Education*，2nd ed.，South Melbourne：Cengage Learning，2021.

应运而生，其中，体育活动被视为改善学生身心健康的重要途径之一。

该课程强调学生应培养获取和运用健康信息的能力，以在日常生活中促进个人和社区的健康。① 课程制定遵循的理念包括注重教育目的（Focus on educative purposes）、采取积极观点（Take a strengths-based approach）、重视运动（Value movement）、培养健康素养（Develop health literacy）和采用批判性探究法（Include a critical inquiry approach）。这些理念使课程既关注传授健康和体育知识，也关注学生的全面发展。课程旨在提高学生运用健康信息的能力。统计数据显示，超过80%的澳大利亚人在获取和理解健康信息方面存在短板，无法做出明智的健康选择。② 因此，提升健康素养是这门课程的重要目的之一。课程还强调发展学生的社会交往能力、基本运动技能和评估健康影响因素的能力，这些也是学生全面发展所需要的。

在课程实施上，健康与体育课程要求理论学习与体育活动实践相结合，不能只着眼于传授健康知识。学校必须安排每周至少2.5小时的体育课及活动，让学生通过实践活动掌握技能，养成运动的习惯。具体活动形式可以灵活多样，以提高学生的兴趣。一般在低年级，课程更侧重对基本运动技能的学习，而在高年级，则逐渐强调策略运用和组织能力的培养。无论哪个年级，学生都要参与讨论和分析，以加深对健康与体育各方面知识的理解。可以看出，该课程在知识传授、能力培养和价值观养成方面都起到重要的作用。它通过平衡的知识学习和丰富的体育锻炼帮助学生建立健康的生活方式，使他们拥有充沛的精力进行学习和参加社会活动，成长为自信、负责任、富有同情心的公民。

（二）课程结构

健康与体育课程包含两个互相关联的学科范畴：个人、社会与社区健康（Personal, social and community health）；运动与体育活动（Movement and physical activity）。这两个范畴下设若干子范畴，构成课程的内容框架结构：个人、社会与社区健康部分着眼于学生需要掌握的知识、理解力和技

---

① "Health and Physical Education F-10 Version 9. 0 about the Learning Area," The Australian Curriculum, https://v9. australiancurriculum. edu. au/downloads/learning-areas#accordion-b71b085f07-item-61a8e06872.

② "Australia's Health 2018," Australian Institute of Health and Welfare, https://www. aihw. gov. au/reports/australias-health/australias-health-2018/contents/indicators-of-australias-health/health-literacy.

能，以在个人和社区层面做出健康和安全的选择。它包含"身份与变化""互动与他人""做出健康与安全的选择"三个子范畴。例如，学生需要学习与他人互动的策略，进行消极情绪的管理等。运动与体育活动部分则促进学生认识到运动在日常生活中的核心作用，它既满足生理需求，也提供积极生活的机会。它包含"移动我们的身体""做出积极的选择""通过运动学习"三个子范畴。[①] 例如，学生需要学习基本的运动技能，选择参与的体育活动等。健康与体育课程内容框架如图8-1所示。

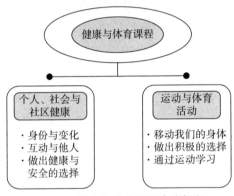

图 8-1 健康与体育课程内容框架

资料来源："Health and Physical Education F-10 Version 9.0 about the Learning Area," The Australian Curriculum, https://v9.australiancurriculum.edu.au/downloads/learning-areas # accordion-b71b085f07-item-61a8e06872。

二 澳大利亚体育课程内容体系

澳大利亚将健康与体育课程设置为幼儿园到10年级的必修课程，每个阶段都制定了系统的课程内容和要求。课程的内容设计贯穿两个大的范畴，即个人、社会与社区健康和运动与体育活动，每个范畴包含多个子范畴。[②]

---

① "Health and Physical Education F-10 Version 9.0 about the Learning Area," The Australian Curriculum, https://v9.australiancurriculum.edu.au/downloads/learning-areas#accordion-b71b085f07-item-61a8e06872.

② "Health and Physical Education," The Australian Curriculum, https://v9.australiancurriculum.edu.au/f-10-curriculum/learning-areas/health-and-physical-education/foundation-year_year-1_year-2_year-3_year-4_year-5_year-6_year-7_year-8_year-9_year-10? view=quick&detailed-content-descriptions=0&hide-ccp=0&hide-gc=0&side-by-side=1&strands-start-index=0&subjects-start-index=0.

个人、社会与社区健康范畴的课程内容呈现围绕"自我-他人-社区"的螺旋上升式的设计。在幼儿园，课程内容主要关注个人特质如何影响自我认同感的养成。学生需要对自己的优势、偏好和性格等方面进行探索和认知，这是增强自我效能感、树立自尊自信的基础。到了2年级，课程引导学生关注与他人建立积极的人际关系，培养尊重和合作的社交技能，如共享、互助、礼貌待人等。3~4年级则让学生认识到来自周围环境和生活经历的各种外界影响，以及培养面对外界影响的自我调节能力，这需要掌握控制情绪、解决问题等个人社会能力。在5~6年级，课程内容转为分析家庭、文化、同伴等不同因素对个人成长的影响，培养学生的多角度思考能力。到了9~10年级，课程的核心是培养学生树立积极的自我理念，维护自己和他人在社区中的权益，并践行社会责任，呈现内容螺旋上升的趋势。

在运动与体育活动这个范畴，课程内容呈现从基础到综合应用的深化特征。在幼儿园到2年级这个起步阶段，课程主要是让学生掌握基本的运动技能，如奔跑、跳跃、投掷等技能，并将这些技能应用到物体操控、定位游戏和运动游戏等不同的活动场合，奠定学生的体能基础。在3~4年级时，课程要求学生需要在各种场合应用并提高这些基本技能，增强运动的适应能力和策略运用能力。在5~6年级，课程内容转为强调针对不同运动项目，评估和优化学生的运动绩效。到了高年级，课程要求学生进行系统的运动评估与诊断，能够针对自己和他人不同的体能特点，设计有效的练习方法。从运动技能的学会到运用再到创新的转变，体现出课程的深化取向。

健康与体育课程在学生10年的学习过程中为学生成长提供了系统而充实的支持，不管是个人成长还是运动技能方面都呈现循序渐进、内容丰富的特点。这为学生终身受益奠定了坚实的基础。具体来看，在个人、社会与社区健康范畴下，学生通过这10年的学习，逐步建立起自我认同感，培养积极的人际关系，并成长为负责任的社区公民。他们懂得管理自身情绪，也学会尊重多元文化。

在运动与体育活动范畴下，低年级的游戏活动促进学生积极参与体育活动，培养兴趣和基本技能。在中高年级逐渐过渡到讲授更专业的知识，如公平竞赛、团队协作、运动科学等，学生完成从基础知识学习到丰富的知识体系的建构。这奠定了学生终身积极参与体育活动的基础。具体课程内容如表8-1所示。

表 8-1　澳大利亚健康与体育课程内容

年级	个人、社会与社区健康	运动与体育活动
幼儿园	·调查他们是谁以及他们世界中的人 ·练习尊重他人的个人和社交技巧 ·探索在分享财产或个人空间时如何以尊重的方式寻求、给予或拒绝许可 ·展示保护行为，说出身体部位的名称，演练有助于保护自身安全的求助策略 ·识别社区中有助于自身健康和安全的健康标志、信息和策略	·在小游戏和玩耍中练习基本动作技能 ·尝试以不同的方式安全地移动身体，操控物体和空间 ·在自然和户外环境中参加各种活动，探索体育锻炼的益处 ·在各种体育活动中遵守规则，促进公平竞争
1~2年级	·描述自己和他人的个人品质，并解释这些品质如何有助于发展身份认同 ·确定并探索发展相互尊重关系的技能和策略 ·确定不同情况如何影响情绪反应 ·练习他们在需要以尊重的方式寻求、给予或拒绝许可时可以使用的策略 ·识别并展示他们可以用来帮助自己和他人保持安全的保护行为和求助策略 ·调查社区中的各种健康信息和做法，并讨论其目的	·练习基本运动技能，并将其应用于各种运动环境中 ·研究移动身体、操控物体和空间的不同方式，并就其有效性得出结论 ·在自然和户外环境中参加各种体育活动，并调查使体育活动令人愉快的因素和环境 ·在各种体育活动中共同制定和应用规则，以促进公平竞争 ·在参加体育活动时运用合作策略
3~4年级	·研究成功、挑战、挫折和失败如何在各种情况下增强复原力和身份认同感 ·计划、演练和反思应对不同变化和过渡的策略，如与青春期有关的变化 ·描述定型观念如何影响选择和行动 ·选择、使用和完善个人和社交技能，以建立、管理和加强人际关系 ·描述重视多样性如何影响福祉，并确定促进社区包容的行动 ·解释情绪反应如何以及为何会变化，并练习管理情绪的策略 ·演练和改进以尊重的方式寻求、给予或拒绝许可的策略，并描述需要许可的情况 ·描述并应用各种在线和离线情况下的保护行为和求助策略 ·解释健康信息的性质和意图，思考它们如何影响个人的决定和行为 ·调查并运用有助于自己和他人健康、安全、人际关系和幸福的行为	·在新的运动环境中完善和应用基本运动技能 ·应用和调整动作策略以达到动作效果 ·展示在进行动作序列时，如何应用与努力、空间、时间、物体和人有关的动作概念 ·参与体育活动，探索自己的身体感觉，并描述有规律的体育活动如何帮助身体保持健康 ·参与自然和户外环境中的体育活动，研究影响自己和他人参与的因素 ·探讨有关体育活动和久坐行为的建议，并讨论实现这些建议的策略 ·在设计动作序列和解决动作问题时运用创造性思维 ·在参与或设计体育活动时运用规则和计分系统促进公平竞争 ·在小组或团队运动活动中，以尊重他人的方式扮演各种角色，以取得圆满成功

续表

年级	个人、社会与社区健康	运动与体育活动
5~6年级	·解释身份认同如何受人和地方的影响，以及我们如何创造积极的自我身份认同 ·调查管理变化和过渡的资源和策略，其中包括与青春期有关的变化 ·调查社会角色和责任的描述如何受到性别陈规定型观念的影响 ·描述并展示如何表达尊重和同情，从而对人际关系产生积极影响 ·描述并实施重视社区多样性的策略 ·运用管理情绪的策略，分析情绪反应如何影响人际交往 ·描述寻求、给予或拒绝同意的策略，并演练如何有效地表达自己的意图 ·分析并演练可在各种在线和离线情况下使用的保护行为和求助策略 ·调查健康信息的不同来源和类型，以及这些信息如何适用于自己和他人的健康选择 ·分析行为如何影响个人和社区的健康、安全、关系和福祉	·在各种情况下调整和修改运动技能 ·将熟悉的运动策略运用到不同的运动环境 ·研究如何运用与努力、空间、时间、物体和人有关的不同运动概念来提高运动效果 ·参与体育活动，研究身体对不同强度的反应 ·在自然和户外环境中参与增进健康和福祉的体育活动，并分析促进参与所需的步骤和资源 ·提出并解释在生活中增加体育活动和减少久坐行为的策略 ·预测在各种运动情况下运用不同技能和策略的效果 ·设计并测试替代规则和游戏修改情况，以支持公平竞争和全纳参与 ·通过参与小组活动、鼓励他人和协商角色与责任，积极参与小组和团队活动
7~8年级	·分析和思考价值观和信仰对身份发展的影响 ·分析变化和过渡的影响，并制定策略，在这些变化中支持自己和他人 ·研究性别定型观念如何影响人际关系中的角色、决策以及权力、胁迫和控制水平 ·研究尊重、移情、权力和胁迫在发展相互尊重的关系中的作用 ·研究影响社区如何重视多样性的策略，并提出他们可以采取的行动，以促进提升社区的包容性 ·分析影响情绪反应的因素，并制定自我管理情绪的策略 ·解释并应用技能和策略，在寻求、给予或拒绝同意时以自信和尊重的态度进行交流 ·完善保护行为，评估社区资源，为自己和他人寻求帮助 ·调查媒体和有影响力的人如何影响人们对健康、安全、人际关系和幸福的态度、信念、决定和行为 ·利用卫生资源，计划并实施各种策略，以增强自己和他人的健康、安全、人际关系和幸福感	·在各种运动情况下分析、改进和迁移运动技能 ·设计并演示如何运用运动策略来提高运动效果 ·展示并解释如何运用与努力、空间、时间、物体和人有关的运动概念来提高运动效果 ·参加旨在增强体质和提高幸福感的体育活动，研究经常参加体育活动对健康、体质和幸福感的影响 ·参与利用社区空间和户外环境的体育活动，并评估支持更多地利用这些空间的策略 ·设计提高体育活动水平的策略并说明理由，以实现健康和幸福的目标 ·提出并评估在不同运动情况下最有效的运动策略和技能 ·调查设备、规则和计分系统的修改情况，以支持公平竞争和包容性参与 ·在参加各种体育活动时，应用领导、协作和团体决策

年级	个人、社会与社区健康	运动与体育活动
9~10年级	·分析形成身份认同的因素，评估个人如何影响他人的身份认同 ·完善、评估和调整管理变化和过渡的策略 ·研究性别平等和挑战性别假设如何防止人际关系中的暴力和虐待行为 ·评估尊重、移情、权力和胁迫对建立和维持相互尊重关系的影响 ·提出个人和团体可以实施的战略和行动，以挑战偏见、陈规定型观念、成见和歧视，并促进社区的包容 ·评估不同情况下的情绪反应，完善情绪管理策略 ·研究沟通选择、寻求、给予和拒绝同意、表达意见和需求等策略如何支持包括性关系在内的相互尊重关系的发展 ·在自己或他人的健康、安全或幸福可能受到威胁的情况下，计划、演练和评估处理策略 ·批判有关人际关系、生活方式选择、健康决定和行为的健康信息、服务和媒体信息，评估它们对个人态度和行动的影响 ·规划、论证和评论提高自己和他人健康、安全、人际关系和幸福水平的策略	·在一系列具有挑战性的运动环境中，分析、调整和完善自己和他人的运动技能，以提高成绩 ·在各种具有挑战性的运动环境中，制定并完善运动策略，以取得成功的结果 ·在新的或具有挑战性的运动环境中应用运动概念，并分析每个概念对运动结果的影响 ·参与旨在增强体质、福利和健康的体育活动，并设计、应用和评估将这些活动融入生活的策略 ·参与促进健康和社会发展的体育活动，为自己和他人设计和评估参与策略 ·设计、实施和评估个性化计划，提高或保持自己或他人的体育活动水平，以达到健身、健康和幸福的目的 ·迁移和调整以往经验中的技能和策略，在不熟悉的运动环境中取得成功 ·展示公平竞争，反思道德行为如何影响个人和团体的体育活动成果 ·在小组或团队工作时，制定、实施和完善决策策略，展现领导和协作技能

资料来源："Health and Physical Education F-10 Version 9.0 about the Learning Area," The Australian Curriculum, https://v9.australiancurriculum.edu.au/downloads/learning-areas#accordion-b71b085f07-item-61a8e06872。

三 澳大利亚体育课程重点领域

澳大利亚健康与体育课程的教学必须围绕 12 个重点领域展开。这些重点领域为不同教学阶段提供了所需的学习内容。学校和教师需要根据当地需求、资源情况、学生准备状态等因素，合理规划各重点领域的教学进度和具体内容。健康与体育课程的编制可分为身心健康、药物与环境以及运动技能三大相关领域。

（一）身心健康相关领域

1. 食品营养

食品营养领域的教育旨在凸显食物和营养在增强健康与幸福方面的关

键作用。课程内容致力于教授学生做出健康和明智的食物选择。学生将深入探索影响饮食习惯和食物选择的各种因素。食品营养教育的目标是激发学生对饮食的兴趣，使他们能够根据个人需求和偏好做出明智选择。适度关注饮食质量不仅有助于儿童和青少年的健康成长，还能为他们积累终身受用的营养知识。所有学生在幼儿园到 10 年级的学习过程中，将在适当的时候学习以下内容：①

· 介绍食物和健康饮食的建议（包括澳大利亚健康饮食指南和澳大利亚原住民健康饮食指南）

· 营养需求和饮食需求（包括澳大利亚饮食指南）

· 食品标签和包装的识读（包括阅读和解释营养面板）

· 媒体对食品选择的影响（包括社交媒体传递的健康和营养信息）

· 个人、社会、经济和文化对饮食习惯的影响

· 计划和维持健康饮食的策略（包括分量和每日饮食量建议）

· 评估食物质量和饮食标准（包括食物组合与类别、加工与天然食物、可持续生产、食物里程）

2. 心理健康与幸福感

心理健康与幸福感领域致力于在个人和社区层面提升积极心理状态。课程旨在使学生学会管理压力、培养乐观积极心态，并提升抗压能力。青少年正处于快速成长时期，面临诸多心理问题和社会压力。适当的心理健康教育可以帮助他们建立自信和拥有抗压能力，使他们能够应对生活中的困难和挑战。然而，教育也应该因材施教，对症下药，避免给学生带来额外负担。预期所有学生在幼儿园到 10 年级的学习过程中，将在适当的时候学习以下内容：

· 认识自我，培养积极的人生观和价值观

· 学习情绪管理，做到心平气和

---

① "Health and Physical Education Focus Areas," The Australian Curriculum, https://v9. australiancurriculum. edu. au/teacher-resources/learning-area-resources/hpe_ focus_ areas. html.

· 促进心理健康，提升主观福祉

· 增强心理健康的策略（包括毅力、正念、社交支持等）

· 推动社区心理健康，反对污名化

· 身心健康对幸福感的影响

· 身体意象、自尊对心理健康的影响

· 应对技能、寻求帮助的策略和社区支持资源

· 促进心理健康和福祉的支持网络，以及对健康信息进行评判

3. 人际关系与性教育

这一领域侧重于关注青少年成长过程中的人际交往与性健康。课程致力于培养学生互相尊重和进行有效沟通的能力。人际关系与性健康教育鼓励学生反思自我，理解他人，并基于此成长。然而，这需要因材施教，不能生搬硬套。教师应该关心学生的情绪，循序渐进地、耐心地引导他们。预期所有学生在幼儿园到 10 年级的学习中，将在适当的时机学习以下内容:[1]

· 建立和维护友谊

· 性教育，适应生理变化

· 支持生殖与性健康的做法

· 同意的性质，设置界限

· 处理不平衡关系的策略

· 欺凌、骚扰、歧视的危害

· 进行适当的性教育，有助于学生建立平等和负责任的人际关系

4. 安全

这一领域专注于学生日常生活中的安全问题。课程旨在使学生掌握安全知识和技能，培养他们做出安全决策的能力。学生的安全尤其需要家庭和学校的紧密合作。教师不能仅仅灌输规则，而应该赢得学生的信任，使

---

[1] "Health and Physical Education Focus Areas," The Australian Curriculum, https://v9. australiancurriculum. edu. au/teacher-resources/learning-area-resources/hpe_focus_ areas. html.

安全课程贴近学生的日常生活。只有通过双向沟通，才能确保学生的安全，并培养他们成为负责任的公民。预期所有学生在幼儿园到 10 年级的学习中，将在适当的时机学习以下内容：

· 校园安全常识、交通安全知识
· 网络安全和个人安全
· 应急知识和自我保护技能
· 体育运动中的安全措施
· 关系和约会的安全

（二）药物与环境领域

1. 酒精和药物

这一领域着眼于酒精与各类药物相关的安全实践。学生需要在不同成长阶段了解酒精和药物的正确用法，以及不当使用可能带来的危害。教育旨在增强学生的安全意识，但也要避免灌输过度的恐惧。与其单纯禁止，不如教会学生理性抉择。预期所有学生在幼儿园到 10 年级的学习过程中，将在适当的时机学习以下内容：

· 酒精和药物的安全使用
· 替代酒精和药物的方法
· 酒精和药物对身体的影响
· 影响酒精和药物使用的因素
· 酒精和药物对个人和社区的影响
· 对酒精和药物做出明智决定的技能

2. 体育活动

这一领域关注体育活动对身心健康的积极作用。课程鼓励学生主动参与，但并不强制每个人达到相同的标准。学校应该为各类体育活动提供平等的机会，兼顾学生的兴趣和能力。预期所有学生在幼儿园到 10 年级的学习过程中，将在适当的时机学习以下内容：

· 参与体育活动的益处

· 不同体育活动的健康效益

· 体育活动的社会影响

· 体育活动的选择与决策

· 规划合理的体育锻炼内容

(三) 运动技能相关领域

1. 活泼游戏与小游戏

这一类活动主要以娱乐为导向，学生在游戏中培养合作和反应能力。教师应该鼓励学生积极参与，但不应过分强调竞争。活动的重点在于促进学生进行身体活动，而不是强调胜负。预期所有学生在幼儿园到 10 年级的学习过程中，将在适当的时机参与以下活动：

· 各类活泼游戏 (室内外、个人或集体、结构化或非结构化的游戏)

· 想象力游戏 (发展创造力的涉及运动的活动)

· 角色互动游戏 (学生扮演不同角色以发展技能和理解活动)

· 小组游戏 (2~6 人参与发展问题解决、涉及计划和合作技能的游戏)

· 具有少量规则的小游戏 (让学生练习技能、策略和战术的游戏)

· 导向传统运动项目的游戏

2. 挑战与探险活动

这类活动旨在通过各种户外运动挑战学生的勇气和耐力。学校应该提供必要的指导和保护装备，并告知可能出现的风险。同时，应该尊重学生主动参与的意愿，不强制进行高难度活动。预期所有学生在幼儿园到 10 年级的学习过程中，将在适当的时机参与以下活动：

· 探险游戏

· 移动性挑战活动 (集中发展个人社交能力的活动)

· 户外娱乐活动 (在自然和户外环境中的活动)

· 导航性挑战

3. 基本运动技能

这类活动专注于提高学生基本的运动技能，为他们参与各种体育活动做好准备。教师应该根据学生的兴趣和能力水平，提供分层次的指导。预期所有学生在幼儿园到 10 年级的学习过程中，将在适当的时机练习以下技能：

- 平衡技能
- 轨迹运动技能：滚动、平衡、滑行、慢跑、奔跑、跳跃、跳远、跳高、蹦跳、闪避
- 控球技能：弹跳、运球、掷球、接球、踢球、击球
- 在水中漂浮和移动身体的技能

4. 游戏与体育运动

这类活动旨在通过各类游戏和正式体育项目提高学生的运动技巧，侧重于学习规则并在活动中获得乐趣。预期所有学生在幼儿园到 10 年级的学习过程中，将在适当的时机参与以下活动：

- 各种改编游戏
- 传统体育项目
- 具有文化意义的游戏（如澳大利亚原住民传统游戏和亚洲地区重要游戏）
- 非传统游戏（包括学生设计的游戏和玩家执法的游戏）

5. 终身体育活动

这类活动旨在通过提高学生对终身体育的认识和参与，帮助他们更加健康，获得幸福。学校应该根据资源开设相关兴趣小组并组织相关活动。预期所有学生在幼儿园到 10 年级的学习过程中，将在适当的时机参与以下活动：

- 个人和团体活动（如环形训练、跳绳、操场游戏等）
- 各种活跃体育活动，包括但不限于徒步、定向赛、滑板、游泳、

太极、瑜伽、登山、自行车、健身课等

6. 有节奏与表达性活动

这类活动通过音乐与动作的结合，培养学生的节奏感和艺术表现力。在此过程中应注重培养学生的参与兴趣，而非让其进行专业训练。预期所有学生在幼儿园到 10 年级的学习中，需要在适当的时间参与以下活动：

· 创意动作探索
· 舞蹈体验
· 学校还可以提供如杂技、韵律体操、教育体操等活动

四　澳大利亚体育课程资源的开发与利用

澳大利亚的体育教育体系非常注重体育课程资源的开发与利用，以确保体育课程的有效实施。各州和地区的教育部门制定了严格的标准化体育课程教学大纲，其中详细规定了体育课程的教学目标、知识要点、技能重点以及学习评估标准等内容。这为学校提供了具体指引，确保了课程的一致性和高质量。同时，澳大利亚教育部门大力支持学校和教师制作数字化的体育课程资源。这些资源包括教学视频、动画模拟、课件课程包、技能训练软件等，覆盖了从基础运动技能示范到专题教学的各个方面。这些数字化资源不仅提供了多样化的学习方式，也为学生提供了随时随地学习的便利。[①]

在体育设施方面，澳大利亚各级各类学校都非常重视。除了标准的室内外操场、健身房和更衣室等基础设施外，许多学校还会根据实际需求和条件建设一些专项运动场地，例如标准化的足球场、篮球场和网球场等。这些专项运动场地为学生提供了更好的训练和比赛条件。学校也会配置各种各样的体育器材和用具，以满足不同运动项目的需求，确保学生在训练和比赛中有更好的体验。

---

① 　D. Dean, T. Amanda, S. Claire, P. Louisa, W. Matthew, *Teaching Quality Health & Physical Education*, 2nd ed., South Melbourne：Cengage Learning, 2021.

在师资方面，学校不仅聘请专职的体育教师，还会额外聘请专业的体育教练。这些专业的体育教练具有丰富的教学和培训经验，可以为学生提供更专业、个性化的运动技能指导。此外，学校还积极与附近的社区体育俱乐部、专业运动训练基地等机构合作。这种合作不仅使学校能够借助外部专业资源，还让学生能够在学校内部接触到更高水平的运动教练，进一步丰富和提升了学校体育课程的内容和质量。

第五节　澳大利亚体育教师

在澳大利亚，体育教师扮演促进学生身体健康和培养运动兴趣的关键角色。然而，面对日益复杂的教学环境和个人职业发展挑战，澳大利亚的体育教师面临留任的压力。本节将探讨澳大利亚体育教师的工作现状、职业发展影响因素、职业素养提升路径及留任对策。通过深入剖析这些方面，可以更好地理解体育教师的职业现状，为改善教师的工作环境、提升教师的专业素养提供有益的启示。

一　澳大利亚体育教师工作概述

澳大利亚的体育教师主要在中小学工作，他们扮演培养学生体育技能、传授体育健康知识、培养学生体育兴趣和运动习惯的关键角色。他们需要根据国家和地区的课程标准，为不同年级的学生设计和实施体育课程。[①] 在课堂上，体育教师的工作不仅仅是教授基本技能，还包括组织各种体育活动，如集体活动、对抗性活动和竞技性活动等。他们指导学生掌握特定体育项目的基本动作和规则，并运用各种教学方法调动学生的参与热情，包括示范法、命令式教学法和自主探究法等。

作为专业教师，澳大利亚体育教师特别注重培养学生的体育技能，并擅长有效指导体育运动。尤其是在课余时间，他们还承担组织课外训练、校际比赛等工作，为学生提供更多实践和竞技机会。体育教师需要具备精准的教学设计能力、严谨的教学态度和耐心的指导能力。与其他学科教师

---

① P. R. Whipp, K. Salin, "Physical Education Teachers in Australia: Why Do They Stay?" *Social Psychology of Education*, 2018, 21 (4): 897-914.

相比，体育教师的工作强度较大，需要进行频繁的户外工作，因此对身体素质要求较高。然而，体育教师的职业也充满了骄傲和快乐。他们看到学生在体育活动中不断进步，不仅体现了学生个人能力的提高，也增强了学生的团队合作意识。通过自己的努力，澳大利亚的体育教师在促进学生成长中发挥独特的作用，使学生具备健康、积极和团结的体育素养。

二 澳大利亚体育教师职业发展的影响因素

澳大利亚体育教师职业发展受到众多因素的影响，涉及个人内在因素和外部环境因素。在个人内在因素方面，体育教师的自我效能感是一个关键因素。[①] 高自我效能感的教师更有可能在教学中获得满足感，也更有可能保持职业的持续性。此外，个人的职业抱负也会影响教师的发展路径，例如，有些教师希望晋升为体育部门的管理者，这会促使他们通过进修提高管理能力；而有些教师则希望成为优秀的教练，这会促使他们参加教练培训以获得证书。

在外在环境因素方面，学校体育文化和氛围扮演重要角色。[②] 正向的学校文化，例如重视体育教学、给予教师相对自主权、提供充足资源支持等，可以提高教师的职业满意度。相反，如果学校存在体育边缘化现象，那么教师可能会感到被忽视和缺乏尊重。此外，工作场所的人际关系也对教师的职业发展产生影响，来自校领导、同事和家长的支持与尊重，可以增强教师的专业认同感。教育政策的变革可能对教师产生积极或负面影响，若政策变革对教师造成负面影响，则可能导致教师对未来发展缺乏信心。

体育教师的职业满足感还受到其他因素的影响。例如，学生的学习进步可以带来成就感，开展创新教学可以实现自我价值，与专业人士的互动交流可以获取专业支持，参与决策可以增强控制感。然而，工作量大、资源缺乏导致的压力，管理部门的不支持，边缘化地位导致的认同危机等因素都可能影响教师的心理需求满足感。总之，体育教师的职业发展受到多

① K. Mäkelä, P. R. Whipp, "Career Intentions of Australian Physical Education Teachers," *European Physical Education Review*, 2015, 21 (4): 504-520.

② K. Mäkelä, P. R. Whipp, "Career Intentions of Australian Physical Education Teachers," *European Physical Education Review*, 2015, 21 (4): 504-520.

方面因素的影响，这包括个人内在因素和外部环境因素。为了促进体育教师的专业成长，学校管理者和体育教育决策部门需要共同努力，营造良好的组织文化氛围，关注教师个体需求，为教师提供更多职业发展机会。

三　澳大利亚体育教师职业素养的提升路径

澳大利亚通过多种举措，致力于提升体育教师的职业素养，确保教学质量和教师的持续发展。以下是一些主要的路径和策略。

（1）职前培养：学校应该在大学阶段的体育教师培养中注重培养学生的教学能力和专业知识。增加实习课程的时间和频次，让预备教师有更多实际教学经验，掌握课堂管理、课程设计等技能。同时，增加专业知识学习的学时，加强学生对人体解剖、生理学、运动心理学等知识的掌握，提高教学内容的深度。设置教学方法训练的课程，探讨不同的教学模式在体育教学中的应用，提高学生的教学能力。

（2）在职培训：教育行政部门应该了解在职体育教师的需求，提供有针对性的培训项目。培训内容可以包括信息技术在体育教学中的应用、运动生理学、生物力学等前沿知识，学生心理和行为问题的解决策略，以及教师规划学校体育课程和运动项目的技能。培训可以采取集中培训或者在线学习的方式，给予教师学习的便利。

（3）建立教师导师制度：学校可以组建导师团队，由有丰富教学经验的资深教师担任导师，新入职的青年教师担任学员。导师可以通过制订学习计划、案例分析、观摩课堂、讨论交流等方式，帮助学员解决实际工作中遇到的困难，传递经验，扮演人生导师的角色。学员也应该积极主动地向导师求教，促进双方关系建立。这种师徒模式的交流有利于学员快速成长。

（4）弹性的职业发展体系：学校应该为教师提供弹性的职业发展通道。教师发展是一个连续的过程，学校应该根据教师个体需求，提供"定制化"的发展路径。例如，开展职能轮岗，让教师在管理岗位上积累经验；设置交流岗位，资深教师可以到高校进行短期工作，拓宽自己的视野；鼓励教师参加学术会议，促使其不断学习和更新知识；同时，学校还可以支持教师参加职业技能竞赛，激发他们的积极性。这些举措可以让教师在不同阶段都保持积极的职业态度，提升自身职业素养。[1]

四 促进澳大利亚体育教师留任的对策分析

研究表明，近年来有相当比例的澳大利亚体育教师选择离开教学岗位。主要原因包括工作量大、缺乏发展机会、管理部门不支持等。为了改善这一状况，促进体育教师留任，需要从以下几个方面着手。[2]

（1）改善工作条件和减轻负担：现实中，许多体育教师选择离开教学岗位是因为工作量大，任务过重。教育管理部门和学校要关注这一问题，采取措施减轻教师负担，如适当降低教师的课时负荷；增加课余活动的组织人员；为教师的课程设计、备课等创造更多的时间、空间。另外，要为教师提供充足的场地设备，改善办公条件，让教师能够更加专注于教学工作。

（2）创建尊重和支持教师的学校文化：缺乏来自校领导和家长的尊重，也会导致教师流失。校长要充分理解和尊重体育教学的专业性，提供专业自主空间；积极回应教师的合理需求，如购买设备、申请备课代课等；主动关心教师的专业发展需要。家长也要理解教师的专业角色，提供支持而非进行不合理的批评。当教师感受到尊重时，留任热情更高。

（3）拓宽发展空间和提供发展机会：研究表明，缺乏发展机会也是体育教师离岗的重要原因。各学校要根据教师个体需求，提供丰富的发展路径，而不局限于教学岗位。可以建立教师交流机制，支持教师之间互访交流；设立轮岗制度，让教师在行政或研究岗位"充电"；支持教师参加各类培训与进修项目，拓宽发展视野。当教师感受到前景光明时，留任积极性更高。

（4）关注教师的心理健康：良好的心理状态支持教师持续稳定地工作。学校要建立定期的沟通机制，及时了解教师的困难并提供支持，组织教师开展团建活动以增进联系；制订员工援助计划，为教师提供心理咨询与指

---

[1] "Teacher Professional Learning Guidelines for the Sport Sector," Australian Sports Commission, https://www. sportaus. gov. au/_ _ data/assets/pdf _ file/0018/683010/Teacher _ Professional _ Learning_ Guidelines. pdf.

[2] K. Mäkelä, P. R. Whipp, "Career Intentions of Australian Physical Education Teachers," *European Physical Education Review*, 2015, 21 (4): 504-520.

导；开展压力管理和情绪调节的教育培训，提高教师的心理承压能力。这些举措可以帮助教师保持积极健康的心态。

促进澳大利亚体育教师的留任需要努力改善教师对工作的感知，打造积极支持的学校环境，拓展教师的发展路径，关注教师的情感需要。只有当体育教师感受到工作的意义与价值时，留任积极性才会提高。这需要学校管理者与教育决策者共同努力，营造良好的组织氛围，持续关注体育教师的内在需求。

第六节　澳大利亚学校课余体育

澳大利亚学校课余体育长期以来都是学校教育体系中不可或缺的一部分。它不仅为学生提供了丰富多样的体育锻炼机会，还培养了他们的团队合作精神和终身体育兴趣。其中，"积极的课后社区"（Active After-school Communities，AASC）项目作为政府支持学校课余体育的关键项目，为数以万计的学生提供了体育活动的机会，有效地丰富了他们的课余生活。然而，在项目实施过程中，我们也必须正视存在的问题，这不仅关系到学生的身心健康，也关系到澳大利亚未来的体育发展。本节将深入探讨澳大利亚学校课余体育的现状，分析"积极的课后社区"项目的优势与挑战，并提出一些解决问题的建议，旨在为我国学校课余体育的可持续发展提供参考和借鉴。

一　澳大利亚学校课余体育的概念

学校课余体育泛指学生在学校正规课堂之外的各种体育活动。它是学校体育教育的一个组成部分，为帮助学生增强体质、提高技能、丰富生活内容提供了一个宽松、愉快的环境。学校课余体育需要学生自主参与，具有较强的自主性、暂时性和多样性等特点。与正规体育课堂相比，学校课余体育更加灵活多样，形式包括自由活动、校内外组织活动以及代表学校参加各种体育竞赛等。学校课余体育在丰富学生课余生活、培养体育兴趣爱好、增强体质等方面发挥重要作用。

在澳大利亚，政府高度重视学校课余体育活动的发展。2004~2014年，澳大利亚政府启动了"积极的课后社区"项目，该项目获得了超过9000万澳元的政府资金支持①，覆盖全国约 6000 所中小学校。该项目的活动安排在每天放学后的 3∶00 至 5∶30，每周举办 1~3 次，每次活动时长约为 1 小时。活动形式包括专门设计的游戏、入侵性运动、网球等，采用"Playing for Life"的教学方法，旨在培养学生的基本运动技能和激发他们对终身参与体育的兴趣。AASC 项目推动澳大利亚中小学生参与课余体育活动，是澳大利亚政府支持学校进行课余体育活动的重要举措。该项目覆盖面广，资金充足，且具有持续性，对学生参与课余体育活动产生了重要影响。② AASC 项目于 2014 年结束，自 2015 年起由"运动学校"（Sporting Schools）项目接替实施。

二　AASC 项目的主要特征

学校课余体育在澳大利亚的学校体育教育中占有重要地位，具体可以 2004 年启动的 AASC 项目为例。该项目获得政府大量的资金支持并直接惠及全国近 200 万名中小学的学生。AASC 项目的实施体现了澳大利亚政府对学校课余体育的高度重视。③

（一）政府巨资支持

AASC 项目获得了总额超过 9000 万澳元的政府资金支持，这笔庞大的资金被全部用于推动课余体育活动，在全国范围内让近 1/2 中小学生直接受益，覆盖面广。这项长达 10 年的巨额财政资金注入充分彰显了澳大利亚政府对学校课余体育的极高重视，表明政府愿意持续向该领域投入专项资源，积极推动课余体育事业发展。这也为课余体育活动提供了强有力的经济支持，确保其稳健运行。

（二）应对肥胖问题

AASC 项目是澳大利亚政府积极应对日益严重的儿童肥胖问题而采取的重要举措之一。该项目的核心目标是提高那些原本缺乏体育锻炼的儿童的运动参与度，直接解决了儿童缺乏运动的根本问题。澳大利亚政府对 AASC

---

① "Active After-school Communities Program," Australian National Audit Office, https://www.clearinghouseforsport. gov. au/__data/assets/pdf_file/0010/853912/AASC_ Audit_ Report. pdf.

② "Active After-school Communities（AASC）," Clearinghouse for Sport, https://www. clearinghouseforsport. gov. au/kb/aasc.

③ "Active After-school Communities Program," Australian National Audit Office, https://www.clearinghouseforsport. gov. au/__data/assets/pdf_file/0010/853912/AASC_ Audit_ Report. pdf.

项目的立项和大规模资金投入予以高度重视，将其视为应对儿童肥胖的主要政策工具。AASC 项目的持续推进充分彰显了澳大利亚政府对儿童身体健康的高度关切。通过增加学生课余时间内的体育锻炼机会，该项目直接提升了学生的体质水平，对战胜儿童肥胖问题发挥了积极作用，也为促进澳大利亚儿童身心健康作出了重要贡献。

（三）长期连续运行

AASC 项目自 2004 年启动，获得政府持续资助直至 2007 年，并将项目期限进一步延长至 2014 年，10 年间连续运作。这种长期连贯的项目运作不仅确保了课余体育活动的持续性和稳定性，同时也为学校和社区组织提供了足够的时间，使其得以适应并积极地开展各种课余体育活动。与此同时，10 年的项目周期也为持续观察和评估 AASC 项目的效果提供了机会，使项目方能够不断优化和完善课余体育活动的各个方面。AASC 项目的长期连续实施不仅体现了澳大利亚政府对课余体育的高度关切，也确保了该项目效果的持续显现。

（四）专业教练培训

AASC 项目还招聘和培训了大批社区教练，满足了课余体育活动的广泛师资需求。所有这些教练都必须接受项目的统一培训，掌握科学合理的指导方法，从而显著提高整个课余体育活动的专业水平和教学质量。专业教练的科学指导在保证课余体育教学质量和活动效果方面起关键作用。AASC 项目在师资配置和培训方面进行了大规模的投入，确保了课余活动的专业性和高质量。

三 澳大利亚学校课余体育的功能

学校课余体育在学生的身心发展中扮演独特的角色，它不仅是学校体育教育的重要组成部分，还在丰富学生的课余生活、增强体质和培养兴趣爱好等方面发挥不可替代的作用。澳大利亚政府通过推进 AASC 项目，充分发挥学校课余体育在以下几个方面的功能。[1]

（一）让学生拥有丰富多彩的课余生活

AASC 项目为学生提供了丰富多样的课余生活体验，营造了轻松愉快的

---

[1] "Active After-school Communities Program," Australian National Audit Office, https://www. clearinghouseforsport. gov. au/＿＿data/assets/pdf_file/0010/853912/AASC_Audit_Report. pdf.

活动氛围。该项目每周举办 1~3 次，每次持续约 1 小时，学生可以在放学后参与各种体育活动，包括球类运动、入侵式运动、正式比赛等。教练采用游戏化的教学方法，设计各种有趣的小游戏，充分调动学生的兴趣，使他们在一个与课堂体育截然不同的轻松氛围中享受运动的乐趣。该项目直接受益的学生人数约为 200 万人，为学生提供了丰富多彩的课余活动机会。在这里，学生可以展现个性和特长，获得成功体验，并从中培养对体育的热爱。这一项目与较为严肃的课堂体育相辅相成，为学生提供了多样化的体育活动，帮助他们实现身心平衡。

（二）弥补课堂体育时间的不足

AASC 项目通过每周增加学生 1~3 小时的体育活动时间，直接弥补了课堂体育时间不足的情况，满足了学生对体育锻炼的需求，从而提高了学生的身体素质。大量原本体育活动时间不足的非活跃学生通过参与项目活动直接增加了体育锻炼的时间。持续和稳定的课余体育锻炼有助于改善学生的体型，增强心肺功能、柔韧性、肌力和协调性等，对学生身体机能的提高起到积极的促进作用。此外，学校课余体育活动也使学生能够学习一些课堂体育难以覆盖的运动项目，例如滑板、攀岩等，拓宽他们的运动视野。

（三）提高学生的基本运动技能

AASC 项目致力于提高学生的基本运动技能。项目教练根据学生不同年龄段的身心发展特点，科学设计活动的难度和内容。在轻松愉悦的环境中，学生通过大量重复练习掌握各种球类运动、入侵式运动的基本技能，并培养终身参与体育运动的意识。为了确保项目的专业指导质量，该项目还进行了社区教练的统一培训，使他们掌握科学合理的指导方法。这种专业的指导与管理是技能培养的重要保障。

（四）促进培养学生的团队精神和自律习惯

丰富多彩的学校课余体育活动不仅增进了不同年级学生之间的交流，还培养了他们的团队精神。在 AASC 项目中，学生需要集体参与并相互协作完成部分活动，这不仅促进了学生之间的交流与沟通，还培养了他们团结互助的精神。有计划、有组织地参与课余体育活动使学生养成了自律的好习惯，增强了他们的自我约束力和集体荣誉感。这对学生的社会性培养非常有益。

四　澳大利亚学校课余体育存在的问题及建议

澳大利亚政府高度重视学校课余体育，AASC 项目推动了学校课余体育的发展。但项目实施过程中也出现了一些问题。[①] 澳大利亚国家审计办公室（Australian National Audit Office）发布了一份审计报告，专门针对 AASC 项目进行评估。审计报告对此提出了以下建议。首先，教练资质管理方面出现了问题。报告显示，约 17.5% 的试用教练获得了免训资格，8% 的试用教练获准无须提交刑事记录证明。教练的专业培训和品行审查是保证教学质量和活动安全的两项重要措施，是项目执行的基本规范和底线要求。然而，数据显示，大量教练被免除了这两个关键标准要求，这可能会直接导致教学质量参差不齐，一些教练的指导能力不足也会增加安全隐患，与项目的初衷相违背。这一问题的根源在于监管和质量控制不力，项目标准执行不到位。教练资质审查标准若被大量破坏，则势必影响整个项目的专业性与品质。

其次，质量监控方面存在明显弊端。报告显示，项目主要依赖区域协调员不定期的评估访问来监控教学质量，但由于各区域范围广、交通不便等原因，区域协调员无法对所有教练进行频繁和深入的评估，很难全面系统地掌握质量状况，被动监管的方式无法发现所有的质量问题。主动评估的比例有待提高，否则教学质量难以得到有效控制。

再次，补助金管理过程过于烦琐低效，参与各方重复工作量大，资源浪费严重。报告显示，补助金申请和清算环节从项目方到学校层层审批，重复核对项多，繁文缛节影响了工作效率。同时，烦琐工作流程增加了项目管理方和接受补助金方的工作负担。这需要通过流程优化、线上自动化、单据标准化等方式提高工作效率，降低管理成本。

最后，在公布评估结果时，报告指出项目方需要注意结果的表述，避免产生误导。在结果解读上，应该增加定义，说明误差区间和置信水平等信息，避免结果被片面解读；在最终报告中应对研究方法论进行充分的解释，以提高结果的透明度和可靠性。此外，项目关键决策的依据记录比较

[①] "Active After-school Communities Program," Australian National Audit Office, https://www.clearinghouseforsport. gov. au/__data/assets/pdf_file/0010/853912/AASC_Audit_Report. pdf.

欠缺。记录管理对项目责任和结果可追溯性非常重要。

第七节　澳大利亚学校体育管理

在澳大利亚，学校体育管理涉及多个层面的部门和各种职能，从国家到州层面，再到学校层面，形成了严密的管理网络。澳大利亚体育委员会（Australian Sports Commission）在国家层面制定了全国性的体育和青少年体育政策，并负责管理学校体育项目，同时组织国际学校体育交流项目，推动青少年体育项目的研究和评估。各州和地区的教育部门在本地区内负责制定学校体育政策、组织学校体育项目和竞赛，对学校体育项目进行监管和检查，并针对学校体育项目和教学人员提供培训。学校层面则由教师自发组建的体育运动协会负责管理校际体育竞赛项目，同时，学校聘请专职的体育教师开设体育课程和进行训练，提供必要的场地和设备。

在学校体育管理中，风险评估和管理是一个至关重要的环节。不同风险级别的体育活动需要教师进行详细的评估，并采取相应的控制措施，以确保参与者的安全。活动计划的准备和审批也是必不可少的，根据活动的风险级别，学校需要提前准备详细的活动方案，并经过严格审批。在体育活动的组织实施和监督过程中，教师需要负总责，保障活动顺利进行。同时，建立规范的体育活动事故管理机制，包括事故的报告和后续处理，是确保学生安全的关键。通过对以上这些环节的严格管理，澳大利亚学校体育活动得以有序开展，保障了学生的身体健康和安全。

一　澳大利亚学校体育管理的框架与职能

（一）国家和州层面的体育管理部门①

在澳大利亚，学校体育管理由多个层面的部门共同参与。在国家层面，澳大利亚体育委员会负责制定全国性的体育和青少年体育政策，并管理全国性的体育项目（包括学校体育项目）。澳大利亚体育委员会还会组织涉及多个州的国际学校体育交流项目，并对青少年体育项目进行研究和评估，

---

① "Physical and Sport Education in Australia: Organisation, Placement and Related Issues," Sport and Physical Activity Research Centre, https://ro.ecu.edu.au/ecuworks/6941/.

为政策制定提供支持。

在州和地区层面，各州与地区的教育部门内部都设立了负责体育课程和项目的中央健康与体育教育协调部门。这些部门负责在该州和地区制定学校体育政策和规章，组织州和地区内的学校体育项目和竞赛，对学校体育项目进行监管和检查，并针对学校体育项目和教学人员提供培训。各州和地区的教育部门与澳大利亚体育委员会保持协调，共同推动全国学校体育事业发展。

在学校层面，由教师自发组建的区域性小学和中学体育运动协会负责管理校际体育竞赛项目。这些学校体育协会独立运作，负责学校体育项目的日常管理和具体操作。学校聘请专职的体育教师开设体育课程和进行训练，并配备场地和设备以举办各种体育活动。学校、学校体育协会和教育部门通过分工协作，共同完成学校体育工作。澳大利亚各级教育部门的学校体育管理架构如表 8-2 所示。

表 8-2　澳大利亚各级教育部门的学校体育管理架构

级别	部门	学校体育管理架构
国家	澳大利亚体育委员会	·制定国家层面的体育和青少年体育政策 ·管理全国性的体育项目和学校体育项目 ·负责国际学校体育交流项目 ·负责青少年体育项目的研究和评估
各州	各州/地区教育部门	·设有负责体育课程和项目的中央健康与体育教育协调部门 ·制定州层面的学校体育政策和规章 ·负责州内学校体育项目和竞赛的组织 ·对学校体育项目进行监管和检查 ·针对学校体育项目和教学人员提供培训
学校	小学/中学	·由教师自发组建的区域性小学/中学体育运动协会，管理校际体育竞赛项目 ·学校体育协会负责学校体育项目的日常管理和具体操作 ·学校聘请体育教师开设体育课程和进行训练 ·学校配备场地和设备以举办各种体育活动

资料来源：A. Taggart, S. Goodwin, "Physical and Sport Education in Australia: Organisation, Placement and Related Issues," Research Online, Edith Cowan University, 2000, https://ro.ecu.edu.au/cgi/viewcontent.cgi? article＝7941&context＝ecuworks。

（二）学校体育管理方面的职责分工情况

澳大利亚体育委员会是国家层面的管理部门，其在学校体育管理方面的主要职责是：研究制定针对全国学校的体育教育政策、学校体育发展规划，并对各州的学校体育工作进行指导和监督。澳大利亚体育委员会还会定期组织全国性的学校体育交流项目，开展学校体育方面的评估研究，并负责学校参与国际体育组织和活动的联络与协调工作。[①]

各个州和地区的教育部门是学校体育管理的核心部门。教育部门要根据澳大利亚体育委员会制定的国家政策和本州的实际情况，制定本地区的学校体育发展规划，并组织推进规划的执行工作。教育部门需要对管辖范围内的学校体育工作进行指导、支持、监督和检查，开展学校体育教研活动，并针对学校体育项目和教师提供培训与支持。

在学校层面，学校体育运动协会是学校体育管理的直接组织者和执行者。体育运动协会负责协调学校之间的体育交流与竞赛，组织学校体育项目的日常运作，开展体育教学研讨，制定体育项目的规章制度，解决体育管理过程中的实际问题，并负责学校体育的事故报告和处理工作。学校和体育教师配合体育运动协会开展工作，学校提供场地和设备，聘请教师开设体育课程，开展日常的体育教学工作。三者在体育管理实践中互相配合、密切协作，使学校体育工作得以开展和推进。

澳大利亚的这种多层面联动的学校体育管理模式，有利于学校体育工作的组织领导与规划工作的落实，这为学校体育管理提供了制度保障。

二　澳大利亚学校体育管理制度

（一）学校体育安全管理流程和规定

澳大利亚各州教育部门均制定了学校体育活动的安全管理流程。[②] 以昆士兰州为例，其教育部门发布了《管理学校课程活动风险程序》（Managing risks in school curriculum activities procedure），详细阐述了学校开展体育活动

---

① "School Terms and Conditions," Australian Sports Commission, https://www.sportaus.gov.au/schools/schools/years-9-10-program/listing/terms-and-conditions.

② "Managing Risks in School Curriculum Activities Procedure," Queensland Government Department of Education, https://ppr.qed.qld.gov.au/pp/managing-risks-in-school-curriculum-activities-procedure.

的风险评估与管理流程。其要求每个学校制定全校性的课程活动风险评估流程，对各类体育活动根据可能发生的伤害后果进行固有风险级别评定，其分为低、中、高和极高四个级别。教师在课程设计中需要考虑风险管理，并按照流程准备对应级别的风险评估记录。中高风险的活动需要审批后方可开展，活动结束后，教师要对风险控制措施的有效性进行审查，不断完善记录以提高安全标准。其还明确了学校不同层级的职责分工，如校长负总责；副校长、特殊教育主管、部门主管等可以负责高风险活动的审批；教师负责记录和进行活动指导等。其要求所有教职员工针对学校制定的体育活动风险评估与管理流程接受培训，新员工需要进行导入培训。校长需要对流程执行情况进行监控，以确保学校各类体育活动的安全管理到位。

（二）学校开展体育活动的基本要求

澳大利亚各州政府制定了学校开展体育活动需要符合的基本管理要求。以新南威尔士州为例，[1] 其教育部门发布的《所有体育和身体活动要求》（Requirements for all sport and physical activity）提出了体育活动在教练资质、伤病处理、活动监督、气候条件等方面的基本要求。对教练资质的要求包括具备专业技能和资格证书；对伤病处理的要求包括配备完善的急救设备，学校医务室具备处理体育损伤的能力，并对学生进行定期健康检查；活动监督方面要求教师与学生的最高之比不超过1∶30，高风险活动需要加强监管；气候条件方面要求教师评估极端天气对活动的影响并调整活动强度或取消活动等。这些要求构成了学校开展体育活动需要遵守的基本政策框架。各学校在制定具体管理规章时需要以此为指导，并结合自身情况制定更详细的规定以保障学生体育活动安全。

三 澳大利亚学校体育管理的内容与方法

（一）体育活动风险评估的具体要求

澳大利亚各州都要求学校对体育活动进行风险评估，并根据不同风险级别实施控制措施，以确保参与活动人员安全[2]，以澳大利亚昆士兰州教育

---

① "Requirements for all Sport and Physical Activity," New South Wales Government Department of Education, https://app. education. nsw. gov. au/sport/file/1449.

② S. Georgakis, W. Rachel, "Australian Physical Education and School Sport: An Exploration into Contemporary Assessment," *Asian Journal of Exercise & Sports Science*, 2012, 9 (1).

部门发布的《管理学校课程活动风险程序》为例，学校需要建立系统的课程活动风险评估机制（Risk Assessment Mechanism），对各类体育活动的固有风险级别（Inherent Risk Level）进行评估。针对不同风险级别的活动，评估要求存在差异。

（1）对于低风险（Low Risk）的常规性体育活动，教师可以在日常课程安排中，标注可能出现的最小风险因素并采取简单有效的控制措施。

（2）对于中等风险（Medium Risk）的体育活动，教师需要以书面形式详细记录风险识别过程（Risk Identification），考虑活动工具、环境、学生身体状况等因素，分析其中存在的各种风险因素。

（3）对于高风险（High Risk）的体育活动，除了书面风险记录外，教师还需要组织实地评估（On-Site Assessment），检查活动场地设备，模拟活动过程，咨询外部专家意见，以全面识别存在的风险因素。

（4）对于极高风险（Extreme Risk）的活动，教师需要在至少提前一年的时间内，详细调研活动项目，广泛征求意见，谨慎评估活动风险，编制完整的风险分析报告（Risk Analysis Report），经多级审批同意后方可着手实施。

在进行风险评估时，教师和学校工作人员应本着"风险为本"（Risk-Based）的理念，从学生的健康和生命安全出发，谨慎分析、判断可能出现的各种风险因素，而不是简单地根据活动类别进行分类。评估结果需要形成详尽的书面记录，并经校长或指定负责人审批同意，以作为后续活动方案的制定和风险防范的依据。风险评估是一个动态完善的过程，教师需要在每次活动结束后检视评估结果的准确性，提出修改和完善的建议，以不断提高评估质量和确保学生活动的安全性。

（二）体育活动计划的编制和审批流程

根据澳大利亚各州的学校体育管理要求，教师在活动开始前必须按照规定的时间要求完成体育活动计划的编制，并进行指定的审批。不同风险级别的活动有不同的计划编制和审批要求。对于低风险的常规性体育活动，教师可以简单记录活动内容、场地设施、所需器材等基本信息，不需要进行特定审批。对于中等风险的体育活动，教师需要在活动前一周编制详细的书面活动计划，包括活动设计、风险防控措施、应急方案等，并经指定负责人审查批准。对于高风险的体育活动，教师需要在活动前两个月制订活动计划，并经校长批准。学校还应要求家长签署同意书，计划必须详细描述风险评估结果和各项风险防控措施。对于极高风险的活动，教师必须在活动前半年准备完备的计划书，详细论证活动的必要性及风险防范措施，并由校长批准。同时，必须取得所有参与学生家长的书面同意。在计划编制过程中，教师需要详细记录对活动工具、环境、学生身体状况等因素的风险评估结果，并在计划中明确各项风险防范措施，例如改变活动规则、增加保护装备、准备应急预案等。经过审批的活动计划是开展体育活动的依据，教师和工作人员必须严格执行计划要求，以确保学生安全。

（三）体育活动组织实施中的职责要求

在体育活动的组织实施中，教师担负总责，确保活动顺利、有序、安全进行。[①] 教师不仅需要对活动场地进行检查，确保设备设施正常、场地无安全隐患，还负责对所有参与者进行活动前的安全教育和应急方案排演。在有外部教练或助教参与时，教师需提供活动前指导，明确分工要求，并全程监督活动，随时处理异常情况，确保参与者安全。同时，教师还要监督伤病事件的应急处理和报告工作，提供必要的救助和支持。

学校其他工作人员也应在活动中明确分工职责。管理人员需要进行不定期检查，确保各项安全措施得以落实。外聘教练和助教要服从教师的指示，承担指定工作。医务人员需准备好活动期间的医疗救护措施，并全程支持伤病事件的处理。

在活动进行过程中，所有参与者都应将学生的安全置于首位，在紧急情况下果断采取行动，避免事故扩大。教师不仅是规章制度的执行者，还是示范作用的体现者。只有各方通力合作，严格落实职责要求，才能确保体育活动的安全顺利进行。

这种严格的职责执行不仅为学生提供了安全的体育活动环境，也体现了学校对学生安全的高度关切。

（四）体育活动事故报告与处理

在体育活动过程中发生意外事故时，教师和学校必须严格遵守明确的

---

① "Queensland Representative School Sport Review 2021," Queensland Department of Education, https://queenslandschoolsport.education.qld.gov.au/aboutUs/Documents/qrss-review.pdf.

事故报告和处理流程。① 首先，一旦发生事故，教师必须立即采取应急措施，进行处置和救助，确保参与学生的安全。随后，教师需要在事故发生后的 1 小时内完成详细的书面事故报告，报告内容包括事件经过、采取的处理措施、初步判断事故原因等。报告完成后，学校需要在 24 小时内通过指定渠道将事故报告上交教育部门，并启动事故调查程序。

接下来，学校应在 1 周内召开复核会议，确认事故性质和责任方，并制定校内工作方案，完善各项制度以防类似事故再次发生。同时，学校应在规定时间内将事故通报发送给家长，说明事件经过、学生受伤情况、处理措施等内容。对于特别严重的事故，教育部门将组织专家评估，根据情况给予学校处罚并提出整改要求。在整个事故处理过程中，学校应全面配合教育部门进行事故调查工作，提交相关文件材料，并配合回答相关问询。医疗、赔偿、保险等后续工作也需要按标准程序进行。

建立健全的事故管理机制是确保学生安全的关键环节。教师应认真履行报告职责，学校则应积极配合调查，共同吸取教训，持续提高体育活动的安全管理水平。这种共同努力将为学生提供一个更加安全的体育活动环境，在促进学生全面发展的同时，也展现了学校对学生安全的高度重视和关心。

第八节　澳大利亚学校体育改革与发展

澳大利亚学校体育改革的历史与现状体现了国家在教育领域的持续努力和探索。过去几十年，澳大利亚两次国家层面的课程改革对学校体育产生了深远影响。第一次改革始于 20 世纪 90 年代，这标志着从传统的教学目标向以学生学习成果为导向的转变。随后，2008 年的第二次改革更是将体育与健康教育整合为一个学习领域，强调以学生为中心，关注学习成果的重要性。然而，尽管有这些积极的变化，但在实施过程中仍然面临诸多挑战和困难。

---

① "Curriculum Activity Risk Assessment（CARA）Process," Queensland Department of Education, https://education.qld.gov.au/curriculum/stages-of-schooling/CARA/activity-guidelines#: ~: text = The% 20managing% 20risks% 20in% 20school, expected% 20for% 20common% 20curriculum% 20activities.

本节将深入探讨澳大利亚学校体育改革的历史与现状，剖析两次国家层面课程改革的具体内容、实施过程中的困难与不足，以及当前学校体育改革的内容与方向。此外，本节还将提出推进学校体育改革的对策，包括加强教师培训、落实支持性政策、强化过程管理等方面的建议。通过对澳大利亚学校体育改革历程的深入研究，我们可以更好地理解不同教育体系中的挑战和机遇，为我国的教育改革提供借鉴和启示。

一　澳大利亚学校体育改革的历史与现状

（一）两次国家层面的课程改革

在 20 世纪 90 年代和 21 世纪初，澳大利亚经历了两次具有深远影响的国家层面课程改革。第一次改革始于 1991 年，当时澳大利亚教育委员会（Australian Education Council）启动了 8 个广泛的学习领域的课程规划与编写工作，其中包括体育课程。经过 3 年的努力，澳大利亚教育委员会于 1994 年发布了包括体育在内的 8 个学习领域的国家课程声明和课程规划文件。这次改革被称为"准国家课程改革"（National Statements and Profiles），它为各州和地区提供了统一的课程声明和课程规划模板，推动澳大利亚不同州和地区体育课程一体化。这次改革强调以学生学习成果为导向，而不仅仅关注教学内容，体现了从传统的教学目标到强调能力和标准的转变。此外，它还融入社会文化视角，强调体育课程应该关注社会公正和支持性环境。这次改革对各州的体育课程产生了深远影响。

第二次改革开始于 2008 年，各级政府达成一致意见，认为高质量的教育对提升澳大利亚的生产力和生活质量至关重要，因此承诺构建从幼儿园到 12 年级的国家课程框架。这次改革由澳大利亚课程、评估和报告局（Australian Curriculum，Assessment and Reporting Authority）负责具体构建课程框架。它强调知识、技能和价值观的统一，追求深度学习。其指导思想来源于 2008 年的《关于澳大利亚青年教育目标的墨尔本宣言》（Melbourne Declaration）。这次改革被视为澳大利亚历史上最重要的课程改革之一。①

（二）体育改革过程中的困难与不足

尽管两次改革在有关课程文件的编写上取得了相对顺利的进展，但在

---

① S. Pill，"Exploring Challenges in Australian Physical Education Curricula Past and Present," *Journal of Physical Education & Health-Social Perspective*，2016，5（7）：5-17.

实施过程中面临诸多困难。首先，课程改革的成功离不开州和地区层面的政策支持与资源投入，然而，由于各州和地区的利益差异，实施力度存在明显差异。例如，1994 年的国家课程声明强调采用社会文化视角，但不同地区对这一视角的接受程度存在差异，社会文化视角在新南威尔士州的接受程度要高于维多利亚州，导致在课程理念的执行上存在明显分歧。

其次，改革的实施需要得到教师的积极配合，但面对新的课程理念，教师的认知与教学方法改变存在滞后性。研究表明，在一些学校，教师仍然坚持使用传统的教学方法，没有按照新的课程要求调整教学方法。教师的观念和教学方法的转变往往滞后于政策的引导。

再次，缺乏对改革实施过程的监管与评估，无法客观评判改革的实际效果。第一次国家层面的课程改革在各地的实施情况缺乏充分评估，导致无法准确判断改革措施是否真正落实。在推进改革的过程中，缺乏及时的过程性评估使改革陷入了盲点。

最后，学校和教师仍然拥有相对的自主权，可以在教学过程中对课程进行本地化调整，这也增加了改革管理的难度。中央政策与地方教学的脱节也影响了改革的实际效果。两次国家层面的课程改革过程中，存在管理碎片化、资源保障不力、过程评估缺失以及地方自治导致改革不统一等问题。这些问题亟待在今后的课程改革中得到解决，以确保改革能够真正取得实质性进展。

二 当前澳大利亚学校体育改革的内容与方向

(一) 建立统一的国家课程框架

澳大利亚当前的国家课程改革主要旨在建立一个统一的国家课程框架，而非依赖各州和地区自行制定课程的现行模式。这项改革的关键目标是为澳大利亚的学生创造一个一致性的学习框架，摒弃当前存在的 8 种不同课程安排，实现国家范围内的课程统一。[1]与此前的"准国家课程改革"不同，该次改革没有仅仅针对各学习领域发布国家课程声明和课程规划文件，而是迈出了更大的步伐，力求建立一个整体性的统一框架。

---

[1] "The Shape of the Australian Curriculum Version 2.0," Australian Curriculum, Assessment and Reporting Authority, https://docs.acara.edu.au/resources/Shape_of_the_Australian_Curriculum.pdf.

建立统一的国家课程框架理论上已达成广泛共识，这对国家教育发展更具合理性。但深入研究发现，①在体育健康学习领域，与之前的课程改革相比，当前的改革并没有带来实质性的变化，甚至可以说根本上没有变化。这引发人们对当前课程改革的必要性进行反思。相较于以前的课程改革，新的课程改革在实施方式上并没有带来新的理念。

当前的课程改革强调从以内容为中心转变为以学习结果为中心，关注学生的全面发展。这一理念可以追溯到第一次国家课程改革时提出的观念，那时提出了从传统的以内容为核心转向以学生学习成果为导向的思想。因此，当前的课程改革可以看作对过去理念的延续和发展。总的来说，当前的课程改革在框架上确实推动澳大利亚教育一体化，但在体育健康课程的具体调整上，并没有带来革新性的变化。确立一个统一的课程框架对于促进各地区课程的一致性具有积极意义，但其内涵仍需进一步丰富，以实现真正的教学实践变革。

（二）以学生为中心，关注学习成果

当前澳大利亚国家课程改革着眼于以学生为中心，关注学习成果而非仅限于教学内容，这与"准国家课程改革"的理念相呼应。这次国家课程改革强调从传统的教学内容转向关注学生学习成果，推动结果导向教育的发展。而当下的国家课程框架同样注重知识、技能和价值观，致力于让学生深度学习，这体现了澳大利亚课程改革理念的持续演进。②

具体而言，1994年的国家课程声明强调学生学习成果，而课程规划则注重学生学习的评价和反馈。而当前课程框架则提出了成就标准，强调学生应具备的知识、技能和理解。在学习成果的关注上，这两次改革体现了一致性。在课程理念上，当前课程框架强调批判性思维和提出问题，与"准国家课程改革"中的社会文化视角相契合。社会文化视角和批判性思维均聚焦个体在社会情境中的发展。在这方面，当前的课程改革吸收并拓展了上一次改革的理念。然而，研究指出，过去课程改革关注学习成果的理

---

① T. Lynch，"Health and Physical Education（HPE）Teachers in Primary Schools：Supplementing the Debate，"*Australian Council for Health*，*Physical Education and Recreation（ACHPER）Active and Healthy Magazine*，2013，20（3）：5-8.

② "The Shape of the Australian Curriculum Version 2.0，" Australian Curriculum，Assessment and Reporting Authority，https：//docs.acara.edu.au/resources/Shape_of_the_Australian_Curriculum.pdf.

念在实践中并未得到充分体现，一些学校和教师在教学中并没有明显地以学习成果为驱动因素。这表明从理念到实践的转化仍需努力。因此，当前的课程改革延续了上一次改革强调学习成果的理念，但这一理念的贯彻需要在实践层面展开，不能仅停留在文件框架上。

（三）强调对体育与健康教育的整合

在当前的课程改革中，体育与健康教育被纳入同一个学习领域，为两者的融合提供了可能性。课程框架强调"通过移动"学习，呼吁在可能的情况下整合健康教育和体育课程。这凸显了当前的课程改革对体育与健康教育融合的强调。健康教育传递健康信息，培养学生的健康行为，而体育课程则通过锻炼促进学生身心健康。两者都具备促进健康的功能。当前的课程改革为它们的整合提供了机遇。例如，在体育课程中加入健康教育内容，如营养和心理健康等知识，可以帮助学生在实践中深化对健康的理解。同样，在健康教育中融入适度的体育活动，能够让学生通过实践加深对健康知识的理解，增强健康意识。体育与健康教育的整合，使学生更好地学会通过体育活动维持健康。①

然而，研究也显示，一些学校的体育课程仍然停滞在传统的运动技能和体能锻炼上，并没有真正与健康教育融合。② 这表明整合体育与健康教育仍需付诸实践。综上所述，当前的课程改革为体育与健康教育的整合提供了契机，但这需要在实践中不断探索。未来的教学实践应积极尝试，在这方面做出努力。

三 澳大利亚推进学校体育改革的对策

（一）加强教师培训，提高教师的专业素养

改革目标最终能否实现，关键在于教师的配合和参与。澳大利亚两次国家课程改革表明，教师的专业素养直接影响改革成效。第一次国家课程改革强调采用社会文化视角，但各地的执行情况参差不齐，一个重要原因

---

① "The Shape of the Australian Curriculum Version 2.0," Australian Curriculum, Assessment and Reporting Authority, https://docs.acara.edu.au/resources/Shape_of_the_Australian_Curriculum.pdf.

② T. Lynch, "Health and Physical Education (HPE) Teachers in Primary Schools: Supplementing the Debate," *Australian Council for Health, Physical Education and Recreation (ACHPER) Active and Healthy Magazine*, 2013, 20 (3): 5-8.

就是教师对这一理念的理解和运用程度不同。教师的认知很难在短时间内发生根本转变，这成为课程改革措施落地的阻力。因此，加强教师培训，提升其对新理念的理解水平，是推进改革的必要手段。具体来说，可采取以下对策。第一，改革教师职前培训，使其直接面向新课程需求。现实是许多初级教师对体育健康课程不了解，需要接受额外培训。职前教育阶段就应将新课程理念融入培养方案。第二，提供系列在职培训，帮助教师适应课改需求。通过工作坊、讲习班等形式，使教师掌握新课程理念、教学方法等，改变其固有认知。第三，设立教师学习社群，支持教师合作探究。组建课程改革专题研究群，让教师分享经验，发现问题，寻找解决方案。第四，提供课程资源库和示范课程，以供教师自主学习。打造网络平台，上传新课程指南、教学示例视频等资源，以便于教师掌握新理念。第五，建立导师制度，资深教师传递经验。为每名新教师配备一位资深导师，在教学实践中对其进行指导，帮助其适应新课程。只有让教师真正成为新的课程理念和教学方法的掌握者与实践者，课程改革措施才能落到实处。这需要对教师持续不断地进行专业培训和支持。

（二）落实支持性政策，进行资源保障

从对第一次国家课程改革的反思中可以看到，改革所需的资源保障是关键的影响因素。当时体育教学时间和资源投入仍然不足，体育课程的地位较低，这在一定程度上制约了课程改革的实施效果[1]。因此，需要从政策和资源层面向改革提供保障。

首先，必须从政策层面给予支持。需要国家和地区形成政策合力，通过发文明确课程改革的重要性，并将其纳入区域发展规划，进行顶层设计和制度安排，这可以强力驱动改革措施落地执行。同时，要进一步提高体育课程在学校教学中的地位，争取更多的教学时间，使体育课程真正成为重要的基础课程。

其次，财政资源保障至关重要。要加大财政支持力度，保障教师配备、教材开发、场地设备建设等所需资金，提供充足的资源条件。利用社会资源开展体育教学活动，丰富课程内涵，这也是一个可行思路。

---

[1]　T. Lynch, "An Evaluation of School Responses to the Introduction of the Queensland 1999 Health and Physical Education (HPE) Syllabus and Policy Developments in Three Brisbane Catholic Primary Schools," Australian Catholic University, 2005.

最后，需要建立良好的监督机制。通过监督和问责制度，督促各级政府切实履行对课程改革的支持责任，同时及时发现和解决存在的资源保障不足问题，使资源支持制度化和常态化。只有进行系统的顶层政策设计、充足的资源投入和规范的资源监管，课程改革才能持续推进，以避免前功尽弃的情况重复上演。资源保障机制的建立，需要国家和地方各级政府形成合力，使改革在资源上不再困难重重。

（三）强化过程管理，确保改革措施落地见效

从对第一次国家课程改革的反思中可以看到，过程监管的缺失严重制约了改革效果。当时许多学校和教师在实际教学中没有真正按照课程要求和理念开展教学活动，这些执行偏差积累起来，导致改革的整体效果参差不齐，难以实现深层次的教学实践变革。因此，必须汲取历史教训，在新一轮课程改革中强化过程管理，以确保改革措施真正落到实处。

具体来说，过程管理可以从以下几个方面入手。首先，总结在地区课程改革中成效显著的样本，进行推广，发挥示范带动作用。其次，进行定期的课堂观摩，组织专家进入课堂观察教学过程，对教学质量和课程理念贯彻情况进行评估，发现问题。再次，建立教师执行课程改革措施的自我报告机制，教师定期汇报所教课程与新课程要求的符合情况。此外，还要开展学生学习效果评估，通过测试、问卷等方式直接考察课程改革的成效。最后，完善监管体系，建立责任追究机制，对课程改革不力的责任主体进行问责。[1]

通过全面的过程监控，既可以发现问题，也可以产生效果，为后续的改革提供依据。过程管理机制的建立是验证改革效果、确保改革措施落实的关键环节。只有这样，课程改革才能避免重蹈覆辙，最终进行深层次的教学实践变革。

---

[1] T. Lynch，"An Evaluation of School Responses to the Introduction of the Queensland 1999 Health and Physical Education（HPE）Syllabus and Policy Developments in Three Brisbane Catholic Primary Schools," Australian Catholic University，2005.

第九章
学校体育的全球发展与中国选择

"少年强则国强，体育兴则中国兴。"作为实现立德树人根本任务、提升学生综合素质的基础性工程与加快推进教育现代化、建设教育强国和体育强国的重要工作，学校体育对于弘扬社会主义核心价值观，培养学生爱国主义、集体主义、社会主义精神和奋发向上、顽强拼搏的意志品质，实现以体育智、以体育心具有独特功能。

党的十八大以来，以习近平同志为核心的党中央高度重视学校体育工作，学校体育自此迈入了新的发展阶段。2012年，《国务院办公厅转发教育部等部门关于进一步加强学校体育工作若干意见的通知》发布，要求"充分认识加强学校体育的重要性"，"明确加强学校体育的总体思路和主要目标"，"建立健全学校体育的监测评价机制"，"加强对学校体育的组织领导"。[1] 10多年间，随着学校体育相关政策文件的相继出台，学校体育工作取得了重要突破和进展，同时迎来了新的发展使命。2020年，中共中央办公厅、国务院办公厅印发《关于全面加强和改进新时代学校体育工作的意见》，指出当前学校体育的主要目标是"到2022年，配齐配强体育教师，开齐开足体育课，办学条件全面改善，学校体育工作制度机制更加健全，教学、训练、竞赛体系普遍建立，教育教学质量全面提高，育人成效显著增强，学生身体素质和综合素养明显提升。到2035年，多样化、现代化、高质量的学校体育体系基本形成"。[2]

学校体育是我国近代"西学东渐"的产物，借鉴世界体育强国的先进发展经验始终贯穿我国学校体育百余年的发展进程。[3] 诚然，我国建设新时

---

① 《国务院办公厅转发教育部等部门关于进一步加强学校体育工作若干意见的通知》，中国政府网，https://www.gov.cn/gongbao/content/2012/content_2256572.htm。

② 《中共中央办公厅 国务院办公厅〈关于全面加强和改进新时代学校体育工作的意见〉和〈关于全面加强和改进新时代学校美育工作的意见〉》，中国政府网，https://www.gov.cn/zhengce/2020-10/15/content_5551609.htm。

③ 胡小清、唐炎、刘阳、王建：《近30年美国中小学体育教育发展现状及启示——基于〈美国学校体育教育发展现状报告〉的文本分析》，《上海体育学院学报》2018年第6期。

代体育强国需要参照发达国家的成功经验，但更需要立足中国国情，扎根社会主义现代化实践，形成具有中国特色的发展道路，从而加快推进我国形成多样化、现代化、高质量的学校体育体系。

第一节　全球学校体育的发展特征

学校体育被公认为是帮助学生了解身体活动益处、掌握基本运动技能与健康知识、养成良好运动习惯的最佳途径。[1] 随着学生身体素质的下降与健康问题的频发，世界各国学者和体育教师都在不断呼吁推动学校体育的发展、提升学校体育的质量，以增强学生体质，促进学生身心健康发展。受政治、经济、社会、文化等因素影响，各国学校体育发展模式不尽相同，但仍呈现一系列明显特征。把握这些特征，有助于更好地理解全球学校体育的发展情况，推动我国学校体育高质量发展。

一　学校体育目标多元化

在相当长的一段时间内，学校体育以生物体育观为基础，强调体育对人体的生物学改造作用，追求强身健体、增强体质的生物学目标。然而，随着体育社会科学的兴起与体育科学研究的深入，人们对学校体育的认识愈发深刻，学校体育的功能不断拓展。为跟上社会的发展步伐，世界各国的学校体育开始着眼于培养满足未来社会需要的人才，其目标早已超出增强体质的范畴，朝着多元化方向发展，概括起来主要有以下四类。[2]

一是健康的目标。世界各国几乎都将锻炼学生身体、增进学生健康和增强学生体质作为学校体育的重要目标。第二次世界大战后，日本《保健体育指导纲要》经过多次修订后，仍将提高体力、增进健康作为学校体育的主要目标。我国在历次颁布的体育教学大纲中，始终突出增强学生体质的目标，贯彻"健康第一"理念。二是教育的目标。尽管世界各国社会制度存在差异，但都非常重视通过体育对学生进行心理健康、思想品德、态

① L. B. Russ, C. A. Webster, M. W. Beets et al., "Systematic Review and Meta-Analysis of Multi-Component Interventions through Schools to Increase Physical Activity," *Journal of Physical Activity and Health*, 2015, 12 (10): 1436-1446.
② 刘绍曾、赖天德、曲宗湖:《当代学校体育的发展趋势》,《学校体育》1988 年第 1 期。

度动机、合作精神等方面的教育。美国认为学校体育蕴含着一种潜在的巨大教育力量。在我国，德育一直是学校体育的重要内容，强调要通过体育运动培养学生团结合作、爱国奋进的精神。三是竞技的目标。随着大众对传统体育项目与奥运项目等重大赛事的关注，为选拔和培养优秀的运动员，世界各国大部分学校建立了自己的运动队，广泛开展各类体育训练，体育教育内容也多与竞技项目相联系，旨在培养学生的竞技意识、提高学生的运动技术水平。在美国，高水平的竞技运动员大都出自学校，中学是培养奥运会种子选手的第一阶段，中学毕业后，优秀运动员被大学特招入校，继续进行训练。德国则是直接将发掘有运动天赋的学生并使其运动天赋得到发挥纳入学校体育的目标体系。四是娱乐的目标。随着社会经济的高速发展和大众生活水平的提高，体育运动开始成为人们愉悦身心的一种娱乐活动，在经济较为发达的国家中更为常见。学校开始将体育作为学生文娱生活的一项重要内容，即通过体育锻炼、训练以及课余体育活动等方式，使学生收获情感体验和心理满足。日本的"快乐体育"正是从教师和学生的兴趣出发开展体育教学，强调满足学生的兴趣爱好，注重体育的娱乐性。

综观世界各国的学校体育目标，其多元化的发展特征既是社会进步的体现，也是学校体育发展的必然趋势。各个国家由于发展阶段与发展水平的不同，对学校体育各类目标的侧重与期望也有所不同，但各类目标相互联系、相互作用，共同构成了学校体育目标的新体系，从而使学校体育在学校教育中发挥不可替代的积极作用。

二　学校体育教学评价多样化

教学评价作为激励学生学习、教师改进教学方式的重要手段，能有效地促进学校体育教学水平的提高。[①] 以往，学校体育以终结性评价为主，在单元或阶段学习结束时对学生进行评价。在布鲁姆提出过程性评价理论后，人们深刻认识到终结性评价的弊端，各国的学校体育教学评价纷纷从单一的终结性评价转向形式多样、内容多样、方法多样的教学评价。

在形式方面，随着学校体育目标的多元化发展以及对运动促进学生身

---

① 吴胜涛：《国外体育教学模式对我国体育课程发展的启示》，《教学与管理》（理论版）2015年第1期。

心健康发展作用的认识不断加深，各国学者普遍认识到在进行体育教学评价时，终结性评价与定量的客观评价固然重要，但难以及时反馈学习结果，难以全面反映学校体育目标的实现情况。因此，当前各国的学校体育教学评价主要采取主观评价与客观评价相结合、过程性评价与终结性评价相结合等形式。前者能使体育教学评价更加客观、全面和科学。后者既能及时发现和解决学习中出现的问题，又能对学生的最终学习效果进行等级评定，有效地弥补了单独采用过程性评价或终结性评价的不足。

在内容方面，学校体育教学评价不再只是单一的运动技术与技能的测评，而是包括认知、技术与技能、情感等因素在内的综合考评，且情感的评价受到普遍重视。美国最佳体适能计划的评价主要包括对身体活动的态度、健康概念知识、健康测验、身体活动的努力水平和健康技能的应用五项内容，且对身体活动的态度一项占比最高。受新学力观的影响，日本体育教学评价主要包括关心、意欲和态度，思考和判断，技能和表现，知识和理解四项内容，并且将关心、意欲和态度放在首要位置。①

在方法方面，各国体育教学评价既有传统的纸笔测验、技术技能测试、体质健康测验，也有教师评价、自我评价、学生互评、个体评价等方式。日本学者指出在对学生进行评价时应以学生的实际进步为依据，而不是以统一的标准衡量所有学生。其中，个体评价正是淡化一般评价标准，将个人的进步作为评价学生体育学习的重点的方式。

三　学校体育管理科学化

学校体育管理是为提高学校体育质量、实现学校体育目标而对体育教学以及体育活动进行的组织管理。许多实践证明，对学校体育进行科学的管理，就能提高学校体育工作的质量，反之，则影响学校体育工作的质量。② 随着学校体育工作的不断深入，世界各国的学校体育管理逐渐从传统的经验管理转向现代的科学管理，呈现科学化的发展特征。

一方面，各国基本上都建立了健全的学校体育组织管理体系。我国在教育部和国家体育总局设立了专门负责学校体育的组织机构，在省（区

---

① 张建华、杨铁黎、殷恒蝉：《21 世纪国际体育教学的发展趋势——美、日、英、中四国比较研究》，《体育文化导刊》2001 年第 6 期。

② 胡茂汶：《浅谈学校体育的管理》，《体育科技》（广西）1985 年第 4 期。

市）、市、县也建立了相应的组织机构，配备了体育专职工作人员，以便对学校体育进行宏观领导；在学校内部则形成了从校长、教务处、体育教研室到体育教师等各个环节分工明确、各司其职、各负其责的学校体育管理微观体系。日本形成了由最高管理机构、中间管理机构、下层管理机构三部分构成的层次分明的学校体育管理体系。另一方面，学校体育管理科学化体现在各国均严格"依法治体"上。当前，许多国家在不断加强、完善学校体育的立法工作，虽然有的国家将学校体育纳入教育立法的范畴，有的国家为其单独制定相关法律，但都出台了一系列与学校体育相关的法律法规与政策文件，以保障学校体育的科学管理。如我国的《学校体育工作条例》《体育教学大纲》、美国的《青少年课内外健康促进法案》《儿童教学与综合健身法案》《走向未来：国家体育教育标准》、日本的《体育基本法》《学校教育法》《学习指导要领》。

由于各国经济与科学技术发展水平存在差异，学校体育管理科学化程度有所不同，但随着现代科学技术的不断发展，运用现代化的仪器设备，紧跟科学的、实效的管理理念步伐，学校体育管理科学化的特征将日益凸显，学校体育管理也将更为规范，从而最大限度地保证学校体育目标的实现，并在实施过程中用尽可能小的投入获取尽可能大的效益。

四　学校体育以终身体育为指导思想

20 世纪 60 年代，法国教育学家保罗·朗格朗提出的终身教育思想引起社会各界的广泛关注，联合国教科文组织由此确立了终身教育的理论原则。1978 年，《国际体育运动宪章》将体育运动定义为全面教育体制内的一种必要的终身教育。作为终身教育的衍生思想，终身体育一经提出，便受到体育界的高度重视，逐渐被世界各国接受和认同。不论是日本的生涯体育、英国的全国性体育教学，还是美国的最佳体适能计划，都体现了学校体育以终身体育为指导思想的发展特征。

终身体育思想认为，学校体育应以培养学生终身从事体育活动的能力和习惯为主导，以学生的全面发展为核心，以学生终身参与体育活动的习惯和能力的培养为宗旨，以学生生活质量的提高、终身健康意识的形成为目标。学校体育作为培养学生的终身体育意识的基础环节与帮助学生养成运动习惯并掌握运动技能的关键环节，毫无疑问成为各国进行终身体育的主要阵地。日本的生涯体育始终强调学校体育应使学生自愿自主地参加适合自己的体育运动，通过实践充分体验运动的乐趣和意义，培养对体育运动的爱好和兴趣，掌握从事终身体育的运动知识与技能，从而养成终身体育的态度和习惯。美国在 20 世纪 70 年代初就指出学校体育要让学生学习终身参加运动所需的技能、知识，要以培养学生终身进行体育活动的兴趣和能力为教学目标。我国则在 1996 年颁布的《全日制普通高级中学体育教学大纲》中第一次提及终身体育，要求学生掌握体育的基础知识、基本技能、提高体育意识和能力，为终身体育奠定良好的基础。

在终身体育思想的指导下，各国的学校体育课程均着眼于未来，使学生有意识、有能力地进行体育锻炼。如美国的最佳体适能计划便是通过教授和应用健康体适能概念促进学生从事终身体育的课程计划。该计划认为终身体育不仅能够增进健康，提高体力，而且对学生认知能力与身心健康的发展有许多益处。澳大利亚的健康与体育课程要求学校为学生广泛提供参与运动的机会，通过体育教学活动加强学生对运动的理解，使学生具备终身参与体育运动的意识，并重视自己和他人的健康、安全、福祉。[1] 英国的《体育教学大纲》明确要求学校体育课程的教学活动要使学生发现自己的天赋、能力和爱好，并借此选择一生受用的体育活动。[2]

总而言之，终身体育指导思想对学生和学校体育的发展产生了深远影响，强调体育在人的一生中所发挥的重要作用，将生命与体育紧密联系在一起，要求学生热爱生命、热爱体育，充分感受体育带给生命的乐趣。同时，终身体育还将增强学生体质的阶段效益与培养学生终身体育意识、能力的长远效益相结合，为学校体育未来的改革指明了方向。

第二节　西方主要国家学校体育发展的
基本经验

学校体育是一国青少年成长的重要课程，也是培养体育人才、提高国

---

[1] "Health and Physical Education: Sequence of Content F-10," Australian Curriculum, Assessment and Reporting Authority, https://docs.acara.edu.au/resources/Health_and_Physical_Education_-_Sequence_of_content.pdf.

[2] 张细谦、韩晓东、叶强华：《中、日、美、英体育教学发展共同趋向研究》，《北京体育大学学报》2003 年第 3 期。

民体质的关键途径。如何推进学校体育事业的发展，是各国普遍关注的问题。通过梳理西方主要国家的经验，发现各国高度重视学校体育的战略定位，不断优化以学生为中心的课程体系，注重教师队伍建设与专业化培训，以及建立学校体育与竞技体育的有效衔接渠道。

一　确立学校体育的战略地位

国家战略是一个国家根据特定时期的政治、经济和社会发展目标而制定的总方略，是国家行为的指导性纲领，在一定程度上推动或阻碍事物的发展。学校体育不仅是一种教育活动，还涉及一个国家的政治、经济和文化等领域，可以说，学校体育与国家特别是政府制定的相关政策紧密相关。从现实来看，世界主要体育强国在促进学校体育发展时通常会出台一系列国家战略，这些战略将对本国的学校体育产生深远影响。

作为世界体育强国，美国高度重视学校体育在培养体育人才和提高全民健康水平方面的战略地位。二战后，美国政府开始重视学校体育的发展，并逐步通过政策和法律支持来确立学校体育的战略地位。例如，在1965年通过的《初等与中等教育法》（Elementary and Secondary Education Act）中，美国联邦政府首次将支持学校体育纳入教育立法，鼓励各州在贫困地区增加体育项目支出以提高青少年的体育参与率。[1] 1978年通过的《综合教育与职业培训法案修正案》（Educational Amendments of 1978）要求各州使用联邦教育资金支持学校体育项目，为学校体育发展提供资金保障。[2] 进入21世纪，美国在学校体育政策上出现波动。《不让一个孩子掉队》法案是一个重要的教育改革法案。该法案要求学校必须提高语文、数学等核心学科的教学质量，以改善美国学生的基础学业水平。[3] 为实现这一目标，法案规定联邦教育资金的使用重点必须放在提高核心学科的教学质量上，相应地减少了对体育教育等非核心学科的资金支持，这直接削弱了体育课程在公共

---

[1] "Elementary and Secondary Education Act," U. S. Department of Education, https://www. govinfo. gov/content/pkg/COMPS-748/pdf/COMPS-748. pdf.

[2] "Education Amendments of 1978," U. S. Department of Education, https://files. eric. ed. gov/fulltext/ED168170. pdf.

[3] "What's Wrong with Physical Education?" The Public Health Advocate, https://pha. berkeley. edu/2019/12/01/whats-wrong-with-physical-education.

教育体系中的地位，也导致学生进行体育锻炼的机会减少。[1] 2015 年奥巴马政府推出的《每一个学生成功》法案对学校体育产生了积极影响，该法案增加了约 8 亿美元的联邦教育拨款，专门用于支持中小学的体育项目和体育教师配备。它还直接将体育课程纳入"核心学科"范围，要求学校将体育课程作为提供"全面教育"（well-rounded education）的一部分，不能再简单地将体育课程作为教学负担。此外，该法案还取消了联邦教育资金只能支持语文、数学等主科目的规定，允许资金支持体育、艺术等课程的教学。这些举措明显提升了体育课程在公共教育中的地位，也有利于中小学加强体育教学资源建设。除此之外，相关的非营利组织也经常发布支持美国学校体育发展的建议方案。例如，美国国家体育计划联盟（National Physical Activity Plan Alliance）于 2016 年发布了《全国体育活动计划》（National Physical Activity Plan），[2] 旨在加强美国各阶层人口的体育锻炼。其最终目的是改善健康状况，预防疾病和残疾，提高生活质量。该计划专门提出了 7 条关于学校体育的策略，涵盖支持综合学校体育活动计划、提供高质量体育课程、开展课后和假期体育项目等多个方面，充分体现了社会各界对发展学校体育的高度重视。在一系列政策推动、法律支持和基金保障下，美国学校体育在教学时间、师资配备、训练设施等方面都处于领先地位，这奠定了美国学校体育发展的战略基础。

英国高度重视学校体育，通过一系列政策措施确立了学校体育的战略地位。2023 年 8 月，英国数字、文化、媒体和体育部（Department for Digital, Culture, Media and Sport of the United Kingdom）发布了《积极行动起来：体育运动的未来战略》（Get Active：A strategy for the future of sport and physical activity），指出英国政府在近年来通过一系列政策和计划措施，从经费投入、政策法规、课程设置等多个层面确立了学校体育的战略地位。[3] 在经费投入上，该战略指出将通过初级体育和运动优质教育资金（Primary PE and

---

[1] "Every Student Succeeds Act（ESSA），" U. S. Department of Education, https：//www. ed. gov/ essa？ src＝rn.

[2] "The National Physical Activity Plan," Physical Activity Alliance, https：//paamovewithus. org/ wp-content/uploads/2020/07/National-PA-Plan. pdf.

[3] "Get Active：A Strategy for the Future of Sport and Physical Activity," Department for Digital, Culture, Media and Sport of the United Kingdom, https：//www. gov. uk/government/publications/ get-active-a-strategy-for-the-future-of-sport-and-physical-activity.

Sport Premium）改善小学体育教学质量，使学校体育课程设置更加规范化，为学生提供高质量的体育学习体验。在政策法规上，该战略将引入新的平等标准（new quality criteria），要求学校为所有学生提供平等的体育参与机会，不分性别和身体条件，以缩小不同群体学生在体育参与机会上的差距。在课程设置上，该战略启动了对体育课程之外学校体育供应状况的全面审查，以期更好地进行校内外衔接的学校体育课程设置，改善课余体育活动的供给，加强学校与社区体育俱乐部的联系。[①] 2018 年，澳大利亚政府发布了《体育 2030——国家体育计划》（Sport 2030-National Sport Plan），这是澳大利亚政府首个国家体育计划，代表澳大利亚政府对体育事业长期发展的承诺。该计划充分体现了澳大利亚政府对发展学校体育的高度重视，并对学校体育的战略定位、课程设置、师资和项目支持以及社区衔接等方面做出了重要部署。

21 世纪以来，新西兰、新加坡、日本等体育强国也普遍重视通过出台国家性政策推进本国学校体育事业发展。[②] 新西兰出台了《新西兰体育 2020~2032 年战略方向》（Sport New Zealand 2020-2032 strategic direction），[③] 新加坡出台了《2030 年愿景：通过体育让生活更美好》（Vision 2030：Live Better Through Sports），[④] 日本出台了《体育之国战略》（The Strategy for Sports Nation），这些文件都是各国以国家名义打造的重要战略，旨在推进本国学校体育事业发展，同时也对全球学校体育的发展趋势产生了深远的影响。总体来看，世界主要体育强国高度重视通过国家战略确立学校体育的战略地位，这对促进本国学校体育健康、有序发展具有重要推动作用。

二　优化学校体育课程设置

课程设置是教育教学过程的核心环节，它根据教育目标和学生特点，

---

① "Sport 2030—National Sport Plan," Australian Sports Commission, https://www. sportaus. gov. au/_ _ data/assets/pdf_ file/0005/677894/Sport _ 2030 _ - _ National _ Sport _ Plan _ - _ 2018. pdf.

② "Sport New Zealand 2020-2032 Strategic Direction," Sport and Recreation New Zealand, https:// sportnz. org. nz/media/1160/strategy-doc-201219. pdf.

③ "Vision 2030：Live Better through Sports," Singapore Sports Council, https://www. sportsinga-pore. gov. sg/files/Media%20Centre/Publication/Live_ Magazine_ July_ 2017_ issuu. pdf.

④ "The Strategy for Sports Nation, Ministry of Education, Culture, Sports, Science and Technology," https://www. mext. go. jp/en/policy/sports/lawandplan/title02/detail02/sdetail02/1374143. htm.

对教学内容进行科学合理的安排,对每一教学环节的教学内容和学习活动做出明确规定。课程设置直接关乎教学的过程和质量,合理的课程设置能够有效地落实教育目标,提高教学效果,发挥课程的育人功能。因此,课程设置一直是各国教育工作的重点。与其他学科相比,学校体育课程设置具有特殊性,它需要考虑身体运动的科学性、系统性、适宜性等因素,以更好地发挥体育活动的育人功能。世界主要体育强国十分重视学校体育课程的设置,并根据时代发展需求不断进行调整与优化,以使体育课程设置更科学合理,发挥体育课程应有的育人作用。

美国一直致力于优化学校体育课程设置,使课程设置更加符合学生需求。二战后,随着社会环境的变化,美国各州纷纷开始重视体育教育,并制定了自己的体育课程标准,有计划地按不同学段来设置体育课程内容,形成了幼儿园到 12 年级的分阶段体育课程体系,这标志着美国学校体育课程设置开始现代化和系统化。[1] 与过去碎片化、注重技能训练的旧课程相比,新课程设置更加强调系统性,开始关注学生的个性发展、社会责任感培养等方面。进入 21 世纪后,美国联邦政府进一步推动学校体育课程改革,期望在课程设置上实现更大程度的统一。[2]《不让一个孩子掉队》法案要求各州制定共同的学生体育学习标准;[3]《每一个学生成功》法案则强调学校应提供高质量且统一的体育课程。在这些政策的推动下,美国初步形成了统一的国家体育课程标准,要求学生的运动技能、知识和价值观得到全面发展。与此同时,美国课程设置理念也转变为重视学生个性化发展需求。因此,在统一的国家体育课程标准指导下,各州根据本地实际情况开设具有特色的体育课程,兼顾学生的个性化需求,[4] 例如,夏威夷州制定了充满本地特色的以水上运动为主的体育课程;

---

① J. Oh, K. C. Graber, "National Curriculum for Physical Education in the United States," *Quest*, 2017, 69 (2): 220-235.

② "No Child Left behind Act," U. S. Department of Education, https://www2. ed. gov/nclb/landing. jhtml.

③ "Every Student Succeeds Act (ESSA)," U. S. Department of Education, https://www. ed. gov/essa? src=rn.

④ "Category: High School Sports in the United States by State," MontanaSports, https://en. wikipedia. org/w/index. php? title=Category: High_school_sports_in_the_United_States_by_state&oldid=1155362417.

宾夕法尼亚州强调竞技体育运动在课程中的比重；马里兰州根据地理环境开设了狩猎安全课程。不同州根据自身优势和资源设置特色课程内容，使美国学校体育课程既统一又多样。

英国高度重视学校体育课程的设置，并根据当代社会需求不断进行优化调整。2023 年 11 月，英国议会颁布了《学校体育、体育活动和运动》（Research Briefing：Physical education，physical activity and sport in schools）的研究简报，[①] 简报详细介绍了学校开展体育运动的情况，包括国家课程要求、资金、校运会以及与学校运动场有关的规定。其指出英国学校体育课程设置遵循以学生为中心的原则，努力满足不同学生的兴趣需求。具体来看，在课程设置的属性上，英国国家课程框架将体育课程设置为必修课程，并对不同学段的体育课程内容和教学时间进行了明确要求。[②] 例如，小学阶段每周必须安排至少 2 小时的体育课程，这为英国各个学段的学校体育课程的开设提供了政策依据。在课程设置的理念上，英国学校体育课程设置强调终身体育的理念，不仅注重竞技成绩，而且通过设计丰富多样的体育课程内容和活动，让学生从小养成终身参与体育锻炼的意识和习惯。此外，英国学校体育课程设置非常强调男女平等参与体育的权利，不因性别差异而排斥任何学生，建立男女平等的体育参与机制。在课程设置的内容上，英国国家课程框架详细规定了每个教育阶段学校体育课程的教学目标和内容要求，包括田径、体操、舞蹈、球类运动等项目。不同年级阶段的课程内容与学生身心发展特征相匹配。这种针对不同学生群体的规范化内容设置，旨在让所有学生通过体育课程获得身心成长。总之，英国学校体育课程设置根据学生特点和社会需求进行优化调整，课程设置的属性、理念、内容等方面都体现了以学生为中心，有效扩大了学生的体育参与面。

除了上述国家外，加拿大、澳大利亚、新西兰等体育强国也普遍重视通过优化课程设置以促进学校体育的发展。[③] 加拿大的健康与体育课程的设

---

① "Physical Education，Physical Activity and Sport in Schools," https：//researchbriefings. files. parliament. uk/documents/SN06836/SN06836. pdf.

② Department for Education，"The National Curriculum in England Framework Document," https：// assets. publishing. service. gov. uk/media/5a7db9e9e5274a5eaea65f58/Master _ final _ national _ curriculum_ 28_ Nov. pdf.

③ "Exploring Physical Education in Canada," PE Scholar, https：//www. pescholar. com/insight/exploring-physical-education-in-canada-part-of-the-2021-series.

计主要基于以下五个支柱：一是基本运动技能（Fundamental Movement Skills）；二是健身（Fitness）；三是情感领域的关注（Affective domain focus）；四是游戏（Games）；五是舞蹈、体操和个人活动（Dance，Gymnastics and Individual Activities）。课程旨在赋予学生知识、技能，使他们能过上积极健康的生活。与此同时，加拿大各省份和地区会结合地方实际对体育课程设置进行本地化的调整，以满足当地学生的需求。经过两次国家课程改革后，①如今澳大利亚的健康与体育课程包含两个相互关联的学科范畴：个人、社会与社区健康（Personal，social and community health），运动与体育活动（Movement and physical activity）。个人、社会与社区健康范畴的课程内容呈现围绕"自我-他人-社区"的螺旋上升式的设计特征，运动与体育活动范畴的课程内容呈现从基础到综合应用的深化过程的特征。② 新西兰的健康与体育课程充满浓厚的本地特色。课程内容强调毛利文化中的 Hauora 理念，关注学生全面发展。同时，课程强调用积极、负责任的态度和社会公正感培养学生，并邀请学生参与对身边的人和社区产生积极影响的运动。这种课程设置体现了关注学生需求和社会需求的理念。

三　加强学校体育师资建设

高质量的师资队伍是实现体育教育目标的关键。世界主要体育强国非常重视体育教师队伍建设，并在师资培养方式、培养内容、在职培训等方面进行积极探索，以不断提高体育教师的整体质量。

美国注重通过完善的师资培养体系培养高质量的体育教师。美国的体育教师培养主要是为期 4 年的本科学习，主要分为教育学模块、专业知识模块和实习模块三大部分。教育学模块通常设置在教育学院，学生需要学习教育心理学、课程标准、教学法等基础知识。③ 专业知识模块设置在体育相关学科，学习运动科学知识如人体解剖、生理学、运动技能等。实习模块则安排学生进入中小学进行一个学期以上的教学实践。这为学生提供了充

---

① T. Lynch, "Australian Curriculum Reform Ⅱ: Health and Physical Education," *European Physical Education Review*, 2014, 20（4）：508-524.

② "What Is Health and Physical Education about?" New Zealand Government, https://nzcurriculum. tki. org. nz/The-New-Zealand-Curriculum/Health-and-physical-education.

③ M. O'Sullivan, "Physical Education Teacher Education in the United States," *Journal of Physical Education, Recreation & Dance*, 1990, 61（2）：41-45.

分的将理论知识应用到实际教学中的实践机会。除正规课程外，许多州和学区还建立了导师计划，为刚步入职场的新教师提供帮助和指导。资深教师会成为新教师的导师，给予专业建议，帮助他们适应教学工作，管理课堂，提高教学技能，等等。这种"传帮带"的工作方式在美国得到广泛应用，使新教师在职业生涯开始阶段获得有力支持。此外，美国十分重视在职体育教师的持续专业发展，鼓励教师参与各类工作坊、研讨会、行动研究等活动，不断更新知识和技能，从而持续提升教师教学质量，更好地满足学生的需求。

英国同样需要体育教师获得教育学的学士学位，专业方向为健康科学、体育教育或运动学等。课程培训在模块设置上与美国相同，但在具体培养内容和形式上略有差异。英国的专业知识模块强调对体育活动的技能学习，同时关注人体生长发育等辅助知识的培养，使学生具备扎实的运动技能基础。① 在体育教师的专业发展上，英国规定体育教师每年要完成至少 30 个小时的持续专业发展培训，以保证教学质量。此外，英国体育教育协会还针对教师制订了数字化的专业发展计划，内容涵盖不同阶段的体育教学关键要素，配合实践活动帮助教师提高专业素养。英国教育部制定了教师专业发展标准，明确了有效专业发展的关键点，如关注提高学生学习成果、获取证据支持、开展协作等。各种培训课程、研讨会、在线学习、行业刊物阅读等都是英国鼓励教师采用的促进专业发展的方式，帮助英国体育教师紧跟最新的行业发展趋势和进行最佳实践，不断提升自己的教学能力。

除上述国家外，新西兰、芬兰、德国等体育强国也十分重视师资队伍建设。新西兰要求中小学体育教师必须具有教育学位，同时鼓励教师参加各种培训与研讨会，以提高专业素养。芬兰则注重校企合作，与体育组织开展广泛合作，使体育教师深入了解各项运动的专业知识。德国强调理论与实践相结合的培养模式，通过模拟教学等方式增强教师的实际指导能力。这些国家在支持新老教师专业发展、强化校企合作、改进培养模式等方面进行了积极探索，为提高体育教师队伍整体素质作出了重要贡献。总体来看，世界主要体育强国都高度重视体育教师队伍建设，在培养内容、培养

---

① "The Importance of CPD for PE Teachers," The CBD Certification Service, https://cpduk. co. uk/news/the-importance-of-cpd-for-pe-teachers #：~: text = CPD% 20has% 20several% 20benefits%20as，techniques%20and%20strategies%20to%20use.

方式、在职培训等方面形成了一些共性做法。这为提高体育教师专业素质、最终实现体育教育目标提供了重要支持。

四 实现学校体育与竞技体育的衔接

实现学校体育与竞技体育的有效衔接，不仅能丰富学校体育的内涵，也能为竞技体育的发展提供持续动力。为实现二者的良性互动，世界主要体育强国大部分建立了从学校体育向竞技体育有机过渡的平台或渠道。

美国实现学校体育与竞技体育衔接的一个重要方式是校际竞赛制度。[①]美国初中和高中都有完善的校际竞技体育联赛制度（Interscholastic Athletic Competition System），学生可以代表学校参加各类竞技运动的正式比赛，如篮球、足球等项目的校际比赛，其为美国学生从学校体育向竞技体育的过渡提供了重要平台。美国大学高度重视学生体育竞技的发展，[②] 1906 年成立的全美大学生体育协会（National Collegiate Athletic Association）积极开展大学生体育竞赛项目，并提供职业发展辅导，帮助优秀运动员实现从高中到大学再到职业运动的衔接。此外，美国还通过奥林匹克体育俱乐部（U. S. Olympic & Paralympic Training Centers）开展奥林匹克运动项目，让青少年进行专业化训练，以为将来代表美国参加奥运会做好准备，这为美国学校体育与职业竞技体育的有效对接奠定了基础。[③]

英国形成了从学校体育到职业竞技体育的完整培养体系。[④]英国在全国范围内建立了众多体育学院（Sports Colleges），这些学院不仅为中学生提供常规体育课程，还开设专业化的训练项目，选拔和培养具有潜力的运动员。这些运动员毕业后可直接进入职业俱乐部竞技体育系统。此外，英国学校还与地方竞技俱乐部广泛开展合作，让有天赋的学生可以同时在学校和俱

---

① "Encyclopedia of Children and Childhood in History and Society: Interscholastic Athletics," Gale, https://www.encyclopedia.com/children/encyclopedias-almanacs-transcripts-and-maps/interscholastic-athletics.

② "What Is the NCAA?" National Collegiate Athletics Association, https://www.ncaa.org/sports/2021/2/10/about-resources-media-center-ncaa-101-what-ncaa.aspx.

③ "About the U. S. Olympic & Paralympic Committee," United States Olympic & Paralympic Committee, https://www.usopc.org/about-the-usopc.

④ H. Westerbeek, R. Eime, "The Physical Activity and Sport Participation Framework—A Policy Model toward Being Physically Active across the Lifespan," *Frontiers in Sports and Active Living*, 2021, p. 90.

乐部接受训练，实现学校体育与俱乐部竞技体育的无缝衔接。在奥运领域，英国奥林匹克委员会通过举办大规模的中学生体育竞赛项目，发掘和激发英国青少年运动员的奥运潜力。

澳大利亚通过设立澳大利亚体育学院（Australian Institute of Sport，AIS）构建学校体育到竞技体育的桥梁。AIS 招收 15~19 岁的青年运动员，提供包括学业与训练在内的全日制专业服务。[①] 一些优秀的中学生可以直接进入 AIS 接受专业培训和参与竞赛，成为代表澳大利亚参加国际重大赛事的运动员储备军。除 AIS 外，澳大利亚政府还举办青年奥运会等全国性的青少年体育竞赛，并联合澳大利亚奥委会开展校园奥林匹克教育项目。这些项目和平台可以使澳大利亚学校体育中的优秀运动员成为竞技体育的人才。

除上述国家外，韩国、俄罗斯、德国等体育强国也实现了学校体育和竞技体育的有效衔接。韩国通过设立全国性的中学生体育竞赛，发掘并培养优秀的青少年运动员。韩国每年举办全国中等学校体育大会，为运动员搭建从校园到竞技场的平台。俄罗斯在全国范围内建立体育学校和运动员专业化培训中心，通过专业的体育训练培养学生的竞技能力。学生可以代表学校参加各级比赛，优秀运动员可直接进入职业俱乐部。德国的许多中学开设运动专业班，提供专业教练和设施，培养体育特长生。学生可以通过校际比赛积累经验，部分运动员可直接从德国中学进入专业俱乐部。通过设立校际体育竞赛、专业化培训平台等方式，这些国家实现了学校体育与竞技体育的有效衔接，为自身体育事业发展奠定了坚实的基础。

第三节　中国学校体育发展的路径选择

从近代"开眼看世界"的"以西方为师"，到新中国成立初期奉行"一边倒"政策的"以苏联为师"，再到改革开放后基于中国国情不断深化的学校体育改革，[②] 我国学校体育在百余年的发展过程中从以借鉴西方发展经验为主，逐步转向自主探索，取得了一定的成效。为实现 2035 年体育强国目

---

① "About Us," Australian Institute of Sport, https://www.ausport.gov.au/about.

② 谢翔、史子禾：《中国式现代化进程中学校体育高质量发展的内在逻辑、本质要求与推进路径》，《沈阳体育学院学报》2023 年第 4 期。

标，我国应在吸取世界各国先进发展经验的基础上，立足国情，继续探索具有中国特色的学校体育发展道路。

一　明确学校体育的战略定位，加强学校体育顶层设计

2018 年，习近平总书记在全国教育大会上明确强调学校体育要树立"健康第一"的思想，开足体育课，帮助学生在体育锻炼中享受运动乐趣、增强体质、健全人格、锤炼意志。[①] 作为国民体育和教育的基础，学校体育在增强学生体质、推动全民健身等方面具有非常重要的作用。因而，在"健康中国"和"全民健身"两个国家战略的政策布局上，学校体育始终处于战略重点位置。

在新发展理念的引领下，为提升学生体质健康和强化学校体育各项工作，应基于"健康中国"和"全民健身"两个国家战略，从建设健康中国和体育强国的高度充分认识新时代学校体育的新定位和新价值，把握学校体育发展的新要求。[②] 在服务"健康中国"和"全民健身"战略的过程中，学校体育要把教育和健康作为出发点和落脚点[③]，既积极培养学生自主参与体育活动的态度和运动能力，保障学生受到良好的体育教育，又通过学校体育的连带效应促进更多人参加体育运动，推进全民健身。[④]

制度建设是实现学校体育健康发展的关键。在明确学校体育战略定位后，加强顶层设计，做好学校体育发展的制度保障显得尤为重要。首先，需要形成政府统筹、部门协调、学生自主、社会参与的学校体育运行机制，适当调控学校体育政策注意力，加强微观层面的制度供给。如关注构建一体化的大中小学校体育教学内容体系、优化学校体育课程和课后延时体育服务的运动项目设置，逐步成立涵盖各种运动项目的体育俱乐部等。[⑤] 其次，设立部门联合机制，共同探索学校体育创新发展路径。国家体育总局

---

① 《习近平出席全国教育大会并发表重要讲话》，中国政府网，https://www.gov.cn/xinwen/2018-09/10/content_5320835.htm。
② 许弘、李先雄：《改革开放 40 年学校体育发展的回顾与新时代改革发展的新定位和新视角》，《北京体育大学学报》2019 年第 5 期。
③ 黄道名、杨群茹、张晓林：《"健康中国"战略下我国学校体育的改革困境与发展路径》，《体育文化导刊》2018 年第 3 期。
④ 殷荣宾、季浏、蔡赓：《基础教育学校体育课程内容选择及价值取向的演变与诉求》，《武汉体育学院学报》2017 年第 2 期。
⑤ 吴小圆、邵桂华：《新发展理念下我国学校体育高质量发展：目标、困境与路径》，《体育文化导刊》2023 年第 10 期。

要与教育部、国家卫健委、财政部等部门加强合作，共同开展学生训练、竞赛、健身、健康教育等一系列活动，携手助力学校体育发展。最后，建立相应的监管机制与评估机制，使学校体育政策有效地执行。监管机制主要监督政府制定的政策在各地各校的切实推行情况，评估机制主要对学校体育开展的情况与政策实施的效果进行检查。监督与评估两者相辅相成，共同促进学校体育政策落到实处。

二 坚守中华传统体育文化，构建民族体育课程体系

传承中华优秀传统文化是满足人民日益增长的精神文化需求、铸就社会主义文化新辉煌的重要途径。中华传统体育文化是中华优秀传统文化在体育领域的生动映射，在数千年的发展进程中，其蕴含的人文精神和思想理念已经成为我国体育精神和体育思想的核心。[1] 2020 年，中共中央办公厅、国务院办公厅印发的《关于全面加强和改进新时代学校体育工作的意见》要求推广中华传统体育项目，因地制宜开展传统体育教学、训练、竞赛活动，并融入学校体育教学、训练、竞赛机制，形成中华传统体育项目竞赛体系，让中华传统体育在校园绽放光彩。[2] 现行《全国普通高等学校体育课程教学指导纲要》指出，体育课程要弘扬我国民族传统体育，汲取世界优秀体育文化，体现时代性、发展性、民族性和中国特色。作为弘扬和传承中华优秀传统体育文化的主要阵地，学校体育应坚守中华传统体育文化，构建民族体育课程体系。

作为学校体育的组成部分，体育课程对于中华传统体育文化的传承有着重要责任。因此，推动民族体育项目进校园，不仅能够使学校体育与民族体育、民间体育结合起来，还能够增强学校体育文化自信，使学校体育课程彰显时代价值，突出中国立场。[3] 在体育课程编制方面，结合学生、学校特征，分阶段编制学校体育课程，逐步提高民族体育项目内容的比重，

① 崔乐泉、刘兰：《新时代中华优秀传统体育文化的创造性转化与创新性发展研究》，《首都体育学院学报》2022 年第 1 期。
② 《中共中央办公厅 国务院办公厅〈关于全面加强和改进新时代学校体育工作的意见〉和〈关于全面加强和改进新时代学校美育工作的意见〉》，中国政府网，https://www.gov.cn/zhengce/2020-10/15/content_5551609.htm。
③ 吕钶、胡庆山：《从冲突到消解：体育课程改革参照的价值考论》，《武汉体育学院学报》2021 年第 6 期。

构建一套完整的民族体育课程体系。小学阶段体育课程编制应当注重培养学生对中华传统体育文化与民族民间体育项目的兴趣，可以多设计相关的运动游戏。初中阶段体育课程编制可以涉及学校所在地区的少数民族优秀传统体育文化，增强学生对归属地的认同感与自豪感。高中阶段体育课程编制则可以以难度更大、对抗更为激烈的民族体育项目为主，提升学生运动竞技水平。在体育课程实施方面，体育教师作为体育课程的实施主导者，应积极发挥主观能动性，根据实际情况在体育课程学习目标的设置中主动增加传承中华优秀传统体育文化并将其具体化，且分散至各层次的学习目标中。

三 配齐配强体育师资队伍，优化升级体育场地器材

学校体育的发展离不开完备的学校体育资源。学校体育资源主要包括体育教师与体育场地。作为奋斗在学校体育工作前线的第一人，体育教师是实现立德树人根本任务的执行者，具有不可替代的价值。加之体育独特的运动属性，许多体育项目必须借助相应的运动器材在开阔的场地进行。因此，要促进学校体育高质量发展，必须注重师资队伍建设，配齐配强体育师资队伍，同时加大财政支持力度，优化升级体育场地器材。

在配齐体育师资队伍方面，可以通过增加"三支一扶""特岗计划""西部计划"等的体育教师数量，派遣优秀毕业生到农村学校支教，派遣优秀教师到师资欠发达地区开展体育教学。[1] 此外，还可以通过制定相应的福利保障政策，鼓励退役运动员去中西部地区中小学工作，补齐体育教师欠缺的短板。[2] 在配强体育师资队伍方面，首先，提高体育教育专业学生的培养质量，确保其在毕业时的专业知识与技术水平、教育教学能力、职业道德素养等达到要求，为建设高质量体育教师队伍奠定良好的人才基础。其次，建立健全专业运动员信息库，鼓励和推荐已退役或即将退役的运动员到学校担任教练员，最大化利用专业人才，打造高水平、专业化的学校体育教师队伍。最后，为满足新课标和素质教育的发展要求，体育教师应自

---

[1] 吴小圆、邵桂华：《新发展理念下我国学校体育高质量发展：目标、困境与路径》，《体育文化导刊》2023年第10期。

[2] 关清文、张晓林、田贞、龚芷璇：《新发展阶段学校体育教育高质量发展特征、困囿及路径》，《体育文化导刊》2022年第1期。

行加强自身的基本素质和教学能力，教研与教改相结合，在实践中反复学习，努力提升体育师资队伍整体素质。

学校体育场地与器材是保障体育课程、体育训练正常开展的重要条件。根据《中共中央　国务院关于加强青少年体育增强青少年体质的意见》的要求，当前我国义务教育阶段学校体育场地面积、器材配备达标率已分别达到现行标准的 94.6%、97.58%，[①] 初步改善了学校体育场地器材的配置。但为满足新时代学校体育和学生发展的需求，国家相关部门仍需针对相应需求，调整和升级体育场地器材相关标准与要求，继续对学校体育场地器材等设施资源的投入保持高度重视。一方面，可以设立中小学校体育场地建设或改造专项资金，在财政拨款、土地政策、减免税费政策等方面给予支持。另一方面，鼓励学校提高周边环境的利用率，合理规划、充分利用学校周围可利用的场地开展体育教育活动。

四　改革创新传统举国体制，促进育人与育体相互结合

举国体制是我国在计划经济的背景下，为快速提高竞技体育水平而确立的一种体育管理体制。得益于举国体制，我国竞技体育发展水平在几十年内取得了惊人的进步，近年来更是在各大赛事中不断取得辉煌成绩。然而，随着社会的进步，举国体制的各种矛盾和弊端日益凸显，学校体育的作用弱化。由于举国体制忽视了学校体育在培养竞技体育后备人才中所发挥的积极作用，学校普遍出现了学生身体素质低下、运动兴趣流失、运动技能欠缺等现象，导致产生竞技体育后备人才队伍萎缩、运动员文化教育缺失等诸多潜在问题。

虽然举国体制具有巨大作用，但随着时代的进步，人们对学校体育与竞技体育的关系有了更深刻的认识，两者同属体育范畴。学校体育是根据国家的教育方针以及社会的需要，依据学生身心发展特征，以适当的身体练习和卫生保健措施为手段，通过体育课程、课外体育训练、体育竞赛等形式进行的体育教育活动。竞技体育则是最大限度地挖掘人体运动的潜能，显示个人和团体的体育运动实力，以创造优异成绩、战胜对手为目的的人

---

① 《2022 年全国教育事业发展基本情况》，中华人民共和国教育部网站，http://www.moe.gov.cn/fbh/live/2023/55167/sfcl/202303/t20230323_1052203.html。

体运动。前者强调育人，后者注重育体。在当今"以人为本"的教育理念下，单纯的育人或育体都不能满足时代对人才的需要，不利于人的全面发展。[①] 因此，为助力后奥运时期我国由体育大国向体育强国转型，我国传统举国体制亟须改革创新，促进学校体育育人功能与竞技体育育体功能相互结合。

在体制改革创新方面，依托体制机制创新突破原有制度上的障碍，畅通学校体育优秀人才向竞技体育体系流动的空间和渠道。应通过建立一体化、多层次、全学段的学校体育竞技后备人才培养体系，促进竞技体育系统内部学生竞赛资格的开放，打破教育系统内部升学机会的层级。[②] 在育人与育体相互结合方面，推动体教融合进程，发挥体育的教育功能。进一步加强学校与体校的合作，在增强学生身体素质、激发学生体育运动兴趣、提升学生体育运动技能水平的同时，注重对学生的全面素质教育，为开创学校体育与竞技体育协同发展、互利共赢的良好局面奠定良好的基础。

① 李青梅、张华：《我国学校体育与竞技体育的协同创新发展》，《体育科技文献通报》2019年第 12 期。

② 吴小圆、邵桂华：《新发展理念下我国学校体育高质量发展：目标、困境与路径》，《体育文化导刊》2023 年第 10 期。

参考文献

一　中文文献

安涛、鲁长芬、胡海、罗小兵：《英国、加拿大、新加坡体育教师培养模式对我国体育免费师范生培养模式的启示》，《北京体育大学学报》2015年第10期。

白银龙、舒盛芳：《加拿大体育战略演进的历程、特征与启示》，《沈阳体育学院学报》2020年第6期，第9~17页。

蔡永红：《当代美国另类评量的改革》，《比较教育研究》2000年第2期。

陈广旭、孔川川、胡贤豪、靳厚忠：《美国学校体育发展现状及其成因分析》，《山东体育科技》2013年第2期。

陈洪：《英国社区体育俱乐部标准化认证研究》，《体育科学》2015年第12期。

陈洪、梁斌、孙荣会、郇昌店、肖林鹏：《英国青少年体育俱乐部治理经验及启示》，《西安体育学院学报》2017年第3期。

陈辉：《加拿大安大略省学校体育发展的特点与启示》，《体育教学》2016年第11期，第41~43页。

陈建华：《加拿大高校的竞技体育、社区体育、体育教育及其启示》，《体育文化导刊》2013年第10期，第91~94页。

陈莉：《美国小学体育对我国小学体育改革的启示》，《体育学刊》2018年第6期。

陈祥超：《意大利法西斯主义教育体制初探》，《世界历史》1994年第1期。

陈玉忠：《加拿大体育政策的特点及启示》，《上海体育学院学报》2014年第 1 期，第 36~40 页。

成亮：《日本学校体育课程的设置及其启示》，《教学与管理》（理论版）2018 年第 1 期。

程传银、李文辉：《中英两国体育教育专业课程设置比较与启示》，《体育学刊》2003 年第 3 期。

池建：《美国大学体育联合会的指导原则》，《中国体育科技》2003 年第 3 期。

崔乐泉、刘兰：《新时代中华优秀传统体育文化的创造性转化与创新性发展研究》，《首都体育学院学报》2022 年第 1 期。

〔法〕弗朗索瓦·托马佐主编《世界体育秘史》，孙琦等译，社会科学文献出版社，2021。

〔法〕米歇尔·德·蒙田：《蒙田随笔全集》，马振骋译，人民文学出版社，2021。

〔法〕乔治·维加埃罗主编《身体的历史·卷一》，张竝、赵济鸿译，华东师范大学出版社，2019。

高益民：《"野性"的日本学校体育》，《教育家》2020 年第 29 期。

高振发：《美国、德国体育教学模式的比较研究》，《南京体育学院学报》（社会科学版）2004 年第 5 期。

关清文、张晓林、田贞、龚芷璇：《新发展阶段学校体育教育高质量发展特征、困囿及路径》，《体育文化导刊》2022 年第 1 期。

《国务院办公厅转发教育部等部门关于进一步加强学校体育工作若干意见的通知》，中国政府网，https://www.gov.cn/gongbao/content/2012/content_2256572.htm。

郝荣凯：《体育锻炼对青少年生活质量的影响研究》，首都体育学院硕士学位论文，2024。

胡茂汶：《浅谈学校体育的管理》，《体育科技》（广西）1985 年第 4 期。

胡小清、唐炎、刘阳、王建：《近 30 年美国中小学体育教育发展现状及启示——基于〈美国学校体育教育发展现状报告〉的文本分析》，《上海体育学院学报》2018 年第 6 期。

黄爱峰：《体育教师教育的专业化研究》，华中师范大学出版社，2007。

黄道名、杨群茹、张晓林：《"健康中国"战略下我国学校体育的改革困境与发展路径》，《体育文化导刊》2018年第3期。

黄汉升、季克异、林顺英编著《中国体育教师教育改革的理论与实践》，高等教育出版社，2004。

黄晓灵：《二战以来英国学校体育课程改革述评》，《西南大学学报》（社会科学版）2009年第3期。

季浏、胡增荦编著《体育教育展望》，华东师范大学出版社，2002。

季浏、尹志华、董翠香主编《国际体育与健康课程标准解读》，华东师范大学出版社，2018。

姜峰：《加拿大大不列颠哥伦比亚省2007年初中体育课程标准评析》，《西南大学学报》（社会科学版）2009年第5期。

姜志明：《美国学校体育教学内容体系研究》，《运动》2017年第3期。

蒋远松：《新课程标准视野下管窥德国中小学校体育教学》，《教学与管理》（小学版）2014年第9期。

教育大辞典编纂委员会编《教育大辞典 卷12 比较教育》，上海教育出版社，1992。

居方圆、张震：《加拿大学校体育身体素养推展情形及启示》，《体育学刊》2020年第2期。

孔年欣、柳鸣毅、敬艳、张开翼：《英国青少年体育教育政策体系构建经验与启示》，《体育文化导刊》2022年第8期。

乐黛云：《人文主义与新人文主义》，《光明日报》2012年5月14日，第15版。

李宝凤：《美国、日本、加拿大学校的课外体育活动》，《中国学校体育》1994年第5期。

李刚：《改变STEM教育故事 面向STEM教育未来——第六届国际STEM教育大会（2021）述评》，《数学教育学报》2022年第3期。

李青梅、张华：《我国学校体育与竞技体育的协同创新发展》，《体育科技文献通报》2019年第12期。

李卫东、侍崇艳、殷鼎：《美国学校体育的历史演变》，《体育学研究》2018年第4期。

李亚川、江甦：《加拿大职前体育教师专业标准的分析与启示》，《体育世界》（学术版）2019 年第 12 期，第 130~131 页。

梁瀛尹：《加拿大安大略省高中课程设置研究》，西南大学硕士学位论文，2015。

刘波：《德国体育环境教育及其启示》，《体育文化导刊》2010 年第 2 期。

刘波：《德国体育研究》，北京体育大学出版社，2012。

刘波：《中德体育师资培养比较》，《体育学刊》2008 年第 6 期。

刘德超：《体育概论》，商务印书馆，1944。

刘绍曾、赖天德、曲宗湖：《当代学校体育的发展趋势》，《学校体育》1988 年第 1 期。

刘钟泽：《英国学校体育课程设置和特点对我国体育课程设置的启示》，《沈阳体育学院学报》2008 年第 3 期。

柳鸣毅：《国外青少年体育组织培育与政策监管研究》，科学出版社，2018。

陆美琳、张俭：《中、德、日三国学校体育教学指导思想的比较研究》，《南京体育学院学报》（社会科学版）2004 年第 5 期。

吕钶、胡庆山：《从冲突到消解：体育课程改革参照的价值考论》，《武汉体育学院学报》2021 年第 6 期。

马德浩、曹丹丹：《英国青少年体育整体性治理的实践探索及经验启示》，《天津体育学院学报》2022 年第 2 期。

缪佳：《德国体育政策 3 大特征》，《上海体育学院学报》2014 年第 1 期。

潘华：《德国体育史》，人民体育出版社，2019。

潘凌云、王健：《从客体性、主体性到主体间性——当代体育教师专业发展的范式更迭与融合》，《西安体育学院学报》2012 年第 2 期。

齐建国、薛懋青、贾志勇编著《日本学校体育与健康教育》，海南出版社，2000。

曲宗湖等编著《几个国家学校体育的比较》，北京体育学院出版社，1987。

曲宗湖、杨文轩主编《域外学校体育传真》，人民体育出版社，1999。

全国十二所重点师范大学联合编写《教育学基础》（第 3 版），教育科学出版社，2014。

全国十二所重点师范大学联合编写《教育学基础》，教育科学出版社，2002。

饶从满、满晶：《德国教师教育的演进》，《外国教育研究》1994 年第 5 期。

任可心：《中英小学阶段体育课程标准的比较研究》，哈尔滨师范大学硕士学位论文，2023。

〔日〕今村嘉雄：《欧美体育史（第三分册)》，成都体育学院翻译小组译，四川人民出版社，1976。

〔日〕井上清：《日本的军国主义　第三册　军国主义的发展和没落》，马黎明译，商务印书馆，1985。

邵朋飞：《加拿大中小学生体育素养测评工具 CAPL 的修订研究》，华东师范大学硕士学位论文，2017。

《设立由教科文组织赞助的妇女、体育运动和体育教育观察站》，UNESCO 数字图书馆，https://unesdoc.unesco.org/ark:/48223/pf0000153990_chi。

沈建华、陈融主编《学校体育学》，高等教育出版社，2010。

盛晓明：《中国、英国中学体育课程改革与发展的比较研究》，北京体育大学博士学位论文，2005。

盛晓明、周兴伟：《中国、英国中学体育课程设置和课程目标的比较研究》，《北京体育大学学报》2005 年第 5 期。

苏树斌：《美国体育课程价值取向对我们的启示》，《体育学刊》2013 年第 2 期。

苏永骏、黄贵、周景晖：《蒙台梭利幼儿体育教育思想及其现代价值》，《南京体育学院学报》（社会科学版）2013 年第 6 期。

邰伟德：《日本中小学体育教学特点》，《外国中小学教育》1988 年第 1 期。

唐丽、吴希林、刘云：《英国竞技体育人才培养及启示》，《体育与科学》2014 年第 5 期。

王保星主编《外国教育史》，北京师范大学出版社，2008。

王道俊、扈中平主编《教育学原理》，福建教育出版社，1998。

王海源：《德国学校体育的社会化与生活化》，《中国学校体育》2005 年第 6 期。

王建新：《中学体育理论课教学论》，《江苏社会科学》2006 年第 S1 期。

王克强：《美国中学体育教学的 5 种价值取向及其实践》，《福建教育》

2016 年第 19 期。

王璐、尤陆颖：《确保体育的核心地位：英国中小学体育课程与政策走向探析》，《比较教育研究》2022 年第 8 期。

王锐、胡小明：《法国身体教育的变迁》，《体育学刊》2015 年第 6 期。

王涛、王健：《"启蒙理性"的逻辑与展演：美国学校体育的历史解构》，《体育科学》2016 年第 1 期。

吴景尧：《法国出台全纳教育新举措》，中国教育信息化网，https://web. ict. edu. cn/world/w3/n20201113_74632. shtml。

吴胜涛：《国外体育教学模式对我国体育课程发展的启示》，《教学与管理》（理论版）2015 年第 1 期。

吴式颖、李明德主编《外国教育史教程》，人民教育出版社，2015。

吴小圆、邵桂华：《新发展理念下我国学校体育高质量发展：目标、困境与路径》，《体育文化导刊》2023 年第 10 期。

吴兴德：《中国与加拿大体育教学比较的启示——访多伦多市部分中小学》，《体育教学》2010 年第 4 期，第 44~45 页。

《习近平出席全国教育大会并发表重要讲话》，中国政府网，https://www. gov. cn/xinwen/2018-09/10/content_5320835. htm。

谢翔、史子禾：《中国式现代化进程中学校体育高质量发展的内在逻辑、本质要求与推进路径》，《沈阳体育学院学报》2023 年第 4 期。

徐文峰、王永顺、胡惕：《试论美国学校竞技体育的特点》，《体育文化导刊》2015 年第 4 期。

许弘、李先雄：《改革开放 40 年学校体育发展的回顾与新时代改革发展的新定位和新视角》，《北京体育大学学报》2019 年第 5 期。

许琼玲：《奥林匹克轶事趣闻集》，中国少年儿童出版社，1992。

杨波、袁古洁：《英国国家体育课程对我国体育课程改革的启示》，《体育学刊》2007 年第 6 期。

杨健俭：《中、英当代初中〈体育与健康课程标准〉比较研究》，华南理工大学硕士学位论文，2015。

杨蒙蒙、吴贻刚：《美国大学体育竞赛体系特征及启示》，《体育文化导刊》2021 年第 5 期。

杨松：《19 世纪英国体育运动的发展及其在帝国传播研究》，陕西师范大学博士学位论文，2019。

杨正云、王颖：《论日本明治维新以来学校体育思潮的历史变迁》，《体育文化导刊》2003年第11期。

〔意〕蒙台梭利：《蒙台梭利方法——运用于"儿童之家"的幼儿教育的科学教育方法》，任代文主译校，人民教育出版社，2001。

殷荣宾、季浏、蔡赓：《基础教育学校体育课程内容选择及价值取向的演变与诉求》，《武汉体育学院学报》2017年第2期。

尹行：《加拿大身体素养测评工具CAPL与PLAY的效度比较》，河南大学硕士学位论文，2021。

尹志华、汪晓赞：《美、加、爱体育教师专业标准建设的经验与启示》，《体育学刊》2019年第2期，第105~112页。

〔英〕约翰·洛克：《教育漫话》，傅任敢译，教育科学出版社，1999。

尤凡：《中英基础教育体育课程标准的比较研究》，西北师范大学硕士学位论文，2012。

俞爱玲：《加拿大学校"高质量的日常体育活动计划"的启示》，《体育学刊》2006年第2期。

袁勇、张鹏：《美国青少年课外体育活动对我国课外体育运动开展的启示》，《上海理工大学学报》（社会科学版）2016年第1期。

袁瑜：《加拿大学校体育的过去、现在和将来》，《学校体育》1992年第2期。

张冬：《基于强互惠理论视角探析美国学校体育和竞技体育依存及启示》，《广州体育学院学报》2017年第2期。

张国猛、陆玉林、叶瑛：《中小学体育教师职业能力指标确定依据的研究》，《山西体育科技》2013年第3期。

张俭、张宝霞：《现代德国体育演变及其对我国学校体育发展的启示》，《南京体育学院学报》（社会科学版）2003年第5期。

张建华、高嵘编著《国内外体育课程发展与改革》，广西师范大学出版社，2015。

张建华、杨铁黎：《当代美国体育教学评价的改革》，《天津体育学院学报》2002年第1期。

张建华、杨铁黎、殷恒蝉：《21世纪国际体育教学的发展趋势——美、日、英、中四国比较研究》，《体育文化导刊》2001年第6期。

张建军、付兰花：《德国学校体育概况》，《石油教育》2003年第6期。

张金桥、王健、王涛：《部分发达国家的学校体育发展方式及启示》，《武汉体育学院学报》2015年第10期。

张凯：《加拿大初高中体育课程标准的研究》，北京体育大学硕士学位论文，2012。

张世响：《现代日本学校体育教育的变迁（1945~2008）》，北京体育大学出版社，2009。

张文鹏：《德国学校体育改革的政策研究》，《体育成人教育学刊》2016年第6期。

张文鹏：《美国学校体育政策的治理体系研究》，《体育文化导刊》2016年第10期。

张文鹏：《中国学校体育政策的发展与改革研究》，华中师范大学博士学位论文，2015。

张细谦、韩晓东、叶强华：《中、日、美、英体育教学发展共同趋向研究》，《北京体育大学学报》2003年第3期。

张新、凡红、郭红卫等：《英国体育史》，人民体育出版社，2019。

张秀丽、葛新主编《学校体育学》，重庆大学出版社，2020。

张亚亚：《加拿大安大略省小学健康与体育课程研究》，天津师范大学硕士学位论文，2019。

张迎春：《中、美、日三国学校课外体育活动比较》，《南京体育学院学报》（社会科学版）2003年第4期。

赵富学、王相飞、汪全先：《德国课程改革进程中体育学科核心素养的构建及启示》，《西安体育学院学报》2020年第5期。

赵国炳、杨忠伟：《古希腊与中世纪体育的兴衰探源：基于对身体和娱乐的考察》，《体育科学》2012年第1期。

赵强：《德国学校体育课程设置的特征、理念及启示》，《教学与管理》（理论版）2017年第8期。

《中共中央办公厅 国务院办公厅〈关于全面加强和改进新时代学校体育工作的意见〉和〈关于全面加强和改进新时代学校美育工作的意见〉》，中国政府网，https://www.gov.cn/zhengce/2020-10/15/content_5551609.htm。

钟秉枢：《体育运动与现代人格塑造——重新认识体育在人才培养中的重要性》，《武汉体育学院学报》2007 年第 10 期。

钟启泉：《日本学校体育的演进及其未来走势——日本教育学者木下百合子教授访谈》，《全球教育展望》2009 年第 6 期。

周登嵩主编《学校体育学》，人民体育出版社，2004。

朱凤军、史为临、顾剑平：《体育发达国家学生体育竞赛管理体制及其相关问题研究》，《成都体育学院学报》2006 年第 5 期。

朱维娜、路春雷、许晓健：《加拿大易动教学模式及其在我国义务教育阶段"体育与健康"课程中的应用》，《湖北文理学院学报》2023 年第 9 期。

《2022 年全国教育事业发展基本情况》，中华人民共和国教育部网站，http://www. moe. gov. cn/fbh/live/2023/55167/sfcl/202303/t20230323_1052203. html。

《2026 年米兰-科尔蒂纳冬奥会吉祥物揭晓》，International Olympic Committee，https://olympics. com/zh/news/milano-cortina - 2026 - mascots-unveiled-two-years-to-go-celebrations。

二 日文文献

奥本繁「とクラブ活動、部活動の再考」、『札幌大谷大学短期大学部紀要』40 号、2010。

大熊廣明「わが国学校体育の成立と再編における兵式体操・教練採用の意味：明治・大正期を中心として」、『筑波大学体育科学系紀要』24 号、2001。

岡出美則・友添秀則・岩田靖編『体育科教育学入門』、大修館書店、2021。

「高等学校学習指導要領」、文部科学省、https://www. mext. go. jp/sports/content/1384661_6_1_2. pdf。

高橋修一「新学習指導要領にける体育科、保健体育科のポイント」、『体育科教育学研究』1 号、2018。

「スポーツ基本法（平成 23 年法律第 78 号）（条文）」、文部科学省、https://www. mext. go. jp/a_menu/sports/kihonhou/attach/1307658. htm。

「教師用指導書/デジタル教科書・教材」、東京書籍、https://ten. tokyo-shoseki. co. jp/text/chu_current/hotai/shuhen. html。

今村嘉雄『日本体育史』、不昧堂出版部、1970。

木村清人「21 世纪学校体育の课题と展望」、『体育科教育』3 号、2000。

清水将「高等学校における運動部活動の教育課程上の位置づけに関する検討」、『東亜大学紀要』14 号、2011。

仁木幸男「中学校の部活動の教育的効果に関す研究歴史的考察と調査研究」、早稲田大学教育学研究科博士学位論文、2010。

日本體育學會『最新スポーツ科学事典』、平凡社、2006。

笹川スポーツ財団『スポーツ白書』、株式会社かいせい、2017。

水原克敏『新小学校学習指導要領改訂のポイント』、日本標準、2017。

尾形裕康『日本教育通史』、早稲田大学出版部、1981。

「小学校学習指導要領（平成 29 年告示）解説総則編」、文部科学省、https://www. mext. go. jp/component/a_ menu/education/micro_ detail/_ _ ics-Files/afieldfile/2019/03/18/1387017_001. pdf。

「学習指導要領の変遷」、文部科学省、https://www. mext. go. jp/a_ menu/shotou/new-cs/idea/1304360_002. pdf。

宇土正彦『學校體育經營手冊』、大修館書店、1994。

宇土正彦『体育管理学』、大修館書店、1977。

宇土正彦『体育科教育法入門』、大修館書店、1983。

「中学校学習指導要領（平成 29 年告示）解説理科編」、文部科学省、https://www. mext. go. jp/content/20210830-mxt_kyoiku01-100002608_05. pdf。

「中学校学習指導要領（平成 29 年告示）」、文部科学省、https://www. mext. go. jp/content/1413522_002. pdf。

三 其他外文文献

A. Acella, S. Cataldi, F. Fischetti, G. Greco, "Forma Fisica degli Studenti Italiani: Efficacia di una Formazione Extracurriculare Supervisionata della Durata di 12 Settimane," *Giornale Italiano della Ricerca Educativa*, 2017 (18).

Abdullah Bora Özkara, "Comparative Research on Inclusive Education in England, Germany, France and Turkey from the Perspective of Physical Activity," *Comparative Professional Pedagogy*, 2018, 8 (4).

"About the U.S. Olympic & Paralympic Committee," United States Olympic &

Paralympic Committee, https://www. usopc. org/about-the-usopc.

"About Us," Australian Institute of Sport, https://www. ausport. gov. au/about.

A. Carraro, E. Zocca, M. Lanza, M. Bertollo, *Punti Chiave di un'Epistemologia dell'Educazione Fisica in Italia*, Scuola e Didattica, 2002.

"Active After-school Communities (AASC)," Clearinghouse for Sport, https://www. clearinghouseforsport. gov. au/kb/aasc.

"Active After-school Communities Program," Australian National Audit Office, https://www. clearinghouseforsport. gov. au/_ _ data/assets/pdf _ file/0010/853912/AASC_ Audit_ Report. pdf.

A. E. Jewett, C. D. Ennis, "Ecological Integration as a Value Orientation for Curricular Decision Making," *Journal of Curriculum and Supervision*, 1990, 5 (2).

"After-school Clubs, Community Activities and Tuition: Safeguarding Guidance for Providers," Department for Education, https://www. gov. uk/government/publications/keeping-children-safe-in-out-of-school-settings-code-of-practice.

A. Gentile, S. Boca, I. Giammusso, " ' You Play like a Woman! ' Effects of Gender Stereotype Threat on Women's Performance in Physical and Sport Activities: A Meta-Analysis," *Psychology of Sport and Exercise*, 2018, 39.

American Alliance for Health, Physical Education Recreation & Dance, *Physical Education for Lifelong Fitness*, Human Kinetics, 1999.

"Australia's Industrial Relations Timeline," Fair Work Australia, https://www. fairwork. gov. au/about-us/legislation/the-fair-work-system/australias-industrial-relations-timeline.

Barral, Catherine, "La Classification internationale du fonctionnement, du handicap et de la santé: un nouveau regard pour les praticiens," *Contraste. n. °*, 2007, 27 (2).

Benjamin Franklin, "Proposals Relating to the Education of Youth in Pennsylvania," *Journal of General Education*, 1749, (3).

"Beyond 2012: Outstanding Physical Education for All," Ofsted, https://www. gov. uk/government/publications/beyond−2012−outstanding-physical-education-for-all.

B. H. Holzweg, "Instructional Theory in Physical Education: A Review of German Journal Publications," *International Journal of Physical Education*, 2009, 19 (8).

B. J. Cardinal, F. M. Powell, M. Lee, "Trends in International Research Presented through the Research Consortium of the American Alliance for Health, Physical Education, Recreation and Dance (1965–2008)," *Research Quarterly for Exercise and Sport*, 2009, 80 (3).

B. Mussolini, *La Mia Vita*, Milano: Rizzoli, 1983.

"Breaking Boundaries, Wavehill," https://www. youthsporttrust. org/media/g24bzfky/breaking-boundaries-final-report–2023. pdf.

"Campionati Studenteschi," Vivoscuola, https://www. vivoscuola. it/Schede-informative/Campionati-studenteschi.

Catherine Beecher, *A Manual of Physiology and Calisthenics for Schools and Families*, New York: Harper and Brothers, 1856.

C. Carson Conrad, "The President's Council on Physical Fitness and Sports," *The American Journal of Sports Medicine*, 1981, 9 (4).

C. D'Anna, F. G. Paloma, "La Professionalità del Docente di Educazione Fisica nella Scuola Primaria. Riflessioni, Scenari Attuali e Prospettive," *Annali Online della Didattica e della Formazione Docente*, 2019, 11 (18).

C. D. Ennis, "Knowledge, Transfer, and Innovation in Physical Literacy Curricula," *Journal of Sport and Health Science*, 2017, 6 (2).

"Chi partecipa," istruzione. it, https://www. miur. gov. it/web/guest/chi-partecipa5.

Claude Piard, *Education physique et sport*, Paris: L'Harmattan, 2001.

C. M. Hales, M. D. Carroll, C. D. Fryar, C. L. Ogden, *Prevalence of Obesity among Adults and Youth: United States, 2015 – 2016, NCHS Data Brief, No. 288*, Hyattsville: National Center for Health Statistics, 2017.

"Competizioni Sportive Scolastiche Progetto Tecnico A. S. 2023–2024," Ufficio Scolastico Regionale per il Veneto, https://www. miur. gov. it/documents/20182/7414469/Progetto+tecnico+a. s. +2023–2024. pdf/1eb680a5–f9ea–21d4–b534–25d503ffcade? version = 1. 0&t = 1701707934583.

"Concorso 2023 per Docenti di Educazione Motoria nella Scuola Primaria," Ufficio scolastico regionale per l'Emilia-Romagna, https://www. miur. gov. it/web/ guest/concorso-educazione-motoria.

"Curricolo Verticale Finalizzato al Raggiungimento delle Competenze Disciplina: Educazione Fisica," https://www. comprensivolariano. edu. it/attachments/ article/2452/Curricolo% 20verticale% 20d% 27istituto% 20EDUCAZIONE% 20FISICA. pdf.

"Curriculum Activity Risk Assessment (CARA) Process," Queensland Department of Education, https://education. qld. gov. au/curriculum/stages-of-school-ing/CARA/activity-guidelines #: ~: text = The% 20managing% 20risks% 20in% 20school, expected%20for%20common%20curriculum%20activities.

Daphné Bolz, Jean Saint-Martin, "Physical Education and Bodily Strengthening on Either Side of the Rhine: A Transnational History of the French Bill on Physical Education and Its German Reception (1920–1921)," *Sport in History*, 2023, 43 (1).

D. B. Van Dalen, *A World History of Physical Education*, Englewood Cliffs, New Jersey, California Prentice-Hall, Inc. , 1971.

D. Colella, S. Bellantonio, D. Monacis, "Analisi dell'Insegnamento in Educazione Fisica nella Scuola Secondaria di Primo Grado. Quali Rapporti con l'Apprendimento Motorio?" *Giornale Italiano di Educazione alla Salute*, *Sport e Didattica Inclusiva*, 2019 (4).

D. Dean, T. Amanda, S. Claire, P. Louisa, W. Matthew, *Teaching Quality Health & Physical Education*, 2nd ed. , South Melbourne: Cengage Learning, 2021.

Department for Education and the Rt Hon Michael Gove MP, "Press Release New Standards Raise the Bar for Teachers," https://www. gov. uk/government/ news/new-standards-raise-the-bar-for-teachers.

Department for Education, "The National Curriculum in England Framework Document," https://assets. publishing. service. gov. uk/media/5a7db9e9e5274a5 eaea65f58/Master_final_national_curriculum_28_Nov. pdf.

D. Guazzoni, "L'Insegnante Femminile di Ginnastica-educazione Fisica nel

Processo di Emancipazione Femminile Piemontese," *La Camera Blu. Rivista di Studi di Genere*, 2017, (17).

D. Kirk, "Physical Education, Youth Sport and Lifelong Participation: The Importance of Early Learning Experiences," *European Physical Education Review*, 2010, 16 (2).

D. Kirk, *Schooling Bodies in New Times: The Reform of School Physical Education in High Modernity*, Albany: State University of New York Press, 1997.

D. Kirk, T. Karen, "Regulating Australian Bodies: Eugenics, Anthropometrics and School Medical Inspection in Victoria," *History of Education Review*, 1993, 23 (1).

"Documento di Programmazione Dipartimento di Scienze Motorie," Imedia, https://lmedi. org/attachments/article/2754/Programmazione%20Dipartimento%20Scienze%20Motorie%202021-22. pdf.

Dudley A. Sargent, *Physical Education*, Boston, Ginn and Co. , 1906.

Édouard Geffray, Gilles Quénéhervé, "30 minutes d'activité physique quotidienne," https://www. education. gouv. fr/bo/22/Hebdo3/MENE2201330C. htm.

D. Siedentop, H. Van der Mars, *Introduction to Physical Education, Fitness, and Sport*, New York: The McGraw-Hill Companies, Inc. , 2012.

E. Balz, D. Kuhlmann, *Sportpädagogik—ein Lehrbuch in 14 Lektionen*, Aachen: Meyer & Meyer, 2006.

"Education Amendments of 1978," U. S. Department of Education, https://files. eric. ed. gov/fulltext/ED168170. pdf.

Edward M. Hartwell, *Physical Training in American Colleges and Universities*, Washington D. C. , Government Printin Office, 1886.

"Elementary and Secondary Education Act," U. S. Department of Education, https://www. govinfo. gov/content/pkg/COMPS-748/pdf/COMPS-748. pdf.

E. Meinberg, *Hauptprobleme der Sportpädagogik*, Darmstadt: Wissenschaftliche Buchgesellschaft, 1996.

"Encyclopedia of Children and Childhood in History and Society: Interscholastic Athletics," Gale, https://www. encyclopedia. com/children/encyclopedias-almanacs-transcripts-and-maps/interscholastic-athletics.

"Every Student Succeeds Act（ESSA），" U. S. Department of Education，https：//www. ed. gov/essa? src＝rn.

"Exploring Physical Education in Canada，" PE Scholar，https：//www. peschol-ar. com/insight/exploring-physical-education-in-canada-part-of-the-2021-series.

F. Casolo，"Didattiche dell'Educazione e delle Attività Motorio-sportive，" *Formazione & Insegnamento*，2016，14（1 SUPPL. ）.

François Mitterrand，Michel Rocard，eds. ，"Loi n°89-486 du 10 juillet 1989 d'orientation sur l'éducation，" https：//www. legifrance. gouv. fr/loda/id/JORF-TEXT000000509314/.

"Get Active：A Strategy for the Future of Sport and Physical Activity，" Department for Digital，Culture，Media and Sport of the United Kingdom，https：//www. gov. uk/government/publications/get-active-a-strategy-for-the-future-of-sport-and-physical-activity.

G. Gentile，*La Riforma dell'Educazione：Discorsi ai Maestri di Trieste*，Firenze：G. C. Sansoni，1975.

G. Gentile，*Sommario di Pedagogia Generale*，Bari：Gius. Laterza & Figli，1913.

"Governo，Conte：«Nuovo umanesimo sia orizzonte per il Paese»，" Corriere TV，https：//video. corriere. it/politica/governo-conte-nuovo-umanesimo-sia-orizzonte-il-paese/72060b20-ca3d-11e9-a6d2-4a38334bea0d.

"Guidance Using After-school Clubs，Tuition and Community Activities，" Department for Education，https：//www. gov. uk/government/publications/guid-ance-for-parents-and-carers-on-safeguarding-children-in-out-of-school-settings/using-after-school-clubs-tuition-and-community-activities # raising-concerns-about-a-club-tutor-or-coach.

G. Zanibelli，"La Scuola al Fronte：L'Educazione Fisica Come Strumento di ' Vocazione' Patriottica. Dalle Sonnacchiose Aule dell'Italietta alla Trincea. Il Caso Senese，" Quaderni della Società Italiana di Storia dello Sport，Serie Speciale，Lo Sport alla Grande Guerra. Roma：Società Italiana di Storia dello Sport，2014.

"Health and Physical Education Focus Areas，" The Australian Curriculum，https：//v9. australiancurriculum. edu. au/teacher-resources/learning-area-resources/

hpe_focus_areas. html.

"Health and Physical Education F-10 Version 9. 0 about the Learning Area," The Australian Curriculum, https://v9. australiancurriculum. edu. au/downloads/learning-areas#accordion-b71b085f07-item-61a8e06872.

"Health and Physical Education, School Curriculum and Standards Authority," https://k10outline. scsa. wa. edu. au/__data/assets/pdf_file/0007/364552/Health-and-Physical-Education-Curriculum-Pre-primary-to-Year-10. PDF.

"Health and Physical Education: Sequence of Content F-10," Australian Curriculum, Assessment and Reporting Authority, https://docs. acara. edu. au/resources/Health_and_Physical_Education_-_Sequence_of_content. pdf.

"Health and Physical Education," The Australian Curriculum, https://v9. australiancurriculum. edu. au/f-10-curriculum/learning-areas/health-and-physical-education/foundation-year_year-1_year-2_year-3_year-4_year-5_ year-6_ year-7_ year-8_ year-9_ year-10? view = quick&detailed-content-descriptions = 0&hide-ccp = 0&hide-gc = 0&side-by-side = 1&strands-start-index = 0&subjects-start-index = 0.

H. Harrison Clarke, *The Application of Measurement to Health and Physical Education*, Englewood Cliffs, N. J. Prentice-Hall, Inc. , 1946.

"High Standards for All Schools and Students, Everywhere," http://www. ed. gov/blog/2013/11/High-standards-for-all-schools-and-students-everywhere/.

"Home," Ineos, https://thedailymile. co. uk/.

H. Westerbeek, R. Eime, "The Physical Activity and Sport Participation Framework—A Policy Model toward Being Physically Active across the Lifespan," *Frontiers in Sports and Active Living*, 2021.

"Iiss Copernico Pasoli. Programmazione Dipartimentale di Scienze Motorie e Sportive A. S. 2020/21," Copernicopasoli, https://www. copernicopasoli. edu. it/wordpress/wp-content/uploads/2020/07/SCIENZE_MOTORIE. pdf.

"Inclusion 2024," Youth Sport Trust, https://www. youthsporttrust. org/programmes/inclusion-2024.

"Indicazioni Nazionali e Nuovi Scenari," Ministero dell'Università e della Ricerca, https://www. miur. gov. it/documents/20182/0/Indicazioni+nazionali+e+

nuovi+scenari/.

"Indicazioni Nazionali per il Curricolo della Scuola dell'Infanzia e del Primo Ciclo d'Istruzione," Ministero dell'Università e della Ricerca, https://www. miur. gov. it/documents/20182/51310/DM+254_2012. pdf.

Jacalyn Lund, "Authentic Assessment: Its Development & Applications," *Journal of Physical Education & Recreation & Dance*, 1997, 68 (7).

J. Dewey, *Experience and Education*, New York: Macmillan, 1938.

J. F. Sallis, T. L. McKenzie, M. W. Beets, "Physical Education's Role in Public Health: Steps forward and backward over 20 Years and Hope for the Future," *Research Quarterly for Exercise and Sport*, 2012, 83 (2).

J. F. Williams, "American Association for Health, Physical Education, and Recreation," *Research Quarterly*, 1959, 30 (4).

J. L. Martin, *Histoire de l' éducation physique sous la Ve République*, Paris: Vuibert, 2004.

J. Oh, K. C. Graber, "National Curriculum for Physical Education in the United States," *Quest*, 2017, 69 (2).

John C. Warren, *Physical Education and the Preservation of Health*, Boston, William D. Ticknor and Company, 1846.

"Keeping Children Safe during Community Activities, After-School Clubs and Tuition," Department for Education, https://assets. publishing. service. gov. uk/government/uploads/system/uploads/attachment_ data/file/927990/6. 6903_ DFE_ OOSS_ Code_ of_ practice_ document. pdf.

K. Erickson, L. Running, R. Pigozzi, *Sport Management: Principles and Applications*, Toronto, ON: Pearson, 2019.

K. Hardman, "Physical Education in Germany: An Historical Overview," *Journal of Sport History*, 2008, 35 (3).

Kidd. B. , *The Struggle for Canadian Sport*, Toronto: Lniversity of Toronto Press, 1996, p. 258.

K. Mäkelä, P. R. Whipp, "Career Intentions of Australian Physical Education Teachers," *European Physical Education Review*, 2015, 21 (4).

K. R. Wentzel, "Social Competence at School: Relation between Social Responsibility and Academic Achievement," *Review of Educational Research*, 1991, 61 (1).

"La Scuola per l'Italia di Domani. Pnrr Istruzione," Futura, https://pnrr. istruzione. it/wp-content/uploads/2023/12/PNRR_Istruzione_presentazione. pdf.

L. B. Russ, C. A. Webster, M. W. Beets et al., "Systematic Review and Meta-Analysis of Multi-Component Interventions through Schools to Increase Physical Activity," *Journal of Physical Activity and Health*, 2015, 12 (10).

"Le Discipline Sportive Associate per i Giovani e nelle Scuole," Sport e Salute, https://www. sportesalute. eu/progetti-organismi-sportivi/blog-progetti/4245 − le-discipline-sportive-associate-per-i-giovani-e-nelle-scuole. html.

"Linee Guida per le Attività di Educazione Fisica, "Motoria e Sportiva nelle Scuole Secondarie di Primo e Secondo Grado," https://archivio. pubblica. istruzione. it/normativa/2009/allegati/all_ prot4273. pdf.

L. J. Martin, D. Balderson, "The Canadian Physical Education Curriculum Development Process: The Influence of Systemic Factors," *Curriculum and Teaching*, 2016, 31 (1).

L. Jospin, C. Évinc, eds., "Éducation spécialisée et intégration scolaire des enfants ou adolescents handicapés," http://dcalin. fr/textoff/annexes24_ 1990. html.

"Managing Risks in School Curriculum Activities Procedure," Queensland Government Department of Education, https://ppr. qed. qld. gov. au/pp/managing-risks-in-school-curriculum-activities-procedure.

Matt J. Vollum, "The Potential for Social Media Use in K−12 Physcial and Health Educational," *Computers in Human Behavior*, 2014, 35.

M. Contini, M. Fabbri, P. Manuzzi, *Non di Solo Cervello: Educare alle Connessioni Mente-Corpo-Significati-Contesti*, Milano: R. Cortina, 2006.

M. Ferrari, M. Morandi, *I Programmi Scolastici di "Educazione Fisica" in Italia*, Milano: Franco Angeli, 2015.

Ministère de l'Éducation nationale, "de l'Enseignement supérieur et de la Recherche Ressources maternell-Agir, s'exprimer, comprendre à travers l'activité physique Objectif 1 : Agir dans l'espace, dans la durée et sur les objets," http://eduscol. education. fr/ressources-maternelle.

Ministère de l'Éducation nationale, "de l'Enseignement supérieur et de la Recherche Ressource-s maternelle-Agir, s'exprimer, comprendre à travers l'activité physique Objectif 4: collaborer, coopérer, s'opposer," http://eduscol. education. fr/ressources-maternelle.

Ministère de l'Éducation nationale, "de l'Enseignement supérieur et de la Recherche. Un module d'apprentissage en EPS : Enjeux et principes de construction," https://eduscol. education. fr/ressources−2016.

Ministère de l'Éducation nationale, "Je deviens professeur," https://eduscol. education. fr/368/je-deviens-professeur.

Ministère de l'Éducation nationale, "Programme du cycle 3," https://eduscol. education. fr/259/education-physique-et-sportive-cycle−3.

Ministère de l'Éducation nationale, "Programme du cycle 4," https://eduscol. education. fr/304/education-physique-et-sportive-cycle−4.

Ministère de l'Éducation nationale, "Programme pour le cycle 2," https://eduscol. education. fr/169/education-physique-et-sportive-cycle−2.

Ministère de l'Éducation nationale, "Programmes et horaires à l'école élémentaire," https://www. education. gouv. fr/programmes-et-horaires-l-ecole-elementaire−9011.

Ministère de l'Éducation nationkale, "de l'Enseignement supérieur et de la Recherche Ressource-s maternelle-Agir, s'exprimer, comprendre à travers l'activité physique Objectif 3 : Communiquer avec les autres au travers d'actions à visée expressive ou artistique," http://eduscol. education. fr/ressources-maternelle.

M. J. Milligan, "A Comparative Analysis of Physical Education in Canada and the United State," *The Physical Educato*, 2014, 7.

Morrow D. , *A Concise History of Sport in Canada*, Toronto: Oxford University Press, 1989, p. 330.

M. O'Sullivan, "Physical Education Teacher Education in the United States," *Journal of Physical Education*, *Recreation & Dance*, 1990, 61 (2).

M. Parri, A. Ceciliani, "Il Genere e l'Educazione Fisica e le Percezioni degli Insegnanti: Un'Indagine Esplorativa," *Pedagogia Oggi*, 2021, 19 (2).

M. Parri, A. Ceciliani, "Riflettere sul Genere, una Proposta Formativa per gli Insegnanti di Educazione Fisica," *Education Sciences & Society*, 2020 (2).

M. Parri, *Equità di Genere e Pratiche Trasformative in Educazione Fisica*, Bologna: Alma Mater Studiorum Università di Bologna, 2022.

M. Vicini, "Educazione Fisica o Scienze Motorie? Troppa Confusione sulla Disciplina Che Si Rischia di Ridurre al Solo Sport," Tecnica della Scuola, https://www. tecnicadellascuola. it/educazione-fisica-o-scienze-motorie-troppa-confusione-sulla-disciplina-che-si-rischia-di-ridurre-al-solo-sport.

"National Curriculum in England: PE Programmes of Study," https://www. gov. uk/government/publications/national-curriculum-in-england-physical-education-programmes-of-study.

"National Curriculum in England: Primary Curriculum," https://www. gov. uk/government/publications/national-curriculum-in-england-primary-curriculum.

"National Curriculum in England: Secondary Curriculum," https://www. gov. uk/government/publications/national-curriculum-in-england-secondary-curriculum.

"No Child Left behind Act," U. S. Department of Education, https://www2. ed. gov/nclb/landing. jhtml.

N. Rousseau, L. Prudhomme, *La pédagogie de l'inclusion scolaire*, 3e édition: *Un défi ambitieux et stimulant*, Québec : Presses de l'Université du Québec, 2010.

O. Grupe, M. Krüger, *Einführung in die Sportpädagogik*, Schorndorf: Verlag Hoffmann, 2007.

"Open Doors," UK Active, https://opendoors. ukactive. com/blueprint-download/.

"Our Story So Far," This Girl Can, https://www. thisgirlcan. co. uk/about.

P. A. Hastie, A. Caaasey, "Beyond the Playing Field: Experiences and Outcomes of Sport Participation among High School Students with and without Disabilities," *Quest*, 2014, 66.

"Parent, Pupil and Learner Panel 22/23 Recruitment Wave 1," Department for Education, https://assets. publishing. service. gov. uk/government/uploads/system/uploads/attachment_ data/file/1137862/Parent _ _ Pupil _ and _ Learner_Panel_2022_to_2023_ Recruitment_wave_ 1. pdf#page = 16&zoom = 100.

"PE and School Sport in England," Youth Sport Trust, https://www.youthsporttrust. org/media/enwncbsg/yst-pe-school-sport-report-2022. pdf.

"Performance-P Scale-Attainment Targets for Pupils with Special Educational Needs," Department for Education, https://assets. publishing. service. gov. uk/government/uploads/system/uploads/attachment_ data/file/903590/Performance_ -_ P_ Scale_ -_ attainment_ targets_ for_ pupils_ with_ special_ educational_ needs_ June_ 2017. pdf.

"Physical and Sport Education in Australia: Organization, Placement and Related Issues," Sport and Physical Activity Research Centre, https://ro. ecu. edu. au/ecuworks/6941/.

"Physical Education from 5 to 16," https://education-uk. org/documents/hmi-curricmatters/physical. html.

"Physical Education, Physical Activity and Sport in English Schools," https://researchbriefings. files. parliament. uk/documents/SN06836/SN06836. pdf.

"Piano per la Formazione dei Docenti," istruzione. it, https://www. miur. gov. it/piano-per-la-formazione-dei-docenti.

P. J. Arnold, *Meaning in Movement*, *Sport and Physical Education*, London, England: Heinemann Educational Books Ltd. , 1979.

P. Kuhn, W. Brehm, C. Suck, "Umwelterziehung im Sportunterricht-in der Theorie und in der Praxis," *Sportunterricht*, 1998, 47 (2).

P. Moliterni, L. De Anna, M. Sánchez Utgé, M. Mazzer, A. Covelli, A. Magnanini, "Formazione degli Insegnanti di Scienze Motorie. Posizione e Situazione tra Università e Società Scientifiche," *L'Integrazione Scolastica e Sociale*, 2020, 19 (2).

"Politiche Sportive Scolastiche," Miur Istruzione, https://www. miur. gov. it/web/guest/politiche-sportive-scolastiche.

"President's Council on Fitness, Sports, and Nutrition," http://www. fitness. gov/.

"Profilo Professionale dell'Esperto in Scienze Motorie," https://www. scienzemotoriesportesalute. unifi. it/upload/sub/didattica/materiale-di-supporto-alla-didattica/did_ ped_ spec_ i. pdf.

"Progettazione Didattica di Educazione Fisica-Classe Seconda-A. S. 2021/ 2022," Comprensivolariano, https://www. istitutocomprensivoadelezara. edu. it/wps/ wp-content/uploads/2021/11/PROGETTAZIONE-DIDATTICA-DI-EDUCAZIONE-FISICA-CLASSE-SECONDA. pdf.

"Progetti Nazionali e Regionali, Ufficio Scolastico Regionale per la Lombardia," https://usr. istruzionelombardia. gov. it/aree-tematiche/attivita-motorie-e-sportive/pro-getti-nazionali-e-regionali/.

P. Röthig, R. Prohl (Hrsg.), *Sportwissenschaftliches Lexikon*, Schorndorf: Verlag Hoffmann, 2003.

P. R. Whipp, K. Salin, "Physical Education Teachers in Australia: Why Do They Stay?" *Social Psychology of Education*, 2018, 21 (4).

"Queensland Representative School Sport Review 2021," Queensland Depart-ment of Education, https://queenslandschoolsport. education. qld. gov. au/abou-tUs/Documents/qrss-review. pdf.

Robert C. France, *Introduction to Physical Education and Sport Science*, Del-mar, 2009.

"Requirements for all Sport and Physical Activity," New South Wales Govern-ment Department of Education, https://app. education. nsw. gov. au/sport/file/1449.

"Research and Analysis Levelling the Playing Field: The Physical Education Subject Report," Ofsted, https://www. gov. uk/government/publications/subject-report-series-pe/levelling-the-playing-field-the-physical-education-subject-report.

R. Guthold, *No Child Left behind Act of* 2001, Illinois: Venture Publishing, 2002.

"Rispetta le Differenze. Piano Nazionale per l'Educazione al Rispetto," Min-istero dell'Università e della Ricerca, https://www. noisiamopari. it/_ file/docu-menti/EDUCAZIONE_ AL_ RISPETTO/Piano_ Nazionale_ER_ 4. pdf.

Roberta J. Park, "Education as a Concern of the State: Physical Education in National Plans for Education in France, 1763 – 1795," *Research Quarter-ly. American Association for Health, Physical Education and Recreation*, 1973, 44 (3).

R. Prohl, *Grundriss der Sportpädagogik*, Wiebelsheim: Limpert Verlag, 2006.

R. Radef, *Sport und Umwelt-Sportbezogene Umwelterziehung in der Schulprax-is Baden-Württembergs*, Frankfurt am Main: Lang Verlag, 1996.

S. Camedda, "Una Breve Riflessione sulla Programmazione Educativa e Di-dattica," Magicroce, https://www. magicroce. edu. it/una-breve-riflessione-sulla-programmazione-educativa-e-didattica/.

"School Sport and Activity Action Plan," HM Government, https://www. gov. uk/government/publications/school-sport-and-activity-action-plan.

"School Sport Australia Strategic Plan 2021 to 2023," School Sport Australia, https://www. schoolsportaustralia. edu. au/wp-content/uploads/2021/12/Sc-hool-Sport-Australia-Strategic-Plan-2021-2023. pdf.

"School Sport Partnerships," Ofsted, https://assets. publishing. service. gov. uk/government/uploads/system/uploads/attachment_ data/file/413538/School_ Sport_Partnerships. pdf.

"School Terms and Conditions," Australian Sports Commission, https:// www. sportaus. gov. au/schools/schools/years-9-10-program/listing/terms-and-conditions.

"Scuola di Alta Formazione Continua," https://pnrr. istruzione. it/riforme/ scuola-di-alta-formazione-continua/.

S. Georgakis, W. Rachel, "Australian Physical Education and School Sport: An Exploration into Contemporary Assessment," *Asian Journal of Exercise & Sports Science*, 2012, 9 (1).

S. K. Lenka, R. Kant, "Emotional Intelligence of Secondary School Teachers in Relation to Their Professional Development," *Asian Journal of Management Sciences and Education*, 2012, 1 (1).

S. Pill, "Exploring Challenges in Australian Physical Education Curricula Past and Present," *Journal of Physical Education & Health-Social Perspective*, 2016, 5 (7).

"Sport 2030 —National Sport Plan," Australian Sports Commission, https:// www. sportaus. gov. au/__data/assets/pdf_file/0005/677894/Sport_ 2030_-_Na-tional_Sport_Plan_-_2018. pdf.

"Sport New Zealand 2020-2032 Strategic Direction," Sport and Recreation

New Zealand, https://sportnz. org. nz/media/1160/strategy-doc-201219. pdf.

"Teacher Professional Learning Guidelines for the Sport Sector," Australian Sports Commission, https://www. sportaus. gov. au/_ _ data/assets/pdf _ file/0018/683010/Teacher_ Professional_ Learning_ Guidelines. pdf.

"Teoria Tecnica e Didattica dell'Educazione Fisica in Età Evolutiva, Percorsi Didattici," Università degli Studi di Ferrara, https://www. unife. it/medicina/scienzemotorie/minisiti-LT/ttd-attivita-motoria-eta-evolutiva-adulta-e-anziana/dispense-prof. ssa-marani/dispense-marani-samaritani/percorsi-didattici-marani-samaritani.

"The Importance of CPD for PE Teachers," The CBD Certification Service, https://cpduk. co. uk/news/the-importance-of-cpd-for-pe-teachers #: ~: text = CPD%20has%20several%20benefits%20as, techniques%20and%20strategies%20to%20use.

"The National Education Agenda, 1996-1999: Its Impact on Curriculum Reform in the States and Territories," Australian Curriculum Studies Association, https://rest. neptune-prod. its. unimelb. edu. au/server/api/core/bitstreams/c6a79866-882a-572c-9ac3-e8c467cfb0f2/content.

"The National Physical Activity Plan," Physical Activity Alliance, https://paamovewithus. org/wp-content/uploads/2020/07/National-PA-Plan. pdf.

"The Shape of the Australian Curriculum Version 2. 0," Australian Curriculum, Assessment and Reporting Authority, https://docs. acara. edu. au/resources/Shape_ of_ the_ Australian_ Curriculum. pdf.

"The Strategy for Sports Nation, Ministry of Education, Culture, Sports, Science and Technology," https://www. mext. go. jp/en/policy/sports/lawand-plan/title02/detail02/sdetail02/1374143. htm.

Thiballt L. , Havery J. , *The Evolution of Federal Sport Policy from* 1960 *to Today*, Ottawa: L niv Ottawa, 2013, p. 35.

T. Lynch, "An Evaluation of School Responses to the Introduction of the Queensland 1999 Health and Physical Education (HPE) Syllabus and Policy Developments in Three Brisbane Catholic Primary Schools," Australian Catholic University, 2005.

T. Lynch, "Australian Curriculum Reform Ⅱ: Health and Physical Education," *European Physical Education Review*, 2014, 20 (4).

T. Lynch, "Health and Physical Education (HPE) Teachers in Primary Schools: Supplementing the Debate," *Australian Council for Health*, *Physical Education and Recreation (ACHPER) Active and Healthy Magazine*, 2013, 20 (3).

"Vademecum-La Tutela dei Diritti dei Minorenni nello Sport," Dipartimento per lo Sport, https://www. sport. governo. it/media/3787/vademecum-la-tutela-dei-diritti-dei-minorenni-nello-sport. pdf.

Valérie Baduel, "Expérimentation de deux heures hebdomadaires supplémentaires d'activité physique et sportive pour les collégiens," https://www. education. gouv. fr/bo/22/Hebdo32/MENE2221657N. htm.

"Vision 2030: Live Better through Sports," Singapore Sports Council, https://www. sportsingapore. gov. sg/files/Media% 20Centre/Publication/Live_ Magazine_July_2017_issuu. pdf.

"What Is Health and Physical Education about?" New Zealand Government, https://nzcurriculum. tki. org. nz/The-New-Zealand-Curriculum/Health-and-physical-education.

"What Is the NCAA?" National Collegiate Athletics Association, https://www. ncaa. org/sports/2021/2/10/about-resources-media-center-ncaa−101−what-ncaa. aspx.

"What's Wrong with Physical Education?" The Public Health Advocate, https://pha. berkeley. edu/2019/12/01/whats-wrong-with-physical-education.

"What Works in Schools and Colleges to Increase Physical Activity," https://www. gov. uk/government/publications/what-works-in-schools-to-increase-physical-activity-briefing.

"WHO Guidelines on Physical Activity and Sedentary Behaviour," https://www. who. int/publications/i/item/9789240015128.

"Category: High School Sports in the United States by State," MontanaSports, https://en. wikipedia. org/w/index. php? title = Category: High_ school_ sports_ in_ the_ United_States_ by_ state&oldid = 1155362417.

Yacine Tajria, Jean Saint-Martina, eds. , "A Crusade against the Curve?

Physical Education for Disabled Pupils in France after World War Ⅱ（1945 - 1958），" *Paedagogica Historica*，2019，56（4）.

Yacine Tajria，Jean Saint-Martina，eds.，"Building an Inclusive PE in France：The Laborious Development of a School Discipline Opening up to Disabled Pupils since the 1960s，" *Materiales para la Historia del Deporte*，2022，22.

图书在版编目（CIP）数据

西方主要国家的学校体育／安亚伦等著 . --北京：
社会科学文献出版社，2024.11. --ISBN 978-7-5228
-4499-2

Ⅰ. G807.01

中国国家版本馆 CIP 数据核字第 2024N8J997 号

西方主要国家的学校体育

著　　者／安亚伦　蔡　娟　王雪双 等

出 版 人／冀祥德
组稿编辑／祝得彬
责任编辑／张　萍
责任印制／王京美

出　　版／社会科学文献出版社·文化传媒分社（010）59367004
　　　　　地址：北京市北三环中路甲 29 号院华龙大厦　邮编：100029
　　　　　网址：www.ssap.com.cn
发　　行／社会科学文献出版社（010）59367028
印　　装／三河市尚艺印装有限公司

规　　格／开 本：787mm×1092mm　1/16
　　　　　印 张：23.75　字 数：390 千字
版　　次／2024 年 11 月第 1 版　2024 年 11 月第 1 次印刷
书　　号／ISBN 978-7-5228-4499-2
定　　价／98.00 元

读者服务电话：4008918866